"国家行政管理研究"丛书

总主编　李宝荣

政务服务卷

高效办成一件事
理论与实践

GAOXIAO BANCHENG YIJIANSHI
LILUN　YU SHIJIAN

张定安 / 主编

中国言实出版社

图书在版编目（CIP）数据

高效办成一件事：理论与实践 / 张定安主编.
北京：中国言实出版社，2025.5. -- （"国家行政管理
研究"丛书 / 李宝荣总主编）. -- ISBN 978-7-5171
-5104-3

Ⅰ. D630.1
中国国家版本馆CIP数据核字第2025Y4Z732号

高效办成一件事：理论与实践

责任编辑：代青霞
责任校对：邱　耿

出版发行：中国言实出版社
　　　　　地　　址：北京市朝阳区北苑路180号加利大厦5号楼105室
　　　　　邮　　编：100101
　　　　　编辑部：北京市海淀区花园北路35号院9号楼302室
　　　　　邮　　编：100083
　　　　　电　　话：010-64924853（总编室）　010-64924716（发行部）
　　　　　网　　址：www.zgyscbs.cn　　电子邮箱：zgyscbs@263.net

经　　销：新华书店
印　　刷：三河华东印刷有限公司
版　　次：2025年7月第1版　　2025年7月第1次印刷
规　　格：787毫米×1092毫米　　1/16　　26.75印张
字　　数：380千字

定　　价：98.00元
书　　号：ISBN 978-7-5171-5104-3

本书主编简介

张定安，男，1971年5月生，中共党员，管理学博士，现任中国行政管理学会副秘书长、研究员，《中国行政管理》杂志社社长。主持撰写的关于"简政放权和行政审批改革"的调研报告和关于"政务服务和营商环境"的调研报告，得到了国务院领导多次重要批示，相关建议成为改革决策的参考。多次承担相关职能部门关于行政审批、营商环境和政务服务改革等政策文件的咨询论证、政策解读和总结梳理等工作。主要研究领域为政府绩效管理、行政审批制度改革、政务服务创新和效能政府建设等。

总　序

国家行政管理承担着按照党和国家决策部署推动经济社会发展、管理社会事务、服务人民群众的重大职责。党的二十大强调，要扎实推进依法行政，强调要转变政府职能，优化政府职责体系和组织结构，推进机构、职能、权限、程序、责任法定化，提高行政效率和公信力。党的二十届三中全会对进一步全面深化改革、推进中国式现代化作出全面部署，为新时代新征程行政体制改革和行政管理创新研究指明了方向，提供了根本遵循。

作为国务院办公厅主管、中国行政管理学会主办的学术期刊，《中国行政管理》自 1985 年创刊以来，以研究行政管理理论与实践，探索行政管理改革与发展的规律为己任，为政府改进行政管理提供理论支持和实践指导，助力政府治理体系和治理能力现代化。同时，刊物致力于传播国内外行政管理的先进理念和经验，交流行政管理研究成果，为行政管理学界和实际工作部门搭建沟通与交流的平台，不断推动中国特色行政管理科学发展。进入新时代，期刊引领学术界聚焦行政管理改革的堵点难点热点问题，在行政审批改革、优化营商环境、社会治理创新、数字政府建设等领域发表了一系列高质量的学术文章，为建设人民满意的法治政府、创新政府、廉洁政府和服务型政府提供了学理支撑和智库服务。

为研究总结杂志创刊 40 周年发展脉络、学术贡献和实践成效，中国行政管理杂志社与中国言实出版社共同策划出版"国家行政管理研究"系列丛书。丛书以《中国行政管理》创刊以来所发表的关于行政改革、政务服务、公共服务、社会治理、绩效管理、基层治理、数字治理、学科建设等领域重要文章为基础，力图从政策解读、理论发展与实践创新等方面，系统展示中国行政管理理论与实践相互交融、共同发展的生动场景，展示行政管理学术界和实务部门立足中国实践、助力国家治理现代化的家国情怀，展示《中国行政管理》杂志与广大专家学者和作者读者一道，共同为构建中国公共管理自主知识体系，建设中国特色行政管理学术体系、学科体系和话语体系所作出的重要贡献。

期待这套丛书的出版能够为我国行政管理理论工作者和实务部门工作人员提供参考与启示。丛书的出版恰逢中国言实出版社建社30 周年之际，借此机会，谨向其 30 年来取得的重要成就致以诚挚祝贺！

《中国行政管理》杂志编辑委员会

2025 年 6 月 26 日

序 言

抓好"高效办成一件事"小切口
做优行政管理改革大文章

习近平总书记强调,"为人民服务是我们党的根本宗旨,也是各级政府的根本宗旨"。党的十九届四中全会审议通过的《中共中央关于坚持和完善中国特色社会主义制度、推进国家治理体系和治理能力现代化若干重大问题的决定》提出,"必须坚持一切行政机关为人民服务、对人民负责、受人民监督,创新行政方式,提高行政效能,建设人民满意的服务型政府"。李强总理指出,要围绕"高效办成一件事"合力攻坚,不断增强群众和企业的获得感。2024年1月,国务院印发《关于进一步优化政务服务提升行政效能推动"高效办成一件事"的指导意见》(以下简称《指导意见》),以习近平新时代中国特色社会主义思想为指导,全面贯彻党的二十大精神,把"高效办成一件事"作为优化政务服务、提升行政效能的重要抓手,明确了推动"高效办成一件事"的指导思想、工作目标、主要任务、具体措施,并从企业和个人两个全生命周期高效办事明确了第一批13个重点事项及其责任部门。

《指导意见》的出台,促进各地区各部门聚焦"一件事"合力攻坚,通过小切口锲而不舍、久久为功以实现政府管理服务大变革,可以说是新时代新征程上全面落实党中央决策部署的务实举措,为加强政府自身建设、深化行政管理改革、提升行政效能提供了新抓手，在建设全国统一大市场、推进有效市场和有为政府更好结合、优化营商环境和扎实推动高质量发展上迈出了新步伐。

一、深刻把握"高效"的立意，从"一件事"切入将"民有所盼"和"政有所为"统一起来

《指导意见》开宗明义，扼要阐述优化政务服务、提升行政效能、在更多领域更大范围实现"高效办成一件事"的重大意义，从助力优化营商环境、建设全国统一大市场，到服务加快构建新发展格局、推动高质量发展，本质是将政府工作贴近老百姓实际感受，真正做到民有所盼、政有所为。

（一）这是坚持人民至上之为

江山就是人民，人民就是江山。人民政府是有为政府，有为之"为"在于坚持人民至上，任何时候都必须始终牢记人民政府前面的"人民"这两个字，践行全心全意为人民服务的根本宗旨，把人民对美好生活的向往作为奋斗目标，始终不渝为人民谋幸福，扎扎实实办好每一件民生实事。人民的幸福感有赖于政府为民服务的实效，群众和企业对政府工作的满意度，与一件件具体的政务服务事项密切相关。深化政务服务改革不仅便利企业和群众生产经营与办事创业、畅通国民经济循环，也为加快构建新发展格局和建设人民满意的服务型政府提供支撑。推动"高效办成一件事"是牵一发而动全身的"牛鼻子"工作，是建设人民满意的服务型政府的务本之策。

（二）这是转变政府职能之为

进一步改革政府机构、转变政府职能，以更好适应深化改革开放、加快转变经济发展方式、转变工作作风、维护社会和谐稳定，不

仅是深化行政管理改革、提高政府效能的必然要求，也是增强社会发展活力和经济高质量发展的必然要求。要以更大力度推进政府职能转变，迫切需要提高创造性执行力和执行效能，为完成各项目标任务提供有力保障。从"高效办成一件事"切入深化政务服务改革，则是提高创造性执行效能的关键一招和创新行政方式、提升行政效能的务实之举。在一定意义上，这是一场眼光向外、刀口向内的政府自身改革，要求政府执行的思维理念、体制机制和方式方法全面革新，着重围绕促进发展与改善服务两个主方向，引导公务人员想干、敢干、能干和善干，"在事上磨"，将踏实做事、高效做事、一件一件做事贯穿到政府执行工作中，进而将中国制度优势转化为国家治理效能，实现党和政府、中央和地方、国家与社会之间的有机互动，维系秩序与活力的动态平衡。

（三）这是优化营商环境之为

当前经济全球化遭遇逆流，世界面临的不稳定性不确定性更加突出，我国正处在转变发展方式、优化经济结构、转换增长动力的攻关期，推动高质量发展仍存在不少体制机制障碍。面对新形势新任务新要求，全面深化改革，关键是要进一步形成公平竞争的发展环境，要瞄准最高标准、最高水平，优化政务服务，打造国际一流营商环境。营商环境是指企业等经营主体在市场经济活动中所涉及的体制机制性因素和条件，是一国经济制度、社会制度、地理环境、思想观念和治理效能等因素的综合反映。政务服务改革是行政审批制度改革的深化和延伸，是转变政府职能和推进行政管理体制改革的主要内容，也是深化经济体制改革、不断突破体制机制障碍、持续优化营商环境的重要举措。把打造市场化、法治化、国际化营商环境摆在重要位置，需要推动"高效办成一件事"，顺应群众和企业对政务服务不断升级的需求，让群众和企业从具体事中切身感受到实实在在的变化，因为营商环境由具体事来营造，"致广大而尽精微"，每一件具体事的顺畅有利于营商环境的优化。

二、深刻把握"办成"的要义，从"一件事"切入将"马上就办"和"办成办好"统一起来

《指导意见》坚持问题导向和目标导向相结合，从全面加强政务服务渠道建设、全面深化政务服务模式创新、全面强化政务服务数字赋能、全面推动政务服务扩面增效、全面夯实政务服务工作基础5个方面提出16条具体措施，充分体现了"一枝一叶总关情"的为民情怀。

（一）注重持续改进"升级办"

近年来，各地区各部门认真贯彻党中央、国务院决策部署，不断创新服务方式，优化服务流程、推进"互联网＋政务服务"改革，打造出"马上办""就近办""一次办""网上办""指尖办""协同办"和"异地办"等新型服务模式，让企业和群众在全生命周期都能享受到高效便捷、公平可及的政务服务。国务院办公厅会同有关部门指导支持地方归并优化政务服务便民热线，不断健全"接诉即办"和督办问责机制，切实解决企业和群众反映的问题和合理诉求。同时，线上线下全面开展"好差评"评价，通过以评促改，倒逼政府部门提升服务效能。在大力推进政务服务标准化规范化便利化改革的同时，依托全国一体化政务服务平台，积极推动地方和部门数据资源共享和业务协同，推动高频政务服务事项"跨省通办"，有效满足各类经营主体和广大人民群众异地创业办事需求。但从整体来看，仍面临业务不协同、系统不互通、标准不统一、服务不便捷等问题，需要从"高效办成"的标准上加以改进提升，更好满足企业和群众的殷切期待。

从李强总理在 2023 年 8 月 16 日国务院第二次全体会议上强调"要大力提升行政效能""围绕'高效办成一件事'合力攻坚，不断增强群众和企业的获得感"以来，国务院办公厅为研究起草《指导意见》，广泛开展调研和网络征求意见，花时间下功夫问需问计于民、问策于企，对近年来优化政务服务举措进行全面总结，找准改进升级的工作切入点，做到有的放矢。

（二）聚焦急难愁盼"盯着办"

党的十八大以来，习近平总书记在地方考察时多次走进当地的政务服务中心或便民服务大厅，察民情、听民声，对于政务服务这一直接影响人民群众获得感的领域也多次指方向、明重点、提要求。现实中，急难愁盼问题是人民群众最关心、最迫切、最有感受度的问题，政府部门通过推动"高效办成一件事"让群众急难愁盼问题得到有效回应，这也是建设人民满意的服务型政府的应有之义。近年来，政府部门聚焦企业和群众反映突出的"办事难、办事慢""多头跑、来回跑"等问题，不断加大改革创新力度来解决，但仍有尚未完全解决好的老问题和不断出现的新问题，需要紧盯不放。《指导意见》提出的第一批重点事项，每一件事无不关涉国计民生。对企业而言，从"企业信息变更"到"开办运输企业""开办餐饮店""水电气网联合报装"，再到"信用修复""企业上市合法合规信息核查"，及至"企业破产信息核查""企业注销登记"，每一件事都是企业全生命周期重要阶段的事项。对个人而言，从"新生儿出生"到"教育入学"，再到"社会保障卡居民服务"，以及"残疾人服务""退休"，每一件事都事关切身利益，更是促进实现幼有所育、学有所教、劳有所得、病有所医、老有所养、住有所居、弱有所扶的公共服务实事。通过制度性安排，将这些企业和群众更在乎、更关心的身边事，纳入"高效办成一件事"的重点事项清单加以谋划和推进，毫无疑问是众望所系的惠民德政。

（三）凝聚各方力量"协同办"

《中共中央关于坚持和完善中国特色社会主义制度、推进国家治理体系和治理能力现代化若干重大问题的决定》提出，坚持和完善中国特色社会主义行政体制，构建职责明确、依法行政的政府治理体系。要求以推进国家机构职能优化协同高效为着力点，优化行政决策、行政执行、行政组织、行政监督体制。健全部门协调配合机制是其中一项重要任务。"高效办成一件事"的"高效"首先是办事部门的高效行政，既涉及牵头部门，又涉及配合部门，唯有协同一致才能保证高效，这也意味着必须强化整体性政府理念，尤其要防止各自为政、相互扯皮、久拖不决。从2024年重点事项清单涉及责任部门看，有的事项需要五六个部门配合，有的需要七八个部门配合，有的甚至需要十几个部门配合，有的还需要相关企业配合，同时针对企业跨区域经营和群众异地办事需求，推动更多服务事项省内通办、跨省通办，做到就近办、异地办，这都需要加强统筹，发挥好各方面力量。在这个意义上，推动"高效办成一件事"就是在更深层次推动完善政府治理体系，健全强有力的行政执行体系，以提升创造性执行效能来确保高效办事。

（四）强化科技赋能"智能办"

如果说"马上就办"需要有态度、有行动、有制度，那么"办成办好"则更需要有渠道、有技术、有保障。推进数字政府建设，加强数据有序共享，运用互联网、物联网、云计算、区块链和人工智能等技术手段改进行政管理，这是大数据时代背景下完善政府治理体系、提升政府执行力和公信力的必然选择。要运用现代信息技术，推进政务信息联通共用，提高政务服务信息化、智能化、精准化、便利化水平。《指导意见》通过数字赋能，推动完善跨区域、跨部门、跨层级的数据信息共享和流程互联互通，借助数字技术等手段进一步优化办事流程、精简办事材料、提高办事效率，促进业务协同办理，为"高效办成一件事"提供有力支撑，为人民群众带来更好的政务服务体验。其中，依托全国一体化政务服务平台打造政务服务线上线下"总枢纽"，推动"条块"系统更好融合互通尤为重要，而如何实现融合互通，关键是要抓好标准化建设，在政务服务内容、方式、流程等方面提出可量化、可操作、可检测的改进方案，规范服务事项类别和要素。同时，持续加强新技术全流程应用，推动政务服务由人力服务型向人机交互型转变，将大数据、区块链、人工智能等新技术运用贯穿政务服务全链条，助力提升全生命周期的政务服务效能，更好引导企业和群众高效便利办事，做到实战中管用、基层干部爱用、群众感到受用。

三、深入拓展"改革"的效能，从"一件事"切入将"举一反三"和"有志竟成"统一起来

"路虽远，行则将至；事虽难，做则必成。"《指导意见》所确定的重点事项，既是企业和群众高度关注的操心事、烦心事、揪心事，也是需要用情用劲用力攻克的难事，需要不舍寸功、积跬步以致千里。以国务院名义印发实施，全文向社会公开，亮明了说到做到的鲜明态度，突出了"有志者事竟成"的不懈追求。

（一）突出"由点及面、系统集成"

《指导意见》既注重系统思维和协同推进，又注重改革引领和集成创新，在系统总结近年来各地区各部门行之有效创新举措的基础上，提出进一步优化政务服务的目标要求和主要任务，强调通过全面推动政务服务扩面增效，促进从办成一件事到办成一类事的飞跃，由

点及面，增强帮办代办能力，丰富公共服务供给，拓展增值服务内容，实现深化政务服务改革的加法乃至乘数效应。为此，各地区需要从实际出发，改革创新、大胆探索，力争在重点领域、重点事项取得更大突破，及时总结行之有效的经验做法，如"最多跑一次""一网通办""一网统管""接诉即办"等改革举措，让点上成功经验在全国范围内得到面上复制推广，积极推动"一地创新、多地复用"。

（二）突出"监督评价、人民赞成"

《指导意见》向全社会公布，重点事项是什么、谁来负责、什么时候完成，完全透明，这既是对企业和群众的郑重承诺，又便于全社会监督落实。同时，《指导意见》对加强各级政务服务窗口从业人员配备、管理、培训和考核提出明确要求。此前，中共中央组织部《关于改进推动高质量发展的政绩考核的通知》就要求把人民群众的获得感、幸福感、安全感作为评判领导干部推动高质量发展政绩的重要标准。推动"高效办成一件事"彰显行政管理过程的政治性和人民性，把对党负责和对人民负责高度统一起来，想问题、作决策、办事情都从人民利益出发，是崇尚实干、勤政为民的集中体现。办什么事、成什么事、高效办成什么事，蕴含着为了谁、谁来做、依靠谁、谁来评的逻辑，事成与否最终是要接受企业和群众的评判，进行绩效考核评价是重要一环，"人民拥护不拥护、人民赞成不赞成、人民高兴不高兴、人民答应不答应"则是关键指标，每一件事只有得到人民赞成，才能算得上真正的高效办成。

（三）突出"年年推进、事事有成"

习近平总书记指出，"要抓住人民最关心最直接最现实的利益问题，扭住突出民生难题，一件事情接着一件事情办，一年接着一年干，争取早见成效，让人民群众有更多获得感、幸福感、安全感"。

《指导意见》明确提出要形成"高效办成一件事"常态化推进机制，每年梳理一批重点事项，及时复制推广地方和部门探索的好经验好做法，坚持不懈、狠抓落实，不断增强群众和企业的获得感。"累土而不辍，丘山崇成。"从 2024 年推动线上线下政务服务能力整体提升，到 2027 年基本形成泛在可及、智慧便捷、公平普惠的高效政务服务体系，实现企业和个人两个全生命周期重要阶段"高效办成一件事"重点事项落地见效，既保持了战略上的定力，又具备策略上的循序渐进。这需要通过加强统筹协调，开展试点示范，组织各地区各部门逐年推出一批批"高效办成一件事"重点事项，年年推进、事事有成，实现积小胜为大胜。

总之，贯彻以习近平同志为核心的党中央决策部署，落实国务院有关工作安排，政府部门应适应新形势新任务新要求，始终保持奋发有为的精神状态，胸怀"国之大者"，主动担当作为，加强协同配合，积极谋划和应用好"高效办成一件事"这个牵引性、撬动性强的工作抓手，聚焦企业和群众关切，进一步优化政务服务，抓住小切口，做好大文章，全面推动行政管理改革，不断提升行政效能，扎实推动各项工作高质量发展，把中国式现代化宏伟蓝图一步步变成美好现实。

张定安

2025 年 6 月 10 日

目　录

第一部分　政策解读

第二部分　理论研究

第三部分　实践创新

附　录

第一部分　政策解读

以"高效办成一件事"为抓手
大力推动政务服务水平整体跃升、群众办事体验持续优化

中国社科院大学教授　江小涓

　　党的十八大以来，党中央、国务院多次就数字政府建设、优化政务服务作出重要指示。2022年4月，习近平总书记在主持召开中央全面深化改革委员会第二十五次会议时明确提出，要全面贯彻网络强国战略，把数字技术广泛应用于政府管理服务，推动政府数字化、智能化运行，为推进国家治理体系和治理能力现代化提供有力支撑。作为数字政府建设的重要抓手，政务服务改革经过多年发展，已经迈入以技术融合、业务融合、数据融合为特征，跨层级、跨地域、跨系统、跨部门、跨业务一体化协同服务的阶段，在便利企业群众办事创业、推动政府职能转变、推进国家治理体系和治理能力现代化进程中发挥了重要作用。2024年初，国务院印发《关于进一步优化政务服务提升行政效能推动"高效办成一件事"的指导意见》（以下简称《指导意见》），对进一步推动政务服务提质增效，在更多领域更大范围实现"高效办成一件事"作出重要部署，为进一步提高政务服务能力和水平提出了新使命、新要求、新任务。

一、以"高效办成一件事"为重点提升政务服务水平

　　习近平总书记强调，要"更好解决企业和群众反映强烈的办事难、办事慢、办事繁的问题"，"为人民群众带来更好的政务服务体验"。李强总理多次就"高效办成一件事"提出明确要求，在2023年国务院第二次全体会议上强调，要大力提升行政效能，加强协同配合，围绕"高效办成一件事"合

力攻坚，不断增强群众和企业的获得感；在2023年国务院第五次专题学习时强调，要顺应群众和企业对政务服务不断升级的需求，推出更多"高效办成一件事"的好做法，让群众和企业年年都能感受到实实在在的变化。《指导意见》的出台，坚持以人民为中心，从企业和群众视角出发，通过实实在在的举措和一件件政务服务事项，将党中央、国务院的重要决策部署转化为政务服务改革的具体任务和内生动力，让企业和群众更有获得感、幸福感。

一是依托"一门一网一线"，最大限度利企便民。《指导意见》提出，要推进线下办事"只进一门"、推进线上办事"一网通办"、推进企业和群众诉求"一线应答"，在此基础上形成"一门一网一线"多级覆盖、多渠道融合的政务服务体系。线下，政务服务中心要以一窗式受理、一站式服务，为企业群众提供更加高效便利的"少跑腿""就近办"服务。线上，依托全国一体化政务服务平台，持续提升政务服务"一网通办"能力水平，推动更多高频事项网上办、掌上办和一次办；依托12345热线打造政务服务"总客服"，建立健全"接诉即办"机制，及时响应、高效受理企业群众咨询、投诉、求助、建议和在线办理指导等各类诉求。

二是方便创业办事，激发经济社会发展内生动力。《指导意见》提出，要实现办事方式多元化、办事流程最优化、办事材料最简化、办事成本最小化，这是便利企业和群众办事创业和生产经营的有效举措，是进一步优化营商环境、提振企业信心的服务创新。诸如开办运输企业"一件事"、开办餐饮店"一件事"、水电气网联合报装"一件事"等，都是经营主体广泛需求的"一件事"；而信用修复"一件事"更是网络时代信用永久留存特点带来的新需求，惠及企业众多。集成办、承诺办、跨域办和免申办都会在降低企业资金和时间成本方面产生明显效果。

三是提供兜底保障，确保民生服务公平普惠。《指导意见》注重智能化服务和传统服务方式并行，不片面强调网上办，提出要增强帮办代办能力，聚焦老人、残疾人等特殊群体以及企业在项目推进过程中需求量大的重点领域，进一步规范相关服务，优化帮办代办工作机制，及时为企业群众排忧解难。在教育、就业、医疗、养老等领域延伸服务半径，丰富公共服务供给，为企业群众提供更加方便快捷、公平普惠的服务体验。

二、以"高效办成一件事"为主线提升政府行政效能

一是强调系统性部署和整体性设计。《指导意见》明确提出，要把"高效办成一件事"作为优化政务服务、提升行政效能的重要抓手，注重统筹政务服务线上线下融合发展，注重改革引领和数字赋能双轮驱动，注重统筹发展和安全，强调整体设计，提出全面加强政务服务渠道建设、深化政务服务模式创新、强化政务服务数字赋能、推动政务服务扩面增效、夯实政务服务工作基础等 5 项任务，细化分解为 16 项具体措施，形成了一整套具有逻辑性、系统性和前瞻性的顶层设计，成为新阶段推进政务服务改革的引领性文件。

二是强调技术赋能和减支增效。《指导意见》在各地区实际探索和创新经验的基础上，要求进一步优化业务流程，强化模式创新。提出要加强技术赋能，创新开展大数据、区块链、人工智能等新技术应用，推动政务服务由人力服务型向人机交互型转变，由经验判断型向数据分析型转变。鼓励探索应用自然语言大模型等技术，优化智能问答、智能搜索、智能导办等服务，更好引导企业和群众高效便利办事。从政府自身效能看，当前政府一方面要过"紧日子"减少支出，一方面又要提供拓展增值服务，这就要求以数智技术支撑公共服务"加量不加价"。《指导意见》还要求提升省级平台公共支撑能力和市级平台应用创新能力，原则上不再单独建设地市级以下政务服务平台，减少平台重复建设、多头维护和基层负担，这需要数智技术汇聚数据和贯通服务，做到"减负不减服务"。

三、以"高效办成一件事"为牵引深化政府自身改革

一是推动政务服务全面从政府供给侧向群众需求侧转变。"高效办成一件事"的本质要求是让政府加强换位思考，从企业和群众视角找准政务服务改革创新的发力点和着力点。各级政府要坚持"服务为先"的理念，由政府"端菜"变为群众"点菜"，顺应企业和群众对政务服务不断升级的需求，因地制宜、因时制宜解决企业和群众急难愁盼问题，优化迭代"一件事"清单事项。这要求跨部门跨地区政策、业务和系统协同，并能够随企

业和群众需求变化而及时调整，及时重构跨部门业务办理流程，要求上平台的数据和信息颗粒度更细，并能从日常应用中补充更新，从而在"一件事"迭代更新时能够在线重组相关信息，最大程度减少申报材料重复提供。

二是压实政府各个岗位的数据责任和联动能力。近年来，各地区各部门不断深化政务服务改革，推出"只进一扇门""最多跑一次""不见面审批"等系列改革举措，在减环节、减时间、减材料、减跑动方面取得了积极成效，但从整体看，业务不协同、系统不互通、数据不共享、标准不统一等问题还不同程度存在，其根源是线上线下改革不同步、业务部门与数据管理部门权责协调关系不顺、线上与线下流程和业务的协同程度有待提高、线上服务全网通办诉求与条块管理体制不匹配等问题。需要以"高效办成一件事"为支点明确办事各个环节数据职责，筑实"高效办成一件事"的数据底座，倒逼各部门和条块之间加强协同配合，破解关键掣肘和体制机制障碍。

三是推动政府自身建设，更加适应数字时代的服务要求。随着各项政务服务改革不断推进以及全国一体化政务服务平台上线运行，解决了政务服务"一张网""从无到有"的问题，正在"从有向优、从优到精"发展，实现全国政务服务整体水平的全面跃升，在政务服务标准化、规范化基础上，全面提升便利化、精准化、智能化服务水平，推动网上办、掌上办、指尖办、码上办持续迭代升级，实现服务更加好办、智办、愿办，让政府部门知晓企业、群众诉求像在线平台一样泛在及时，让企业和群众的办事体验像"网络购物"一样方便快捷，让政府为民为企服务像"人工智能"一样精准高能。

2024 年，首批"高效办成一件事"重点事项落地实施。到 2027 年，要基本形成泛在可及、智慧便捷、公平普惠的高效政务服务体系，实现企业和个人两个全生命周期重要阶段"一件事"高效办成，也要付出艰辛努力。期待各级政府和有关方面行动起来，逐项制定工作方案和实施路径，把各项任务落实落细，让企业和群众切实感受到政务服务的持续改善提升。

（人民网，2024 年 1 月 18 日）

推动"高效办成一件事"
助力政务服务改革再提升再升级

中央党校（国家行政学院）教授、
国家电子政务专家委员会副主任　王益民

党中央、国务院高度重视优化政务服务、提升行政效能工作。习近平总书记强调，要"更好解决企业和群众反映强烈的办事难、办事慢、办事繁的问题"，"为人民群众带来更好的政务服务体验"。2024年1月，李强总理主持召开国务院常务会议，审议并通过《关于进一步优化政务服务提升行政效能推动"高效办成一件事"的指导意见》（以下简称《指导意见》）。《指导意见》是党的二十大后国务院部署政务服务改革的首个指导性文件，文件突出固根基、谋长远的发展定位，具有很强的战略性、纲领性、引领性作用，高度契合我国进入新发展阶段的时代要求，集中体现了新时代新征程党中央、国务院推动政务服务改革的新思路、新举措、新要求。

一、固根基、谋长远，加强"高效办成一件事"顶层设计和系统布局

近年来，按照党中央、国务院工作部署，各地区各部门大力推进政务服务改革，从"进一门"到"最多跑一次"，从"不见面"到"一网通办"，改革成效螺旋提升，政务服务发展阶段已由信息服务的单向服务阶段进入到三融五跨的一体化政务服务阶段。深化改革永无止境，为民服务没有终点，看到成绩的同时，也需要认识到，政务服务改革成效与人民群众日益增长的服务需求和经济社会高质量发展的迫切需要还有一定距离，需要从

国家层面加强统筹，从制度、技术和业务等层面加以规范和引导。《指导意见》作为新阶段推进政务服务改革的指导性纲领性文件，与既往政务服务相关改革部署底层逻辑一脉相承、目标指向一以贯之，实施举措环环相扣，旨在推动全国政务服务整体水平实现从"优"到"精"的全面跃升，有力引领驱动政府数字化改革、赋能政府治理创新。

一是顺应发展新要求。党的二十大吹响了以中国式现代化全面推进中华民族伟大复兴的冲锋号角，对加快建设网络强国、数字中国作出了一系列新部署，提出了一系列新要求。进入新时代新征程，优化政务服务、提升行政效能是优化营商环境、建设全国统一大市场的必然要求，对加快构建新发展格局、推动高质量发展具有重要意义。《指导意见》以习近平新时代中国特色社会主义思想为指导，锚定加快建设网络强国、数字中国目标要求，在系统总结党的十八大以来政务服务改革成绩的基础上，进一步深化政务服务流程优化和模式创新，是贯彻落实党的二十大精神的重要体现，是推动政务服务从政府供给导向向群众需求导向转变的重要抓手，是加快转变政府职能，全面提高政府效能的重大改革，具有重大的理论意义、实践意义和时代意义。

二是明确发展新方向。"十四五"时期是我国全面建设社会主义现代化国家新征程的开局起步期，政务服务改革从夯基垒台到积厚成势，实现由局部探索、破冰突围到系统推进、全面深化的历史性转变，开始进入拓成效、谋长远的深化阶段。《指导意见》在系统总结一网通办、一件事一次办、跨省通办等经验做法基础上，明确将"高效办成一件事"作为优化政务服务、提升行政效能的重要抓手，并分两阶段提出具体工作目标，系统谋划推进"高效办成一件事"的时间表、任务书和路线图，确定了新阶段政务服务改革的主攻方向和战略重点。

三是规划发展新路径。《指导意见》立足当前，着眼长远，一方面，坚持顶层设计与实践探索相结合，强化调查研究，对北京、上海、江苏、浙江等先行先试地区经验做法进行系统梳理和总结升华，广泛征求意见，凝聚共识，体现了鲜明的实践特色。另一方面，坚持问题导向突出标本兼治，既对现有政策措施进行系统性拓展和完善，也针对"高效办成一件事"普遍存在的机制不通畅、数据不共享、标准不统一、覆盖不全面、体验不一致等问题，系统提出了指导性、规范性、操作性的明确要求和具体措施，分批梳理重点事项清单，明确牵头部门和配合部门职责，强化跨部门政策、业务、系统协同和数据共享，确保"高效办成一件事"常态化推进立得住、落得实、行得远。

二、重效能、勇创新，推动"高效办成一件事"任务落地和推深做实

"高效办成一件事"是政务服务改革的提档升级，是彰显审批制度改革和数字化改革融合成效的具体体现，是政务服务发展进入深化效能阶段，打造好办易办升级的必然选择，需要技术创新、业务创新和制度创新的深度融合。《指导意见》聚焦关键环节，从加强渠道建设、深化模式创新、强化数字赋能、推动扩面增效、夯实工作基础等5个方面提出了16条具体措施，具体体现在以下几个方面。

一是加强政务服务渠道建设，推动实现办事方式多元化。统筹线上一网、线下一门、热线一号三种渠道，推动"不打烊"的政务服务全覆盖、常态化，系统破解跑多个"门"、上多张"网"等问题。《指导意见》针对群众反映强烈的基层办事难、出门办事远、办事成本高、办事效率低等"末梢堵塞"问题，提出要在审批事项"应进必进、应上尽上"的基础上，加强省级政务服务平台网上统一受理端建设，推动办件信息实时共享，实现办事申请"一次提交"、办理结果"多端获取"。同时针对政务服务便民热线资源分散、效率不高等问题，推进落实企业和群众诉求"接诉即办"机制，更好发挥热线直接面向企业和群众的窗口作用。

二是深化政务服务模式创新，推动实现办事流程最优化。针对企业和群众办事多元化、个性化、便捷化的服务需求，以"集成办、承诺办、跨域办、免申办"为重点，提升政务服务过程中精准、便捷、高效、专业的办事体验，以场景应用驱动服务供给创新，推动政务服务从事项供给到场景服务转变。例如，在关联事项集成办方面，《指导意见》提出要推动申请表单多表合一、线上一网申请、材料一次提交，实施业务流程革命性再造。

在容缺事项承诺办方面，提出以政务服务部门清楚告知、企业和群众诚信守诺为基础，从制度层面解决办证多、办事难等问题。在异地事项跨域办方面，提出开设"远程虚拟窗口"，让企业和群众足不出户体验到"身临其境"高效便捷的政务服务。在政策服务免申办方面，提出推动政策主动精准推送，便利自愿申请的"免申即享"服务。

三是强化政务服务数字赋能，推动实现办事材料最简化。充分发挥数字化改革的引领、撬动和支撑作用，为"高效办成一件事"提供扎实的数字化支撑。《指导意见》提出要依托全国一体化政务服务平台打造政务服务线上线下"总枢纽"，国务院部门要加快整合本领域政务服务业务系统，并与全国一体化政务服务平台以数据接口等方式对接联通，推动"条块"系统更好融合互通。发挥数据资源共享在提升基层治理能力、服务企业和群众等方面的作用，推动国务院部门数据按需向地方"回流"和"直达"基层。

四是推动政务服务扩面增效，推动实现办事成本最小化。既要持续深化面向"少数人"服务的行政审批便捷度，更要丰富惠及"大多数人"的公共服务供给能力，在政务服务"软实力"上主动作为，大力发展数字化服务普惠应用，为企业和群众提供更广范围、更深层次全生命周期的衍生服务，让企业群众办事效率更高成本更低。《指导意见》提出要优化线下帮办代办工作机制，为老年人、残疾人等特殊群体提供陪同办、代理办、优先办等服务。要丰富公共服务供给，推动水电气热、网络通信等公用事业领域高频办理事项纳入政务服务中心、接入政务服务平台。

五是夯实政务服务工作基础，推动实现办事规则制度化。健全政务服务标准体系，强化政务服务制度供给，健全政务服务工作体系，促进各地区"高效办成一件事"从"重有无"向"重标准、重规范"转变，为政务服务发展营造良好外部环境。《指导意见》针对各地普遍反映的法律法规建设滞后问题，提出要完善数字化应用配套政策，保障电子证照和政务数据高效共享应用、电子档案单套制归档等的法律效力，推动实现政策系统集成、举措破立结合、改革协同推进。

三、抓关键、强协同，助力"高效办成一件事"行稳致远和持续发展

"高效办成一件事"是统筹企业群众需求侧和政务服务供给侧的有机结合和精准适配，是推动政务服务从政府供给导向向企业和群众需求导向转变的重要体现。基础是将多部门办理的"单个事项"集成为企业群众视角的"一件事"，核心是如何"高效办成"，本质是以政务数据共享推动业务协同和流程优化。

（一）发展主线：构建一体化线上线下融合体系

从政务服务发展历程来看，政务服务改革始终伴随着服务型政府建设进程发展，审批制度改革和数字化改革一体两翼，相向而行，互为支撑。特别是党的十八大以来，党中央、国务院高度重视政务服务工作，行政审批制度改革和政务服务平台建设双双步入发展快车道，政务服务体系建设从初期线下到线上，开始全面进入线上线下一体化融合的发展阶段。但总体来看，分散建设、分头推进仍然是制约政务服务发展的关键。由于各地统筹的方式和深度不一样，还没有真正形成一体化的发展格局。推动"高效办成一件事"要积极推动政务服务平台、政务服务大厅、12345热线深度融合，积极构建线下"只进一门"、线上"一网通办"和诉求"一线应答"的一体化线上线下服务体系，打造一网通办"总门户"、线上线下"总枢纽"、业务协同"总调度"、咨询投诉"总客服"，持续夯实"高效办成一件事"发展底座，为更大范围、更宽领域、更深层次全面深化政务服务"一网通办"改革夯实基础。

（二）价值取向：突出践行宗旨为民造福本质要求

近年来，各地区各部门不断深化政务服务改革，推出了"只进一扇门""最多跑一次""不见面审批"等一系列供给侧改革举措，但整体来看，距离深化改革的要求和企业群众的期盼还有一定差距，企业和群众的获得感还有待进一步提升。推动"高效办成一件事"要从企业和群众视角出发，以破解办事梗阻、降低制度性交易成本为着力点，坚持供给侧和需求侧"两端发力"，从最关键的问题抓起，从最基础的环节做起，从最明显的

短板补起，从老百姓"最怨最烦"的难事干起，朝着问题去、冲着问题改，努力使人民群众的获得感更强。

（三）推进思路：改革引领和数据赋能双轮驱动

"高效办成一件事"对政务服务提质增效提出了更高标准，考验的不仅是政务服务平台的建设，更是政府自我改革的勇气和刀刃向内的决心。实现"高效办成一件事"目标要求，一方面，要强化政务服务制度供给，破解集成办、承诺办、跨域办、免申办等创新服务模式的制度障碍。另一方面，要以应用场景为驱动，以技术赋能为引擎，加快推进跨地区、跨部门、跨层级的系统互联互通和数据共享，为打造泛在可及、智慧便捷、公平普惠的数字化政务服务体系提供基础公共支撑。

（四）路径实现：以场景应用驱动政务服务模式创新

推动"高效办成一件事"要注重顶层设计和业务创新的良性互动，以企业和群众"获得感"为第一评价标准，推动业务引领和技术驱动的"双向奔赴"，聚焦企业群众办事的"问、查、办、诉、评"全环节全流程，从"办理前、办理中、办理后"全周期，打造定制化、套餐式、模块化的服务场景，为企业提供精准化、个性化的优质衍生服务。持续推动服务流程优化和用户体验提升，让"高效办成一件事"功能更强、体验更佳、口碑更好、品牌更响。

（新华网，2024 年 1 月 17 日）

"高效办成一件事"

——推动政务服务提质增效的新抓手

清华大学公共管理学院教授　孟庆国

2024年初，国务院印发《关于进一步优化政务服务提升行政效能推动"高效办成一件事"的指导意见》（以下简称《指导意见》），对全国政务服务工作作出系统性部署。《指导意见》将"高效办成一件事"作为优化政务服务、提升行政效能的重要抓手，聚焦群众和企业办事服务中的突出问题，构建体系化、常态化的政务服务提质增效推进机制，以此统筹好全国优化政务服务创新发展的总步调。可以看出，《指导意见》的出台与实施，对加快构建新发展格局，推进中国式现代化，凝聚高质量发展合力具有重要意义，对进一步推进政务服务改革创新具有重要指导作用。通过对《指导意见》的系统学习和思考，我们认为文件体现出以下三个方面较为鲜明的创新特色。

一、从文件内容上看，强调了政策设计和落实实施的整体性与统筹性

《指导意见》主要从总体要求、渠道建设、模式创新、数字赋能、扩面增效、工作基础、保障措施7个方面，对"高效办成一件事"提出工作要求并作出部署。文件首先开宗明义，强调坚持问题导向和目标导向相结合的原则，从企业和群众视角出发，围绕"高效办成一件事"加强整体设计，推动模式创新。"整体设计"体现了从政务服务办事方式、办理流程、材料要求到服务成本等全过程的改革创新；"模式创新"体现了从政务服务理念、

目标、制度、运行机制到技术具体应用等多方面的变革与优化。因此,《指导意见》不是"点""线""面"突破,而是整体性创新,高度强调统筹性,是我国政务服务改革创新下一步的顶层设计。

《指导意见》在内容上不仅体现了整体性,而且在具体部署方面也很有亮点,其中包括:一是加强政务服务渠道建设,推进线下办事"只进一门"、线上办事"一网通办"、企业和群众诉求"一线应答";二是深化政务服务模式创新,推进跨部门跨层级事项集成办、容缺事项承诺办、异地事项跨域办、政策服务免申办;三是强化政务服务数字赋能,以政务服务平台为依托,着力提升政务数据共享实效,持续推动新技术全流程应用;四是推动政务服务扩面增效,强化帮办代办、公共服务供给和增值服务,打造定制化、智能化、精准化的惠民助企服务;五是夯实政务服务标准和制度建设,健全政务服务工作体系和强化制度供给。

二、从创新发展上看,强调了政务服务优化提升的继承性与持续性

在政务服务领域,有关方面近年来陆续出台了多份文件,从政务服务平台建设、政务服务事项标准规范化和清单建设、政务服务数据共享、电子证照应用和互通互认等方面进行了部署。很明显,这次《指导意见》的发布实施,是在这些政策举措基础上的继承与升级。在继承中发展、在发展中创新,是这个文件的总基调,目的是进一步强化政务服务创新发展,持续推进政务服务提质增效。具体体现在:

一是持续推进线下线上办事服务渠道的集约高效、协同共享。针对以政务服务中心为主体的线下服务体系和以政务服务平台为枢纽的线上服务体系,《指导意见》再次明确了统一规范、集约高效、协同共享的建设要求,强化统一受理窗口(端)建设,推动服务事项统一纳入线上、线下服务渠道集中办理。

二是持续落实集成办、承诺办、跨域办等便民利企服务举措。关联事项集成办、容缺事项承诺办、异地事项跨域办等服务模式与措施,是优化政务服务过程中形成的有效经验做法。对此,《指导意见》强调要进一步明

确相关部门的职责分工，强化业务系统协同和数据共享，为深入推进和全面深化服务模式创新提供保障。

三是持续强化政务服务平台共享支撑和政务数据共享交换。《指导意见》强调，要发挥全国一体化政务服务平台在线上、线下政务服务中的"总枢纽"作用，不断强化公共应用支撑能力，支持政务服务数据共享交换需求，提升数字技术与数据资源对政务服务的支撑保障作用。

四是持续强化夯实政务服务工作基础，完善制度规则体系。《指导意见》从标准体系、制度体系和工作体系三个方面，对"高效办成一件事"的制度规则体系提出了明确要求，涵盖了健全政务服务渠道建设运行、政务服务事项目录等标准规范，完善创新服务模式和数字化应用配套制度政策，以及构建权责清晰的工作机制和专业化人员队伍培养考核机制。

三、从政策目标上看，强调提升企业和群众的满意度与获得感

与以往优化政务服务的相关政策文件对比，《指导意见》较为显著的特点是对企业和群众需求满足的关注。以企业与群众办事服务中面临的问题作为切入点，从用户视角出发，《指导意见》对服务方式、服务内容、服务流程、服务体验等优化改进作出部署安排，以期最大限度利企便民，激发经济社会发展的内生动力。

一是强调多元融合的政务服务渠道体系打造。首先，突出强调了热线渠道的建设。以往政务服务相关政策文件对热线的定位，更多是作为线下"一门"和线上"一网"的辅助渠道，支撑政务服务的咨询、投诉、求助等需求。《指导意见》在"全面加强政务服务渠道建设"中，将热线建设提升至与"一门""一网"并列的位置，这是充分考虑用户多元化办事服务渠道接入的需求，也是发挥热线在服务过程中交互界面人性化和交互实时性高等特点的结果。其次，明确了渠道体系建设的新方向。《指导意见》提出的"一门""一网""一线"三类渠道，描绘出未来政务服务渠道建设的目标，即基于流程优化、系统整合对接、数据共享交换等构建起高效融合的渠道体系，为企业和群众办事提供更加多元、便捷的渠道。

二是强调政务服务模式与方式的创新。首先，《指导意见》聚焦企业群

众的急难愁盼，强调要从企业和群众需求角度出发，将关联性强、办理量大、办理时间相对集中的多个事项集成办理，推出了2024年面向企业群众的13项重点"一件事"清单。与此前出台的相关文件相比，此次的重点事项与企业群众需求更加契合、涉及事项和责任部门更加丰富，基本涵盖了企业群众全生命周期的主要办事服务诉求。其次，《指导意见》强调部门协同，助力容缺事项承诺办理顺畅落地，对容缺事项承诺办理机制的适用原则、方式、部门责任等作出了细化规定，为这一创新模式的实践应用提供了清晰指导。同时，提出建立容缺承诺履约信息与全国信用信息的共享机制，为容缺承诺办理筑起一道风险防范堤坝。最后，《指导意见》还强调降低政策服务获取门槛，推进精准化智能免申办。针对企业群众获取政策服务过程中的信息不对称、政策专业强等痛点，《指导意见》提出要强化数据归集共享、模型算法和大数据分析支撑，将优惠政策与符合条件的企业群众特征进行精准匹配、智能主动推送，降低政策服务获取门槛，提高政策触达率。

三是强调数字技术与数据资源的赋能。首先，《指导意见》明确提出，要充分释放数据赋能政务服务的价值。当前，由于政务数据的质量水平、整合共享和开发利用成效相对不足，数据赋能政务服务的价值尚未充分释放。在强调持续推进数据共享清单机制建设的基础上，明确提出了国务院部门数据按需向地方"回流"和"直达"基层的要求，为确保数据切实赋能地方政务服务提供保障。同时，针对政务数据的质量问题，提出从源头加强治理的要求，推进政务数据有序归集汇聚、规范清洗梳理、充分共享应用。其次，《指导意见》明确强调，要充分发挥数字技术赋能服务模式路径创新的作用，提出按照成熟稳定、适度超前的原则，将新技术应用在政务服务全流程场景中，尤其鼓励探索自然语言大模型等技术在识别用户需求、精准回答和智能导办等方面的作用，提升政务服务智能化水平。

四是强调服务体系能力与服务范围的拓展。帮办代办工作机制能够克服因政策不熟悉、业务不了解、行动不方便等造成的企业群众办事困难。《指导意见》提出"增强帮办代办能力"，要求健全线上线下帮办代办体系，强化针对老年人、残疾人等特殊群体，以及面向企业的项目全流程帮办代办机制，切实解决企业群众的办事不便。此外，从企业群众真实需求出发，将"一件事"的服务范畴进行了扩展，在行政办事服务的基础上延伸至关联度高、办理量大的公共服务，并鼓励探索统筹行业协会、市场化专业服务机构等涉企服务资源，为用户提供一站式的政策、法律、人才、科创、国际贸易等服务内容，以期满足企业群众不断升级的服务需求。

（新华网，2024 年 1 月 17 日）

"高效办成一件事"

——"高稳准"打造政务服务升级版

北京大学政府管理学院副院长 黄 璜

政务服务质量事关营商环境水平和群众的获得感，而这与一件件具体的政务服务事项密切相关。近年来，为有效解决群众"办事难、办事慢、办事繁"的问题，各地区各部门认真贯彻党中央、国务院决策部署，不断深化政务服务改革，推动政务服务事项办理水平持续提升。2023年12月，国务院总理李强在国务院第五次专题学习时强调要推出更多"高效办成一件事"的好做法。"高效办成一件事"已经成为优化政务服务、提升行政效能的重要抓手。

2024年初，国务院印发《关于进一步优化政务服务提升行政效能推动"高效办成一件事"的指导意见》（以下简称《指导意见》），对政务服务系统化集成部署。此次《指导意见》问题聚焦、操作性强，有实实在在贯穿政务服务过程的着力点。所谓"高效办成一件事"，"高效"指的是"效能高"，即优化提升政务服务效能，是《指导意见》的基本立足点；"办成"体现了政策要"落地稳"，即坚持符合政务服务的实际，是《指导意见》的关键核心点；"一件事"则突出政策靶点准，即要狠抓政务服务的基本单位，是《指导意见》的主要发力点。通过"效能高""落地稳""靶点准"，有效实现政务服务升级跃迁。

第一，"效能高"即要突出加力赋能，通过强化数字赋能、统筹线上线下和夯实工作基础等手段，保障政务服务效能切实提升

数字赋能，综合运用技术。数字赋能是政务服务效能提升的重要手段，但数字赋能并非过度投入技术或简单罗列数据，综合运用平台、数据和技术，打造适合政务服务的场景应用才能更大程度提升政务服务效能。其中，在新技术应用方面，《指导意见》鼓励探索应用自然语言大模型等技术，优化智能问答、智能搜索、智能导办等服务，更好引导企业和群众高效便利办事。立体运维，统筹线上线下。"高效办成一件事"是政务服务效能提升的重要理念，其中"办事"的概念随着服务渠道的不断拓宽，依托载体更加多元，存在形式也更加立体，因此"高效办成一件事"的服务理念也需要从传统的关注点、线、面进一步向立体拓宽。《指导意见》中提出的"只进一门""一网通办""一线应答"分别对线下、线上、热线三类办事渠道进行集成，传统服务方式和智能化服务创新并行，有效缩小了服务体验差异，充分保障了不同偏好和能力的公众都能享受到平等的政务服务，推动政务服务提质增效。提高站位，夯实工作基础。政务服务效能的全面提升离不开扎实的工作基础，而健全标准体系、强化制度供给和完善工作体系是事关全局的基础性工作。按照《指导意见》要求，必须放眼整体，加强政务服务标准总体设计，制定和完善全面、统一、集成的各项标准规范，为创新服务模式破解制度障碍，为数字化应用建立法律保障，健全服务体系、工作机制和人员管理培养体系，确保政务服务的高效运行。

第二，"落地稳"即要突出实事求是，通过合理设置目标、聚焦急难愁盼、全面深化服务思路，保证政务服务决策部署落地落实落细

通盘考虑，合理设置目标。《指导意见》要求实现"办事方式多元化、办事流程最优化、办事材料最简化、办事成本最小化"，未设置硬性时间要求，这是充分考虑各地情况，合理设置的可操作性目标。此外，在涉企服务等增值化服务方面，文件也未做硬性要求，而是鼓励地方积极探索，为下一步政务服务领域改革积累经验。突出重点，聚焦急难愁盼。《指导意见》聚焦的是企业和群众的急难愁盼问题，按照"办理高频、涉及面广、企业和群众反映问题多"的标准，着力破解进一步优化政务服务的关键掣肘和体制机制障碍，促进政务服务供给与群众需求有效对接，逐步实现企业和个人两个全生命周期重要阶段事项高效办成、稳步落实。改革创新，全面深化服务。《指导意见》强调政务服务改革引领和各地优秀做法的集成创新，推动决策部署落实落地。一方面要求在帮办代办、丰富公共服务供给、拓展增值服务内容等方面推动政务服务扩面增效；另一方面在系统总结近年来各地区各部门实际探索的创新举措基础上，提出进一步优化政务服务的目标要求和主要任务，进一步推动"关联事项集成办、容缺事项承诺办、异地事项跨域办、政策服务免申办"等流程优化和模式创新。

第三，"靶点准"即要突出精准发力，推动事项集成、由点及面拓展，建立常态化机制有的放矢开展"高效办成一件事"

有的放矢，推动事项集成。《指导意见》要求要突出重点，分批梳理重点事项清单，逐项制定工作方案。与此前出台的相关文件相比，《指导意见》提出的首批清单在事项集成度、办理内容、服务方式上都有优化提升。找准点位，由点及面拓展。《指导意见》中的13个事项，将交由各省揭榜挂帅、主动认领，鼓励各省推陈出新、积极探索总结有效做法，由点及面"小步快跑"。明确将"高效办成一件事"作为优化政务服务提升行政效能的重要抓手，推动政务服务整体能力不断提升。设置时间节点，建立常态化机制。《指导意见》提到，2024年要健全"高效办成一件事"重点事项清单管理机制和常态化推进机制。到2027年，要实现企业和个人两个全生命周期重要阶段"高效办成一件事"重点事项落地见效。具体由各地区按照省级统筹的原则组织推进，国务院各有关部门负责加强业务指导和数据共享等工作，还要建立常态化清单管理机制，每年更新一批重点事项，确保取得实效。

此次《指导意见》着眼于改革引领，既考虑了线上线下的统筹协调，又考虑了数字时代的赋能提升，而且还聚焦于总结集成，是对多年来各地政务服务探索实践的系统总结，也对各地政府提出了政务服务的新思路。当然，文件的印发还只是新的开始，未来还会有更多的政务服务事项纳入"高效办成一件事"体系，这就考验各地的标准执行、数据共享、新技术应用等"硬件"条件是否到位，还要看各地政府领导干部对政务服务紧迫性认识、工作人员素养等"软件"条件是否到位。只有"硬件"和"软件"都得到保障，才能真正高效办好每一件政务服务"小事项"，实现以人民为中心、为人民服务的"大目标"。

（新华网，2024 年 1 月 17 日）

合力构建"高效办成一件事"常态化推进机制

北京师范大学政府管理学院教授、科研院副院长　孙　宇

2024 年初，国务院印发《关于进一步优化政务服务提升行政效能推动"高效办成一件事"的指导意见》（以下简称《指导意见》）。这是继《关于依托全国一体化政务服务平台建立政务服务效能提升常态化工作机制的意见》（国办发〔2023〕29 号）实施之后，对优化政务服务、提升行政效能的再定向、再聚焦和再部署。把"高效办成一件事"作为优化政务服务、提升行政效能的重要抓手，充分体现了本届政府求真务实、担当实干的施政所向和风格。构建"高效办成一件事"常态化推进机制必将为企业和群众获得更好的政务服务带来全新的体验。

《指导意见》以习近平新时代中国特色社会主义思想为指导，全面贯彻落实党的二十大精神，坚持全心全意为人民服务的根本宗旨，聚焦企业和群众反映强烈的办事难、办事慢、办事繁的问题，从加强渠道建设、深化模式创新、强化数字赋能、推动扩面增效和夯实工作基础等方面提出具体举措。这一系列的顶层设计和整体谋划描绘了"高效办成一件事"常态化推进机制的路线图和施工图，显然将对提升企业和群众办事的满意度和获得感产生深远影响。

《指导意见》是指导各地区各部门构建"高效办成一件事"常态化推进机制的纲领性文件。"一分部署、九分落实"，《指导意见》体现了鲜明的问题导向和目标导向，强调构建"高效办成一件事"常态化推进机制，一是要坚持改革创新，二是要坚持协同联动，三是要坚持清单管理。只有这样，"高效办成一件事"这一"四两拨千斤"的目标导向及其重点事项才能落地

见效，不断推动政务服务持续提质增效。

改革创新是构建"高效办成一件事"常态化推进机制的动力。改革创新来源于各地区各部门的生动实践。党的十八大以来，各地区各部门认真贯彻党中央、国务院决策部署，围绕转变政府职能、深化简政放权、创新监管方式、优化政务服务进行了有益探索，形成了一大批鲜活的可复制可推广的典型经验。这些创新型的经验做法已经成为数字时代政务服务的新模式，而且在不同地域不同层级政府部门得到示范推广。比如，《关于依托全国一体化政务服务平台建立政务服务效能提升常态化工作机制的意见》选取57个在开展政务服务效能提升"双十百千"工程中形成的典型经验做法，覆盖"破除市场准入壁垒，惠企政策在线精准直达，支持民营企业和中小微企业发展""聚焦'关键小事'，拓展公平普惠民生服务""推进政务流程优化再造，提升智慧便捷服务能力""加强政务服务数据共享，提高服务效率和协同化水平""创新服务模式，推进政务服务便利化""推动政务服务区域通办，群众不用'来回跑'""推进电子证照扩大应用领域和全国互通互认，深化'减证便民利企'""破解数字鸿沟，便利特殊群体办事服务"等领域，这些做法不仅为企业和群众所喜闻乐见，而且也为提高政府效能、优化营商环境作出了积极贡献。此次《指导意见》明确要求全面深化政务服务模式创新，推进关联事项集成办、容缺事项承诺办、异地事项跨域办、政策服务免申办。这既是对典型经验的深化升华，也是在全国范围内的普及推广。

数字时代，"高效办成一件事"离不开数字赋能，数字赋能有助于进一步激发改革创新的活力和动力。《指导意见》明确要求全面强化政务服务数字赋能，要求发挥政务服务平台的支撑作用，将全国一体化政务服务平台建设成线上线下"总枢纽"，提升省级平台公共支撑能力和市级平台应用创新能力；要求提升政务数据共享实效，推动数据按需从部门向地方回流和直达基层；要求加强新技术全流程应用，尤其是推动政府服务由人力服务型向人机交互型转变，由经验判断型向数据分析型转变。这些要求紧扣数字政府建设的本质和政府数字化转型的方向，我们可以期待，落实这些要求必将激发各地区各部门更广泛的创新实践，创造更有针对性、更有效的典型经验。

　　当然，无论是服务模式创新，还是数字赋能服务，本质上都是从理念、机制到作风的全方位、整体化、系统化、深层次变革，需要强化制度供给。无论是法律法规的修订和清理，还是配套政策的制定和完善，或是标准规范的编制和实施，抑或是工作机制体系的强化和健全，都是构建"高效办成一件事"常态化推进机制的根本保障。

　　协同联动是构建"高效办成一件事"常态化推进机制的关键。协同联动是一种工作理念和方法，它强调不同主体之间的目标一致、责权明确、沟通有效和条块协作。政务服务渠道建设、政务服务模式创新、政务服务数字赋能、政务服务扩面增效以及政务服务基础夯实都离不开协同联动。只有做好协同联动才能够更好地优化配置资源，实现"高效办成一件事"，形成泛在可及、智慧便捷、公平普惠的高效政务服务体系。

　　在服务渠道方面，《指导意见》明确要求推动线上线下融合发展，推进线下办事"只进一门"、线上办事"一网通办"、企业和群众诉求"一线应答"。服务渠道的协同联动需要各地区各部门聚焦企业和群众的急难愁盼问题，简化优化政务服务流程，依托全国一体化政务服务平台数据共享枢纽打通数据堵点、打破信息壁垒，依托各级政务服务平台整合联通各类办事服务系统，促进政务服务供给与企业和群众需求的有效对接。

　　在服务主体方面，《指导意见》明确要求推进国家、省、市、县、乡五级政务服务体系建设，健全一体联动、高效便捷、权责清晰的工作机制。集成办需要强化跨部门政策、业务、系统协同和数据共享。承诺办需要加强审批、监管、执法等部门协同并建立差异化的告知承诺事后核查和风险防范机制。跨域办需要打破地区之间的利益分割和政策壁垒，确保办事标准的一致性。免申办需要跨部门的数据汇聚和数据匹配，更需要跨部门的政策协同。

　　需要特别强调的是，在数字赋能政务服务持续加强新技术全流程应用的过程中，尤其要重视人机协同的问题。推动政务服务中应用人工智能，需要在改善政务服务的供给规模和供给结构的同时，仍须坚持以人为本。如果秉承技术至上，那么不仅可能与政务服务人性化诉求背道而驰，也可能会妨碍行政人员的自主性、积极性以及制度创新。在政务服务中重视人工智能应用，这是大势所趋，但是需要明确的是，应对人机协同这一新挑战，要在技术创新、制度设计上做文章，谨防人工智能及其背后的算法扭曲激励机制和数据分析型判断，放大行政自我裁量权。

清单管理是构建"高效办成一件事"常态化推进机制的抓手。清单管理尽管源自工商管理，但近年来已成为我国政府治理实践的重要举措之一。从政务服务供给侧看，清单管理是通过派发任务、分解目标、明确责任、建立台账、定期调度、绩效考核等程序和方式，将权力清单、责任清单和服务清单模块化、序贯化，提高工作效率，提升政务效能；从政务服务需求侧看，清单管理本质上是行政相对人的选择，行政相对人通过选择表达对政务服务的"好差评"，从而实现深化政务服务供给侧结构性改革和优化政务服务流程。《指导意见》要求健全"高效办成一件事"重点事项清单管理机制，明确提出 2024 年重点事项清单。这份事项清单服务经营主体办事的有 8 项，服务群众个人办事的有 5 项。

重点事项清单管理需要坚持全国统筹、分级负责、事项统一、权责清晰、公开透明的原则，特别是重点事项责任部门与其他清单主管部门要协同好清单的动态调整和有序衔接。当政务服务事项基本目录、行政许可事项清单、"互联网＋监管"事项清单、市场准入负面清单等与政务服务相关的清单做出动态调整时，重点事项清单要及时作出相应调整。实践中，既要将企业和群众反映强烈的事项优先纳入重点事项清单，确保这些事项纳入"高效办成一件事"的优先级，又要兼顾那些量大、面广、高频的事项，确保这些事项得到充分关注和高效办理。

最后，尤其需要强调的是，《指导意见》着眼于"高效办成一件事"，看似"无足轻重"，实则不然。"一件事"表面上是行政行为的最小支点，实质上却是行政体系的节点，牵动行政体系的行为、结构、资源、信息和效果。"高效办成一件事"貌似"最低要求"，而"高效""办成"却是"最高要求"和"最高标准"。从"一件事"做起，贵在"高效"，重在"办成"，善始善终，善作善成。

（新华网，2024 年 1 月 17 日）

"高效办成一件事"
不断提升数字政府建设效能

中央党校（国家行政学院）公共管理教研部

研究员、博士生导师　翟　云

数字政府建设是数字时代创新政府治理理念和方式的重要举措，对加快转变政府职能，建设人民满意的法治政府、创新政府、廉洁政府和服务型政府具有重大的理论意义与实践价值。2022 年 4 月 19 日，中央全面深化改革委员会第二十五次会议审议通过的《关于加强数字政府建设的指导意见》指出，要把满足人民对美好生活的向往作为数字政府建设的出发点和落脚点，打造泛在可及、智慧便捷、公平普惠的数字化服务体系，让百姓少跑腿、数据多跑路。党的十八大以来，以习近平同志为核心的党中央高度重视数字政府建设，提出一系列重大论断，作出一系列重要部署，对坚持和完善中国特色社会主义行政体制，构建职责明确、依法行政的政府治理体系提供了根本遵循。

近年来，国家层面为加快数字政府建设不断优化顶层设计，强化统筹规划，开拓性建成全国一体化政务服务平台，打出"极简办""掌上办""指尖办""跨省办"等一系列行之有效的组合拳，推动数字政府建设向更深层次、更广领域拓展，有效破解了数字政府建设的痛点难点堵点问题。2024 年初，国务院印发《关于进一步优化政务服务提升行政效能推动"高效办成一件事"的指导意见》（以下简称《指导意见》），注重数字技术赋能，聚焦群众办事急难愁盼，精准牵住了"高效办成一件事"这个牛鼻子，有望持续释放数字红利，不断优化政务服务、提升行政效能。

一、"高效办成一件事"是数字政府建设的应有之义

从国外来看，以"小切口"实现"大治理"是全球数字政府建设的发展趋势。新加坡早在1999年就建立了"电子公民中心"，将人生过程划分为若干阶段，新加坡公民可以通过政府部门这一个个"驿站"享受到全流程的政务服务。澳大利亚、英国等发达国家也已经提前布局加速"数字蝶变"，不断提升数字政府建设成效。这些初步探索，为我们以数字技术进一步优化政务服务、提升行政效能提供了有益借鉴。欣喜的是，《指导意见》从企业和群众实际需求出发，提出了"企业信息变更一件事"等8项与经营主体办事密切相关的事项、"新生儿出生一件事"等5项与个人办事密切相关的事项，明确将"高效办成一件事"作为"小切口"提升数字政府建设效能。毫无疑问，这是准确识变、科学应变、主动求变的应时之需，是向全球贡献中国方案、引领时代发展潮流的关键之举。

从国内来看，将"高效办成一件事"作为数字政府建设的突破口和优化政务服务、提升行政效能的重要抓手，是把满足人民对美好生活向往作为数字政府建设出发点和落脚点的具体举措。回首20多年前，当"数字地球""数字社会"还停留在概念阶段时，时任福建省省长的习近平同志便前瞻性提出建设"数字福建"战略构想，强调要让"数字福建"贴近社会、贴近群众、贴近生活，为人民群众提供高水平、高质量的信息服务，让人民群众分享"数字福建"建设成果。以民生导向推动"数字福建"建设，这就是数字政府建设的初心。近年来，各地聚焦企业和群众反映强烈的办事难、办事慢、办事繁的问题，涌现出"最多跑一次""不见面审批""一网通办"等一大批创新举措，为"高效办成一件事"奠定了坚实的改革基础。《指导意见》提出的13项"一件事"，坚持问题导向和需求导向，聚焦百姓所盼、企业所需，是既有改革举措的总结升华和进一步深化，也体现了以人民为中心建好数字政府的发展方向和发展目标。这也充分说明，"高效办成每一件事"有利于加快完善国家行政体制、优化政府职责体系和组织结构，有利于提高行政效率和服务质量，有利于全面提升数字政府建设效能。由此可见，《指导意见》充分彰显了以新的理念引领

国家行政体制改革、以新的模式强化政府治理、以新的路径更好服务人民的强烈意愿。

二、"高效办成一件事"要处理好三对关系

一是处理好中央和地方的关系。"高效办成一件事"客观上要求中央和地方形成"一盘棋"、奏响"大合唱"。这就意味着中央和地方应统分结合、相互衔接、协同高效，推动一件件具体事项落到实处、取得实效。《指导意见》分别就国务院办公厅、国务院各部门及地方政府的责任分工作了具体部署，有利于同频共振，形成改革合力。同时，《指导意见》还分别针对国家政务服务平台、国务院部门政务服务业务系统、各地区政务服务平台在共性应用支撑、对接联通、应用创新等方面的作用作出了明确规定。

二是处理好改革引领和数字赋能的关系。"高效办成一件事"是数字政府建设成效的"显示器"。如果缺少强有力的改革举措，企业和群众需要办理的"一件事"很难跳出传统政务服务固有的窠臼。针对这些问题，《指导意见》作出了健全政务服务标准体系、强化政务服务制度供给、健全政务服务工作体系等改革"实招"。同样，如果缺少数字技术的赋能，"一件事"改革难免会陷入系统对接难、数据共享难、业务协同难等困境。为此，《指导意见》明确了全面强化政务服务数字赋能的具体举措，比如，要充分发挥政务服务平台支撑作用，着力提升政务数据共享实效，持续加强新技术全流程应用等。

三是处理好分步实施和远景目标的关系。数字政府建设需要久久为功，"高效办成一件事"也是如此。各地区各部门发展基础不同，面临的困难也不一样。针对政务服务发展不平衡、不充分等现实问题，《指导意见》从2024年和2027年两个时间节点规划了"两步走"的发展目标。此外，《指导意见》采取了"年度重点事项清单"按年度滚动实施、小步快跑的路径，由上而下推进，由点带面延伸，逐年推出一批"高效办成一件事"重点事项，由物理反应逐渐实现化学反应，从而逐渐提升整体改革成效。

三、发挥"高效办成一件事"驱动作用全面提升数字政府建设成效

《指导意见》规划了"高效办成一件事"的战略目标，与推进国家治理体系和治理能力现代化这一历史使命相契合，与中国特色社会主义行政体制这一宏大命题相适应，与打造泛在可及、智慧便捷、公平普惠的数字化服务体系这一战略安排相协调，必须以敢为人先的决心、稳扎稳打的耐心、成竹在胸的信心，分阶段扎实推进，按步骤实施部署。

加强顶层设计，优化高效办成一件事"新环境"。树立"全国一盘棋"的全局思维、系统思维，进一步完善政府治理体系，营造可持续的数字政府发展生态环境。各地区各部门要主动顺应政府数字化转型的历史契机，准确把握"高效办成一件事"的深刻内涵，强化组织保障，加强统筹协调，不断推动体制创新、技术创新、业务创新、模式创新和服务创新，培育和提升"高效办成一件事"改革建设的内生动力，加快打造优化政府职责体系和组织结构的"耦合器"和提升服务质量的"加速器"。

强化技术赋能，打造高效办成一件事"新引擎"。如何以数字技术带动政府治理体系和治理模式革故鼎新，是数字政府建设的重大课题。现在，大数据、人工智能、区块链技术正在全球引领一次具有全局性、战略性、革命性的数字化转型潮流。随着大数据成为新生产要素，需要积极探索"数据要素 ×"与政务服务改革深度融合的应用场景。《指导意见》强调，要"推动国务院部门数据按需向地方回流和直达基层"，数据要素"黏合剂"作用有望持续得到充分发挥。人工智能是引领新一轮科技革命和产业变革的战略性技术，具有溢出带动性很强的"头雁"效应，应充分依托 ChatGPT 等大语言模型技术提高搜索精度、降低办事难度、提升服务温度。此外，处理好数字技术发展与法律、安全、道德伦理和治理等方面的关系，让数字技术和"高效办成一件事"碰撞出更多火花。

完善制度体系，筑牢高效办成一件事"新保障"。"高效办成一件事"不仅涉及政务服务部门，还有司法、企事业单位和社会组织。把"高效办成一件事"贯穿于政府治理各部门各方面各环节，坚持问题导向，以数据

为牵引，扎实推进制度创新和治理能力建设，探索出与人民对美好生活向往相适应的治理理念、治理方式、治理手段，不断提升政府治理能力和服务水平。聚焦企业和群众操心事、烦心事、揪心事，以"高效办成一件事"为契机，积极探索治理主体间的系统治理、依法治理和协同治理的内在规律，加快形成系统完备、科学规范、运行有效的制度体系，逐步提升政府治理的数字化、协作化、精细化和智能化水平，加速实现数字时代政府决策科学化、社会治理精准化、公共服务高效化，不断提升人民群众的幸福感、获得感和安全感。

（人民网，2024 年 1 月 18 日）

以"高效办成一件事"常态化推进机制
助力政府整体智治能力水平全面提升

《中国行政管理》杂志社社长、研究员　张定安

自"高效办成一件事"改革以来，各级政府部门以企业群众视角的"一件事"为切入口，以整体性作为政府自身建设理念，通过流程再造、业务协同、数据共享、平台共建、系统通联、科技赋能等举措，深化了行政体制改革，优化了政府管理服务，引领驱动了职能转变和数字政府建设，有力提升了政府整体智治能力水平。

2025 年 7 月，国务院办公厅印发《关于健全"高效办成一件事"重点事项常态化推进机制的意见》（以下简称《意见》）。《意见》践行以人民为中心的发展思想，进一步发挥"高效办成一件事"牵引作用，推动重点事项清单管理和常态化实施，在更多领域更大范围加强部门协同和服务集成，这将促进营商环境改善和行政效能提升，增强企业和群众获得感，助力经济社会高质量发展。

一、以重点事项应用场景清单为纲，从整体治理视域构建高效办成的政务服务体系。

《意见》以回应民众企业办事需求为导向，从整体治理的视域重构了我国政务服务话语体系和创新供给体系。《意见》明确提出建立经营主体和个人全生命周期重点事项总体清单，覆盖了经营主体准入准营、招聘用工、纳税缴费、经营发展、工程建设、注销退出，以及个人出生、教育、就业、生活、置业、出行、就医、救助、养老、身后，聚焦办理量大、覆盖面广、

关联性强的应用场景。同时，鼓励各地区各有关部门结合地域特色与行业特点，从企业和群众视角出发，聚焦高频事项，丰富拓展生活服务、产业扶持、工程建设、城市更新等领域应用场景，推动银行、医院、电信等企事业单位的公共服务事项纳入"高效办成一件事"。

应用场景下的政务事项高效办成已经成为各级政府部门服务人民群众、助力企业健康发展的时代音符。《意见》进一步探索将"高效办成一件事"向"高效办成一类事"拓展，开展特定人群、产业链发展等"一类事"集成服务，同时优化惠企政策制定、发布、受理、审核、兑现等全流程服务，推进资金扶持、税费减免等惠企政策主动精准推送和相关服务事项一站式办理，进一步丰富和完善了我国政务服务制度供给体系。

二、以常态推进流程再造业务协同为要，从整体政府角度构建高效办成的政府部门协作机制。

从公众视角看，政府本应是一个整体组织，提供整体管理服务。当前，一些跨部门政务服务事项在办理过程中，企业和群众仍可能感受到流程不够便捷、体验不够顺畅。这反映出在推动部门职能协同、业务流程再造和数据共享互通方面，还有提升空间。《意见》提出要根据应用场景统一政务服务事项名称、申请材料、受理条件、办理流程，优化申请表单、申报方式、审核程序、发证方式。强调要持续完善全国一体化在线政务服务平台，强化部门业务系统集约整合和互联互通，构建数字时代的业务协同机制，提高安全防护能力水平，更好支撑重点事项落地实施。特别是聚焦重点行业领域和新兴业态中涉及多部门监管的事项，提出探索建立监管全链条"一件事"的业务协作机制，推动审批服务、监管执法和信用管理协同联动，增强监管合力。

《意见》进一步提出各地区要因地制宜保留必要的线下服务渠道，推动重点事项进驻对应行政层级的政务服务大厅或适宜的公共服务场所，做好"一件事"服务导办，同时提出推进跨部门关联事项集成办理，压减整体办理时长和跑动次数，实现"一次告知、一表申请、一套材料、一窗（端）受理、一网办理"。各级政府部门都聚焦办成"一件事"进行流程再造和业务协同，新型线上线下平台协作机制同时发力，政府部门整体办事效能全面提升。

三、以推进数据共享智能技术为用，从整体智治角度重塑高效办成的政府治理体系。

数据共享是驱动政务服务改革的重要力量，在"服务集成—数据共享—平台共建—系统整合—技术赋能—高效办成"逻辑推动下，以服务场景数据化、业务数据感知化、事项办理在线化、政务服务链条化为主线逐渐形成一种新型集成式政务服务模式。

《意见》提出依托全国一体化政务服务平台，持续完善政务数据共享责任清单，按需推动国务院部门垂直管理业务系统与地方政务服务平台对接，支持各地区以结果核验、算法模型、批量交换等方式共享数据，支持重点事项有序实施落地。

智能技术赋能政府立足于应用场景来突破部门分割，通过数据智能技术融合部门层级界限，构建政务服务链条式业务，实现部门职能的调整优化和关联业务的整合协同，推动政府治理与服务融合发展。《意见》聚焦"高效办成一件事"应用场景，强化统筹规划，在确保安全的前提下稳妥有序推进人工智能大模型等新技术在政务服务领域应用，为企业和群众提供智能问答、智能引导、智能预填、智能帮办等服务，为工作人员提供智能辅助审批、智能分析等支撑。

数据智能产生的集约性技术和延展性技术将助推政府运转流程再造，推动办事过程中形成的业务数据化与数据业务化以及政务服务标准化、规范化、便利化运作方式，对内实现文件签批、业务处置和工作督办的迅速流转，对外实现标准统一、协同联动和跨域通办的高效办成，助推数字政府建设迈向便民利企、智能高效的整体智治阶段。

四、以回应需求导向用户体验为本，从人民满意的角度不断提升政务服务整体智治的效能。

"高效办成一件事"改革是以群众企业需求和办事干事视角为前提，创新办理一件涉及多个政府部门甚至不同层级政府的政务服务、社会管理、公共服务等领域的特定事项的改革举措，在数字技术加持下，逐步实现了数据、平台和场景的有机融合，打造了一种民众按需点单、政府协同服务的整体智治的管理服务范式。其改革成效应该不忘初心，由人民群众来评判。

《意见》提出要以企业和群众评价检验重点事项落地实效，健全问题发现、成效验证、迭代优化的闭环管理机制。充分利用政务服务"好差评"系统、"办不成事"反映窗口、12345政务服务便民热线等渠道，广泛收集用户使用反馈及评价。通过在线监测、办件数据分析、模拟测试等方式，主动发现问题并及时解决，持续优化业务流程、完善系统功能。具体而言，基于需求导向将办事所涉及的多个部门、多个层级、多个审批和多个服务事项进行链条式集成，为社会公众提供量身定制的套餐式、主题式集成服务，可以极大提升办事服务体验。

《意见》明确提出推动基层报表数据"只报一次"，统筹建设"一表通"系统，对照基层权责清单，清理精简整合基层报表，实现一次填报、动态更新、多方共用，切实减轻基层填表报数负担。为实现一件事的高效办成，《意见》还提出加快推进数字机关建设，高效办理公文运转、会议筹备、督查督办等机关办公服务事项，拓展动态监测、统计分析、趋势研判、效果评估、风险防控等辅助决策服务，持续提高行政效能和办事群众企业的满意度。

"高效办成一件事"从实践来说，既是对改革开放以来经济体制改革传统的继承发展，也是对新世纪以来行政审批制度改革的深化突破，还充分学习吸纳了新时代以来人工智能为代表的数字技术对政府管理服务创新的前沿成果。

纵观全球公共治理范式的演进，"高效办成一件事"理念既突破了传统公共行政与新公共管理范式的"政府中心主义"，也扬弃了新公共服务、新公共治理等范式的"用户中心主义"；既突破了传统官僚组织理论的"职能部门"行政管理原则，还融合了整体性治理、大厅即政府、平台即政府、线上线下融合发展等数字时代政府管理理念。这正是数字时代政府治理理念和方式的重大创新，这将有力推动数字政府建设新格局、助力国家治理体系和治理能力现代化。

  "高效办成一件事"改革常态推进机制的建立，是一次从治理理念、组织形式和制度逻辑到治理工具、协作方式和改革策略的系统创新。作为一种迈向未来整体智治的改革举措，不可能一蹴而就，还面临着来自传统行为习惯、部门责权利甚至政策法规的诸多限制，不同群体数字鸿沟、不同地区数字能力差异、不同部门的系统集约联通都需要一定时间去弥合整合，这些都需要我们进一步加强央地协同、部门协作、政社合作、政民互动，共同攻克改革进程中的难点堵点。理论工作者也要深入实践加强调查研究，对这个新时代新征程出现的中国政府管理服务的标识性概念、理念和范式进行总结、分析和提炼，让我们共同努力，为构建中国特色的行政管理知识体系、学术体系、话语体系和理论体系贡献智慧和力量。

（人民网，2025 年 7 月 8 日）

聚焦重点高频事项"高效办成一件事"切实提升企业和群众获得感

国家市场监督管理总局登记注册局

2024 年初，国务院印发《关于进一步优化政务服务提升行政效能推动"高效办成一件事"的指导意见》（以下简称《指导意见》）。《指导意见》以进一步提升企业和群众获得感为目标，从加强政务服务渠道建设、深化政务服务模式创新、强化政务服务数字赋能、推动政务服务扩面增效、夯实政务服务工作基础等方面进行全面部署，深入推动政务服务提质增效，在更多领域更大范围实现"高效办成一件事"。《指导意见》的出台，对优化营商环境、建设全国统一大市场、加快构建新发展格局、推动高质量发展具有十分重要的意义。

一、《指导意见》彰显了以人民为中心的服务宗旨

《指导意见》坚持以人民为中心，从企业和群众视角出发，将政务服务供给"一件事"转向企业群众需求"一件事"，聚焦企业和个人两个全生命周期重要阶段，明确了"高效办成一件事"2024 年度重点事项清单及落实路径。《指导意见》围绕企业准入准营、经营发展、注销退出 3 个阶段，明确了企业信息变更、开办运输企业、开办餐饮店、水电气网联合报装、信用修复、企业上市合法合规信息核查、企业破产信息核查、企业注销等 8 项"一件事"。围绕个人出生、入学、生活、退休 4 个阶段，明确了新生儿出生、教育入学、社会保障卡居民服务、残疾人服务、退休等 5 项"一件事"。

《指导意见》详细列明了每个"一件事"所包含的各项具体事项名称及责任部门，同时，进一步明确了每个"一件事"牵头部门和配合部门职责。《指导意见》要求强化跨部门政策、业务、系统协同和数据共享，推进线下"只进一门"、线上"一网通办"、诉求"一线应答"，实现第一批高频、面广、问题多的"一件事"高效办理，切实提升企业和群众获得感。

二、市场监管部门从企业和群众视角出发，推动"高效办成一件事"

市场监管部门坚持问题导向、目标导向、效果导向，重点对办理量大、关联性强的"一件事"，不断优化服务流程、提升服务效能，强化多部门联动，切实提升企业和群众办事便捷度、满意度。

一是推动实现企业开办集成办。全国各省（区、市）和新疆生产建设兵团都已建成企业开办"一网通办"平台，企业可以一次性办理设立登记、公章刻制、发票领用、社保登记、住房公积金登记开户等多项操作，部分地方实现压缩企业开办时间至 2 天甚至更短时间。

二是推动实现企业注销集成办。《市场主体登记管理条例》规定，企业未发生债权债务或者已将债权债务清偿完结，未发生或者已结清应缴纳税款（滞纳金、罚款）等事项的，可以按照简易注销办理登记，市场监管部门已推动符合条件的企业通过简易注销办理企业注销，简化办理程序、减少办理时间。同时，市场监管总局会同税务总局、海关总署于 2023 年底共同发布了《企业注销指引（2023 年修订）》，为企业依法退出市场提供操作性更强的行政指导。

三是推动餐饮店开办集成办。目前，已推动各地普遍将"食品经营许可""设置大型户外广告及在城市建筑物、设施上悬挂、张贴宣传品审批""公众聚集场所投入使用、营业前消防安全检查"等事项的重复申报材料进行了整合，通过电子证照和数据共享免于申报的材料，实行一套材料、一次提交，实现了市监、住建、消防事项联办，解决了企业办理递交材料多、往返部门多、流程烦琐、办理时间长的难题。

四是扎实推动信用修复"一件事"。市场监管总局加大部门联合信用管理力度，持续拓展部门联合"双随机"抽查覆盖面，探索"一业一查"工作机制，累计列入严重违法失信名单经营主体 9741 户。加大信息归集共享力度，累计归集政府部门涉企信息 58.1 亿条。依托国家企业信用信息公示系统，实现全国各地信用修复"一网通办"，指导地方试点开展信用修复"一对一"提醒服务，提供信用修复一站式服务等，提升修复效率。截至 2023 年 12 月底，全国市场监管部门累计为各类经营主体修复行政处罚信息 85 万条，修复经营异常名录信息 496 万条，修复个体工商户经营异常状态 1776 万户。

三、坚持目标导向，高质量推动"一件事"落地见效

市场监管总局将按照《指导意见》部署要求，立足市场监管职能，坚持目标导向，指导各地市场监管部门落实好"高效办成一件事"2024 年度重点事项清单。

一是持续优化企业登记注册能力，服务经营主体高质量发展。结合《中华人民共和国公司法》修订实施工作，进一步完善企业登记规范，升级完善全国统一企业开办系统，进一步优化企业开办和企业注销"一网通办"功能，为持续深入推进"高效办成一件事"改革工作提供更好的支撑。

二是加强部门信息共享协同，降低企业办事制度性成本。指导各地通过设置优化线下服务综合受理窗口、完善线上数据采集推送等方式，加强部门间信息共享和业务协同，推动各地因地制宜落实企业信息变更"一件事"、开办餐饮店"一件事"和开办运输企业"一件事"，让数据多跑路，让群众少跑腿。

三是着力提升监管执法效能，强化信用激励约束作用。完善严重违法失信名单管理制度，健全信用修复制度机制，持续做好经营主体守信激励工作，深化信用提升三年行动，全面提升企业信用监管数据质量，支撑地方做好企业信用修复和信用查询"一件事"。

（新华网，2024 年 1 月 18 日）

以企业和群众"高效办成一件事"为目标全面推进首都政务服务效能提升

北京市政务服务管理局

2024年初，国务院印发《关于进一步优化政务服务提升行政效能推动"高效办成一件事"的指导意见》（以下简称《指导意见》），明确将"高效办成一件事"作为优化政务服务、提升行政效能的重要抓手；提出2024年健全"高效办成一件事"重点事项清单管理机制和常态化推进机制，到2027年实现企业和个人两个全生命周期重要阶段"高效办成一件事"重点事项落地见效两阶段任务目标。《指导意见》从政务服务渠道建设、政务服务模式创新、政务服务数字赋能、政务服务扩面增效、政务服务工作基础5个方面作出部署，推出13项首批"高效办成一件事"重点事项清单，为下一阶段各地开展政务服务工作明确了行动路径，为全面优化政务服务、提升政府行政效能提供了方向指引。

一、"高效办成一件事"体现了着力解决群众急难愁盼问题的使命担当

近年来，各地各部门不断深化政务服务改革，推出"最多跑一次""一网通办""跨省通办"等系列改革举措，在减环节、减时间、减材料、减跑动方面取得了积极成效，政务服务水平大幅提高，企业和群众办事便利度显著提升，门难进、脸难看、事难办的现象大为改善。

然而，门好进了、脸好看了，落到具体事上如何好办就更为重要。从

政务服务的整体上看，业务协同、系统互通、标准统一、服务便捷等方面还存在不足，距离"高效办成一件事"还有一定差距，企业和群众的获得感还有待提升，亟须加强政务服务的系统性设计和整体性部署。2024 年初的国务院常务会议指出，"群众和企业对政府工作的满意度，与一件件具体的政务服务事项密切相关"。2023 年 12 月 20 日，李强总理在国务院第五次专题学习中指出，"推出更多'高效办成一件事'的好做法，让群众和企业年年都能感受到实实在在的变化"。《指导意见》从企业和群众视角出发，聚焦企业和群众实际"办事"需求，将政务服务重心从政府部门"供给侧"转向企业和群众"需求侧"，从而真正把事办好，切实提升企业和群众办事满意度获得感，激发经济社会发展内生动力。

二、"高效办成一件事"体现了深入推进政务服务改革的坚定决心

"高效办成一件事"核心在"办"，不仅要"办"更要"办成"，不仅要"办成"更要"高效办成"。"高效"是改革方向，"办成"是总体目标，"一件事"是落地形式。《指导意见》将一件件具体的事项作为切入点，通过对传统审批流程重构和模式创新，倒逼审批流程优化，牵引行政体制改革，以"小切口"解决政务服务改革中的大问题，从而实现政务服务效能大提升。

——推动政务服务办理渠道全面加强，明确了"办"的基本路径。《指导意见》开篇讲全面加强政务服务渠道建设，对政务服务窗口（一门）、政务服务平台（一网）和政务服务热线（一线）3 条政务服务渠道提出要求。明确除特殊情形外，政务服务事项应全部纳入政务服务中心集中办理，部门单设窗口应整合或纳入本级政务服务中心一体化管理，即线下办事"只进一门"，避免"找多头""进多门"；明确除法律法规另有规定或涉及国家秘密等外，政务服务事项应全部纳入本级政务服务平台管理，即线上办事"一网通办"，避免多头填、反复报；明确依托 12345 热线加强政务服务热

线归并，打造便捷、高效、规范、智慧的政务服务"总客服"，即企业和群众诉求"一线应答"，避免应而不答、推诿应答。通过对政务服务渠道的优化，破解进一步优化政务服务的关键掣肘问题和体制机制障碍，强化用户体验和群众诉求解决。

——推动政务服务办理模式创新重组，诠释了"一件事"的丰富内涵。《指导意见》根据政务服务事项涉及的不同维度，对政务服务办理模式提炼归纳，提出关联事项集成办、容缺事项承诺办、异地事项跨域办、政策服务免申办4种不同办理模式。即对涉及多个部门或跨层级办理的，关联性强、办理量大、办理时间相对集中的多个事项，推行集成办理，明确每个"一件事"的牵头部门和配合部门及各自职责，通过对办理环节整合和审批流程优化，实现关联事项并联审批；对风险可控、纠错成本低且能够通过事中事后监管有效防范风险的事项，推行"告知承诺＋容缺受理"办理；对京津冀等地区的企业跨区域经营和群众异地办事需求事项，鼓励通过数据共享、窗口联办、远程交互等方式就近办、异地办；对行政给付、资金补贴扶持、税收优惠等政策条件和适用规则梳理，推动政策逐步实现"免申即享"办理。

——推动政务服务办理方式革新升级，细化了"高效"的实现途径。强调发挥政务服务平台支撑作用，依托全国一体化政务服务平台打造政务服务线上线下"总枢纽"，推动国务院部门和各地"条块"联动，系统更好融合互通；强调提升政务数据共享实效，建立国务院部门数据共享责任清单和垂直管理信息系统对接清单，推动国务院部门数据按需向地方"回流"和"直达"基层；强调加强新技术全流程应用，通过大数据、区块链、人工智能、大模型等新技术应用，推动政务服务由人力服务型向人机交互型转变，由经验判断型向数据分析型转变，更好引导企业和群众高效便利办事，提升整体办事效率。

——推动政务服务办理内容扩面增效，拓展了"成"的作用延伸。即优化线上线下帮办代办机制，为老年人、残疾人等特殊群体提供陪同办、代理办、优先办，在高新区等加强项目全流程帮办代办；推动水电气热、网络通信等公共服务事项进驻政务服务大厅、接入政务服务平台集成办理；依托政务服务大厅，提供政策推荐、咨询、公证、纠纷调解、融资担保、人才认定等衍生服务，展现了政务服务的时代温度。

三、"高效办成一件事"体现了顺应政务服务不断升级的迫切需求

《指导意见》推出的13项首批重点事项清单中，属于经营主体办事的有8项，涵盖企业变更、开办运输企业、开办餐饮店等企业准入准营事项3项，水电气网联合报装、信用修复、企业上市合法合规信息核查等企业经营发展事项3项，企业破产信息核查、企业注销登记等企业退出事项2项；属于个人办事的有新生儿出生、教育入学、社保卡服务、残疾人服务和退休等5项，所有事项围绕企业和个人两个全生命周期重要阶段，属于高频、面广、企业和群众反映问题多的事项，充分体现了聚焦企业和群众的急难愁盼问题。此次《指导意见》在继承衔接以往文件的基础上，更加注重调动部门和地方能动性，首批推出的13个"一件事"全部来自各地区各部门探索成熟的工作实践，通过文件形式向全国推广，既是各地政务服务改革成果的集中展示，也能够促进各地互学互鉴形成良性"赛马效应"。

以北京市"企业破产信息核查一件事"为例。企业破产信息核查是企业进入法定破产程序后的一项法定工作，《中华人民共和国企业破产法》和《中华人民共和国公司法》均明确由法院指定破产管理人行使。2020年，在北京市优化营商环境企业座谈会上，企业和破产管理人协会反映，办理企业破产信息核查时各部门要求不同，体验感是政出多门、缺乏统筹、较为不便。首先，办理标准不一，各部门要求提交的材料少则一两份、多则七八份，有的部门不仅要求提交材料，还要求法官到场才能查询，管理人常因材料不全导致"多次跑"；其次，办理地点分散，管理人要去不同部门分别查询，经常"满城跑"；最后，办理时间较长，据管理人协会反映，核

查信息最长达4个月之久。

同年，北京市率先对"企业破产信息核查"关联事项进行梳理重组，统一规范。统一设窗口，在市级政务服务大厅设置"企业破产信息核查"专门办事窗口；统一增事项，统一增设市场监管等9个部门"企业破产信息核查"公共服务事项，明确受理条件、办理流程、办理时限；统一申请表，将破产要核查的企业注册登记、车辆、地产、房产、货物通关等资产信息和人员社保缴存、人员医保缴存、人员公积金缴存、纳税缴税、关税缴纳等缴费信息统一整合进一张表单；统一认身份，通过一套材料对破产管理人身份统一认证，真正实现"一窗受理、一表申请、一并出件"集成办理，使"企业破产信息核查"标准统一、办理规范，破产管理人办事更加便利。截至2023年12月31日，北京市"企业破产信息核查"窗口共办理查询12885件，被破产管理人誉为"神仙窗口"。此后，北京市又将经验推广到"企业上市合法合规信息核查"，延展至北京市政务服务网实现线上线下一站式查询，并推动在各区级政务服务大厅落地，广受企业好评。

下一步，北京市将认真落实《指导意见》的各项要求，持续优化政务服务平台功能和服务，在更多领域更大范围实现"高效办成一件事"。

一是推动改革举措落地落实。构建"高效办成一件事"服务体系，在全面落实国家要求"一件事"的基础上，按照"办理高频、涉及面广、企业和群众反映问题多"的标准和北京实际，进一步拓展事项范围和服务领域，推动更多"一件事"高效一次办成。

二是加强线上线下深度融合。以国家政务服务平台为总枢纽，加快推进"一件事"全程网办，强化电子证照、电子签名、电子印章应用，加快推进数字平台建设和数据共享应用，推动"一件事"系统协同，实现线上线下标准统一、融合互通。

三是推进区域通办优化协同。立足京津冀政务服务协同、北京城市副中心政务服务高质量发展、北京及雄安新区政务服务同城化等重点方向，围绕疏解企业关切，会同津冀及雄安新区统筹研究"一件事"办理，方便企业和群众区域办事就近办、异地办、远程办、网上办，促进区域市场要素流通。

四是坚持数据赋能改革创新。注重顶层设计和基层探索有机结合、技术创新和制度创新双轮驱动，以数字赋能倒逼"一件事"制度变革、业务变革、模式变革，完善与数字政务建设相适应的规章制度，依法依规推进技术应用、流程优化和制度创新。

五是推动改革经验成果固化。对标国家部署要求，充分借鉴外省市行之有效的经验做法，每年确定一批重点事项，实行清单化管理，建立"高效办成一件事"常态化推进机制，推动实现"一地创新、多地复用"，为全国政务服务效能提升贡献"北京经验"。

（人民网，2024 年 1 月 17 日）

以政务服务增值化改革 推动"高效办成一件事"落地见效

浙江省委全面深化改革委员会办公室

2024年初，国务院印发《关于进一步优化政务服务提升行政效能推动"高效办成一件事"的指导意见》（以下简称《指导意见》），对深入推动政务服务提质增效，在更多领域更大范围实现"高效办成一件事"，进一步提升企业和群众获得感作出系统部署。党的十八届三中全会以来，浙江先后实施"四张清单一张网"改革、"最多跑一次"改革、数字化改革、营商环境优化提升"一号改革工程"等重大改革，实施"一件事"集成改革，最大限度利企便民，不断提升行政效能。2023年以来，浙江创新实施政务服务增值化改革，作为牵引推动营商环境优化提升和政务服务迭代升级的重要抓手。《指导意见》的出台将进一步为浙江纵深推进政务服务增值化改革指明方向路径、明确关键重点。

一、深刻领悟"高效办成一件事"的重要意义

党中央、国务院高度重视优化政务服务、提升行政效能工作。各地区各部门不断深化政务服务改革，相继推出了"只进一扇门""最多跑一次""不见面审批""一网通办""一件事一次办""跨省通办"等系列改革举措，在减环节、减时间、减材料、减跑动方面取得了积极成效，政务服务水平和便利度显著提升。《指导意见》是在新发展阶段，聚焦企业和群众急难愁盼问题和更高层次的服务需求，围绕"办成"和"高效"出台的政务服务优化提升纲领性文件。

（一）"高效办成一件事"体现了以人民为中心的核心理念

《指导意见》聚焦当前企业和群众在办理政务服务事项时依然存在的业务不协同、系统不互通、标准不统一、服务不便捷等堵点、痛点问题，以"高效办成一件事"推动企业和个人两个全生命周期重要阶段"一件事"高效办理，实现办事方式多元化、办事流程最优化、办事材料最简化、办事成本最小化，最大限度利企便民，不断增强企业和群众办事满意度、获得感。

（二）"高效办成一件事"强化了对政务服务的系统性设计和整体性部署

《指导意见》以习近平新时代中国特色社会主义思想为指导，全面贯彻落实党的二十大精神，坚持问题导向和目标导向相结合，从企业和群众视角出发，对进一步优化政务服务进行系统设计和整体谋划，明确将"高效办成一件事"作为今后一段时间优化政务服务、提升行政效能的重要抓手。同时，《指导意见》充分吸纳了近年来北京、上海、浙江、江苏等地关于政务服务改革的创新经验和典型做法，在此基础上进一步提炼深化，是政务服务改革领域具有集大成意义的指导性文件。

（三）"高效办成一件事"有力赋能营商环境优化提升和高质量发展

《指导意见》立足新发展阶段，服务高质量发展，统筹线上线下服务资源，围绕企业和个人两个全生命周期构建政务服务链条，进一步强化模式创新、流程优化和数字赋能，推动惠企政策智能推送、"免申即享"，一站式为企业提供政策、法律、金融、人才、科创、贸易等优质衍生服务，打造定制化、套餐式、模块化的涉企服务"一类事"场景，将有力赋能企业降本增效。

二、准确把握"高效办成一件事"的重点任务

《指导意见》以基本形成泛在可及、智慧便捷、公平普惠的高效政务服务体系，实现企业和个人两个全生命周期重要阶段"高效办成一件事"重点事项落地见效为总体目标，从加强渠道建设、深化模式创新、强化数字赋能、推动扩面增效、夯实工作基础等5个方面提出16项具体改革举措，

明确了优化政务服务、提升行政效能的实现路径和重点方向。

（一）突出规范便捷促提升

要在政务服务标准体系和规范指引下，全面加强服务渠道建设，推动线上线下融合发展，实现线下办事"只进一门"、线上办事"一网通办"、企业和群众诉求"一线应答"。要健全政务服务工作体系和工作机制，强化服务人员职业能力培养和专业队伍建设。要加强政务服务立法研究和制度保障，及时修订和清理不相适应的行政法规、规章和规范性文件。

（二）突出智慧高效优服务

要注重改革引领和数字赋能双轮驱动，充分发挥国家、省、市三级政务服务平台支撑作用和数据共享实效，持续加强大数据、区块链、人工智能等新技术在政务服务领域的创新应用。要强化政策、业务、系统、数据协同和服务主动精准推送，深入推进政务服务关联事项集成办、容缺事项承诺办、异地事项跨域办、政策服务免申办等创新服务模式，为企业群众提供更为高效便利的办事体验。

（三）突出泛在可及拓供给

要在优化基本政务服务的基础上，推动服务扩面增效、增值赋能。要健全线上线下帮办代办体系，为老年人、残疾人等特殊群体提供陪同办、代理办、优先办等服务。要结合实际，建立专班服务、专员跟进保障重大项目落地的服务机制。要推动水电气热、网络通信等和政务服务密切关联、企业群众高频办理的公共服务事项进驻政务服务中心，接入政务服务平台。要推动政务服务从便捷化向增值化迭代升级，提供更加精准化、个性化的优质衍生服务。

三、以政务服务增值化改革推动"高效办成一件事"在浙江高质效落地

《指导意见》提出要全面推动政务服务扩面增效，拓展增值服务等内容，为浙江省持续深化政务服务增值化改革明晰了目标、方法和重点。下一步，我们将坚持制度创新、数字赋能双轮驱动，坚持政府、社会、市场三侧协同，进一步优化基本政务服务、融合增值服务，以纵深推进政务服

务增值化改革实现"高效办成一件事"在浙江省高质效落地落实落细。

（一）加快打造形神兼备的线下服务中心

线下依托各地政务服务中心，整合分散在部门的涉企服务事项，设立企业综合服务中心，因地制宜设置涉企服务板块，营造温馨舒适服务环境，精心选配"首席服务专员"，进一步优化提升企业办事体验感。以企服中心为载体，"一个口子"受理、流转、督办、反馈企业需求，打通融合各方要素资源，建立完善涉企服务机制规范，承接政企恳谈会、政企沟通见面会等活动，打造成为党委政府优化营商环境和涉企服务的中台枢纽和桥梁纽带。

（二）迭代优化智慧便捷的线上服务平台

线上依托省一体化在线政务服务平台（"浙里办"）开辟企业综合服务专区，实现省、市、县三级贯通，推动企业办事的应用、网站、移动端等向专区整合。开发"政策计算器"功能模块，实现企业办事一键直达、惠企政策一键获取。以实施国家电子营业执照集成应用试点为契机，构建"企业码"应用体系，打造千企千面的企业空间，推动企业办事"一码通行、一码通展、一码通办、一码通达"。围绕"方便找、易登入、好操作"不断优化交互体验，确保数据安全稳定，增强用户使用黏性。

（三）全力构建高效闭环的诉求解决机制

依托各级企业综合服务中心打造涉企问题"中台"，建立涉企问题主动发现机制，"一口子"集成"涉企问题库"，筛选过滤形成"涉企问题池"。推进涉企问题分类分层分级交办落实，着力破解问题收集碎片化、涉企信息不对称、解决流程不闭环等难题，确保涉企问题"件件有着落、事事有回应"。强化涉企问题的复盘分析，推动解决普遍共性问题的经验做法固化为制度成果。构建基层、企业、第三方等多主体参与的评价体系，定期归集并实时监测省市县乡各级涉企问题收集办理情况，建立健全激励约束机制。

（四）拓展完善多元参与的涉企服务机制

构建政府、社会、市场一体协同的服务模式，打造多元协同、开放包容、合作共赢的涉企服务"朋友圈"。重点聚焦企业在项目、政策、金融、人才、法治、科创、开放、数据等方面的共性需求，全面梳理涉企服务事项，推动核心业务集中进驻企业综合服务中心，上架企业综合服务平台。引导和推动国有企业、高校院所做好涉企服务事项的深入挖掘和丰富叠加。鼓励各地积极探索涉企纠纷市场化解纷、建立"金融顾问"、市场化运营企服平台等多元主体服务新模式。

（五）全面形成集成赋能的产业服务体系

针对过去涉企服务大多着眼于单个企业或同质化企业集合的问题，创新全产业链服务模式，完善全要素保障、全生态构建、全链条增值等机制，增强资本、数据、科技人才等资源要素对产业链的赋能，推动服务链与产业链、资本链、创新链、人才链深度融合。不断挖掘拓展增值服务事项，力争实现企业全生命周期、地方特色产业全链条、民营经济高质量发展需求全覆盖。鼓励市县围绕当地产业发展需求，因地制宜打造形成定制化、套餐式的涉企服务"一类事"新场景。

（六）积极探索服管融合的新型服务形态

强化高频涉法风险预防的行政指导和法律服务，推动监管从"处罚为主"向"预防为主"转变，让企业提前知晓法律"底线"和运营"风险点"，自觉不触"红线"。事前构建形成企业自律、政府监管、社会监督相结合的产业合规体系，组建合规中心、编制产业合规指引。事中推行"信用＋智慧"监管模式，完善跨部门全链条监管机制，做到无事不扰、有事必到。事后全面推行行政处罚决定书与信用修复主动告知书"双书同达"，建立信用修复信息共享机制，实现一处修复、多处共用。

（人民网，2024 年 1 月 17 日）

聚焦"高效""办成"两个关键点
推进政务服务"智慧精准""公平可及"

上海市政府办公厅

2024 年初，国务院印发《关于进一步优化政务服务提升行政效能推动"高效办成一件事"的指导意见》（以下简称《指导意见》），明确了系统性优化政务服务的改革路径，构建了整体性提升行政效能的工作格局。上海正全面贯彻落实习近平总书记考察上海重要讲话精神，推进城市服务精细化、精准化，深化"一网通办"改革，优化政府治理流程，提升政府履职能力。《指导意见》对进一步深化政务服务模式创新、强化政务服务数字赋能、优化政务服务能力供给提出的新理念、新要求，对上海具有重要指导意义。

一、优化战略布局，明确行政效能提升工作主线

《指导意见》系统集成了近年全国政务服务改革创新举措，进一步深化业务首创性改革和技术引领性创新，从渠道供给、模式创新、数字赋能、扩面增效四个维度，重新定义了"高效办成一件事"改革内涵，明确了"高效办成一件事"的范畴涵盖政府部门为企业群众提供的各类办事服务，将"高效"和"办成"作为政务服务改革的核心目标，具有很强的指导性和引领性。

在渠道建设方面，明确"一门、一网、一线"三个主渠道，线下办事"只进一门"，线上办事"一网通办"，企业群众诉求"一线应答"。在服务创新方面，以企业群众的办事需求牵引政府职能转变，提出"集成办、承

诺办、跨域办、免申办"等改革，为各地服务模式创新指明了方向。在数字赋能方面，强化全国一体化政务服务平台"总枢纽"作用，推动"条块"系统更好融合互通，推动国务院部门数据按需向地方"回流"和"直达"基层，加强在办事服务场景中的新技术应用，有力支撑各地政务服务数字化转型。在扩面增效方面，强化了线上线下帮办代办的制度安排，特别是对专业人工帮办代办提出了明确的要求，有效解决了线上办事难、办事慢、办事繁的问题。

上海认真践行"人民城市"重要理念，将优化业务流程、创新服务模式、拓展服务渠道、强化数字赋能作为深化改革的四个核心维度，将政务服务"好差评"和线上线下帮办作为深化改革的两项关键制度性安排，推动政务服务实现"智慧精准""公平可及"。

二、重塑行政方式，聚焦职能再造推动流程再造

《指导意见》跳出传统的政府服务逻辑，以政府职能转变引领政务服务流程优化和再造，提出一系列政务服务创新模式。

一是关联事项集成办。将涉及多部门或跨层级办理的关联事项集成办理，对13项重点"一件事"明确地方牵头部门，为地方推进集成服务改革提供了有力支撑。目前，上海已实现多个事项"一次告知、一表申请、一套材料、一窗（端）受理、一网办理"，平均减环节72%、减时间58%、减材料77%、减跑动83%，累计办件量超1450万件。

二是容缺事项承诺办。结合事中事后监管，对适合的事项推进"告知承诺＋容缺办理"。上海根据政务服务事项实施难度、风险可控程度、服务对象信用状况等，采用申请材料后补或免交、实质审查后置或豁免等方式，签订告知承诺书，明确办理条件，约定责任义务，建立基于信用承诺的极简审批制度。如上海"公共场所卫生行政许可"事项实行告知承诺制度，申请人承诺两个月内提交卫生检测或评价报告、公共场所卫生管理制度等，即可当场发放许可证，审批办理时限从15个工作日缩短至当场办结，申请人在卫生功能布局、设施设备等齐全后，可第一时间取得《公共场所卫生许可证》。

三是异地事项跨域办。提出"远程虚拟窗口"新模式，为企业群众提供远程帮办服务，更好满足企业群众异地办事需求。上海会同苏浙皖三省，探索将"远程虚拟窗口"在长三角应用于跨省通办，通过"屏对屏"同屏在线，获得"面对面"服务体验，2023 年 6 月 6 日上线以来，已提供超 1.1 万次"远程虚拟窗口"服务，有效推进长三角区域"不破行政隶属、打破行政区划"一体化服务。

四是政策服务免申办。强化数据归集共享，推进惠企利民政策逐步实现"免申即享"，特别针对法律法规明确要求依申请办理的事项，明确了主动推送、自愿申领的实施路径，避免了法律风险。上海聚焦惠企利民政策和服务，运用大数据分析和精准画像能力，市区两级已累计推出"创新型企业专项金融支持""残疾人交通补贴""对学前教育、基础教育、普通高中、中职等教育阶段家庭经济困难学生实施资助"等 296 项政策服务"免申即享"，推动政策精准"滴灌"，确保"应享尽享"。

三、强化数字赋能，实现政务服务改革能级跃升

《指导意见》要求全面强化政务服务数字赋能，充分发挥政务服务平台支撑作用，着力提升政务数据共享实效，持续加强大数据、区块链、人工智能等新技术全流程应用，有力支撑地方推动政务服务由人力服务型向人机交互型转变，有力推动政务服务由经验判断型向数据分析型转变。

上海正以技术引领性创新推动城市数字化转型，围绕营商环境和个人全生命周期服务，应用 AI 辅助简化申请流程，推进申请材料结构化、审查规则指标化、数据比对智能化，为企业群众提供智能预填、智能预审、自动审批等智能服务，通过技术赋能破解办事服务中的痛点堵点，打造"智慧好办"服务品牌，推进办事过程"少填少交智能审"。2023 年，超 200 项高频依申请事项实现平均预填比例达到 78%，平均预审比例超 90%，大幅提升"首办成功率"和审批过程便利性、公平性。如上海"建设工程规划许可"事项，以一个 28 幢楼的商品房项目为例，改革前，需手动录入 699个字段，涉及 17 项材料，申报过程需 1 小时左右；改革后，AI 图形自动解析共 504 项指标、智能汇总核算 141 项指标，手动填写字段仅 10 个，填表

正确率提升至 100%，首办成功率由 67% 提升至 90.2%，申报过程仅需 5 分钟，应用"一张图"AI 辅助空间分析与多图比对，审批时间由 20 个工作日缩短至 5 个工作日。

下一步，上海将全面贯彻落实《指导意见》部署要求，以智慧化牵引政务服务改革和营商环境优化为主线，注重顶层设计系统性、改革举措引领性、技术应用创新性，聚焦营商环境和重点民生领域，打造"智慧好办"政务服务品牌，推动实现"799"服务效能，申报预填比例 70%、"首办成功率"90%、人工帮办解决率 90%；推进惠企利民政策和服务"免申即享""直达快享"；打造上海特色"021"帮办服务体系，服务"0"距离不间断、线上和线下"2"条渠道、专业人工帮办"1"分钟内响应。创新"远程虚拟窗口"服务模式，支持跨区域通办，打造更高水平的长三角一体化政务服务，将上海"高效办成一件事"改革成果向长三角、长江经济带辐射，惠及更多企业群众，赋能全国统一大市场建设，助力经济社会高质量发展。

（新华网，2024 年 1 月 18 日）

强化数字赋能、优化政务服务
全力推动"高效办成一件事"

江苏省数据局（省政务办）

党的十八大以来，习近平总书记多次就数字政府建设作出重要指示，明确提出要全面贯彻网络强国战略，把数字技术广泛应用于政府管理服务，推动政府数字化、智能化运行，为推进国家治理体系和治理能力现代化提供有力支撑。2024年初，国务院印发《关于进一步优化政务服务提升行政效能推动"高效办成一件事"的指导意见》（以下简称《指导意见》）。《指导意见》围绕"高效"和"办成"的目标要求，强化政务服务系统性设计和整体性部署。本轮机构改革，江苏省、市、县三级组建数据局加挂政务办牌子，注重改革引领和数字赋能双轮驱动，深入转变政府职能，建设人民满意的服务型政府。《指导意见》的出台为今后一段时期优化政务服务、提升行政效能提供了方向指引和重要遵循。

一、突出以人民为中心的服务宗旨，推动"一件事"既"能办"又"好办"

《指导意见》锚定优化政务服务、提升行政效能的工作目标，聚焦企业群众急难愁盼问题，围绕"高效办成一件事"加强整体规划，破解业务不协同、系统不互通、标准不统一、服务不便捷等问题，清单式推进工作，分两阶段实现企业和个人两个全生命周期重要阶段重点事项落地见效。同时，坚持传统服务方式和智能化服务创新并行，提出线下办事"只进一门"、线上办事"一网通办"，持续优化服务模式，让群众和企业体会到实实在在的变化。

近年来，按照党中央、国务院决策部署，江苏坚持"用户思维"，聚焦企业和个人全生命周期，在广泛征求基层和社会意见基础上，在全省统筹逐步推出了企业开办、新生儿出生等 26 个高频"一件事"集成办，并支持市、县层面结合实际推出跨境电商、企业上市等特色"一件事"。在此基础上，创新完善办理流程，提出"一张清单、一窗（端）受理、一次告知、一表申请、一套材料、一次提交、一次反馈、一次分办、一窗（端）出件、一号服务"的"十个一"办理模式，提供主题式、套餐式服务。打造线上通办平台，在江苏政务服务网开辟"一件事"专栏，提供全省统一办事入口，优化统一身份认证系统，推动集成办理事项办理相关业务系统互联互通、业务协同，实现"一次登录、全网通办"。优化线下联办服务，对全省各级政务服务大厅按照事项集中、业务趋同、职能相近原则进行窗口整合，实行"前台综合受理，后台分类审批"，全面设立"一件事"综合受理窗口，建立线下受理窗口与各联办部门工作协调机制，规范窗口运行和服务行为，做好事项受理、材料流转、分类审批、统一出件等环节的无缝衔接，保障"一件事"全流程按时办结。目前，全省集成办"一件事"办件已达530 万件，"减环节、减材料、减时限、减跑动"平均达到 60% 以上，办事难、办事慢、多头跑、来回跑等问题得到明显改善。

二、突出数字赋能改革引领，推动"一件事"既"一次办"又"高效办"

《指导意见》系统总结了近年来各地各部门行之有效的创新举措，着力推进关联事项集成办、容缺事项承诺办、异地事项跨域办、政策服务免申办，以改革攻坚推动创新突破。要求全面强化政务服务数字赋能，充分发挥政务服务平台支撑作用、着力提升政务数据共享实效、持续加强新技术全流程应用，通过增强帮办代办能力、丰富公共服务供给、拓展增值服务内容，全面推动政务服务扩面增效。

江苏将"一件事"改革作为深化政务服务"一网通办"提升数字政府建设效能的重要抓手，大力推进全流程线上办理、高效办理。深化政务服务条块统合，建设江苏省数字政府政务中台，构建业务中台、数据中台、技术中台和服务调度"3+1"体系，建成并发布59项通用能力，完成90项模型构建和数据融合，形成14个专题库和2个标签库；同时，由"一件事"牵头部门建设"一件事"省级统建系统平台、统一受理端口，形成全省一个系统并与省数字政府政务中台高效对接。强化数据共享应用，编制数据共享需求和电子证照社会化应用场景清单，建设"一件事"专题库，建成上线省公共数据开放平台，提供接口3967个。推动电子证照、电子印章、电子签名、电子档案等在"一件事"集成办中的应用，9类电子证照可实现"免提交"，其中14个"一件事"实现表单共享数据字段"免填写"，新生儿出生可实现线上零材料办理。积极拓展多元服务，推动基层"一件事"集成办事项与全科服务深度融合，按照"一件事"入口环节，将综合受理窗口延伸至助产医院、派出所、退役军人服务中心，满足不同办事主体个性化需求。强化"政银合作"，统筹利用银行网点等资源，建成2200个"农商·苏服办"营业网点、10343个"农商·苏服办"便民服务点，共有245项政务服务在各地农商行网点上线，为群众就近办事提供了极大的便利。

三、突出制度体系标准体系建设，推动"一件事"既"便利办"又"规范办"

《指导意见》要求健全政务服务标准体系，编制修订国家政务服务事项基本目录，推动同一政务服务事项受理条件、服务对象、办理流程、申请材料等要素在全国范围内统一；编制集成办理"一件事"工作指引和办事指南；充分发挥法治引领和保障作用，强化相关业务领域的制度保障，破解集成办、承诺办、跨域办、免申办等创新服务模式的制度障碍；完善数字化应用政策配套，保障电子证照深度应用、电子档案单套制归档等的法律效力。

江苏始终坚持依法推进改革，2019年，在全国率先出台促进政务服务便利化的地方性法规——《江苏省促进政务服务便利化条例》，要求"相关事项实行一窗受理、集成办理"，为"一件事"改革提供法律支撑，明确了电子签名、电子印章、电子证照、电子档案的法律效力，破除了线上全流程办理制度障碍。同时，加强服务标准制定，成立江苏省政务服务标准化技术委员会，制发公共数据管理规范、政务外网 5G 平面建设两项地方标准，牵头编制长三角公共数据分类分级指南、"一人一档"和"一企一档"主题库建设指引等三项标准规范，实行行政许可事项清单管理，加快推进同一事项在全省同要素管理、无差别受理、同标准办理。完善服务体系建设，构建以政务服务中心、便民服务中心为主体，便民服务站、服务点为延伸补充的全覆盖网络化五级政务服务体系。在全国率先开展政务服务办事员职业技能等级认定，提升政务服务队伍专业化、职业化水平，进一步引领政务服务工作高质量发展。

"高效办成一件事"是向企业群众作出的"承诺书"，进一步优化政务服务、提升行政效能是向各地区各部门发出的"动员令"。江苏将认真贯彻落实《指导意见》明确的任务要求，以"高效办成一件事"作为 2024 年度政务服务工作的主线，积极探索、改革创新，推动政务服务提质增效，进一步便利企业群众生产经营与办事创业，为激发经济社会发展内生动力，建设全国统一大市场作出江苏新贡献。

（新华网，2024 年 1 月 18 日）

集成创新、重点突破
以"高效办成一件事"为重要抓手优服务提效能

河南省行政审批和政务信息管理局

2024 年初，国务院印发《关于进一步优化政务服务提升行政效能推动"高效办成一件事"的指导意见》（以下简称《指导意见》），在全面总结近年来我国政务服务改革工作基础上，针对业务不协同、系统不互通、标准不统一、服务不便捷等问题，以"高效办成一件事"为重要抓手，对进一步优化政务服务、提升行政效能作出全面部署。

《指导意见》坚持以人民为中心的发展思想，坚持问题导向和目标导向相结合，注重改革引领和数字赋能双轮驱动，统筹发展和安全、线上和线下，运用系统思维进行整体设计，明确了 2024 年、2027 年两个阶段目标和 5 个方面 16 项重点改革任务，既与之前政务服务改革和数字政府建设相关文件的改革措施相互衔接，体现出政策的一致性、延续性，又与时俱进吸纳了部分地区的新探索新实践，体现出改革的集成性、创新性，为各地各部门今后一段时期做好优化政务服务工作指明了方向，提供了遵循。

同时，《指导意见》突出重点，发布 2024 年度"高效办成一件事"重点事项清单，明确健全"高效办成一件事"重点事项清单管理机制和常态化推进机制，步步为营、年年有成，积小胜为大胜，推动形成泛在可及、智慧便捷、公平普惠的高效政务服务体系，实现企业和个人两个全生命周期重要阶段"高效办成一件事"重点事项落地见效。

一、一体五端，以多元渠道推动服务可及

《指导意见》着眼线上线下一体融合、服务泛在可及，全面加强政务服务渠道建设，推进线下办事"只进一门"、线上办事"一网通办"、企业和群众诉求"一线应答"。这三个方面，涵盖了服务中心（站）、自助终端、政务服务平台、移动端、12345 政务服务便民热线等五个服务渠道，系统性构建了以全国一体化政务服务平台为总枢纽、五端融合发展的政务服务渠道体系，有效满足企业和群众办事方式多元化需求，让政务服务便捷触达每一个角落、每一类人群。

河南依托省一体化政务服务平台，积极推进"一体五端"（PC 端、移动端、大厅端、自助端、客服端）协同运转，带动线上线下深度融合。实施"大厅之外无审批"，以建成运行省级政务服务中心为牵引，在"三集中三到位"改革的基础上，全面推进省级审批服务窗口、事项、人员、环节、系统 5 个"应进必进"，打造新时代政务服务综合体。实施"平台之外无审批"，推动 95.1% 的事项实现全程网办，7195 项事项实现掌上办。依托省级 12345 政务服务便民热线平台，整合各类咨询投诉渠道，加强与纪检监察机关协同联动，建立受理、办理、反馈、回访等"有诉即办"闭环工作机制，并积极推动"点办理"向"批处理"、"有诉即办"向"未诉先办"转变。

二、重塑流程，以模式创新升级办事体验

《指导意见》坚持改革引领，在梳理近年来先行地区实践探索和创新经验基础上，总结出关联事项集成办、容缺事项承诺办、异地事项跨域办、政策服务免申办等"四办"，以流程重塑、模式创新推动实现办事流程最优化、办事材料最简化、办事成本最小化，最大限度便民利企。这些改革措施，在继承之上有发展、集成之上有创新，如提出"一类事一站办"，推行"告知承诺"和"容缺受理"组合模式，明确申请材料可后补或免交、实质审查可后置或豁免，创新提出运用"远程虚拟窗口"为企业和群众异地办事提供远程帮办服务等，将进一步引领各地各部门政务服务改革向纵深

推进。

河南以"四减一优"（减环节、减材料、减时间、减跑动、优流程）为切入点，积极推进集成办、承诺办、跨域办、免申办。按照全省"事项统一、流程统一、办事指南统一"的标准，省级统筹推进 45 个全省"一件事一次办"事项落地实施。在全省推行企业投资项目"标准地＋承诺制"改革，推动拿地即可开工，如郑州航空港实验区比亚迪整车制造项目，从签约到开工建设仅用 37 天，17 个月顺利投产。推动与全国 25 个省份 108 个县（市、区）开展协作，累计实现 1391 项事项"跨省通办"。建设省惠企政策免申即享平台和政策条件库、企业画像库、政策匹配库，推行惠企政策"扎口发布、系统智审、点单直达、政策秒兑"。

三、强化支撑，以数字技术赋能好办易办

《指导意见》注重数据赋能和平台支撑，针对国家垂管系统联通、国省数据平台级联等各地各部门反映强烈的问题，首次提出国务院部门在整合本领域政务服务业务系统基础上，要与全国一体化政务服务平台以数据接口等方式联通，推动数据回流和直达基层，对各地各部门在政务服务改革中疏堵点、破难点，推动实现三个"免于提交"等具有重要意义。《指导意见》顺应数字时代政务服务改革的趋势，鼓励创新开展新技术全流程应用，推动政务服务由人力服务型向人机交互型转变、由经验判断型向数据分析型转变，并对完善智能预填、智能预审等平台功能，优化智能问答、智能搜索、智能导办等服务提出具体要求。

河南按照"打基础、促应用"的思路，制定实施审批业务系统整合融通工作方案，启动省一体化政务服务平台重构升级和多端融合，梯次推进省、市两级存量审批业务系统整合及与省一体化政务服务平台统一受理系统以实时接口方式联通工作，已实质性联通 71.5% 省级政务服务事项。加快省政务大数据平台和"四电"（电子证照、电子材料、电子印章、电子签名）系统建设，基本完成与国家数据平台级联工作，正在组织与试点市数据平台的级联，2024 年将完成数据直达基层任务。各地积极探索新技术应用，推进智能审批、智能导办等服务，如濮阳市采取"云网签""一码关

联""政银合作""智能审批""税费同缴"等技术，深度对接不动产登记、税款征收等系统，实现不动产登记业务全流程网办和秒办秒结。

四、改革扩面，以领域拓展丰富服务供给

《指导意见》着眼构建公平普惠的政务服务体系，增强帮办代办能力，提供线上高频服务事项专业人工帮办代办、智能帮办服务，也优化线下帮办代办机制，兼顾老年人、残疾人等特殊群体需求。同时，在传统政务服务领域基础上，鼓励向公共服务、衍生服务领域拓展，推动水电气热、通信等公用事业领域，行业协会、市场化专业服务机构等涉企服务资源，纳入线上线下服务渠道办理，更大程度、更大范围为企业和群众提供公平普惠的政务服务与优质衍生服务。

河南各级政务服务中心普遍建立帮办代办队伍，实行"进门有引导、办事有辅导、全程有帮办、结果免费寄"的全程无偿帮办代办模式。漯河市组建红黄蓝马甲队伍，打造"漯政帮"服务品牌，构建多层级、全方位、精准化政务帮办体系，2023年为企业群众提供辅导20.3万余人次，解决各类问题245个。信阳市推行"区块链＋政务服务"，创新打造不动产交易登记一体化平台，实行不动产登记交易、缴税、登记和水、电、气过户等6个事项跨领域集成办理，目前已办理4470件。郑州市高新区开展金融助力专项行动，构建企业金融服务产业链，打造"银税互动"特色服务，实现对专精特新"小巨人"企业"点对点"个性化帮扶，助力解决融资难、融资贵问题。

五、筑基垒台，以体系建设夯实工作基础

《指导意见》突出强基固本、注重体系建设，要求加强政务服务标准总体设计，健全各类标准规范，推动同一政务服务关键要素在全国范围内统一，编制集成办理"一件事"工作指引和办事指南；强化制度供给，破解"四办"等创新服务模式的制度障碍，完善数字化应用配套政策，发挥法治引领和保障作用；健全工作体系，推进五级政务服务体系建设，推进综合窗口人员统一配备和职业化发展，建设政务服务专业化队伍，以系统的标

准体系、完善的制度供给和专业化的工作体系全面夯实政务服务基层基础。

河南建立健全政务服务制度规范和标准体系，推进政务服务中心窗口管理规范、12345 政务服务便民热线工单处理规范等 16 项省级地方标准编制修订工作，推动《河南省优化政务服务条例》列入省人大立法调研。制定省级统一的事项要素模板，推行省、市、县三级同一政务服务事项的申请材料、办理结果、法定时限等 32 个要素全省统一。省行政审批政务信息管理局举行全省首届 12345 政务服务便民热线职业技能竞赛，漯河市举办政务服务改革创新竞赛暨技能大赛，商丘市按照行政办事员国家职业技能标准对综合窗口人员进行等级认定、定岗晋级，政务服务从业人员素质不断提升，逐步向规范化、职业化发展。

下一步，河南将全面、深入贯彻落实《指导意见》的各项部署要求，找差距、补短板、强弱项，以系统性重塑行政审批制度为牵引，以数字政府建设为支撑，全面加强政务服务渠道建设，深化政务服务模式创新，强化政务服务数字赋能，推动政务服务扩面增效，夯实政务服务工作基础，为企业和群众提供更多泛在可及、智慧便捷、公平普惠的政务服务。

（新华网，2024 年 1 月 18 日）

强化数字赋能、优化服务供给
双轮驱动助推企业和群众体验感再提升

河北省数据和政务服务局

2024 年初，国务院印发《关于进一步优化政务服务提升行政效能推动"高效办成一件事"的指导意见》（以下简称《指导意见》），从全面加强政务服务渠道建设、全面深化政务服务模式创新、全面强化政务服务数字赋能、全面推动政务服务扩面增效、全面夯实政务服务工作基础等 5 方面作出具体部署。

总体来看，《指导意见》从企业和群众的视角出发，将"高效办成一件事"作为优化政务服务、提升行政效能的重要抓手，坚持"四个统筹"，即统筹问题导向和目标导向、统筹改革引领和数字赋能、统筹发展和安全、统筹线上线下融合发展，探索以"一件事"为"小切口"，破解政务服务中的关键掣肘和体制机制"大障碍"，进一步优化政务服务，提升行政效能。《指导意见》作为政务服务领域未来一段时间的顶层设计和关键性引领，主要有以下 4 个特点。

一、紧扣企业和群众需求，把"问题点""需求点"转化为着力点

《指导意见》顺应企业和群众对政务服务不断升级的需求，推进线下办事"只进一门"、线上办事"一网通办"、企业和群众诉求"一线应答"，促进政务服务供给与群众需求有效对接。一是办事更规范。通过合理布局政务服务场所，统一规范线下办事大厅和窗口，增强服务的规范性、一致性，

同时拓展更多分散的便民服务站点，将服务送达百姓身边。二是网办更便捷。以国家政务服务平台为总枢纽，做好线上服务"统一入口、数据共享、事项办理"三项关键要素整合和协同，助力网上可办向好办易办转变。三是回应更贴心。发挥12345热线承接、传达和回应企业群众诉求的重要作用，建立健全快速响应、限时整改和监督反馈管理模式，推动破解问题关口前移，为企业群众配备24小时政务服务"总客服"。

近年来，河北省坚持以人民为中心，聚焦企业群众急难愁盼问题，推出了"一网通办""一件事一次办""双盲"评审等一系列改革措施；打造了省市县乡村五级线上线下深度融合的政务服务体系，推动政务服务事项"应进必进""应上尽上"；将12345便民热线作为优化营商环境的重要抓手，以"马上就办，真抓实干"的态度当好群众"服务员"、企业"策划师"，在优化营商环境、促进市场公平竞争等方面持续深入探索，并取得实效。

二、深化模式创新，推动不同业务场景办事方式、流程、渠道变革

《指导意见》系统总结近年来各地区各部门行之有效的创新举措，进一步提出优化政务服务的目标和任务。一是普及应用"集成办"。打破办事多部门跑动的局面，积极引入数字技术，实现表单合并、流程简化、材料复用，让更多事项实现一次办。二是推进容缺事项"承诺办"。以诚信守诺为前置条件、以风险分析为中间手段、以审管联动为后置补充，利用信用评价"小切口"促进办事服务"大提升"，以"承诺办"撬动企业群众"放心办"、工作人员"大胆批"。三是深化跨域"异地办"。依托全国一体化政务服务平台"跨省通办"业务支撑系统，推行异地远程代办、线下代收代办等新模式，实现异地办事不出门，为区域协同发展提供支撑。四是兑现政策"免申办"。加快推进惠企政策免申即享，构建一体化政策梳理、发布、汇集、解读、兑现工作机制，搭建政策条件库、企业画像库、政策匹配库，推动惠企政策直达快享。

三、强化数字赋能，以更多智慧便捷的新技术应用不断优化办事体验

《指导意见》强调深化平台建设、数据共享和新技术应用，以新技术应用推动服务模式创新和流程优化，以"小切口"解决大难题，倒逼服务优化和行政效能提升。一是强化底座支撑。推动地方部门"条块"系统融合，增强统一身份认证、电子印章、电子证照等基础能力建设，夯实"高效办成一件事"支撑底座。二是强化数据支撑。针对企业群众办事数据壁垒、材料重复提交等问题，拓展数据共享渠道，让更多信息"免填写"、材料"免提交"。三是强化新技术支撑。超前布局新技术应用，以人工智能技术探索智慧填报、智能问答等新应用，以区块链技术探索可信留痕鉴证，在增强帮办、代办、协办方面形成新突破，让政务服务更加智慧便捷高效。

河北省持续优化行政审批服务，提升行政审批效能，出台《河北省优化行政审批条例》等一系列政策法规。整合对接"一件事一次办"相关业务系统 37 个。建设一体化政务大数据体系，汇聚公安、民政等 1665 类数据。充分运用电子证照、电子印章等技术，实现高频证照在业务领域广泛应用。

四、延伸服务触角，在助企发展、惠及民生上持续丰富服务功能

《指导意见》突出重点，建立常态化清单管理机制，按照"高频、面广、问题多"的标准，每年确定一批"高效办成一件事"重点事项，逐项制定办理规范，对账销号推进落实，逐步实现企业和个人全生命周期重要阶段"高效办成一件事"。一是积极延伸增值服务。搭建政企间、部门间、产业链上下游对接桥梁，推动"高效办成一件事"在更多应用场景落地生效。二是加速关键资源链式集聚。围绕公共教育、劳动就业等重点民生领域，分类研究制定政策措施，为加快科技创新、产品创新、成果转化提供极简审批和全方位服务。三是丰富公共服务供给。大力推动水电气暖网等市政公用服务与关联审批一窗受理、集成服务，从企业群众需求角度，梳

理整合服务套餐、优化办理流程，提升"高效办成一件事"办理载体功能。

河北省在省市县共设立 202 个企业服务中心，统筹涉企服务功能，提供政策、审批、人才等 10 类服务。重点围绕新一代电子信息技术、生物医药等五大重点产业，聚焦主导产业延链补链强链需要，梳理上下游配套，加速关键资源链式集聚，形成营商环境"关键要素丛"。将查询、咨询等非依申请公共服务事项纳入清单管理，提高公共服务供给能力。

《指导意见》的发布为优化政务服务、提升行政效能规划了蓝图、指明了方向。下一步，河北省将深入贯彻落实习近平总书记重要指示批示精神和党中央、国务院决策部署，聚焦企业和群众办事堵点、难点，增强"主动跨前一步"服务意识，以抓铁有痕的干劲、踏石留印的韧劲将《指导意见》落到实处。同时，学习借鉴国家部委、兄弟省市先进经验做法，推出一批符合河北特色的便民利企"一件事"，为全国优化政务服务、提升行政效能贡献更多河北经验，积极打造"不求人、少跑腿，快办在河北"的全国一流政务服务品牌，为加快构建新发展格局、推动高质量发展注入强劲动力。

（新华网，2024 年 1 月 18 日）

第二部分　理论研究

网上政务服务平台集约化建设研究：
理念、框架与路径

清华大学教授　孟庆国
清华大学博士后　王友奎

近年来，在党中央、国务院的统筹部署和大力推动下，我国政府信息化快速发展，各类电子政务应用取得积极成效，成为各级政府提升工作效率、提高服务水平、支撑科学决策、提升社会治理能力的有效抓手。当前，随着新一代信息技术的快速发展，以数字化、网络化、智能化为特征的信息化浪潮蓬勃兴起，全球各国纷纷开展政府数字化转型。我国高度重视数字化建设的谋划布局，党的十八大以来，党中央提出了网络强国战略，要求把数字技术广泛应用于政府管理服务，推动政府数字化、智能化运行，为推进国家治理体系和治理能力现代化提供有力支撑。

2014 年 2 月，中央网络安全和信息化领导小组第一次会议召开，习近平总书记首次提出建设"网络强国"的战略目标；2017 年 10 月，党的十九大报告明确提出了建设"数字中国"的战略目标；2019 年 10 月，党的十九届四中全会提出推进"数字政府"建设；2022 年 6 月，国务院发布《关于加强数字政府建设的指导意见》（国发〔2022〕14 号），从国家顶层设计的高度，对新时代全面建设数字政府作出了清晰定位和规划部署。数字政府作为建设网络强国、数字中国的基础性和先导性工程，是推动经济社会高质量发展、再创营商环境新优势的重要引擎，是创新政府治理理念和方式、推进国家治理体系和治理能力现代化的重要举措。

作为提升政府治理能力推进治理现代化的重要手段，政务服务数字化转型和"互联网＋政务服务"工作受到党中央、国务院高度重视。2016年4月，习近平总书记在网络安全和信息化工作座谈会上强调"要以信息化推进国家治理体系和治理能力现代化，统筹发展电子政务，构建一体化在线服务平台"，指明了"互联网＋政务服务"的发展方向。此后，党中央、国务院连续印发《关于加快推进"互联网＋政务服务"工作的指导意见》（国发〔2016〕55号）、《关于在线政务服务的若干规定》（国务院令第716号）等一系列重要文件，部署推进政务服务工作。2024年初，国务院印发《关于进一步优化政务服务提升行政效能推动"高效办成一件事"的指导意见》（国发〔2024〕3号），将"高效办成一件事"作为优化政务服务、提升行政效能的重要抓手，提出"形成泛在可及、智慧便捷、公平普惠的高效政务服务体系"的目标。

在党中央、国务院的统筹推进下，各地区各部门积极开展数字化改革，推进网上政务服务平台建设。但长期以来，分散建设一直是制约网上政务服务的关键，标准规范不统一、建设模式不一致、数据共享程度低等问题长期存在。作为网上政务服务的入口，由于职责不明确、技术平台不统一、制度规范不完善等原因，基层网站"更新不及时、内容不准确、服务不实用、互动不回应"等问题普遍存在，降低了群众的获得感和满意度。作为移动互联网时代党和政府联系群众、服务群众、凝聚群众重要渠道的政务新媒体，其"一哄而上、一事一端、一单位一应用"等问题，"僵尸""睡眠""雷人雷语""不互动无服务"等现象时有发生，对政府形象和公信力造成不良影响。

在此背景下，传统分散建设的模式已不能适应网上政务服务平台的发展要求，"集约化"思路就显得非常重要。要以集约化建设为"小切口"，推动政务服务效能"大提升"。《关于加快推进全国一体化在线政务服务平台建设的指导意见》（国发〔2018〕27号）明确指出，要"推进各地区各部门政务服务平台规范化、标准化、集约化建设和互联互通"，"整合各类政务服务资源，协同共建，整体联动，不断提升建设集约化、管理规范化、服务便利化水平"。《关于推进政务新媒体健康有序发展的意见》（国办发〔2018〕123号）明确指出，要"严格按照集约节约的原则统筹移动客户端等应用系统建设"。在国务院办公厅组织开展的政府网站集约化试点工作中，要求试点地区按照"集约节约"思路，围绕集约化平台、标准规范、信息资源库、一体化服务和安全保障等方面进行探索。

但在推进网上政务服务平台集约化建设中，部分地区和部门对集约化认识不足、理解不到位，存在着不少误区，制约了集约化的进程和成效。基于此，本文基于整体政府、无缝隙政府和集约化等理论，分析了网上政务服务平台集约化的核心理念，提出了集约化"三维一体"的总体分析框架，剖析了集约化的内涵，并以政府网站为例提出了集约化的关键路径，以期为各地各部门推进集约化提供参考。需要特别说明的是，本文所指的"网上政务服务平台"，是一个整体性和综合性概念，既包括全国一体化政务服务平台，也包括政府网站、政务新媒体、政务热线和其他各类通过网络提供政务服务的渠道。这些渠道之间有较强的内在关联性，同时也有较强的差异性和侧重点，下文将展开论述。

一、理论基础和核心理念

（一）理论基础

1. 整体政府和无缝隙政府理论

20 世纪 90 年代后，随着新公共管理运动的深入开展，服务碎片化困境日益凸显，跨部门协同成为政府改革理论与实践关注的焦点，以整体政府为代表的理论应运而生。整体政府是一种通过横向和纵向协调的思想与行动，以实现预期目标的政府治理模式，具有合作"整合性""合作性"和"跨界性"等典型特征。其中，"整合性"主要体现在组织结构整合、信息资源整合、业务整合、服务和提供途径整合及文化整合；"合作性"主要体现在"内、外、上、下"4 个维度，其中"内"指组织内部的合作，"外"指组织间的合作，"上"指目标设定的由上而下以及对上的责任承担，"下"是指以需求为服务宗旨以及让服务对象参与；"跨界性"主要体现在上下级政府之间的"纵向协同"、同级政府之间或同一政府不同职能部门之间的"横向协同"，政府与非政府组织之间的"内外协同"。

无缝隙政府理论作为电子政务和数字政府建设的基础理论之一，以顾客、竞争和结果为导向，打破传统的部门界限和功能分割的局面，整合政府各个部门、人员和其他资源，以统一的界面为公众提供优质高效的信息和服务。针对传统官僚制强调纵向层级控制和横向职能分工带来了层级化、分割化和破碎化等问题，无缝隙政府理论强调了一种整体性、连贯性与灵活性，打破原本孤立的、分散的、各自为政的政府部门职能边界，提供一种以公众需求为导向、精细化、个性化、全方位覆盖的公共服务，协调和整合构成了无缝隙政府运作的核心。

整体政府理论和无缝隙政府理论尽管侧重点不同，但都是对新公共管理运动所带来的"碎片化"等问题的反思和回应，都强调对政府功能的整合、以顾客或公民为导向、依赖于现代信息技术等。网上政务服务建设，强调整体性、系统性和协同性，秉承整体政府和无缝隙政府理论强调的整体协同、集约共享、开放创新等理念，是对传统服务模式的巨大变革，客观上要求对管理、业务和技术架构进行重塑。网上政务服务平台作为政府对外服务的窗口，要通过集约化打破部门和职能的界限，从整体和全局视角出发，通过跨部门的数据共享、流程再造和业务协同，使政府服务方式从"碎片化"转变为"一体化"，群众和企业办事从"找部门"转变为"找政府"。

2. 集约化理论

集约化理论诞生于农业经济领域研究，但由于其实质涉及资源的配置与优化，强调通过资源的优化配置增加产出，因此被广泛应用于各个领域。"集约"是相对于"粗放"而言的，这两个相对概念最早由古典经济学家大卫·李嘉图提出，他认为资本和劳动投入在同一块土地上就属于"集约"方式。马克思在《资本论》中提出，"在经济学上，所谓耕作集约化，无非是指资本集中在同一土地上，而不是分散在若干毗连的土地上"。

我国学者自 20 世纪 80 年代以来开始探讨集约化问题，普遍认为集约化是经济发展方式转变的方向和目标，是以提高生产力系统的技术进步与组织管理优化为手段，以生产力要素质的改善和生产力系统整体功能的提高为标志。集约化主要包括两层含义：一是生产力要素集中化、集聚化、密集化的趋势；二是生产力要素的节省化、简约化、精干化的趋势。"集"

与"约"这两种趋势是相互结合、相互渗透和相辅相成的，是由"外延式"即以依靠增加投入扩大规模实现产出量增长的发展模式转向以依靠质量、科技创新和提高效益实现产出增长的"集约型"发展模式转化的过程，伴随观念意识、体制、机制等一系列变化。近年来，有研究将集约化理念引入行政管理领域，强调政府通过将各类资源进行集约化整合，以完成特定时期的特定任务，这种"集约"既反映在政府自身的组织架构和目标设定等内部层面，也反映在政府与市场的关系、政府与社会的关系等外部层面。随着信息化的兴起和快速发展，对网络、数据库、服务器、信息资源等要素的整合和优化，以及应用系统的集约建设和服务的一体化等，成为电子政务领域的关注重点，集约精益的基础设施体系、互联互通的数据资源体系、高效协调的业务应用体系成为推进数字政府改革的技术落脚点。综合来看，这些研究尽管视角不同，但基本理念都是"整合""节约"和"高效"等，基本价值取向都是通过"整合"提高"效率"与"效益"。

（二）核心理念

网上政务服务平台集约化是对原有分散建设、分散服务、分散运维和管理模式的颠覆，是打破传统边界、优化重组的过程，不仅涉及各类资源的整合，而且涉及不同主体和组织间的协同，充分体现了整体政府、无缝隙政府及集约化理论的理念。与传统"碎片化"建设模式相比，"集约化"模式的核心理念在于以下几个方面。

一是"整体性"理念。整体政府作为一种新的治理理念，其主要目的是破解高度分工的政府体制所面临的部门主义、各自为政等问题。无论是整体政府，还是无缝隙政府，都强调一种整体性，特别是公共服务的整体性。网上政务服务平台集约化是一个改变原有碎片化、粗放式的建设管理模式，对各类要素进行重组、优化和配置的过程，是一项系统性工程。需做好顶层设计，加强技术、业务和管理等全方位统筹规划，优化技术、资金、人员等要素配置，完善标准规范、运维管理和安全防护等保障措施，整体统筹推进。从公众视角来看，网上政务服务平台前台提供的服务不再是基于部门分类的、分散的、割裂的，而是基于资源整合的无缝隙的、整体性的、一体化的、一站式的服务。如"一窗受理、集成服务""最多跑一次""一件事一次办"等，就是将传统的"群众多部门跑路"变成"政府内部流转"，实现前端服务的"一次办"和"高效办"。

二是"协同性"理念。网上政务服务平台提供的政府信息和办事服务等内容，涉及各个地区和部门，有的还跨部门、跨层级、跨地区、跨系统和跨业务。这就需要在纵向、横向和内外等多个维度上建立协同联动机制，实现政务服务资源的优化融合和数据互认共享。首先是同级政府或同一政府不同职能部门之间的"横向协同"，实现不同政府间或一级政府内跨部门政务服务联动。其次是上下级政府之间的"纵向协同"，实现"由上而下"的政务数据回流和重要政务信息传递，以及"由下而上"的政务信息汇聚和保障，以实现跨层级的政务服务。最后是政府与公众、企业之间的"内外协同"，服务是网上政务服务平台建设的出发点和落脚点，用户是否满意是评判政务服务的最终标准，网上政务服务平台要认真倾听群众呼声，了解用户需求，建立健全公众和企业协同参与机制，实现高效的互动交流。

三是"整合性"理念。网上政务服务平台集约化是通过各类服务渠道整合资源、提升政务服务效能的过程，具有鲜明的"整合性"理念，具体体现在以下四个层面：第一，对各类政务服务渠道安全稳定运行所需的数字化基础设施的整合，防止基础设施重复建设造成投资浪费，并避免造成信息"烟囱"和"孤岛"。第二，对网上政务服务技术平台的整合。在传统分散模式下，各级各部门服务平台相互割裂，这也是导致应用不联通、数据不联通、服务不联通的主要原因之一。集约化就是要秉承整合理念，在整合基础设施的基础上进一步整合技术平台，实现应用融通。第三，发挥网上政务服务门户的优势、对各类信息和服务应用系统的整合，提供一体化服务，实现服务融通。第四，对多元渠道中信息资源的整合，加强政府网站、政务新媒体、一体化政务服务平台和政务热线等不同渠道信息资源的融合，实现数据融通。

四是"互联网"理念。随着互联网和移动互联网的快速发展，各类在线服务新模式层出不穷，网上政务服务平台建设也应坚持互联网理念。第一，"用户理念"。根据 CNNIC 发布的《第 51 次中国互联网络发展状况统计报告》显示，截至 2022 年 12 月，我国在线政务服务用户规模达 9.26 亿，较 2021 年 12 月增长 515 万，占网民整体的 86.7%，可见我国政务服务用户群体规模之大、增速之快。这就要求网上政务服务要始终贯彻以人民为中心的发展思想，以用户需求为导向，提供实用化、一体化在线服务。第二，是"创新理念"。随着人工智能、区块链和大数据等信息技术与公共管理和服务的日益融合，各种新理念、新模式、新应用层出不穷，且深受网民欢迎。网上政务服务平台也要坚持创新理念，积极探索利用新技术，优化服务方式，提供智能互动、智能搜索、智能推送等智能化服务和精准化服务，改善用户体验，提高用户黏性，提升用户满意度。

二、集约化分析框架与内涵

（一）集约化分析框架

如前文所述，整体政府理论强调以需求为导向，通过联合、协调和协同等方式实现功能整合，以促进公共价值提升；无缝隙政府理论强调政府资源整合和优质高效的无缝隙服务；集约化理论强调依靠生产要素的优化组合和配置使用，提高全要素生产率，以提升总体效益。这些理论尽管在渊源、理念和方法等方面有所区别，但均从不同视角支撑了网上政务服务平台集约化中的若干关键问题，如多主体协作、跨平台联动、资金人力设备等要素优化配置等，为构建集约化分析框架、内涵剖析和路径构建提供了理论支撑。

基于上述理论基础和核心理念，参照国家电子政务总体框架，结合网上政务服务特点，本文从组织架构、支撑架构和业务架构三个维度，构建了"三维一体"的集约化框架体系，如图 1 所示。总体来看，网上政务服务平台集约化要坚持以人民为中心的发展思想，通过统一标准体系、统一事项管理、统一身份认证、统一数据共享等支撑服务，推进数据融通、服务融通、应用融通，实现服务资源优化融合、平台整合安全、数据互认共享、管理统筹规范、服务便捷高效，推动形成泛在可及、智慧便捷、公平普惠的高效政务服务体系，并不断提升企业和群众办事满意度、获得感。

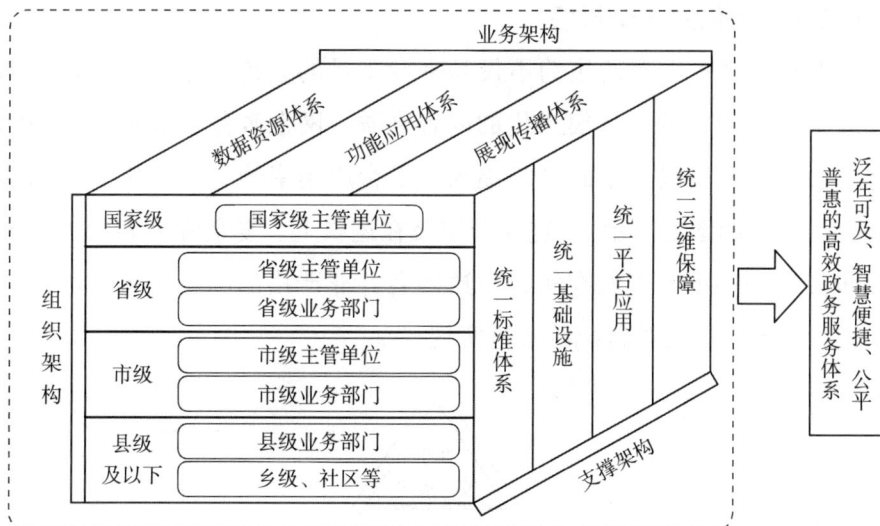

图 1　政府网站集约化关键路径

　　从组织架构来看，集约化强调整体性和协作性，要在政务服务主管部门的统筹布局下，全国一盘棋，坚持问题导向和目标导向相结合，加强整体设计，实现各层级不同组织之间的协同联动。从业务架构来看，集约化强调一体化和无缝隙，要通过集约化整合服务资源，提供实用的信息内容和智能的功能应用，推动更多高频事项网上办、掌上办、一次办，实现办事方式多元化、办事流程最优化、办事材料最简化、办事成本最小化，从"网上可办"向"好办易办"转变。从支撑架构来看，集约化强调统一性和整合性，统一的基础设施和技术平台是基础支撑，统一的标准规范和运维体系是重要保障。

　　网上政务服务平台的集约化不仅是工具和技术层面的集约化，而且体现在协同联动的组织关系、资源要素的优化配置和一体化服务，以及全新的运维管理模式等方面。在上述组织架构中，重点是要处理好多元主体及协作关系；在业务和支撑架构中，重点是要实现技术平台、信息数据和在线服务的整合集约，以及对应标准规范和运维保障体系的建设，这正是集约化的关键内容。具体来看，网上政务服务平台的集约化主要包括以下 4 个层级，并需要处理好 5 个关系。

（二）集约化的4个层级

网上政务服务平台的集约不仅是平台工具的集约，更重要的是数据内容和政务服务的集约。从集约化的内容来看，网上政务服务平台的集约可以分为以下4个层级：基础设施集约、平台应用集约、数据资源集约和服务整合集约（如图2所示）。这4个层级在逻辑上、复杂性上和价值体现上呈逐步提高的关系，当然在实践中这四者并非严格的串行关系，可以自下向上逐层实现，也可并行统筹推进实现。

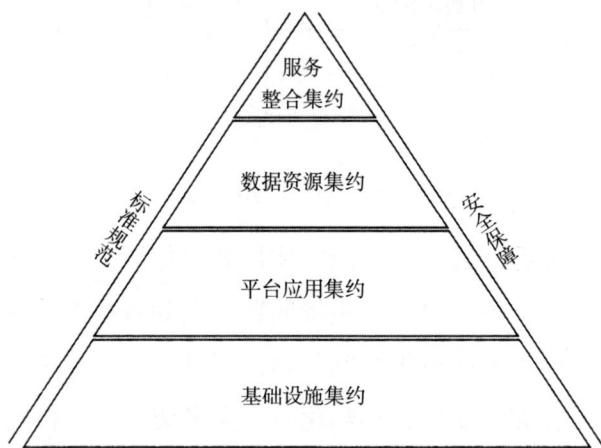

图2　集约化的4个层级

一是基础设施集约，即网上政务服务平台正常运行的基础设置的集约。包括平台运行所需的网络、服务器、存储设备、基础软件和安全等基础设施，为平台运行提供最底层的物理支撑能力。这是网上政务服务平台集约化最基础的层级，主要解决基础设施重复投资、分散建设以及资源利用不充分等问题。

二是平台应用集约，即支撑网上政务服务平台运行的技术平台和工具的集约。在整个政务服务体系中，技术平台和应用起着承上启下的作用，为网上政务服务提供软件环境和功能工具。通过平台应用集约，不仅解决了重复投资、分散建设的问题，而且搭建了统一的技术平台，这是实现标准统一、数据汇聚、数据共享从而破解信息"烟囱"和"孤岛"难题的关键。

三是数据资源集约，即各层级、各地区、各部门政务服务数据的汇聚和共享。基于前述基础设施和平台应用的集约，实现数据资源的标准统一和汇聚共享。数据资源集约既要实现信息资源的集中，更重要的是要建立一整套管理标准和体系，在统一分类、统一元数据、统一数据格式的基础上，实现统一调用和统一管理，为下一步整合提供高质量的服务奠定基础。

四是服务整合集约，即前端服务内容和功能的整合与供给。主要表现在两个方面：一是基于统一的平台和数据，整合跨部门、跨层级、跨地区的服务资源，提供一体化服务；二是利用大数据分析，构建用户画像，挖掘潜在需求，提供个性化、智能化、实用化的服务，提高用户满意度。服务整合集约是集约化的高级阶段，是集约化的核心价值和精髓所在，实现难度也相对更大。

（三）集约化中的 5 个关系

集约化是整合各类要素资源并通过优化配置实现提质增效的过程，不仅涉及一系列要素资源的整合和优化，还涉及多元主体间的协同、多样化渠道间的联动等，是一个复杂的、动态的、系统性过程，需要注重处理好以下 5 个关系：

一是集约方与被集约方的关系。从主体视角来看，整体政府和集约化等理论都强调不同主体之间的协同，这是高效服务得以实现的关键。在网上政务服务平台集约化过程中，有"集约方"和"被集约方"角色之分，需要梳理明确的职责体系，划清责任边界，建立协同联动关系。具体而言，"集约方"往往由主管部门主导，负责平台的统筹规划、开办整合、安全管理、考核评价和督查问责等管理工作，提供平台所需的基础环境，建立统一的标准规范，搭建统一的技术平台，提供统一的应用工具等。而"被集约方"则主要集中于内容提供和服务供给，无须过多关注平台建设。在"集约方"和"被集约方"之间建立清晰的职责体系和无缝的协作关系，是集约化成功的关键。

二是多元服务渠道之间的关系。网上政务服务平台由多样化服务渠道共同构成，大致可分成两类：第一类是综合性、基础性服务渠道，如政府网站、一体化政务服务平台和政务热线等；第二类是移动化服务，如各类移动应用（APP）和通过微博、微信、支付宝等第三方平台提供政务服务的政务新媒体等。这些多样化的服务渠道各具特色，需要在功能定位上有明确区分，彼此之间的关系亦需清晰界定，这也是网上政务服务平台集约化的关键。当然，尽管各类渠道前端界面和服务方式不同，但后端的业务逻辑和数据体系应该是一致的。

总体来看，移动化服务往往是各类基础性服务向移动端的延伸和扩展，以实现各类服务的掌上办、指尖办、随时办等。政府网站、政务服务平台和政务热线之间存在紧密的内在关联性，但又有较强的差异性。《国务院关于加快推进"互联网＋政务服务"工作的指导意见》明确指出，要"依托政府门户网站，加快构建权威、便捷的一体化互联网政务服务平台"，并明确"中央政府门户网站是全国政务服务的总门户，各地区各部门网上政务服务平台要主动做好对接，形成统一的服务入口"。由此可见，政府门户网站是统一的服务入口，政务服务平台通过这一入口为公众和企业提供政务服务，在逻辑上是政府网站的有机组成部分，又具有相对独立的功能体系和服务界面。政务热线作为一种相对传统的服务方式，既可以通过电话为企业和公众提供服务，也可以通过网络端和移动端来受理各类诉求；尽管其前端界面呈现方式多样，但在后端业务逻辑、处理流程以及数据管理等方面，都应保持协同一致，推进企业和群众诉求"一线应答"。

三是上级平台与下级平台的关系。网上政务服务平台作为各级政府和部门对外服务的重要窗口，内部不同层级平台之间的协同联动机制显得尤为重要。在一体化政务服务平台建设中，当前已建立以国家政务服务平台为总枢纽、联通各地区各部门政务服务平台的全国一体化政务服务平台。国家平台为全国各地区各部门平台提供统一身份认证、统一证照服务、统一事项服务、统一投诉建议、统一好差评、统一用户服务和统一搜索服务等"七个统一"服务；各省平台与国家平台实现对接，重点领域信息系统通过大数据平台、共享交换平台等与国家系统实现协同。在政府网站集约化中，上级平台为全省或全市政府网站提供统一平台和基础支撑，下级网站为上级网站提供内容保障和服务供给，也及时转载上级政府发布的重要政策信息，这种上下联动协同机制，助力打造整体联动、同步发声的政府网站体系。

四是各级平台与部门事项的关系。按照国家统筹推进"互联网＋政务服务"和"互联网＋政府网站建设"等要求，各地建立了省级平台和地市级平台，横向整合各部门服务事项。在政务服务平台建设中，各类政务服务事项"应接尽接、应上尽上"，除法律法规另有规定或涉及国家秘密等外，政务服务事项全部纳入同级政务服务平台管理和办理。在政府网站集约化中，县级以上各级人民政府、国务院部门要开设政府门户网站，省级、市级政府部门可按部门网站形式展现，保留相对独立的页面和栏目；县级政府部门以门户网站专栏的形式提供服务。在政府网站集约化模式下，信息资源纳入统一信息资源库集中管理，门户网站和部门网站的后台资源是联通的，但门户网站更有系统性、全面性和综合性，而部门网站只是展现与本部门职能相关的信息和服务，两者是总与分的关系。

五是平台与部门业务系统的关系。在网上政务服务体系中，还有一类重要的组成部分，即各部门的业务系统，如投资项目在线审批系统、商事登记系统和科技项目申报系统等。这类系统往往由业务部门主导建设，与业务流转和内部审批高度耦合，而且系统建设相对较早。按照国家推进一体化政务服务平台和政府网站建设等要求，各部门业务系统应按照统一身份认证、统一事项管理等标准体系，做好与政务服务平台的对接和互联互通，做到"单点登录、全网通办"。从集约整合的角度来看，逻辑相对简单的轻量级业务系统可以优先进行整合和精简，使用统一政务服务平台提供服务；但逻辑复杂、体系庞大且运行良好的中大型业务系统，更多的还是通过对接的方式实现数据共享和业务协同，办事申请"一次提交"和办理结果"多端获取"在前端政务服务平台实现，而后端业务流转和内部审批等环节还是通过业务系统实现。

（四）小结

如上所述，网上政务服务平台是一个综合性体系，不同服务渠道在技术平台、建设模式和运行逻辑等方面有所不同，各渠道集约化的内涵也有差异性。但总体来看，"集"主要是指集中，集合人力、物力、财力和管理等生产要素，进行统一配置；"约"主要是指在集中、统一配置生产要素的过程中，以节俭、约束、高效为价值取向，实现降低成本、高效管理，进而集中核心力量，获得可持续竞争的优势；"化"可理解为一种动态过程，也可理解为实现程度。以政府网站为例，其集约化的内涵可概括为"四统一、两集中、五实现"，即通过统一标准体系、统一技术平台、统一安全防护、统一运维监管，集中管理信息数据，集中提供政务服务，实现资源优化融合、平台整合安全、数据互认共享、管理统筹规范、服务便捷高效，从而推动政府网站建设从分散向整体转变、从单部门服务向多部门协同转变、从单一渠道向多端联动转变、从数据孤岛向互认共享转变、从重建设向重服务转变、从低效向高效转变。

三、高效推进集约化的路径

网上政务服务平台由一体化政务服务平台、政府网站和政务新媒体等多元化渠道构成，各类渠道的发展基础、建设模式和运行逻辑不同。如，一体化政务服务平台在建设伊始，就由国家主管部门进行顶层设计和统筹推进，按照统一标准建设，具有较高的集约化程度；政府网站由于起步较早，各地建设模式差异性较大，近年来在国家主管部门的推动下，部分地区进行了集约化试点，取得了较好成效；政务新媒体由于平台较多，账号管理较为混乱，近年来在国家主管部门的部署推动下也有所改善。在集约化路径方面，不同渠道既有较强的相似性，如统一标准体系、统一技术平台和数据共享交换等；也存在较强的差异性，如政务新媒体的相对分散性和个性化等。下面以政府网站为例，对其集约化路径进行探讨。

高效推进政府网站集约化，应以整体政府、无缝隙政府和集约化等理论为支撑，坚持系统性、整体性、协同性和互联网等思维，以统一的标准规范和运维监管为保障，通过统一的技术平台和信息资源库，实现数据融通、服务融通、应用融通，提供一体化服务，建设整体联动、高效惠民的网上政府，如图 3 所示。

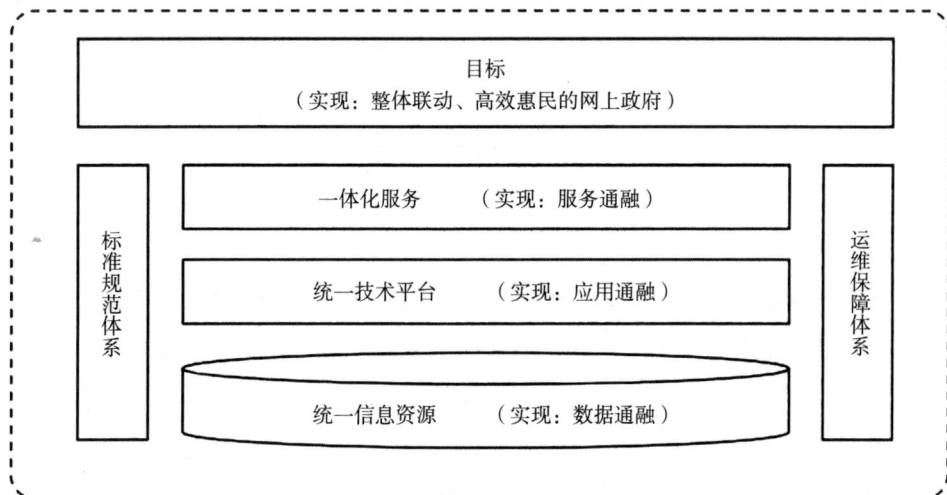

图3 政府网站集约化关键路径

（一）搭建统一的技术平台，实现应用融通

从逻辑上看，基础设施集约是集约的最基础层级，难度也相对较小，在国家部署集约化之前，各地往往是先推进基础设施集约，将系统部署至政务云，然后再推进技术平台集约。但在当前集约化统一部署下，基础设施集约和技术平台集约往往同步推进。在政府网站集约化中，技术平台建设主要有三种模式：

第一种是"全省统一"的统建模式，即由省级主管部门主导，建立全省统一的技术平台，全省所有政府网站都部署在统一平台。第二种是"省级+市级"的分建模式，即省级门户和省级部门网站部署在省级平台，市、县级门户和市级部门网站部署在市级或省级平台；市级平台与省级平台统一标准规范，实现互联融通，避免形成新的"信息孤岛"。第三种是"省级统建，分级部署"的统分结合模式，即技术平台由省级统一建设，但在各地市分别部署；省级网站部署在省级平台，市级和县级网站部署在相应的市级节点，如图 4 所示。

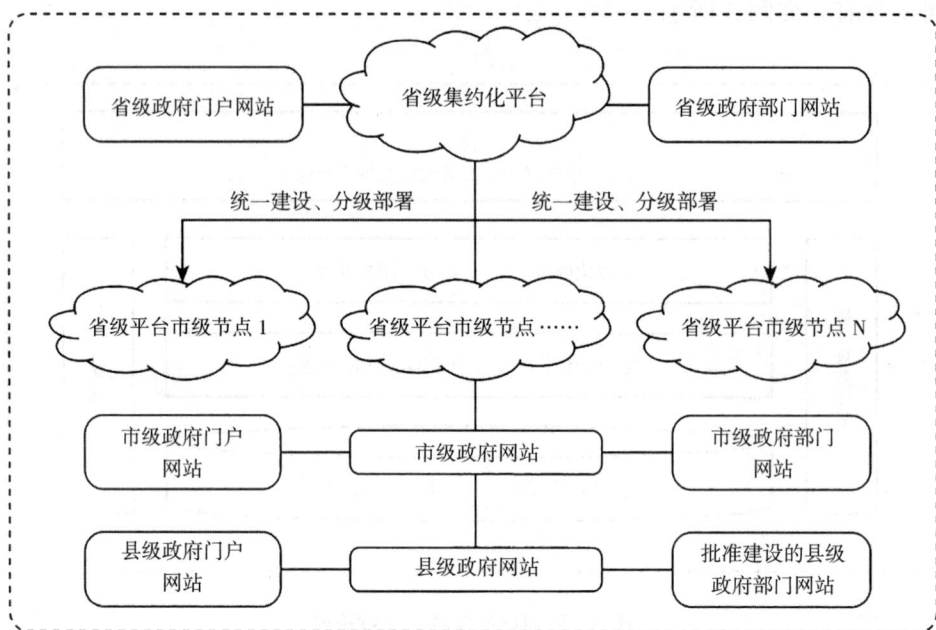

图 4　统分结合模式示意图

上述三种模式各有利弊，主要基于以下四点判断：第一，平台能否高效联通，实现应用通融；第二，省市县三级数据能否高效汇聚，实现数据通融；第三，省级主管单位能否对全省政府网站进行高效管理；第四，是否符合本地区实际情况和应用需求。相对而言，"分建模式"在数据通融、安全防范等方面存在短板，"统建模式"在网络连接、承载并发等方面存在短板，而"统分结合模式"则相对较优，当然最重要的还是要因地制宜，与本地区实际情况相契合。

（二）建立统一信息资源库，实现数据融通

信息资源库是政府网站集约化的基础和重点，是对传统政府网站信息资源管理模式的重大改变。与传统的网站群模式相比，信息资源库模式主要的区别之一就是实现了"数据"与"展现"的相对分离，进一步聚焦于"信息资源"，更好实现资源汇聚、统一管理、深度融合、资源利用、安全监管、传播分享等。资源库模式和传统网站群模式对比情况如表 1 所示。

表 1 统一资源库模式与传统分散模式比较

比较维度		统一资源库模式	传统分散模式
资源特点	标准化程度	高	低
	规范化程度	高	低
	资源同源性	高	低
	资源融合度	高	低
资源管理	内容安全性	高	低
	全流程监管	易	难
资源利用	跨部门利用	易	难
	跨层级利用	易	难
	资源利用率	高	低

信息资源库的定位是资源库建设的基础性问题，也是容易产生误区的问题。在政府网站集约化中，应避免将资源库定位于"备份库"，即网站信息发布时同步抄送到资源库进行备份；而应该定位于"生产库"，即信息资源先进入统一信息资源库，信息发布等应用模块根据前台需要，通过调用规则或接口，从资源库中调用资源，配置生成服务，再在政府网站、移动APP、政务新媒体等渠道展现。

在信息资源的管理方面，可通过人工录入、数据接口、数据库对接、批量导入等方式，实现各类信息资源入库。资源管理主要包括库的管理、目录管理、标签管理、资源检索，以及运行监控、统计分析等，实现对资源的全流程监管。资源调用和利用是资源库的核心价值所在，资源调用是前台网站、移动端及政务新媒体等根据业务模型和需求，基于调用规则和接口，从资源库中调取所需资源，实现前端展现；而资源利用则主要是利用大数据思维和方法，根据用户需求、管理需求或工作需要等，构建分析模型，挖掘不同主体、层级、来源、类别等维度信息资源间的关联关系，发现潜在价值，支撑科学决策、高效监管和服务优化。

（三）整合提供一体化服务，实现服务融通

为社会公众和企业提供实用、好用、易用的一体化在线服务，是政府网站建设的核心，也是政府网站集约化的重要目标。国务院办公厅印发的《政府网站集约化试点工作方案》指出，要"依托集约化平台信息数据资源，以群众喜闻乐见的形式提供标准一致、数据同源的信息数据服务"。

从服务和数据的维度来看，"一体化"主要体现在以下三个方面：一是线上线下一体化。政府网站服务要与实体政务大厅等线下服务相一致，推进线下服务与线上服务融合，实现线上线下功能互补、相辅相成的政务服务模式，做到无缝衔接、合一通办。二是数据资源一体化。无论是"全省统一"模式、"省级＋市级"分建模式，还是"省级统建，分级部署"的统分结合模式，都应基于统一的信息资源库，实现信息资源的统一采集、统一管理和统一调用，实现信息资源的一体化。三是前台服务一体化。政府网站作为"政务公开第一平台"和"互联网＋政务服务统一入口"，具备政务公开、解读回应、在线服务和互动交流等功能，一体化服务需要加强公开、解读、服务和互动模块的相互关联和融合。如，在办事服务中，除了基础性的办事指南和表格下载等服务，还应整合与之相关的法律法规、政策文件、通知公告、规划计划、常见问题等，而不是分散在其他栏目里。

从平台和渠道的维度来看，"一体化"还体现在以下两个方面：一是应用平台一体化。在政府网站集约化体系中，无论是统建模式、分建模式，还是统分结合模式，都在一定程度上实现了技术平台的一体化。各级政府门户网站与部门网站、上级网站与下级网站、前台网站与后台系统、门户网站与服务平台之间实现有机关联和融合，打破传统建设中"各自为政"的局面，实现应用平台一体化。二是多元渠道一体化。基于统一的信息资源库，推动政务信息资源向"两微一端"等延伸拓展，以"同源异现"的方式，实现政府网站与政务微博、政务微信、政务类 APP 等关联融合，更好传播政府声音，提供多渠道、便利化的"掌上服务"。

（四）制定完善的标准规范，实现标准统一

标准规范是政府网站建设发展和集约化的基础，是确保信息资源互联互通的重要支撑。推进政府网站集约化，需要以国家电子政务标准化体系为基础，制定完善的标准规范体系，明确各级各类政府网站在展现设计、服务应用、技术平台、信息资源、安全防护和运维管理等方面的标准和规范。

具体来看，"展现设计"标准主要明确政府网站标识、展现布局、网页标签和地址链接等方面的要求，以规范政府网站前台展现。"服务应用"标准主要明确信息公开、解读回应、在线服务和互动交流等内容和功能方面的具体规范。"信息资源"标准主要明确信息资源的分类、元数据、数据格式、数据调用等标准，为数据的统一调用和管理创造条件。"技术平台"标准主要明确集约化平台的技术架构、功能性能、共享交换等。"安全防护"标准主要明确政府网站的安全管理、技术防护、监测预警和应急处置等。"运维管理"标准主要明确不同单位的职责分工、岗位设置与职责、经费预算和监督考核等内容。

（五）建立健全运维保障体系，实现持续发展

与传统"各自建设、各自运维、各自负责"的模式相比，集约化后的政府网站运维保障模式也呈现了较强的差异性，主要体现在"平台＋用户"运维体系的构建，重点是多元主体之间的职责分工体系和协商沟通机制。其中，"平台方"主要指政府网站集约化平台的管理部门，"用户方"指部署在集约化平台上的政府网站的主办单位及承办单位。

在集约化模式下，"平台方"和"用户方"应明确分工，各司其职。其中，"平台方"负责集约化工作的统筹推进、组织协调和考核管理，以及集约化平台的建设需求、技术路线、系统架构、部署策略、运维机制、安全防护体系等，统一提供技术支撑和安全保障。"用户方"的职责是本网站的栏目策划、内容保障、内容质量、内容安全、链接可用性、日常巡检等工作以及有关经费保障。

四、结束语

本文从集约化的视角，对网上政务服务平台建设的理念、框架和路径进行了探讨。与传统分散建设模式不同，集约化模式强调整体性、协同性和整合性，注重对资源要素的整合和优化，以实现政务服务的提质增效。集约化包括基础设施集约、平台工具集约、数据内容集约和服务整合集约四个层次，在此过程中需要注重处理好集约方与被集约方的关系、多元服务渠道之间的关系、上级平台与下级平台的关系、各级平台与部门事项的关系，以及平台与部门业务系统的关系。从建设路径来看，考虑到不同渠道的基础、特点和逻辑不同，本文以政府网站为例提出了集约化的实践路径，主要通过统一技术平台实现应用融通、通过统一的信息资源库实现数据融通、整合提供一体化服务实现服务融通、制定完善的标准规范实现标准统一，以及建立健全的运维保障体系，实现可持续发展。

基于上述对集约化理念、框架和路径的分析，本文提出以下建议，为更好推进网上政务服务平台的集约化提供参考：

一是深入理解，准确把握集约化内涵和关键。集约化是对各类要素进行优化重组的过程，要坚持整体性、协同性、整合性和互联网理念，准确把握集约化的内涵和关键，避免理解狭义化和实践简单化。此外，集约化还具有动态性，特别是信息资源的开发利用和服务的优化升级，要不断结合新要求、新需求和新技术等，充分挖掘资源潜力，释放信息红利。

二是标准先行，避免形成新的"烟囱"和"孤岛"。建立统一的标准体系，是整合分散资源、建设信息资源库、实现数据交换共享的基础和前提，在集约化过程中要标准先行，制定平台建设、信息数据、运维管理和安全保障等标准规范，在此基础上推进集约化工作，避免形成新的"烟囱"和"孤岛"。

三是服务导向，夯实信息资源库基础。集约化要始终贯彻以人民为中心的发展思想，以用户需求为导向，围绕公众和企业的实际需求，加强信息资源的开发利用，提供可用、实用、好用、易用的无缝隙服务，推进政务服务从"网上可办"向"好办易办"转变，实现"高效办成一件事"，提升企业和群众获得感。

四是因地制宜，选择合适的平台建设模式。集约化有统建、分建和统分结合等多种模式，各种模式各有利弊，在实践中要因地制宜，选择适合本地区本部门实际情况和需求的模式。

五是平稳有序，避免"运动式"突击带来新问题。集约化涉及不同层级、不同组织、不同渠道间的协同，面临理解认识不一致、既有平台不统一、标准规范不一致和数据迁移难度大等诸多问题，要平稳有序推进，不可一蹴而就。

（《中国行政管理》2024 年第 2 期）

增值化改革

——政务服务提能增效的行动策略

浙江工业大学公共管理学院教授　翁列恩

浙江工业大学公共管理学院硕士研究生　唐茜茜

浙江大学公共管理学院行政管理专业博士研究生　齐胤植

高质量发展是全面建设社会主义现代化国家的首要任务。随着我国进入新发展阶段，优化政务服务、提升行政效能是转变政府职能、优化营商环境的应有之义，对于推动政府治理能力现代化、加快构建新发展格局具有重要意义。政务服务改革既是政府职能优化与内部协调运转的前置条件，也是提升人民群众获得感的必然要求。

一、问题的提出

我国政务服务改革以政府职能体系优化为着力点，通过持续推进电子政务、"互联网＋政务服务"、数字政府建设，在政务服务标准化规范化便利化方面取得了实质性进展。以政务公开为起点，2011 年我国出台《关于深化政务公开加强政务服务的意见》，系统梳理了 21 世纪以来我国行政审批制度改革的经验举措，明确了政务服务建设的方向。党的十八大以来，行政审批改革充分借助信息技术推动智能监管、"一网通办"、"最多跑一次"等创新实践，实现监管、服务、审批等方面的权力结构、运行机制、管理手段重构。2016 年起，国家相继出台《推进"互联网＋政务服务"开展信息惠民试点实施方案》《国务院关于加快推进"互联网＋政务服务"工作的指导意见》。通过"互联网＋"、大数据、云计算、人工智能等技术赋能政府职能优化，探索精准挖掘需求、优化职责结构、重塑政务流程、创新政府规制方式，促进政府主体与经营主体之间的有效互动，也改变了传统政务服务的运行规则。2019 年，政务服务"好差评"制度推行后，政务服务改革以群众和企业对政务服务的感受与诉求为出发点，推动了人民满意的服务型政府建设。2020 年以来，《国务院办公厅关于加快推进政务服务"跨省通办"的指导意见》《国务院办公厅关于进一步优化地方政务服务便民热线的指导意见》《全国一体化政务服务平台移动端建设指南》《国务院关于加强数字政府建设的指导意见》等文件相继出台，以数字政府建设为契机推进政务服务事项标准化、服务方式数字化，极大地提升了政务服务便利化水平。

伴随"互联网 +"、人工智能等数字技术与政务服务的深度融合，基于标准化规范化便利化导向的政务服务改革愈发凸显"渐进调适下的可治理性"。然而，从总体看，当前政务服务领域仍处于便利化改革深化阶段，政务服务改革的深入推进与创新发展仍面临诸多难题。第一，政务服务以政府供给为主，对经营主体需求的关注度不足。有研究发现供需不平衡、不对称和不协调是影响政务服务效能的重要原因。一些政务服务改革以政府供给为主导，无法有效识别服务对象需求，导致政务服务供需不匹配。供不应求、供需不匹配、供需失效是降低经营主体满意度的主要原因，影响了群众和企业的获得感。第二，政府部门间协同性不强，与市场、社会的协作机制有待健全。一方面，政府部门内部的协同效能仍依赖于传统条线资源，存在供给碎片化问题。有研究发现，政务服务中心的行政效能受到条线部门的影响及塑造，"互联网 + 政务服务"改革试图实现跨部门协同，但协同仍局限于事务性议题，协同的整体性和系统性不足。另一方面，政府、企业和社会的多元协同机制仍不完善，继而影响到整体性政务服务链的全面贯通。在政务服务范围和内容深层次拓展、集成式社会服务及市场服务需求更迫切的形势下，覆盖面广、多元供给主体协同的政务服务链尚未引起足够重视，制约了政务服务协同效能提升。第三，同一地区政府部门间数据壁垒尚未破除，不同区域政府间存在明显数字鸿沟。有研究关注到数据孤岛、数据垄断、数据失真等现象限制了政务服务水平提升，政务数据因层级、部门、区域隔阻而形成供给不足性降效。同时，在政府间数字鸿沟问题方面，区域之间的数字技术应用支撑参差不齐，数字政府建设效能存在差异都深层次影响到政务服务改革的整体性系统性推进。第四，政务服务标准化建设有待深化，政务服务质量亟需提升。优化营商环境和高质量发展对政务服务提出了由"量"向"质"转变的新挑战，也由此形成了政务服务质量的治理难题。目前，政务服务的统一标准、质量评估、质量监管、绩效问责及质量改进等政务服务质量治理机制有待健全。足见，如何构建政务服务高质量发展的治理机制日渐成为政务服务改革的关键议题。

为更好地解决上述问题，推动政务服务提质增效，党和国家对优化政务服务和推动高质量发展提出了新要求。2024 年 1 月，《国务院关于进一步优化政务服务提升行政效能推动"高效办成一件事"的指导意见》正式出台，提出健全"高效办成一件事"重点事项清单管理机制和常态化推进机制，实现"一件事"高效办理，进而勾勒出到 2027 年基本形成泛在可及、智慧便捷、公平普惠的高效政务服务图景。随着高水平社会主义市场经济体制的推进，政务服务扩面增效要围绕以充分发挥市场在资源配置中的决定性作用和更好发挥政府作用的目标，通过以维护公共价值"民有所盼"和推动政府职能转变"政有所为"为核心的"高效办成一件事"机制创新，进而持续推动营商环境优化，建设人民满意的服务型政府。

围绕在更多领域更大范围实现"高效办成一件事"的新要求，本文以浙江省政务服务增值化改革为典型个案，以涉企政务服务为对象，重点探讨政务服务增值化改革的行动策略，以期为"高效办成一件事"政务服务扩面增效、推动营商环境优化提供生动样本。

二、政务服务增值化改革的理念

（一）概念内涵

传统政务服务的事项、内容及评价标准往往基于政府职能或角色功能定位，取决于政务服务主体的职责及其任务事项的具体规定，因而具有法定性。这与官僚行政体系的层级管理和职能分工也较为契合。然而，从 20

世纪 70 年代末开始，倾向于运用市场型、管理型手段的新公共管理运动将顾客满意、政府绩效管理等引入了行政管理改革，致力于提升行政效率和改进公共服务质量。进入 21 世纪以来，政务服务的规制能力与服务水平在更大程度上影响着市场经济发展状况。世界银行于 2002 年起每年发布《营商环境报告》，选取企业全生命周期重要环节事项，考察经营主体营商办事的规制环境。2022 年，世界银行发布 B-Ready 新评估体系，统一从规制框架、公共服务、效率三个维度评价私营企业营商办事的规制水平、服务能力和效率。世界银行营商环境评价强调企业监管负担、公共服务质量、服务效率三者的合理均衡，同时也注重政府、市场和企业多元主体协同供给公共服务，其理念与政务服务改革创新的发展方向相一致。

"增值"在《牛津英语大辞典》中的定义是"物品在其各个生产阶段增加的价值"。政务服务增值化改革来源于现代管理学中"增值服务"的概念，特指根据顾客需要，为顾客提供的超出常规服务范围的服务，或者采用超出常规服务方法提供的服务，以增加顾客对产品或服务的满意度和忠诚度。将"增值服务"的理念融入政务服务，首先需要厘清两个重要的范畴。一是政务服务的"价值"。作为一个融合客观与主观属性的概念，政务服务价值的内容不仅蕴含着"应不应该办"的价值判断理念，还包括应基于服务对象实际需求提供个性化的衍生服务，进而提升政务服务效率与服务对象满意度。因此，政务服务"价值"具有双重属性，也相应提出了政务服务"硬件""软件"的合理配置要求。二是"增加"赋予政务服务的内涵。政务服务是政府依法履职的行为活动，服务内容、服务流程及服务方式均受到法律规范等制度性约束，政府规制视角下的政务服务更注重考量监管质量和监管负担。那么，在法定职责规定范围之外如何确定需要增加的服务事项？增加哪些服务事项？增加的服务事项是否合乎法律规定？增加的服务事项如何有效供给？增加服务事项是否会增加管理负担？这些都是增加服务事项所要面临的新问题与新思考。

作为一个新概念，本文认为政务服务增值化改革是"高效办成一件事"的创新拓展，是政务服务供给主体在提供相关法律法规规定的基本政务服务之外，以服务对象需求为导向，基于大数据驱动，有效整合协同基本政务服务、市场化服务和社会化服务，拓展延伸服务链，为服务对象提供精准化、个性化高效衍生政务服务的实践探索。其旨在全面推动政务服务扩面增效，提升服务对象办事满意度和获得感，构建泛在可及、智慧便捷、公平普惠的高效政务服务体系。增值化政务服务相较于基本政务服务而言，在服务内容、基本特点、服务对象、服务方式、技术应用、制度保障等方面均有不同的特点，如表 1 所示。

表 1　基本政务服务与增值化政务服务概念辨析

	基本政务服务	增值化政务服务
服务内容	主要提供基础、法定的服务事项	在法定服务事项之外进一步拓展延伸服务链，提供个性化、套餐式、衍生性的服务事项
基本特点	基础性、法定性、普遍性	非法定性、协同性、创新性、精准性
服务对象	人民群众、经营主体	经营主体、人民群众
服务方式	以政府供给为主导的服务模式。政府对市场、社会主体整合力度不足	供需均衡服务模式。整合政府、市场和社会多主体协同提供服务
技术应用	基础的数字化应用，数据共享、系统集成不足	强调跨部门、跨层级、跨区域的数据共享与系统集成，注重数字技术的深度融合，以数据驱动服务优化和决策
制度保障	已有相对完善的法律法规和制度体系作为支撑和保障	改革过程中面临一定合规性风险，需要持续进行制度创新，以保障改革的可持续性

相较于政务服务增值化改革的一般概念而言，浙江省政务服务增值化改革则是更加聚焦于服务企业，侧重促进企业降低成本、增加收益、强化功能、加快发展，致力于增强政务服务各种资源要素在产业链的赋能作用，构建形成全链条、全天候和全过程的为企服务新生态，推进全产业链集成服务的优化提升，为经济高质量发展提供有力支撑。

（二）分析框架："需求牵引—整体协同—数字赋能—质量规约"四维一体理论分析

基于对政务服务增值化概念内涵的剖析，基于新公共服务、价值共创、整体性治理、数字治理、全面质量管理等理论，构建"需求牵引—整体协同—数字赋能—质量规约"四维一体的理论分析框架，以阐释政务服务增值化改革的理论逻辑，如图 1 所示。

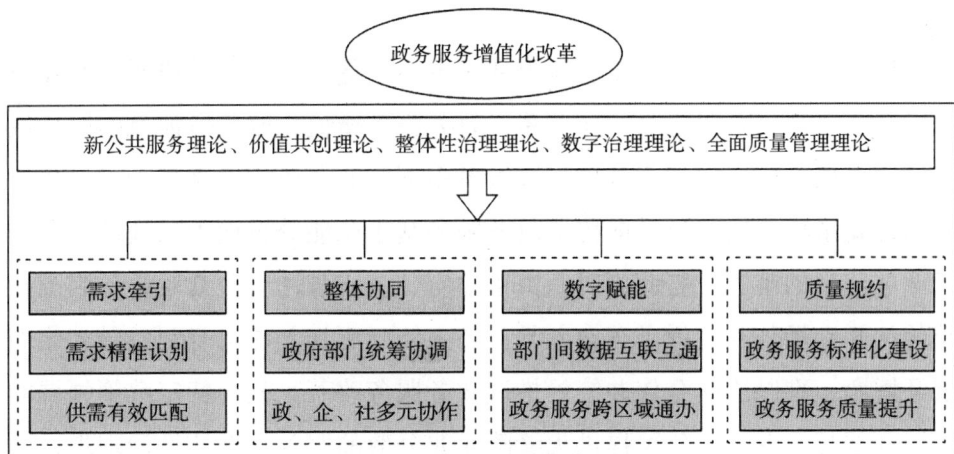

```
                    ╭─────────────────────────╮
                    │      政务服务增值化改革      │
                    ╰─────────────────────────╯

┌────────────────────────────────────────────────────────────────────────┐
│   新公共服务理论、价值共创理论、整体性治理理论、数字治理理论、全面质量管理理论              │
└────────────────────────────────────────────────────────────────────────┘
                                    ⬇

┌─────────────────────────────────────────────────────────────────────────┐
│ ┌──────────────┐  ┌──────────────┐  ┌──────────────┐  ┌──────────────┐    │
│ │   需求牵引    │  │   整体协同    │  │   数字赋能    │  │   质量规约    │    │
│ ├──────────────┤  ├──────────────┤  ├──────────────┤  ├──────────────┤    │
│ │  需求精准识别  │  │ 政府部门统筹协调 │  │ 部门间数据互联互通│  │政务服务标准化建设│   │
│ ├──────────────┤  ├──────────────┤  ├──────────────┤  ├──────────────┤    │
│ │  供需有效匹配  │  │ 政、企、社多元协作│  │政务服务跨区域通办│  │ 政务服务质量提升 │   │
│ └──────────────┘  └──────────────┘  └──────────────┘  └──────────────┘    │
└─────────────────────────────────────────────────────────────────────────┘
```

图1　分析框架

1. 需求牵引

需求牵引维度强调通过准确识别企业动态变化的需求，确保政务服务供给能够有效匹配相关需求。政务服务增值化改革并非法律法规明文规定的服务事项，是政府在法定职能之外所提供的额外衍生服务。界定这些衍生服务及其必要性，其核心是掌握增值服务的需求来源，其本质是需求主导的政务服务精准定位与有效供给。新公共服务理论强调政府应服务公民而非顾客，顾客的需求有先后之分、利益有短期和长期之分，而公民的需求和利益没有先后与短长期之分，因此政府应采取包容性的行政模式，尊重不同群体公民的意见，并为其提供公平公正的服务。一般性的基本政务服务无论在规制监管内容方式或在公共服务质量方面，尚无法适时回应经济社会技术环境的深刻变化，集中体现在监管机构及其制度机制缺乏动态调整性。政务服务增值化改革正是一种适应数字化时代的敏捷治理形态，也是一种法定事项规定以外的政务服务灵活供给方式。政务服务增值化改革以数字化为牵引，建立业务趋势感知机制，提前查找和研判政务服务优化、效能提升的薄弱环节，将解决发展所需、改革所急、基层所盼、民心所向的难点堵点问题作为改革出发点，在现有政务服务体制机制内克服有效供给不足的障碍，基于企业需求整合各种资源，提升政务服务供需匹配程度。

2. 整体协同

整体协同维度侧重于在政府内部实现不同部门间的有效协同以及在政府与企业、社会之间建立协作关系。政务服务增值化改革所涉及的服务或是法定机构及职责框架之外的，或涉及多部门业务流程交叉处理的，或为新问题新事项，这些都指向传统政务服务基于职能分置而无法处理复杂交叉业务流程的难题。与此同时，由于政府、企业与社会公众对政务服务改革的认知立场与利益诉求存在差异，各主体间更加关注自身利益最大化而展开博弈，难以协同合作并统筹推进政务服务改革。整合特定政策领域的不同利益相关者、向公民提供无缝隙而非分散的服务是整体性治理理论的核心要义。在通过政府部门内部协同进而提供整体性政务服务的同时，还需要在公共服务生态系统中促进政府、企业、社会等多元主体积极参与、有效整合资源，进而实现更大程度的价值共创。政务服务增值化改革通过系统梳理跨部门、跨领域、跨层级、跨区域的复杂交叉性涉企服务需求及事项，融合各类涉企"一件事"间的逻辑关系、法律关系、数据关系，拓展延伸服务链，构建整体智治涉企服务新模式。同时，政府有效整合社会服务和市场服务，优化服务资源配置、创新服务供给方式，有效促进服务价值的提升。

3. 数字赋能

数字赋能维度通过应用现代数字技术，致力于打破政府内部数据孤岛和弥合不同地区之间的数字鸿沟，提升政务服务整体效能。在现代政府治理中，数据壁垒和数字鸿沟问题日益成为影响政府效率和公共服务质量的重要因素。同一政府不同部门间存在的数据壁垒，降低了政策制定和政务服务供给的精准性，导致资源重复浪费。不同区域政府间的数字能力参差不齐、存在明显数字鸿沟则加剧了政务服务资源配置的不公平以及政务服务质量的地区差异。数字治理理论强调数字技术在公共部门改革中的重要作用，旨在实现以数据信息共享为基础的部门协同治理。政务服务增值化改革鼓励部门间应通过建立正式与非正式沟通渠道，加深部门间的理解与信任，加强各部门的交流与合作，积极打破部门间的数据流通壁垒。通过运用数字化技术、数字化思维、数字化认知，打造统一的政务服务综合平台，建立健全数据交换与数据共享机制，推动数据高效交互和智能运用，促进数据资源更加普惠可及，消除部门间数据壁垒和地区间数字鸿沟。

4.质量规约

质量规约维度专注于通过建立和实施一系列政务服务标准化规范，完善政务服务供需管理、部门协同、政企社协作、智慧决策、绩效管理、监管效能等方面的质量改进机制，确保政务服务能够实现高标准、高质量的供给，降低企业制度性交易成本。标准化、均等化、可及性对于保障权力规范运行、提高公共服务质量、加强廉洁政府建设、提高政府效能、促进政务服务公平普惠具有重要现实意义，实现政务服务标准化建设是打通政府与公众"最后一公里"的关键举措。我国早在2022年印发了《关于加快推进政务服务标准化规范化便利化的指导意见》，然而至今尚未形成较为统一的政务服务标准，政务服务标准化建设相对缓慢。同时，在政务服务改革由"量"向"质"的转变过程中，如何提高政务服务绩效评估科学性、提升政务服务监管效能、保证政务服务在"增值"过程中的合规性，进而促进政务服务质量提升，也是政务服务改革面临的突出问题。全面质量管理理论（Total Quality Management Theory）强调组织作业流程的质量改进，并指出组织需要渐进式的改进以更好地应对新情况和新问题。政务服务增值化改革注重建立健全政务服务标准体系，通过制定统一的政务服务事项清单，对政务服务事项的受理条件、服务对象、办理流程、申请材料、法定办结时限、办理结果等进行标准化管理。同时，政务服务增值化改革充分考量增值服务合法合规性，在推出各类增值化政务服务的同时，保障改革的正当性和可持续性，从而推动政务服务质量提升。

三、政务服务增值化改革的创新实践与策略选择

党的十八大以来，随着行政审批改革和数字政府建设的推进，各地区各部门不断深化政务服务改革，相继推出"最多跑一次""不见面审批""一网通办"等系列改革举措，在减环节、减时间、减材料等方面取得积极成效，政务服务水平和便利度得到显著提升。其中，从"四张清单一张网"，到"最多跑一次"改革、数字化改革，浙江省改革一直走在全国前

列。近年来，国内经济社会发展面临需求收缩、供给冲击、预期转弱三重压力，地方政府亟须进一步深化改革，推进经济高质量发展。2023 年 4 月，浙江省实施政务服务增值化改革，以整体政府理念持续满足企业需求升级。政务服务增值化改革是营商环境优化提升"一号改革工程"的牵引性抓手。浙江省围绕"一中心、一平台、一个码、一清单、一类事"五个一的核心主线，全面推动政务服务增值化改革，打造为企服务新生态。通过成立企业综合服务中心、搭建线上企业综合服务平台、推广应用"企业码"、编制涉企服务事项清单、打造涉企服务"一类事"场景等改革举措，推动政务服务从便捷服务向增值服务全面升级。

（一）组建机构加强政务统筹协调

企业综合服务中心是围绕企业全生命周期和主导产业全链条，为经营主体提供增值服务而设立的跨部门协调机构。作为政务服务增值化改革的中台枢纽，企业综合服务中心横向上集成各部门、各主体涉企服务事项，加强跨部门业务协同；纵向上构建多层次的涉企服务体系，实现企业需求供给联动。在横向协同上，企业综合服务中心围绕涉企服务增值化的政策目标，聚焦企业生产、经营、发展过程的痛点难点，归集多个关联性较高的综合服务板块，把原来分散在各部门、各主体的涉企服务内容"系统打包"、推向前台，跨越部门之间的业务流程边界，调整与整合不同职能部门的业务流程，以实现涉企服务的联合供给，推动涉企服务由"多头分散"向"一站集成"转变。在纵向协同上，以市级企业综合服务中心联动县级企业服务中心、企业社区，贯通三级服务体系，建立"社区吹哨、部门报到"的工作机制，推动高频涉企服务事项延伸至基层办理，解决企业问题诉求和服务需求，降低经营主体成本，提升涉企服务的可及性与便捷性。

（二）线上平台集成业务高效办理

线上企业综合服务平台，是依托浙江省一体化在线政务服务网（"浙里办"）建设的省级线上企业综合服务平台。作为政务服务增值化改革的线上服务载体，线上企业综合服务平台以"部门服务权责清单""线上服务应用清单""线上服务系统能力清单"（即"三张清单"）为依据，梳理、整合、提升涉企服务应用，建设统一服务功能入口，高度集成线上涉企业务，实现智慧便捷的线上涉企服务。借助大数据和人工智能等技术手段，线上企业综合服务平台重新梳理优化涉企业务流程之间的逻辑关系，推进业务流程的受办分离与权力运行流程的审管分离，从而有效解决跨部门、跨领域、跨层级的在线协作难题，实现涉企服务的高度集成。在政策匹配上，线上企业综合服务平台以"三张清单"为基础，归集涉企应用服务的分类标签、数据标签、内容标签，打造涉企应用服务的标签体系，以服务标签映射用户画像，增强政策推送的精准性，实现从"企业找政策"向"政策找企业"转变。在平台整合上，线上企业综合服务平台通过"三张清单"明确涉企增值服务的整合路径，围绕企业的服务需求，对一批市县应用进行整合优化，缓解平台整合过程中政府部门数字权力博弈导致的数据壁垒问题。在服务供给上，线上企业综合服务平台结合产业链和企业全生命周期的服务需求，以专题模式进行高频和空白服务应用的开发迭代，完善涉企服务的模块化组合，满足经营主体办理涉企服务的个性化需求。

（三）赋码企业实现信息交互共享

"企业码"即企业电子营业执照。依托浙江省一体化智能化公共数据平台，"企业码"将企业等经营主体的各类信息数据关联归集，基于统一的规范与标准对企业信息进行分类、监测和评价，将各类信息分类整合至不同层级的对企服务系统，使模糊、庞杂的经营主体信息简单化与特征化，有效缓解精准治理难题。在政务服务增值化改革过程中，"企业码"并非涉企服务领域内信息通信技术的简单应用，而是通过技术赋能，实现政府、企业与社会公众对涉企服务事项的便捷处理。实践中，企业通过扫码启动相关流程，社会公众通过扫码获取企业信息，服务部门通过扫码提供各类服务，监管部门通过移动终端实现精准分级分类监管。作为一种政府赋权的技术中介，"企业码"将经营主体名下电子证照、资质凭证、电子批文、信用等级、行政处罚、守合同重信用等各类信息数据接入省市县三级重点涉企业务系统，贯通涉企数据信息，实现数据实时共享，降低企业信息搜寻成本，减轻涉企服务行政负担。依托线上企业综合服务平台，"企业码"能够实时获取、更新信息，生成动态结果，实现政府侧、市场侧及社会侧有效信息的实时交互，为增强政务服务供给与经营主体需求适配度提供有效渠道。

（四）事项清单明晰服务规范标准

涉企服务事项清单是在基本政务服务之外，聚焦企业全生命周期的堵点难点问题，提供更广范围、更深层次的政策、人才、金融、法律、科技、数字化等全周期衍生服务的事项。传统政务服务依法设定机构、职责、流程，增值化政务服务则需在法定机构及其职责框架外设置新的服务事项及政策，这意味着"增值"的内容可能具有"非法定性"。涉企服务事项清单的制定，有效地厘清基本政务服务和增值化政务服务的边界，缩减政务服务增值化改革的"模糊空间"，降低政务服务增值化改革过程中的不确定性。在涉企服务事项清单制定过程中，由省级层面先制定全省的涉企服务内容和标准，各地依据省级要求，结合当地产业发展实际需求，征询市场侧与社会侧意见，细化为本地清单事项。涉企服务事项清单通过建立标准化的工作机制，保障增值化政务服务事项的规范统一，促进清单制定与执行的有效衔接。同时，为及时回应企业需求变化，涉企服务事项清单通过建立"多渠道收集企业诉求"和"固化改革举措为增值服务事项"两大机制，实现涉企服务事项的动态性和精准性。

（五）多元协作打通"一类事"服务链

涉企服务"一类事"是指围绕满足企业全生命周期某个阶段、产业链特定节点的服务需求，整合政府、市场、社会三方资源，在提供基本政务服务的基础上，叠加关联度高的增值服务事项，为企业提供个性化、定制化服务的制度设计。作为政务服务的新模式，涉企服务"一类事"整合多方资源，为经营主体提供基本政务服务事项和增值服务事项的组合式服务。依托线上企业综合服务平台与线下企业综合服务中心，经营主体通过"一类事"服务场景，个性化选择需要办理的政务服务事项和需要获取的增值服务事项。传统政务服务供给模式主要由政府主导，整合市场与社会资源能力较弱，涉企服务"一类事"通过推动政府、市场、社会三方服务主体高效协同，统筹政府侧、市场侧以及社会侧三方资源，合力增强政务服务供给，有效提高政务服务效能，满足企业经营发展和主导产业链提升需求。同时，随着区域竞争逐渐演变为全产业链的竞争，以削减制度性交易成本为核心的传统营商环境改革措施面临改革边际效应递减的挑战，亟须围绕企业设立、成长、退出的全生命周期与产业链上下游各环节的全链条，重塑涉企服务体系。涉企服务"一类事"围绕微观层面的企业发展全生命周期和中观层面的主导产业全链条，聚焦企业所处发展阶段、产业链节点的服务需求，聚类高频办理事项，拓展产业链衍生服务，打造整体协同的产业服务体系，为推动"高效办成一件事"落地见效提供有力支撑。

四、政务服务增值化改革的运行机制

自 2023 年初推进营商环境优化提升"一号改革工程"以来，浙江省以整体政府的理念持续满足企业需求升级。其中，政务服务增值化改革作为"高效办成一件事"的创新实践探索，初步实现政务服务从便捷到"增值"的目标。本文选择浙江省政务服务增值化改革多个场景作为代表样本，尝试剖析政务服务增值化改革的运行机制。

（一）需求牵引：打造供需匹配模式

政务服务增值化改革中，政府以企业需求为导向，在适度范围内打破刚性约束，将企业生产经营诉求的"需求升级"作为关键驱动力，积极探寻和响应企业需求，打造政务服务供需匹配模式。一方面，政务服务增值化改革将企业政务服务需求作为前置要件和行动指引。在事项清单梳理、服务流程制定、服务绩效测评等政务服务过程中，政府聚焦服务主体的问题、期望和现实需求。如金华市婺城区为快速响应服务主体需求，改变办理效率低、第三方调取人员信息费时费力、制度性成本高等现状，通过重构第三方信息调取、使用、封存流程，打破政务 2.0 只授权本人查询信息的机制缺失，实现仅通过线上办理就能出具文书和回函流转。金华市婺城区找准服务供需衔接难点痛点，以敏捷互动的价值取向为服务主体供给便捷高效的增值化政务服务，有效回应了企业诉求，节约办理成本 600 余万元，窗口工作效率提升 6 倍，调取信息平均工时从 7 日降到 1 日。另一方面，政府通过打造政务服务供需匹配模式，实现了需求的有效回应。政务服务增值化改革意味着政府部门需新增或改变政策、事项及业务流程，这就要考虑在内部资源合理配置和工作负担合理承受范围之内的供需匹配更精准。杭州市钱塘区为应对人才服务供给与需求适配度的新要求，创新探索人才

安居乐业"一类事"改革。在明确服务对象的基础上，杭州市钱塘区整体围绕人才服务的"需求升级"，按照人才创业创新全生命周期服务逻辑，将人才安居乐业"一类事"从"整个面"角度，梳理覆盖"全链条"的人才服务事项和全部流程，从干事创业、安居乐业两个主要维度厘清分散在各个政府部门的 29 项基本政务服务职责，对资源进行整合与科学配置，促成政务服务供需精准匹配，大幅提升企业办事满意度、获得感。

（二）整体协同：推动多元主体合作

多元主体的协同合作是提升政务服务效能的关键。一方面，政务服务增值化改革贯彻系统性、整体性理念，通过明确"谁来供给""如何供给"，厘清服务共同体的权责，破除政府、社会、市场间优势难以互补与协同仍需加强的现实困境。如杭州市萧山区紧扣政务服务增值化改革目标，通过对区级层面各部门间的整体统筹安排，健全部门联席协调机制、"村社观测、镇街支撑、区级统筹"的诉求反馈提升机制和督查问责机制，整合政府、社会、市场三种资源，打造受理、流转、督办、反馈"一个口子"集成的办不成事窗口。该窗口作为区级企业综合服务中心的兜底机制，增进对企业反映情况的分析研判与理解，将已解决的企业诉求高频、共性服务事项形成普遍问题、重大问题的经验做法，从而固化为改革成果并形成专属增值清单，为企业提供更加便捷可及的增值化政务服务。另一方面，政务服务增值化改革按照整体政府和集成政务的理念，在初步实现政府内部跨部门、跨层级、跨地域的协同以及外部主体即与社会、与市场的跨界协同的基础上，梳理覆盖全链条的政务服务事项和流程，防止供给"碎片化"，破解政务服务"断链"困局。如温州市苍南县聚焦整体，迭代升级"GM2D 一物一码公共服务平台"，搭建"物联网 SaaS 云服务"数字化应用场景，从生产端构建"码上生产"协同制造平台，有效解决流通环节扫码困难的难题，助力企业降本增效。并且，通过基于 GS1 编码体系的"一物一码"为全程载体，全量归集、前后关联产业链各环节数据的"一物一码"增值改革，实现产品全生命周期数据实时采集和可视化管理，以实用技术突破带动经济发展，以更大范围、更深层次的增值化服务来增强企业获得感。综合来看，政务服务增值化改革通过构建数字化牵引的多元主体协同机制，输出了更有获得感和满意度的政务服务。

（三）数字赋能：增强便捷泛在可及

数字化不仅深刻影响着政府之间的组织运作方式，还为政务服务创新提供了核心动力，是实现政府治理现代化、提升公共服务水平和效能的关键所在。一方面，在政务服务增值化改革中，政府部门通过大数据、云计算、人工智能等技术应用，增强在线政务服务配套的软件与硬件，打破政务服务"数据孤岛"与"数字壁垒"。杭州市桐庐县围绕县域工程投资产权保护目标，打破行业、城乡用地标准、工程投资重大轻小缺失赋权等不足，按照全面、系统、法治、科学、增值等要求，重构工程投资项目准入、用地配置、工程建管、运行维护等一件事流程，破除部门间数据壁垒与信息孤岛问题。通过深入开展制度创新、数字赋能，创新小额工程专业工程师负责制和开发"先建设后验证"管理系统，率先实现工程投资产权保护"一类事"增值化服务改革，为加大乡村振兴、专业技术服务业高质量发展，实现城乡资产同权、缩小城乡差距，为房产税合理征收奠定基础。另一方面，在厘清事项基础上，政务服务增值化改革实现数据信息共享集成，消除不同区域政府间的数字鸿沟。如，温州市及其市场监管局创新建设温州电子营业执照综合应用平台，贯通国家、省、市三级数源系统，关联42万企业档案和50万条许可证数据，将信息全部集成到电子营业执照上。扫描"企业码"即可获知30种许可证和其他信息，消弭了政府间的数字鸿沟，推动实现"一扫知全貌"，有效提高了市场信息透明度，促进了市场公平有序竞争。数字赋能不仅推动了政务服务创新升级，也为企业和人民群众带来了更加泛在可及、智慧便捷、公平普惠的公共服务体验。

（四）质量规约：促进服务公平普惠

为应对政务服务标准不统一以及质量评估、质量监管、绩效问责仍有缺口等问题，政务服务增值化改革贯彻整体性设计及可持续性发展理念，在政务服务标准化、规范化、便利化前期建设基础上，设立增值化政务服务标准，构建政务服务质量监管与评估机制。一方面，注重办事极简便捷与政务服务标准规范并重，做到无差别受理、同标准办理同一政务服务事项，为企业供给低成本、高质量政务服务提供基本保障，促进政务服务的公平普惠。杭州市立足数据知识产权质押融资全链条规范服务，通过建设数据知识产权的"存证＋登记＋存储"平台体系，对数据采集脱敏、存证存储、评估融资、融后处置等环节进行优化，进而推出知识产权融贷投评"一体化"创新模式，打通知识产权转化运用服务全链条。通过出台《数据知识产权质押服务规程》《数据知识产权交易指南》地方标准，为数据知识产权转化提供政务服务标准化的先行经验。另一方面，政务服务增值化改革通过构造政务服务闭环管理模式，以全流程监管持续改进政务服务质量，以公正监管促进公平竞争，增强经营主体的获得感和幸福感。嘉兴市桐乡市在推动政务服务增值化改革进程中，围绕涉企排污风险治理集成目标，开发排污许可"一证式"监管平台，创新"评证合一"增值服务，实现环评与排污许可"一口受理、同步审批"。同时，出台《排污许可证证后监管实施办法》，构建排污信息"采集—分析—预警—交办—受理—执法—整改"非现场全闭环管理模式，实现企业持证自管、条块联动监管、社会监督共管格局。

五、增值化改革进一步赋能企业和提能增效的思路

总体而言，政务服务增值化改革遵循政务服务改革的基础逻辑，具有人民需求导向、整体政府协作、政府规制政策三重面向，是新发展阶段政务服务的创新探索。当然，政务服务增值化改革总体上仍处于起步发展阶段，根据营造市场化法治化国际化一流营商环境、加快推进全国一体化政务大数据体系建设的要求，考虑从以下几方面讨论政务服务增值化改革的推进思路。

第一，加强政务服务需求识别能力，推动政务服务从政府供给侧向企业需求侧转变，实现政务服务供需精准匹配。政务服务增值化改革创新的本质要求之一是让政府换位思考，站在企业角度，深入了解企业面临的急难愁盼问题。首先，各级政府要坚持"服务为先"的理念，主动关注并发

掘企业潜在需求。政府部门需顺应企业不断升级的政务服务需求，聚焦办事过程中的痛点难点堵点，从政府主导转向公众参与。其次，准确把握政务服务增值化改革中的互惠性原则。"当人们认识到许多人都在特定类型的场合下运用互惠时，每一个人都能够因值得信任和作为一个互惠者而得到尊重，并因此获得利益。"因此，政府需在充分授权、给予尊重、学习创新、能力培养等方面做好协同配套，形成政务服务增值化改革的良好组织文化。最后，政务服务增值化改革是一项系统性、长期性的工程，只有紧跟时代发展步伐，不断满足企业多元化、个性化的政务服务需求，才能真正实现政务服务的优质、高效、便捷，从而达到供需平衡，实现政务服务资源的高效配置。

第二，拓展政务服务链条，推动政务服务从"点上开花"向"串珠成链"转变，实现政务服务扩面赋能。政务服务增值化改革通过"一类事"延展了政务服务"一件事"的范畴，为政务服务扩面赋能提供实现机制。首先，完善政务服务增值化改革的"上下合力"机制。部分增值化政务服务不仅仅局限于某一层级的职能部门，对上级主管部门也有相应的服务诉求。县（市、区）层面服务对象对省级涉企服务下沉、赋能地方政务服务有较大的需求，例如省级职能部门的政策咨询指导等服务。因此，仍需进一步完善"上下合力"机制，增进政务服务增值化改革的拓展程度，以此形成纵向贯通、横向联动的增值化政务服务系统。其次，健全线上线下业务融合体系。线上线下业务深度融合不仅是畅通增值化政务服务内部运行机制的一项重要任务，更是数字化时代维护政务服务公平价值的体现。要积极开展线上线下业务融合的顶层设计，建立线上线下"上下合力"的标准化运行体系，为线上线下业务有机融合和效能提升提供指引。最后，构建基于多元协同的整体性政务服务链。构建覆盖面广、多元供给主体协同的政务服务链是政务服务协同效能提升的关键所在，应突出政府、市场、社会合力，建构政府、市场和社会之间的良好协作关系，提供更广范围、更深层次、更有价值的衍生服务。

第三，深化线上平台建设，推动政务数据从信息孤岛向互联互通转变，实现政务服务智慧便捷。政务服务增值化改革全周期、全链条的落脚点是政府和市场的服务水平，包括服务资源的系统集成、服务平台的支撑能力等。首先，强化大数据驱动的政务服务供需精准匹配。政府和企业应充分利用大数据、人工智能等技术手段，收集、分析和利用市场信息，实现供需精准对接。通过数据驱动，实现政务服务的个性化、智能化和精准化，提高服务质量和供给效率。其次，加强政务数字化平台支撑。增值式政务服务兼具基本政务服务和增值服务性质，对各种数据资源共享协同有更高要求。对于审批性质的数据，应基于职能建构事项与流程方面数据的共享机制，缩减审批流程，提高政务效能；对于服务性质的数据，应发挥数字化改革优势，基于企业获得感建构线上线下一体的精准服务、便捷服务和暖心服务。最后，数字赋能政务数据互联互通，提升增值化政务服务的数字化效能。各政府部门要建立健全数据共享机制，明确各部门的数据共享责任。此外，还要提升政府部门的数据治理能力，通过数字技术支撑，推进政务服务增值化改革的整体性和系统性。

第四，持续提升政务服务效能，推动政务服务从单一便捷向提质增效发展，实现政务服务公平普惠。增值化服务本质上仍蕴含着公共服务和政府规制的双重属性，因此在识别服务对象政务服务需求的同时，既要体现"增值"，也需兼顾基础性"监管"。首先，对于政务服务的增值内容、增值方式需建立相应标准，明确增值化政务服务的内容与边界。从深度广度和事项交叉的角度，挖掘政务服务的潜在增值需求，精准分析研判增值需求的发展趋势，为增值内容设计提供依据。其次，应以绩效评估衡量政务服务增值化改革的成效。构建包含合法性、效率性、效益性、响应性等维度的政务服务增值化改革评估指标体系，系统科学评估政务服务增值化改革的效果。最后，制度建设是政务服务增值化改革的长远之计。政府部门应加强制度创新，不断完善政务服务相关法规，为改革提供有力的法治保障。同时加强对政务服务各环节的监管，确保服务流程规范、服务质量达标，实现政务服务公平普惠，为企业提供公平、公正、透明的政务环境。

增值化政务服务作为政务服务改革的一项创新实践，其改革的主要做法及行动策略为营商环境建设背景下政务服务效能提升提供了新思路。本文以浙江省政务服务增值化改革为典型案例，着重探讨政务服务增值化改革的行动策略，尝试回应政务服务改革中出现的问题，旨在为"高效办成一件事"政务服务扩面增效和促进营商环境优化提供生动样本。在大数据、人工智能技术广泛应用的数字化时代，政务服务增值化改革如何更好地依托全国一体化政务服务平台，如何更加精准识别企业需求，如何聚焦企业急难愁盼问题，如何实现各类服务、政策与企业需求的高效匹配，如何更大程度提升企业的获得感幸福感，仍将是政务服务增值化改革持续关注的重点。

（《中国行政管理》2024 年第 2 期）

"互联网+政务服务"视阈下网上行政审批便捷度：概念构建与分析维度

中国人民大学公共管理学院副教授　张楠迪扬

电子通信技术（ICT）已经成为世界范围构建数字政府、提供网上政务服务的主要技术手段。党的十八大以来，我国深化"互联网+政务服务"改革，持续提升网上服务能力。2015年，《国务院关于积极推进"互联网+"行动的指导意见》发布，正式提出以互联网技术为引擎，驱动多领域发展。2018年5月，中共中央办公厅、国务院办公厅印发《关于深入推进审批服务便民化的指导意见》，提出要"用最短的时间、最快的速度，把服务企业和群众的事项办理好"。为实现"让数据多跑路、群众少跑路"，"互联网+政务服务""一网通办""全程网办"等网上行政审批制度改革成为我国各级政府探索新一轮改革创新的思路和方向。提升网上行政审批"服务便捷度"的改革也成为国家提升政务服务质量，推进政府治理体系和治理能力现代化，建设人民满意的服务型政府的重要途径之一。

应如何评价改革效果？网上办事是否更加便捷了？哪些维度的哪些指标不够便捷？办事人对便捷度的感知存在哪些区别？这些问题对于评价改革成效、识别改革薄弱环节、优化既有政策、提升政务服务能力具有重要意义。要回答这些问题，首先需要构建网上行政审批"服务便捷度"概念，并提炼系统全面的分析维度。

一、服务"便捷度"及其主要分析维度

（一）服务"便捷度"

第一，"便捷度"（Convenience）。"便捷度"最早获得学界关注集中在市场营销领域，指消费者在购买商品时在时间和精力等方面的非货币性消耗。除了商品本身的使用价值和经济成本，消费者还会在意购买商品对时间和精力的消耗。时间、精力消费的不可挽回性意味着服务选择具有机会成本。因此，服务使用者可能会放弃令其感觉耗费过多时间和精力的服务。

不同学者对"便捷度"的具体维度理解不一，但总体上都关注了时间和精力的消耗。比如，Yale 和 Venkatesh（1986）认为，"便捷度"包含：时间（Time）、使用（Utilization）、获得（Accessibility）、便携性（Portability）、灵便性（Handiness）、合适程度（Appropriateness）、避免其他不愉快经历（Avoidance of Unpleasantness）等维度。Brown（1990）认为，"便捷度"包含 5 个维度：时间（Time）、地点（Place）、获得（Acquisition）、使用（Use）、执行（Execution）。Brown 和 McEnally（1992）认为，"便捷度"包括：获取（Acquisition）、使用 / 消费（Consumption）和弃用（Disposal）。Gehrt 和 Yale（1993）认为，"便捷度"的维度包括：时间（Time）、地点（Place）和努力（Effort）。Seiders 等（2000）认为，"便捷度"包括：获得（Access）、搜索（Search）、拥有（Possession）和支付（Transaction）等 4 个维度，如表 1 所示。

表 1　"便捷度"概念的主要维度

文献来源	维度

续表

文献来源	维度
Yale&Venkatesh（1986）	时间（Time）
	使用（Utilization）
	获得（Accessibility）
	便携性（Portability）
	灵便性（Handiness）
	合适程度（Appropriateness）
	避免其他不愉快经历（Avoidance of Unpleasantness）
Brown（1990）	时间（Time）
	地点（Place）
	获得（Acquisition）
	使用（Use）
	执行（Execution）
Brown&McEnally（1992）	获得（Acquisition）
	使用/消费（Consumption）
	弃用（Disposal）
Gehrt&Yale（1993）	时间（Time）
	地点（Place）
	努力（Effort）
Serdiers et al.（2000）	获得（Access）
	搜索（Search）
	拥有（Possession）
	支付（Transaction）

　　早期对"便捷度"的研究并没有明确区分其不同类型。既有研究对"便捷度"的理解同时包含"商品便捷度"和"服务便捷度"。比如，从Yale 和 Venkatesh 的分析维度中的"可携带性"和"灵便性"更多用来分析商品的可携带性；时间、使用、获得等维度可同时用于分析商品便捷度和服务便捷度。

　　然而两者并不相同。"商品便捷度"与"服务便捷度"具备不同的分析维度，即便对于同一分析维度的表现也不同。比如，"商品便捷度"更多与商品的型号、保质期、包装、设计等因素有关；"服务便捷度"更多与营业时间、服务地点等因素有关。应将"服务便捷度"从"便捷度"中区分出来，作为独立的研究对象进行深入研究。

第二，"服务便捷度"（Service Convenience，SERV-CON）。该概念最初由 Berry、Seiders 和 Grewal 在 2002 年提出。Berry 等认为，"服务便捷度"是用户购买或使用服务时所花费的时间和努力的主观感知。此后，学界多沿用这一概念界定方式，将"服务便捷度"界定为使用者在购买和使用服务时的时间、精力等非货币性消耗。

针对用户使用服务具备多个不同环节的特点，Berry 等认为"服务便捷度"是一个多维度的复合概念，应该根据服务的不同环节构建相应的分析维度。由于服务使用者的时间和精力总是有限的，时间紧迫型服务使用者更希望在服务的各个环节节省时间，比如查询信息、接触服务、购买服务、使用服务等。

根据用户使用服务的不同环节，"服务便捷度"可划分为相应的 5 个维度："决定便捷度"（Decision Convenience）、"获得便捷度"（Access Convenience）、"交易便捷度"（Transaction Convenience）、"获益便捷度"（Benefit Convenience）、"后获益便捷度"（Post-benefit Convenience），如表 2 所示。

表 2 "服务便捷度"概念维度和测量指标

维度（Dimensions）	指标（Indicators）	文献来源（Source）
"决定便捷度"（Decision Convenience）	信息清晰度	（Wangpipatwong，Chutimaskul & Papasratorn，2009；Colwell et al.，2008）
	决策容易度	（Colwell et al.，2008；Seiders et al.，2007；Berry et al.，2002）
	信息的完备程度	（Colwell et al.，2008）
	成本信息获知度	（Wang & Strong，1996；Colwell et al.，2008）
"获得便捷度"（Access Convenience）	服务获取容易度	（Seiders et al.，2007；Colwell et al.，2008；Berry et al.，2002；Gant& Gant，2002）
	营业时间方便度	（Colwell et al.，2008）
	服务地点方便度	（Seiders et al.，2007；Berry et al.，2002）
	服务人员接触方便度	（Seiders et al.，2007；Colwell et al.，2008）
	服务获取方式多元度	（Seiders et al.，2007；Colwell et al.，2008）

续表

维度（Dimensions）	指标（Indicators）	文献来源（Source）
"交易便捷度" （Transaction Convenience）	付款容易度	（Seiders et al., 2007; Colwell et al., 2008; Berry et al., 2002）
	付款快捷度	（Seiders et al., 2007; Colwell et al., 2008; Berry et al., 2002）
	新障碍造成程度	（Seiders et al., 2007; Colwell et al., 2008）
"获益便捷度" （Benefit Convenience）	使用服务简单程度	（Seiders et al., 2007; Colwell et al., 2008; Berry et al., 2002）
	耗时容忍度	（Seiders et al., 2007; Colwell et al., 2008; Berry et al., 2002）
	需求满足度	（Seiders et al., 2007; Colwell et al., 2008）
"后获益便捷度" （Post-benefit Convenience）	问题解决度	（Seiders et al., 2007; Colwell et al., 2008; Berry et al., 2002）
	问题解决效率	（Seiders et al., 2007; Colwell et al., 2008; Berry et al., 2002）
	衍生服务获取度	（Seiders et al., 2007; Colwell et al., 2008; Berry et al., 2002）

　　5个维度都体现了服务使用者在时间和精力上的消耗。"决定便捷度"（Decision Convenience）指消费者在决定是否购买物品或服务时花费的时间和努力，一般指做决定时需要查阅和分析的必要信息。"获得便捷度"（Access Convenience）指消费者成功接触到服务提供商所需要耗费的时间的努力。消费者可能需要通过走入服务场所、被派发传单、查阅官网等方式接触到服务提供者。"交易便捷度"（Transaction Convenience）指消费者作出购买行为时付款所需耗费的时间和努力。"获益便捷度"（Benefit Convenience）指消费者对所购买的服务或商品核心价值的体验。"后获益便捷度"（Post-benefit Convenience）指消费行为完成后的其他相关服务的便捷度。

　　Berry等学者提出的分析"服务便捷度"的5个维度获得了学界的广泛共识。后来学者或基于具体情境的研究提出量表，对这5个维度进行实证检验；或基于既有量表研究"服务便捷度"对其他变量的影响。比如，Seiders等基于美国零售业服务的数据验证了Berry等提出的量表；Colwell等基于Berry的量表研究了加拿大移动网络的"服务便捷度"；Chang运用

Berry 等和 Seriders 等的量表测量我国台湾地区快餐行业的"服务便捷度"。

（二）网上服务便捷度

Berry 等对"服务便捷度"的界定和维度划分为研究网上服务便捷度的学者带来了启示。电子商务领域的学者将 Berry 等提出的 5 个维度运用于测量分析网上服务便捷度。

与传统线下服务不同，电子信息平台的应用为传统服务提供了新的供给情景，之前只存在于线下的维度，如对实体场所的体验等，将不再是考量对象。基于电子媒介（Electorial Mediated Environment，EME）构建服务供给平台，服务使用者对花费"时间"和"精力"的感知的判断标准、表现形式、关键特点皆不相同。比如，网上服务情境，服务使用者获取服务便捷度的感知不再是营业时间是否便捷，而是服务供给是否存在中断（Service Distruption）、能否"24×7"不间断使用服务。

电子信息技术平台与系统对网上服务便捷度的影响是传统线下服务便捷度研究未能囊括的新维度。比如，网页设计的视觉效果、平台网页的字体选择、设计风格、配色、主题、标语等是否令人赏心悦目；由于网上服务免去了人工服务环节，网页导航成为服务使用者是否可以顺利查询、浏览、获取服务的重要工具。

Jiang 基于电子商务研究，将网上服务便捷度分为：获取（Access）便捷度、搜索（Search）便捷度、评估（Evalation）便捷度、交易（Transction）便捷度、使用（Possession）便捷度、售后（Postpurchase）便捷度 5 个维度。Jiang 的研究将电子平台的特点纳入了"服务便捷度"测量体系，值得研究电子政务"服务便捷度"借鉴。但电子商务与电子政务在服务环节上的显著不同，提示着将此分析框架引入政务服务场景需要作出必要修正。

Dai 和 Salami 将"网上服务便捷度"分为两个维度：服务供给质量（Service Delivery）、服务内容质量（Service Content Quality）。其中，"服务供给质量"包括可获取度（Accessiblity）、可信度（Reliability）、获取时间（Timeliness）；"服务内容质量"包括网页或电子平台设计的视觉效果（Visual Appearance）、回应服务使用者需求的灵活程度（Flexibility）、导航容易度（Navigation）。

Dai 和 Salami 的研究对研究电子政务领域服务便捷度提供了有益的参考，但是这一划分方式将服务供给质量和内容质量作为构建服务便捷度的不同维度，混淆了"服务便捷度"只是"服务质量"的构成维度之一。除了"服务便捷度"，"服务质量"还包括舒适度、安全性、情感关怀等。

二、网上政务服务便捷度：概念引入的场景特性

（一）政务服务场景特性

源于市场营销学的"服务便捷度"，值得政务服务研究借鉴。行政审批改革以来，政府从以行政力量为主导的管理者逐渐转向以"用户导向"的服务者，通过持续推进改革强化自身服务意识和能力。政务服务场景下，行政审批服务开始从政府的行政管理手段，走向同时作为一种服务方式，注重办事人在行政审批过程中的主观感受。"减事项、减时间、减环节"等提升行政审批效率的改革体现了政府希望减少办事人的时间消耗。优化办事流程、公布办事流程等改革措施体现了改革者希望提升办事人的办事容易度。

这些改革措施表明，行政审批服务领域与商务领域对"服务便捷度"的关切和分析具有一定程度的相似性，基于商务领域的"服务便捷度"概念的分析体系对政务服务领域具有借鉴意义。但是，行政审批服务场景与商务服务场景存在显著不同，将此概念引入政务服务场景需要调整概念的测量体系。

第一，服务对象的覆盖面不同。商务场景中，企业有选择消费者的自由和权力；政务服务场景中，政府需要向全体公民提供无差别的政务服务。这使得政务服务的涵盖面更广，单一服务覆盖群体的异质性更高，比如同一政务服务事项可能既覆盖高收入人群，也同时覆盖低收入、残疾人等弱势群体。在此意义上，政务服务场景具有"必须、强制性"色彩。这意味着政务服务更加众口难调，实现便捷的政务服务供给难度更高。此外，在电子政务领域，各维度具体量化方式需要根据业务特点和办事人的主观感受进行提炼。

第二，服务流程不同。不同于商务场景中消费行为的阶段划分，政务

服务流程分为：服务获取、搜索、咨询、要件准备、事项办理、获得结果等环节。与每个环节对应的便捷度维度，各维度的测量方式都会相应不同。这意味着，将基于消费"服务便捷度"研究的分析框架引入政务服务领域的行政审批服务研究中，需要根据行政审批服务场景的特点进行修正。

近年来，中国学者也有探讨行政审批便捷度相关指标的研究。比如，吕维霞等将便利性、透明性、保证性、实效性作为构建行政服务质量的指标；范柏乃将行政审批事项的数据、行政审批速度、审批流程清晰程度等纳入便捷程度的考量。总体上，这些有关便捷度的测量服务于不同的研究对象，明确以行政审批"服务便捷度"为对象的研究比较少。鲜见研究明确提出行政审批"服务便捷度"概念及量表。清晰有效的测量方案是概念建构和进一步展开因果推断研究的基础，这为探索行政审批情景下的"服务便捷度"概念建构维度留下了研究空间。

（二）电子政务服务便捷度研究现状

电子政务领域的"服务便捷度"研究总体尚处于起步阶段。有学者已经开始借鉴电子商务领域对"服务便捷度"的研究，提出应根据民众对使用电子政务相关技术所需耗费的时间和努力的主观感知理解电子政务服务便捷度。

以互联网为平台是电子政府区别于传统政府的最大区别，信息系统（Information System，IS）的便捷度因之成为电子政府便捷程度的重要维度。TAM（Technology Acceptance Model）模型认为，对有用感性的感知（Perceived Usefulness，PU）、对容易度的感知（Perceived Ease of Use，PEOU）影响用户对技术的选择。其中，对容易度的感知是重要的便捷度因素，特指"用户使用技术所节省的精力消耗"。这也呼应了传统和电子商务学者的观点，除服务内容，用户同样重视服务便捷度。但是，对容易度的感知（Perceived Ease of Use，PEOU）本身也是多维度的概念，需要进行降维分析。

后来学者在此基础上，提出了更多维度。比如，对平台的美观程度的感知（Perceived Image，IM）会影响使用者对平台的视觉感知，从而影响使用者的接受度。对电子平台相对优势的感知（Perceived Relative Advantage，

RA），使用者更倾向于接受相对于其他实现方式更具优势的技术。对电子系统兼容性的感知（Perceived Compatibility，CT），使用者更倾向于认可与传统手段具有一致价值的新技术。信息质量和系统质量、系统和程序的便利性也可用于测量用户对电子政府便捷度的感知。

既有研究为推进电子政务"服务便捷度"的研究奠定了良好基础。但是，以上维度散见于对公共价值（Public Value）、电子政府绩效、电子政府的服务质量、电子政府满意度、电子政府接受度等的研究中，对"服务便捷度"的聚焦程度不足。

第一，未明确构建电子政务领域的"服务便捷度"。少有研究明确提出构建电子政务领域的"服务便捷度"，将电子政府或电子政务"服务便捷度"作为因变量的研究较少。虽然以上因素都与电子便捷度相关，但这些因素主要作为电子政府接受度或满意度的影响因素，或被视为服务质量的测量因素，使得我们较难完整、系统地了解电子政务"服务便捷度"。

第二，对网上政务事项办理的"服务便捷度"关注不够。目前研究主要以政府官网为对象，较少关注网上政务服务事项办理的便捷度。政府官网更多为信息展示、查询、留言、联系，或在线填表如报税等功能，较少关注行政审批事项的办理。因此对于电子政府接受度影响因素的研究，并不包括行政审批事项办理所涉及的维度，从而较难解释审批事项办理的便捷程度。我国"一网通办"等改革，已经超越了单纯的政府网站建设，而是通过互联网政务服务平台受理行政审批服务事项。在此意义上，事项办理是否便捷是研究网上行政审批"服务便捷度"的核心维度。既有研究在此方面的不足，显示了建构网上行政审批"服务便捷度"概念的必要性。

三、网上行政审批便捷度：概念构建与分析维度

（一）网上行政审批服务：内涵与外延

自 2001 年我国开启行政审批制度改革后，学界也开始关注这一问题。学界和实践界对"行政审批""行政审批服务"的内涵外延有着不同理解，尚未形成共识。一般认为，"行政审核"一直作为行政许可的行政性概念被使用研究；"行政审批"主要指行政许可事项的办理。2001 年，国务院行政

审批制度改革工作领导小组印发《关于贯彻行政审批制度改革的五项原则需要把握的几个问题》(以下简称《问题》),将"行政审批"定义为"行政审批机关(包括有行政审批权的其他组织)根据自然人、法人或者其他组织依法提出的申请,经依法审查,准予其从事特定活动、认可其资格资质、确认特定民事关系或者特定民事权利能力和行为能力的行为"。

在概念内涵上,行政审批与行政许可较为接近。《中华人民共和国行政许可法》中,"行政许可"指"行政机关根据公民、法人或者其他组织的申请,经依法审查,准予其从事特定活动的行为"。但在概念外延上,行政审批的外延大于行政许可,不仅包括"特定活动的行为",还包括"资格资质、民事关系或者特定民事权利能力和行为能力"。

"行政审批服务"的概念从 2012 年开始才逐渐作为正式提法出现在政府文件中,主要指以行政审批和便民服务事项办理为业务核心的政务服务。随着我国开始强调构建服务型政府,"行政审批"开始被赋予服务的色彩,"行政审批"逐渐从政府主导的传统行政管理手段,转向以办事人需求为导向政务服务方式。

在此过程中,学界对"行政审批""行政服务""政务服务"存在一定程度的混用。"行政服务""政务服务"的内涵可分为广义、狭义两个层面。狭义的"行政服务""政务服务"主要指行政服务大厅、政务服务中心等实体大厅的业务范围,包括行政审批事项、便民服务事项的办理等。广义的"行政服务""政务服务"则不仅包括实体大厅的事项办理,还包括互联网政务以及多重衍生服务。但学界目前尚未清晰、系统界定此概念,这为后续界定改革政策范围、服务便捷度的绩效评估留下了深入探讨的空间。

"互联网+政务服务"改革背景下,行政审批服务因与互联网平台及通信技术结合获得了新的内涵。本文关注的"网上行政审批服务"指遵从《问题》对行政审批概念的界定。事项范围涵盖目前我国各地网上政务服务主要平台上的办理事项范围,包括网上政务平台(办事大厅)列出的个人和企业事项的全部事项。因此,本研究所关注的"行政审批服务"的事项范围外延大于"行政许可",小于"政务服务"。

（二）网上行政审批"服务便捷度"：概念辨析

第一，网上行政审批"服务便捷度"与"电子政府绩效"的区别。网上行政审批"服务便捷度"可被视为衡量"电子政务绩效"的维度之一，但文献中尚未被清晰提炼。电子政府绩效的测量维度包括：对公众需求的理解、平台便捷性、服务质量、平台沟通渠道、对平台的信任、一对一服务质量、政府与民众关系、技术效率、技术可及程度、经济成本、时间成本、信息透明程度、信息开放程度、服务使用方便度感知、服务有用性感知。"电子政府绩效"是一个更加复杂的综合概念。除包含便捷程度等相关因素，电子政府绩效还包括信任、透明等其他维度，因此较难精准聚焦服务便捷度评价。此外，其中的便捷度相关指标或只关心某一个侧面，比如平台便捷度；或笼统在整体上关注时间和精力上的消耗，较难实现对政务服务全流程各环节、各维度的细分评估。

相比之下，网上行政审批"服务便捷度"概念旨在提取电子政府服务绩效有关便捷度因素，并基于新的框架细化、完善、整合、再建构。网上行政审批"服务便捷度"将基于网上行政服务事项办理全过程、多维度的时间、精力消耗构建概念，以期推进对此概念更为深入、细致的理解。

第二，网上行政审批"服务便捷度"与电子政府"服务质量"（e-Government Service Quality）的区别。与"电子政府绩效"类似，网上行政审批"服务便捷度"作为衡量电子政府"服务质量"的维度之一，也尚未从文献中被清晰提炼。电子政府"服务质量"的测量维度包括：效率、互动、回应性、信息系统质量、民众对隐私保护和数据的信任、使用的便捷程度（导航、个化、技术）、服务功能质量、可信度（网页可及度、下载速度、服务速度）、内容展现（数据的完善度、精准度、更新度、易懂度）、用户支持度（问题解决度、客服支持度、雇员业务能力、服务态度）等。便捷程度相关指标散见在相关研究中，较难聚焦便捷度的测量。

总之，电子政府绩效、电子政府服务质量都涉及便捷度相关因素，但这些因素没有按照政务服务的业务场景和流程逻辑组织起来，未形成独立概念。因此，较难针对影响便捷程度的因素展开因果推断研究。即便相关研究显示"服务便捷度"影响绩效和服务质量，也难以深入探究哪些具体的维度不够便捷、可能性原因有哪些。

此外，电子政府绩效、电子政府服务质量都是政务服务满意度的影响因素。在构建人民满意的服务型政府的背景下，更加有必要将便捷度相关因素提取整合，深化对政务服务满意度影响因素的探究。这也是本文希望通过建构网上行政审批"服务便捷度"概念所实现的目标之一。聚焦网上行政审批情景讨论电子政务"服务便捷度"，有助于明确研究范围、提高研究任务的可操作程度。

四、网上行政审批便捷度：概念构建及分析维度

借鉴 Berry 等按照服务环节建构"服务便捷度"概念的方式，本文将按照网上行政审批事项办理流程划分网上行政审批"服务便捷度"的主要维度。网上行政审批服务的流程指从办人事开始启动办事到获得办事结果的全流程。这与目前诸多行政服务满意度研究关注的流程不同。既有政务服务满意度评价主要关注要件齐备后审批的时长。实际上，由于各种阻碍因素，办事人往往在查询相关信息、准备要件的过程中耗费大量时间、精力。因此，本文关注网上行政审批服务办事全流程的便捷程度。

本文将事项办理各个流程作为一级指标，具体包括："服务获取度""搜索便捷度""咨询便捷度""要件准备便捷度""审批过程便捷度""结果获得便捷度"。结合"服务便捷度"、网上"服务便捷度"、TAM 模型，以及电子政府便捷度的相关研究，根据行政审批服务各环节的具体特点，综合设计每个环节的测量指标，如表 3 所示。

表 3　网上行政审批"服务便捷度"测量维度

维度	定义	指标
网上服务获取度	办事人获取网上行政审批服务耗费的时间、精力	"事项可办度"（Jiang et al., 2011）
		"网站可达性"（Jiang et al., 2011）

续表

维度	定义	指标
网上搜索便捷度	办事人相关网站搜索信息耗费的时间、精力	搜索信息耗时（Seiders et al., 2000; Dai & Salam, 2014; Gant & Gant, 2002）
		信息搜索容易度（Seiders et al., 2000; Dai & Salam, 2014）
		事项分类清晰度（Jiang et al., 2011; Gant & Gant, 2002）
网上咨询便捷度	办事人咨询行政审批事项办理相关事宜所需耗费的时间、精力	信息清晰度（Wangpipatwong et al., 2009; Colwell et al., 2008; Gant & Gant, 2002）
		信息的完备程度（Colwell et al., 2008）
		在线客服回应速度（Respondtime）（Delone & McLean, 2003）
		在线客服回应有用性（Seiders et al., 2007）
		客服形式多元性（Seiders et al., 2007; Colwell et al., 2008）
		在线客服服务时间（SengWong et al., 2011）
网上要件准备便捷度	办事人在准备行政审批事项办理所需材料耗费的时间、精力	要件信息清晰度（Wangpipatwong et al., 2009; Colwell et al., 2008）
		要件信息完备度（Colwell et al., 2008）
		网页下载速度（Jiang et al., 2011）
网上审批过程便捷度	办事人在事项审批过程中所需要耗费的时间、精力	服务时间（Seng Wong et al., 2011）
		流程清晰度（贾纯玮, 2019）
		网上办理深度
		网上办理"等候时间合理性"（Seiders et al., 2007; Colwell et al., 2008; Berry et al., 2002; Gehrt&Yale, 1993）
		审批人员的在线可及程度（Seiders et al., 2007; Colwell et al., 2008）
		审批人员回复的及时性（Seiders et al., 2007; Colwell et al., 2008; Berry et al., 2002）
		审批人员回复的有效性（Seiders et al., 2007; Colwell et al., 2008; Berry et al., 2002）
网上审批结果获得便捷度	办事人获取审批结果消息及文件所耗费的时间、精力	获取时间的多元程度
		获取方式的多元程度
		工作人员的可及性（Seiders et al., 2007; Colwell et al., 2008; Berry et al., 2002）
		工作人员回复的及时性（Seiders et al., 2007; Colwell et al., 2008; Berry et al., 2002）
		工作人员回复的有效性（Seiders et al., 2007; Colwell et al., 2008; Berry et al., 2002）

第一，网上服务获取度。网上服务获取度指用户在获取服务时耗费的时间精力。服务获取度的主要维度包括："事项可办度"（Availability）、"网站可达性"（Accessibility of the Websites）等。"事项可办度"考察网上行

政审批系统的事项覆盖面。在我国推进"一网通办"的改革中，各地网上可办的事项数量不同，对于不能在网上办理的审批事项，办事人仍需要在实体大厅窗口进行办理，这可能会降低办事人对网上行政审批"服务便捷度"的感知。"网站可达性"也是服务便捷度测量维度之一。各地政务服务网稳定程度不同，不乏出现某些网页过期、未及时更新的情况。

第二，网上搜索便捷度。网上搜索便捷度指办事人在政务平台搜索信息耗费的时间、精力。搜索信息耗时、信息搜索容易度考察查询基本信息的便捷度；事项分类清晰度考察网上审批事项的分类是否清晰。

第三，网上咨询便捷度。咨询便捷度指办事人向网上客服咨询了解办事流程、事项办理要件等所耗费的时间、精力。信息清晰度、信息的完备程度考察在线客服人员能否快速、有效地给出清晰、完整的咨询信息。在线客服回应速度、在线客服回应有用性考察在线客服的咨询质量。客服形式多元性考察平台是否具备 AI 客服、人工客服、在线留言等多元化的客服渠道。在线客服服务时间便捷度考察办事人是否认为在线咨询服务的供给时间方便。

第四，网上要件准备便捷度。要件准备便捷度指办事人在准备行政审批事项办理所需材料耗费的时间、精力。网上行政审批事项办理需要查询要件信息、下载相关表格，因此要件信息清晰度、要件信息完备度、网页下载速度是考察要件准备便捷度的相关指标。

第五，网上审批过程便捷度。网上审批过程便捷度指办事人在事项审批过程中所需要耗费的时间、精力。服务时间考察办事人是否可以在任何时间提交材料进行审批。流程清晰度考查办事人是否认为网上办事流程足够清晰指引其完成要件提交。"网上办理深度"考察一事项全部环节可实现网上办理的程度。网上办理"等候时间合理性"考察网上审批耗时。实际上，并非所有事项的全部环节都能实现网上办理。有的事项可能目前只实现了网上预约，实际办理仍需办事人到实体大厅。办事人既需要操作网上系统预约，又要到实体大厅办理，可能会被认为更加不便捷。此外，审批过程中可能会出现问题需要办事人补交材料，或办事人针对审批问题与审批人员沟通，审批人员的在线可及程度、回复的及时性、回复的有效性考察审批过程中办事人与在线工作人员互动的便捷度。

第六，网上审批结果获得便捷度。网上审批结果获得便捷度指办事人获取审批结果及文件所耗费的时间、精力。获取时间、获取方式（自取、快递、电子文本证明等）的多元程度、工作人员的可及性、回复的及时、有效性都是此环节服务便捷度的考量因素。

五、讨论与研究前景

本文将"服务便捷度"概念构建的核心维度引入政务服务领域，依托我国政务服务的业务场景和流程，构建了中国情境的网上行政审批便捷度概念。概念构建试图贴近政务服务情景和数字政务的特征，为深入理解"互联网＋政务服务"视阈网上行政审批便捷度提供了系统的概念框架和维度。同时，未来研究可深入探析网上行政审批便捷度的影响因素，以及可将用户中心视角拓展到考量用户和服务供给者的双向便捷度。

第一，概念构建贴近政务服务的实际业务流程，使行政审批服务便捷度获得可操作的分析体系。分析维度超越以往"服务便捷度"概念的普适性分析体系，关照政务服务业务场景，涵盖了服务获取、服务事项搜索、服务咨询、要件准备、审批过程、审批结果获得的行政审批全流程，形成业务流程的逻辑闭环。依此概念检验行政审批服务便捷度可较为全面系统覆盖全部业务环节；不同业务环节便捷度的区分度也可得以分维度展现。此外，将政务服务的业务特征纳入评价维度，使概念构建和测量更能体现政务服务的业务属性，包括事项分类、流程清晰度、办理深度等体现政务服务场景特征的测量指标，使得研究者、实践者可以更加系统深入理解行政审批服务便捷度。

第二，分析维度融入"互联网＋政务服务"背景下电子政务的属性，使得行政审批便捷度概念获得数字政务时代的平台特征。如本文所属，ICT技术在政务服务领域的广泛应用使得政务服务供给平台发生了数字化深刻变革，政务服务流程、审批方式、服务获取途径都发生了相应改变。技术手段作为独立要素对行政审批便捷度产生影响。因此本文的概念构建体系中，行政审批多个流程环节涉及互联网平台便捷度指标，比如网站可达性、在线客服回应、网页下载速度、网上办理等候时长、审批人员在线可及性等多个带有电子政务服务供给特征的测量指标。

第三，未来可推进概念构建体系的实证检验并深入探析行政审批服务便捷度的影响因素。未来更多实证研究可基于政务服务场景的具体案例数据验证并完善此概念构建体系。同时可深入探析网上行政审批便捷度的影响因素，厘清"互联网＋政务服务"背景下，哪些因素对行政审批服务便捷度产生影响。比如，办事人、审批人员、审批事项相关的多项要素都可能影响行政审批便捷度。对影响因素的探析不仅有助于增进理论上的理解，同时也有利于推进政策制定和修订，在实际政策执行上提升行政审批便捷度，从而提高政务服务质量、服务满意度。

第四，从构建服务型政府的用户中心视角，逐渐向优化前端后台双向优化整体效能拓展。我国启动行政审批改革以来，构建服务型政府的理念逐渐深入人心，政府从重行政管理走向管理与服务并重。本文遵从了从用户中心的理念，从办事人主观感知和体验的视角出发，构建网上行政审批便捷度概念。用户中心视角虽然是系统研究行政审批便捷度的必要内容，但除此之外，后台行政审批部门和人员的审批工作便捷度也是重要研究内容之一。现阶段地方改革存在以增加后台审批行政负担换取前台办事人更好体验感的问题。以后端换前端的改革模式作为强化服务理念的阶段性改革，可能具有一定功效，但要避免改革整体绩效零和效应，需要未来将前端用户和后台审批部门同时纳入行政审批服务便捷度的研究范围。

（《中国行政管理》2022 年第 1 期）

政务服务"异地可办"中的地方政府合作逻辑：
来自广东省的证据

复旦大学全球公共政策研究院讲师　范梓腾

西交利物浦大学西浦智库助理教授　王雪纯

一、引言

本文关注在中国地方政府合作中实际存在，却尚未引起理论关注的现象：城市政务服务"异地可办"。在"异地可办"改革中，一对城市政府通过签署双边合作协议的方式，确定"跨城通办"的服务事项清单和办理流程标准，让群众和企业得以跨越地理和行政边界的壁垒，在非户籍地（非注册地）申请和办理政务服务。2020年后，地方层面在"异地可办"的探索实践上日渐活跃。然而，由于各地政府所面临的经济社会环境和资源储备能力各不相同，地方间在合作签约上也存在显著差异。一些城市活跃度较高，合作伙伴较多。另一些城市的活跃度则相对较低，政务服务"朋友圈"较小。2022年《政府工作报告》再次要求"扩大'跨省通办'范围"。这一背景下，实践和研究者亟待对过去一段时间的政策实践情况进行总结回顾，从而为下一阶段工作提供借鉴参考。为此，一系列研究问题有待回答：在政务服务"异地可办"中，城市间的合作签约到底呈现出怎样的发展样态？在什么样的条件下，两两城市间更容易就"异地可办"达成合作协议？进一步地，供给侧和需求侧要素在合作进程中分别发挥着怎样的作用？

城市在推进政务服务"异地可办"的过程中涉及大量的地方政府合作

行为。然而，既有地方政府合作文献主要聚焦在经济发展、环境治理领域的区域合作，鲜有研究系统探讨政务服务"异地可办"中的地方政府合作是如何达成并铺开的。此外，区别于经济发展和环境治理领域的地方合作，政务服务"异地可办"中签约双方地理跨度较大，同时涉及地理毗邻或相距甚远的"城市对"，并强调合作双方的相互授权，具有明显的非地理毗邻性和授权性特征。为此，揭示"异地可办"中城市间的双边合作逻辑，不仅可以帮助人们深入理解"异地可办"这一近年来日趋重要的地方合作实践的形成机理，还可补充学界对我国地方政府多元类型合作机制的理论理解。

本文构建了一个适用于"异地可办"城市政府双边合作场景的分析框架，将政策的需求侧和供给侧要素纳入统一考量，实证分析城市在政务服务"朋友圈"构建中的合作逻辑。其中，"需求侧"包括流动人口规模、企业异地关联和城市的上位宏观战略，反映了异地群众、异地企业和区域发展对政务服务"异地可办"的需求程度[①]。"供给侧"关注"异地可办"的供给端，包括地方政府的财政资源、管理能力和关系资源，反映了地方政府在合作构建中的资源和能力供给情况。需求侧要素关系到城市间是否有必要合作，供给侧要素则关系到城市间是否有能力合作。本文以广东省21个城市间"异地可办"改革为例，采用混合研究设计。首先，基于配对（Dyadic）视角，使用无向配对 Logit 模型从样本总体层面识别供需两侧相关要素对"城市对（Dyad）"达成合作的影响效应。其次，结合量化估计结果，基于参与式观察和质性访谈资料，进一步在微观机制层面阐述合作形成背后的需求和供给考量。

---

① 《国务院办公厅关于扩大政务服务"跨省通办"范围进一步提升服务效能的意见》（国办发〔2022〕34 号）文件要求"进一步拓展'跨省通办'范围和深度"，拓展工作应当围绕"区域重大战略，城市群都市圈一体化发展、劳务输入输出、毗邻地区交流合作"等核心需求展开。〔2020〕34 号文件所关注的"区域重大战略""城市群都市圈一体化发展"和"毗邻地区交流合作"都在本文的需求侧因素"上位宏观战略"范围内；而"劳务输入输出"在本文的需求侧因素"流动人口规模"范围内。

二、"异地可办"在中国的兴起

公共服务碎片化问题在世界范围内普遍存在。由于行政管辖边界的切割和制度安排的差异，加之地区发展不平衡等原因，各地公共服务供给主要面向本地常住人口，将外来流动人口排斥在核心服务之外。然而，随着区域融合发展逐渐成为一种全球趋势，这种基于行政边界形成的"自给自足"式公共服务模式日益受到诟病。人们呼吁打破固定行政权力边界对公共服务的束缚，弥合公共服务的碎片化割裂，鼓励通过政府间合作机制提供共享服务。

由于户籍制度分割和地区资源能力有限，在过去，我国各地政务服务同样以"自给自足"为主要模式。在外流动人口通常需要回到户籍所在地才可以办理相关事项，如结婚登记、车辆证照登记和执业资格证注册等。这种碎片化的政务服务供给模式，导致行政资源错配，偏离"以人民为中心"的服务理念。近年来，一方面，我国区域一体化进程日益加强，流动人口规模持续庞大，2020年第七次全国人口普查数据显示，中国人户分离人口达4.9亿，其中流动人口达2亿。同时，企业跨地区经营也越来越普遍。这表明，打破既有户籍制度和行政区划的限制，推动政务服务"异地可办"已成为畅通国民经济循环、促进各类要素自由流动、建设人民满意的服务型政府的题中之义。

推进政务服务"异地可办"，主要任务在于打通地区间政务服务标准化壁垒、提高跨域协同效率、保障地区间政务服务受理流程权责分明。在实践中，城市政府间通过签订双边协议确定合作关系。签约后，各自制定办理事项清单，并规范统一受理流程和办理标准。当前"异地可办"业务模式以"异地代收代办"为主，强调收受分离——收件地和受理地需要明确双方在"异地可办"中的职责分工。受理地需要在一定程度上将收件权让渡给收件地。收件地则安排专项行政资源给予收件、核查支撑。为此，政务服务"异地可办"是一种具有"授权型"特征的地方政府间双边合作。基于调研资料，图1呈现了当前"异地可办"的主要实现流程。

政务服务"跨城通办"窗口流程（异地可办）

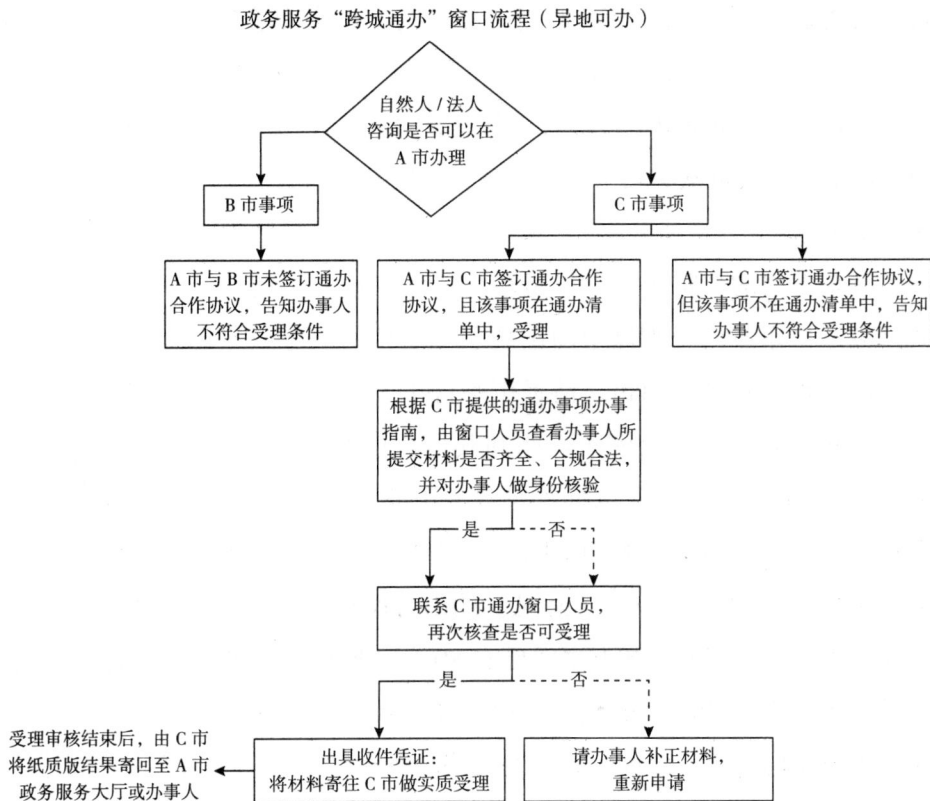

图1　城市政务服务"异地可办"窗口流程

回顾"异地可办"的政策历程，2019年《政府工作报告》首次指出"加快实现一网通办、异地可办"；2020年9月，国务院办公厅出台《关于加快推进政务服务"跨省通办"的指导意见》（以下简称《意见》），指出"异地可办"是实现"跨省通办"最重要的途径之一①，并要求分批次实现140项政务服务高频事项的跨域通办，同时鼓励各地区对140项以外的服务事项进行通办探索。其中，清单内的140项事项主要由各部委联合各省级有关部门自上而下推行，清单范围之外的探索则交由各地政府自由裁量；2021年《政府工作报告》提出阶段性目标"企业和群众经常办理的事项，2022年要基本实

①该《意见》指出了通办的三种实现形式："全程网办""异地可办"和"多地联办"。其中，"全程网办"并非真正意义上的"跨域通办"，因为网办不存在行政边界的壁垒，也就不存在"跨"的意义；"多地联办"需要三方及三方以上的行政机构联合通办，事项数量较少，尚处于探索阶段。本文基于城市级别，关注通办中最主要落实也是唯一具有双边合作意义的"异地可办"途径。

现'跨省通办'"；2022 年《政府工作报告》再次要求扩大"跨省通办"的事项和空间范围；2022 年 10 月，国务院办公厅再次印发《关于扩大政务服务"跨省通办"范围进一步提升服务效能的意见》，要求聚焦便利企业跨区域经营和加快解决群众关切事项的异地可办问题，并关注"需求量""覆盖面"等重要指标。

广东省内的"跨城通办"是较为典型的地方实践。早于中央层面的正式部署，广东省内个别城市间出现了自主性的政务服务跨区域合作。2018年，广州市分别和梅州市、清远市签订了《对口帮扶协议》。协议框架下，由广州市政数局牵头落实了广州和其他两市的线下"异地可办"。2020 年8 月，广州市发布《关于共同推进政务服务"跨城通办"工作的通知》，内含广州、珠海、佛山等 12 个城市间"跨城通办"伙伴关系。这种"两两结对"现象随着 2020 年 9 月《意见》的出台而日益增多。截至 2021 年 12 月31 日，广东省内 21 个城市之间已有 80 个"城市对"就"跨城通办"完成签约，覆盖全省 38.1% 的潜在双边合作关系，各城市在合作协议签署上呈现出差异化的合作活跃度。且签约网络呈现出"中心—边缘"的分布格局。广州、深圳、肇庆、东莞等城市处于网络核心，签约数量较多，合作活跃度较高。湛江、茂名等城市签约数量较少，相对孤立。同时，城市间在签约伙伴选择上也存在明显不同。这些情况反映了不同城市在合作行为上的差异。

三、地方政府合作逻辑

地方政府合作指两个或两个以上的地方政府共同行动，在一个更大的区域中提供公共服务，旨在解决单一行政管辖区无法解决的跨边界问题。公共服务领域将地方政府合作进一步界定为"一种多中心活动，在分散的行政区域和碎片化服务供给的环境下，通过城市之间的互动所产生的新服务生产型政策"。在理论上，地方政府合作有助于缓解公共服务的碎片化供给问题，带来规模经济、成本节约、强化地区间联系。然而，现实中的政策实践却并非总能轻易取得预期效果。在国际城市管理协会 2017 年的一项调查中，38.7% 的城市管理者曾考虑联合提供公共服务，但由于任务目标不匹配而困难重重，33.2% 的城市则表示由于城市个别官员反对而未能达成合作。

基于此，当前大量文献关注地方政府的合作逻辑，并涌现出了一些解释框架。其中，资源逻辑强调，地方政府合作的顺利开展通常需要大量的额外资源支持，合作伙伴所拥有的资源储备和管理能力有助于合作的达成和维系。另外，交易成本逻辑也被越来越多地用于解释地方政府合作行为的产生和演进，制度性集体行动框架（Institutional Collective Action，ICA）正是该逻辑路径下的典型代表。ICA 框架认为，那些有助于减少合作过程中的交易成本和潜在风险的驱动要素，会推动合作的达成和维系。

围绕着地方政府合作达成背后的驱动要素，既有文献展开了诸多探讨，可从利益相关者对合作的政策需求，以及合作主体所拥有的资源能力供给两个层面分别介绍。需求侧要素和供给侧要素虽然分属不同类别，但都会通过交易成本、合作风险和资源禀赋等机制作用于地方政府的合作行为。其中，需求侧要素包括地方政府所面临的目标人群、政策问题严重性、上级任务压力等。供给侧要素不仅包括地方政府自身的行政级别、财政水平、管理能力等中观组织层面的禀赋支撑，还包括由地方主政官员的关系资源所构成的微观行动者层面的禀赋支撑。众多驱动要素均可能对地方政府的合作行为产生影响，但是在不同的合作场景下各自的解释力度有所不同。

近年来，越来越多的文献转向中国场景，主要考察区域发展、经贸交流、环境治理和应急管理等政策领域中地方政府区域间合作。虽然上述研究积累丰富了我们对中国特色制度安排下地方政府合作的模态、演变以及动力机制的学理认知，但是少有研究系统考察政务服务"异地可办"中的地方政府合作问题。弥补这一研究空白的价值在于：

一方面，在西方情境下，地方政府的公共服务联合供给已经获得大量府际合作研究者的关注，并涌现出了可观成果。比较而言，政务服务"异地可办"受到的学术关注仍不充分。个别案例研究虽然在微观层面剖析了"异地可办"中的政策执行逻辑和运作机制，但是目前尚无研究采用地方政府合作的视角，并基于量化总体的思维予以实证考察。政务服务"异地可办"需要地方政府之间通过签约合作的形式实现政策落地，尤以两两"城市对"之间所达成的双边协议为主要形式。为此，揭示地方政府在政务服务"异地可办"中的府际合作发展样态及其生成逻辑和动力机制，有助于人们从更加宏观总体的视角审视当前"异地可办"的推行现状。

另一方面，"异地可办"中的地方政府合作类型既强调合作伙伴间的相互授权，还不受地理距离的约束，表现出非毗邻性特征。这类合作不同于既有中国场景下学界所主要关注的区域发展和环境治理领域的地方合作，在我国地方治理实践中同样占据着重要位置。就授权而言，"异地可办"需要两地政府相互授予对方以一定的政务服务收件权和受理权。而已有研究中常见的地方合作则主要以区域论坛、首长联席会议、政府间交流考察等非正式网络的形式出现，较少涉及伙伴间的相互授权。就非毗邻性而言，"异地可办"合作签约会出现在地理相距较远的地方政府之间。这不同于区域发展和环境治理领域中的地方合作——主要依托地理毗邻的便利展开合作，从而解决外部性问题。为此，考虑到"异地可办"所代表的合作类型在我国学界尚未获得同等分量的关注，深入揭示这类合作背后的生成逻辑和驱动要素有助于丰富人们对中国场景下多元合作类型的理论认识。

四、分析框架和研究假设

（一）配对视角下的双边合作

在"异地可办"中，两两城市间通过签署合作协议的方式确定跨城通办的政务服务事项，这是一种典型的地方政府间双边合作。本文关注的重点问题是：具备何种特征的"一对"城市更容易在"异地可办"中达成合作协议？这在本质上涉及二元合作伙伴的匹配和联结。为此，本文的分析单元是由两两城市所构成的"城市对"。相应地，研究者应该基于"配对视角"展开理论分析和实证检验。配对视角常被用于考察解释政府间的双边合作行为。因为双边合作的属性是成对的，所以是否达成合作取决于伙伴双方，而非依靠其中的单一行动者。在构建理论分析框架时，既有研究也多围绕双方的二元关系构建解释变量。例如，两地政府在制度、文化上的相似度或差异度，抑或在双方资源储备、需求压力上的总和。基于配对逻辑，在考察两两城市相互签约以推行政务服务"异地可办"时，研究者也需要同时考虑双方城市的关系型特征。比如，在每一个"城市对"中，关系型特征可以体现在双方所面临的共同的外部需求压力，抑或它们所拥有的资源储备状况。

（二）研究假设：需求侧—供给侧

本节从需求侧和供给侧两个方面构建分析框架。其中，"需求"与"供给"的目标对象都是政务服务"异地可办"。我们关注的是：在需求侧和供给侧两个层面上，具备哪些特征的"城市对"政府更容易达成合作协议？

在"异地可办"的双边合作中，城市间是否可以达成合作，不仅取决于相关群体对"异地可办"的需求程度，还取决于城市政府自身的禀赋。一方面，对"异地可办"的客观需求，会塑造城市间开展合作的需求性和必要性。基于各类府际合作研究，组织的一系列合作行为是对它所面临的政策问题和客观需要的调试性回应。为此，面对不同严重程度的问题和不同迫切程度的需求，地方政府的合作意愿也存在差异。另一方面，地方政府自身的禀赋，也会决定城市是否有能力通过合作实现"异地可办"。对于不同的"城市对"政府，由于在需求侧和供给侧上的关系特征差异，它们达成合作的可能性也不尽相同。在政务服务"异地可办"中，合作的过程通常蕴含风险和成本，预期收益也往往具有不确定性。例如，达成合作的两个城市政府需要相互授权对方，并就双方各自的事务受理流程和办理标准进行沟通协调。合作的显性收益，例如，促进城市间要素自由流动和区域可持续发展，也难以在短期内快速收效。因此，对于城市政府而言，合作在很多时候并非完全的必需品。只有当潜在的合作双方面临足够强的需求压力，抑或是自身的资源较为丰厚，能力较强时，城市间才有更大可能性达成合作。

基于文献梳理和田野观察，需求侧要素包含流动人口规模、企业异地关联和上位宏观战略，分别反映了异地居住群众、异地经营企业和区域发展战略对"异地可办"的潜在政策需求。供给侧要素包括地方政府所拥有的财政资源、管理能力和关系资源，详见图2。

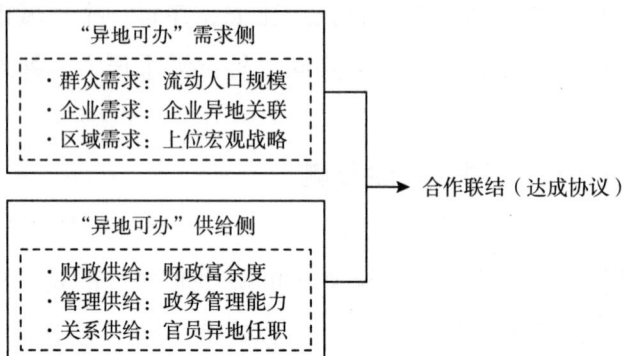

图 2　分析框架

1. 需求侧

地方政府合作通常用于解决某些依靠单一区域政府无法解决的政策问题，外界所产生的需求压力和问题严重性会推动地方合作。例如，过往气候灾害的发生概率会影响城市参与政府间合作以应对气候变化问题的可能性，跨省人口流动规模会直接影响相关地区在劳动力领域的政策合作等。政务服务"异地可办"的核心任务是通过跨区域合作破除政务服务的碎片化困境，让外来流动人口和异地经营企业在不需返回户籍地或注册地的前提下，享受更加便捷的政务服务。

流动人口规模。现代化和城镇化的繁荣发展催生中国人口大规模、长距离迁徙流动。流动人口的配套公共服务质量受到广泛关注，群众"异地办事难"问题逐渐浮出水面。在政务服务"异地可办"改革中，两市间的流动人口规模直接反映了两市对合作提供跨域服务的需求程度，是决策者在需求层面的最主要考虑因素。城市间互相承载的流动人口越多，对推行"异地可办"改革的需求越迫切。庞大的流动人口不仅是潜在的政策受众，也会对城市政府施加一定的需求压力。因此，本文假设：

H1：两市相互间人口流动规模越大，二者达成合作联结的可能性越高。

企业异地关联。近年来，在推动生产要素在区域间有序自由流动，促进国内大循环的背景下，各类经营主体正日益广泛地参与到异地经营与投资中来。相应地，这对精简企业日常生产经营所需的政务服务办事流程和办事时长，加快实现相关审批服务事项的"异地可办"，从而降低企业的制度性交易成本，优化营商环境提出了新的要求。此次推进"异地可办"改革，也将企业异地经营的需求放在重要位置。基于此，如果"城市对"双方相互间的关联企业数量越多，那么二者更有可能签约合作。此时，"异地可办"的潜在企业受众比较广泛。这有助于二者就合作的必要性达成共识，从而降低信息成本和谈判成本。

H2：两市企业于对方所在地关联企业数量越多，二者达成合作联结的可能性越高。

上位宏观战略。制度环境会塑造城市政府对府际合作的合法性和规范性认知。除政务服务合作以外，诸多城市在上位层面有更具宏观整体性的城市战略合作（依照国办发〔2022〕34号文件，这些宏观战略合作包括但不限于区域重大战略、城市群都市圈一体化发展、毗邻地区交流合作），如"广佛同城"和"粤港澳大湾区"等。这些上位合作战略涵盖城市发展和经济民生的方方面面，包括人才引进、贸易往来、基础设施对接、医疗教育资源共享等。与之相比，政务服务"异地可办"作为特定领域内的地方合作，在经济收益、绩效显示度和政策优先性等方面相对较弱。为此，政务服务"异地可办"除了直接解决群众和企业异地办事难等问题以外，还需要间接服务于区域内的其他上位宏观战略合作。例如，《广东省推进政务服务"跨省通办、省内通办"工作方案》就指出了"异地可办"对泛珠三角区域、粤港澳大湾区等宏观城市战略合作的支撑服务作用。

基于此，两个城市之间是否存在上位宏观战略合作，构成了两市在政务服务"异地可办"领域达成合作的一类重要需求。一方面，地方政府出于更好支撑和服务上位宏观战略的需要，会有更强的动力展开合作。此时，"异地可办"会获得更强的合法性认可。另一方面，上位宏观战略的存在意味着城市间未来会有更加活跃的人口流动和企业异地经营活动，从而创造出更强的"异地可办"合作需求。

H3：若两市存在其他上位宏观战略合作，二者达成合作联结的可能性更高。

2. 供给侧

财政资源。合作通常需要伙伴双方提供额外的人力物力支撑，如设立专门的机构团队、组织编制和办公场地等。上述活动都意味着合作参与方需要拥有更加充足的财政资源。"异地可办"所带来的业务增设通常也需要额外的财政资金支持。在政务服务大厅另设"跨城通办"专窗、配置专窗人员和通信设备、单独开设政府网站"跨省通办""省内通办""跨域通办"专栏并更新维护、启动专项工程项目、支付办理材料在合作城市间的邮寄费用等一系列工作，均需政府提供稳定的财政资源支撑。而这些工作在短期内又以"消耗性"为主，无法为当地在短期内带来直接的经济效益。为此，当二者的财政资源水平整体较高时，它们越有能力支撑这些额外工作量，越有可能达成合作。比较而言，如果"城市对"的整体财政资源水平较低，这意味着他们可能没有足够的资金来满足合作带来的额外支出需要，相应地，合作可能性较低。

H4：两市的财政资源水平之和越大，二者达成合作联结的可能性越高。

政务管理能力。"异地可办"的实现，同样需要较高的管理水平以支撑政务服务在跨地区授权和协同工作中的顺利进行。当两市协同为外来流动人口提供政务服务时，需要双方就服务事项目录的一致性、事项指南的完备度和信息关联度等事宜进行协调沟通，达成共识。而两市政府高效协调上述事宜的前提是，双方在各自内部已经围绕政务服务管理作出了比较充分的准备。因此，本地既有的政务服务管理能力是政府在"异地可办"合作决策时考虑的另一个重要的供给要素。如果两个城市政府的政务管理水平较高——它们在各自内部就各类事项的办理流程和标准已经达成统一、并实现整合，那么它们在跨地区协调沟通上也会更加轻松。反之，如果二者自身的政务管理水平较低、政务标准模糊混乱，它们在跨地区合作中也会面临更大的协调困境，增加双方的交易成本与合作风险。

H5：两市整体的政务管理能力越强，则二者达成合作联结的可能性越高。

主政官员的关系资源。稳定的媒介渠道可以降低合作中的沟通谈判成本，增进合作双方的互信共识，降低背叛风险，有利于促进和维系双边合作。以主政官员为代表的微观行动者，可以为政府间合作提供媒介沟通的渠道。具体而言，主政官员的关系资源，基于职业成长轨迹（任职履历和岗位流动）形成的关系网络，可以帮助合作城市更高效地传递可置信的信息咨询和政策偏好。同时，主政官员间较强的个人关系有助于降低合作中因沟通摩擦所带来的谈判成本和背叛风险。在"异地可办"中，合作双方也需要政府领导通过协商达成行动共识。为此，主政官员的个人网络联系对于城市间达成合作共识、顺利签约有重要的促进作用。具体而言，我们关注市长在对方城市的任职时长。在其他城市履职时间越长的市长，通常也有较为丰富的关系资源，他们也更容易作为纽带发挥沟通协调作用，降低合作中的交易成本与合作风险。为此，在一个"城市对"中，如果两市市长在对方城市的任职时间越长，那么他们对对方城市的经济社会发展状况的了解也越全面，在对方城市也更可能有较好的政府关系资源。在"异地可办"中，这有助于降低信息沟通和谈判成本，尤其可以帮助双方就一系列政务服务标准和流程厘定等事宜进行有效协调，推动合作的达成。

H6：两市市长曾在对方城市的履职时间越长，两市达成合作联结的可能性越高。

五、研究设计

为了检验上述假设，本文以广东省 21 个城市间"异地可办"改革为例，实证分析城市政府合作的生成逻辑。作为改革开放的前沿阵地，广东省珠三角区域一体化程度高，城市间人口流动频繁。同时，广东省较早探索政务服务"异地可办"工作，在全国范围内具有典型代表性。最后，在广东省政务服务数据管理局的建设维护下，省内城市间的合作授权情况较为完备透明，可提供扎实的量化数据支撑。

在研究设计上，本文采用以定量为主、质性为辅的研究设计。搜集整理广东省城市间政务服务授权合作数据库。首先，基于量化回归模型在总体层面识别驱动两两城市间达成合作协议的影响因素；其次，调研访谈广东省级和地市级相关主责机构的业务人员，结合量化分析结果，进一步分析变量背后的微观作用机制。

（一）变量测量

1. 因变量

合作联结。在一个"城市对"中，两两城市间是否达成"异地可办"的合作协议。截至 2021 年 12 月 31 日[①]，对于任意一个"城市对"，如果双方完成合作签约，记为 1；否则记为 0。该数据来源于广东省内 21 个城市的政务服务平台。

2. 自变量

两市间流动人口规模。我们关注两城市相互之间的流动人口数量。数据来源于百度地图迁徙大数据平台，所取时间为 2020 年春节前期返乡阶段（1 月 10 日至 25 日，共 16 天）[②]。对于任意一个"城市对"中的城市 A 和 B，计算公式如下[③]：

$$从 A 市流入 B 市的每日人口规模 = B 市每日人口迁入规模指数 \times A 市迁入 B 市每日人数占比 \quad （式1）$$

$$从 A 市流入 B 市的平均人口规模 = \sum_{d=1}^{16} 从 A 市流入 B 市的每日人口规模 /16 \quad （式2）$$

$$两市间流动人口规模 = 从 A 市流入 B 市的平均人口规模 + 从 B 市流入 A 市的平均人口规模 \quad （式3）$$

两市间企业异地关联。我们以两市企业在对方城市的关联企业数量的和值作为测量指标。关联企业数量越多，对于政务服务"异地可办"的诉求也越大。基于数据可得性，我们聚焦上市公司，并从上市公司年报中收集和整理数据。关联企业主要包括上市公司的异地合营企业和异地联营企业。

[①] 本文选取 2021 年 12 月 31 日这一时间节点，是由于 2021 年《政府工作报告》提出阶段性目标：企业和群众经常办理的事项，2022 年要基本实现"跨省通办"。

[②] 2020 年 1 月末新冠疫情开始大范围传播，随之而来各类交通管控政策和节假日"就地过节"政策，直至 2022 年，中国境内人口流动数据都无法表征真实流动人口情况。本文取用新冠疫情暴发前、2020 年春节前期返乡阶段（1 月 10 日至 25 日，共 16 天）的城市间人口流动数据。中国春节假期的前半程是返乡期，各个城市的工作人口或流动人口会在这段时间内返回家乡城市，即户籍所在地。人口学相关研究证明疫情并未影响春节前期的返乡迁徙，只影响了春节后期的复工迁徙。百度迁徙平台展示的 2019 年与 2020 年农历同期人口迁徙趋势对比图也保证了 2020 年春节返乡阶段人口迁徙规模与 2019 年保持一致。

[③] d 指天数。人口迁入规模指数和 A 市迁入 B 市每日人数占比均来自百度地图迁徙大数据平台。

两市上位宏观战略合作。两城市间是否有除政务服务通办之外的上位层面的战略合作框架，如"广佛同城"等。若有，记为1；否则，记为0。数据来源于各城市2021年《政府工作报告》。

两市财政富余度和值。数据来源于《广东省统计年鉴（2021年）》。计算公式如下：

$$财政富余度 = \frac{城市财政收入 - 城市财政支出}{城市财政收入} \qquad （式4）$$

两市财政富余度和值 = A市财政富余度 + B市财政富余度 （式5）

两市政务服务管理能力和值。我们使用《2020年广东省数字政府改革建设第三方评估报告》中的"服务事项管理"指数作为测度指标。"服务事项管理"指数作为一个综合指标，构成包括与国家基本目录的一致性、政务事项指南的完备度、发布数量、中介服务事项的动态化管理和信息关联度等核心指标，较好地反映各地市政务服务管理运作能力水平。我们通过对任意一个"城市对"中的两市各自的"服务事项管理"评分的加和，得到两市整体政务管理能力。

两市市长异地任职时长。一个"城市对"中双方市长曾在对方城市任职时长（月）加和；如果没有任职经历，则记为0。数据来源于人民网地方领导资料库。[①]

3. 控制变量

我们控制了一些在地方政府合作文献中的常用变量，如地理距离和行政级别差值。其背后的逻辑在于，拥有邻近性和相似性的组织更容易达成合作，因为这种情况下二者合作的交易成本较低，可以减小任意一方"搭便车"的风险。

两市地理距离。广东省内出行多为动车、高铁、普速等列车方式。我们取两市间列车可达的最快分钟数，作为衡量两地距离的变量。数据来源

[①] 政务服务通办是由国务院办公厅推动的转变政府职能、提升政府服务水平等一系列改革中的一项推进制度。各省市落实国办35号文件精神，所配套印发的通知和实施方案，均由省市级人民政府（办公厅）直接发布。这项工作完全归属于政府职能。因而，在测量官员关联资源时，本研究仅选用城市当期市长履历，不考虑市委书记履历的影响。

自中国铁路 12306 平台和携程网。

两市行政级别差值。我们将副省级城市的行政级别标记为 1，其他标为 0。对于任意一个"城市对"，计算二者的行政级别差的绝对值。

（二）模型估计

本文的分析单元是两两城市构成的"城市对"。具体而言，我们关注由广东省内 21 个城市结成的无向双边对子，一共 210 对（合作协议达成情况详见图 2）。同时，考虑到因变量为"是否达成合作协议（二值变量）"，我们采用无向配对 Logit 模型，其在政府相互间的学习、合作文献中较为普遍。

对于本文的政策场景，一旦城市 A 和城市 B 就"异地可办"达成合作协议，即意味着 A 和 B 相互成为对方的合作伙伴。换言之，"城市对"A—B 和"城市对"B—A 是等价的。虽然在合作协议沟通的最初阶段，可能会存在其中一方城市主动邀约或探索合作的可能性，但经过反复沟通和协调，最终合作协议是在双方平等、互选和互相授权的前提下达成的。因此，对于合作协议达成这一行为本身，其是"无方向"的。

六、实证结果

表 1 报告了基于无向配对 Logit 模型的估计结果。为了增强稳健性，我们依次在模型中加入了不同层次的自变量。模型 1 考察了需求侧的流动人口规模和上位宏观战略的情况。模型 2 加入了供给侧的财政、管理能力和关系资源要素。模型 3 进一步放入了控制变量。

表 1　基于无向配对 Logit 模型的估计结果

	是否达成"异地可办"合作联结					
	模型 1		模型 2		模型 3	
	系数（标准误）	优势比变化	系数（标准误）	优势比变化	系数（标准误）	优势比变化
需求侧						
流动人口规模	0.029***	+2.99%	0.026***	+2.6%	0.016*	+1.6%
	（0.009）		（0.010）		（0.009）	

续表

	是否达成"异地可办"合作联结					
	模型 1		模型 2		模型 3	
	系数（标准误）	优势比变化	系数（标准误）	优势比变化	系数（标准误）	优势比变化
企业异地关联	0.04	+4.3%	0.033	+3.4%	0.036	+3.7%
	（0.047）		（0.037）		（0.040）	
上位宏观战略合作	0.835**	+133.52%	0.840**	+131.5%	0.767**	+115.2%
	（0.337）		（0.355）		（0.378）	
供给侧						
财政富余度和值			−0.105	−10.0%	−0.184	−16.8%
			（0.117）		（0.112）	
政务管理能力和值			0.012*	+1.2%	0.017**	+1.7%
			（0.006）		（0.008）	
市长异地任职时长			0.003*	+0.3%	0.002	+0.2%
			（0.002）		（0.002）	
控制变量						
地理距离					−0.007***	−0.7%
					（0.003）	
行政级别差值					−0.301	−26.0%
					（0.620）	
常数项	−1.508***		−16.512**		−21.515**	
	（0.266）		（8.049）		（9.998）	
观测值	210		210		210	
Pseudo R−squared	0.150		0.170		0.230	
AIC	246.8534		247.3513		234.2584	
BIC	260.2418		270.781		264.3824	
Log pseudolikelihood	−119.427		−116.676		−108.129	
Wald ch2（df）	26.02		32.93		42.67	

注：括号中为稳健标准误。*$p<0.10$；**$p<0.05$；***$p<0.01$（双尾检验）。

　　模型的估计结果显示，首先，需求侧中"城市对"的流动人口规模和值的系数显著为正，且在模型 1—3 中均比较稳健。这表明，两市相互间的流动人口规模越大，双方有越大的可能性就"异地可办"达成合作协议。

为此，H1成立。此外，两市的企业异地关联的估计系数并不显著，H2不成立[①]；上位宏观战略的估计系数在模型2和模型3中显著为正。这表明，如果两市间存在其他更高位阶的战略合作框架，那么两市更有可能就"异地可办"达成合作协议。为此，H3成立。其次，对于供给侧，财政资源水平对合作达成没有显著影响。由市长异地任职所构成的关系资源的影响效应并不稳健。政务服务管理水平的系数显著为正。这表明，如果两市的政务服务管理能力水平整体处于较高的水平，那么它们更有可能就"异地可办"达成合作。为此，实证估计结果支持H5，拒绝H4和H6[②]。

在广东省21个城市间的"异地可办"中，供需两侧的相关要素在驱动城市达成双边合作中都发挥着重要的作用。对于需求侧而言，城市政府在合作决策时会重点考虑由流动人口规模所产生的群众需求，以及由上位宏观战略塑造的城市面临的区域发展需求。当城市面对庞大的流动人口规模时，推动"异地可办"可以回应这些政策目标群体因"异地办事难"而产生的改革诉求。在实际工作中，决策者会结合流动人口规模的具体情况作出合作决策，选择合作伙伴。例如，某地市的一位相关负责人提到，"找这几个城市通办合作……先从后台看业务量，我们是做了数据分析的。看两个城市之间的人员流动和需求，业务量需求比较多的几个城市都去打听一下有没有合作意愿。"（访谈编号：YGZ211213）这样做，可以较好地回应

[①] 企业异地关联的系数并不显著，一个可能的原因在于，受限于数据的可得性，在测量指标选取上，我们主要以上市公司的关联企业为主。然而，上市公司仅仅是市场经营主体的很少一部分。尤其对于政务服务"异地可办"而言，中小微企业甚至是个体户可能才是主要受众对象（例如，异地经营许可发放和公司注销、异地缴税等）。为此，上市公司可能并非"企业异地办事难"问题中的主要弱势群体。

[②] 本文对主回归结果进行了稳健性检验，核心结果均稳健。第一，将自变量中的市长异地任职变量更换为市长共同任职变量。市长共同任职的测量方法是：一个"城市对"中双方市长曾在同一政府部门共同任职过的时长（月）加和，若没有共同任职经历，则记为0；数据源自人民网地方领导资料库。增加此变量是由于同省内市级领导调动频繁，市长间"面对面"共同履职经历也是一种常见的个人联系，可以较好地表征官员关系资源。第二，增加政策注意力变量为控制变量。政策注意力变量的测量方法是：若一个"城市对"中的两个城市都将政务服务"省内通办"工作写入2021年《政府工作报告》，则记为2；若只有其中一个城市写入，则记为1；若两个城市都未写入，则记为0；数据源自2021年广东省内21个城市的《政府工作报告》。增加此变量是由于政策注意力通常会提高所关注工作的优先度，尤其在政务服务领域，一定程度上表征了该项工作可以获得的潜在行政资源，因此可以作为控制变量检验模型结果稳健性。由于空间限制，稳健性检验的具体结果及分析略去。

了上级的文件精神，更好地论证合作开展的必要性，有助于争取资源支持。某市一位负责相关业务的官员提到，"我们有一个考核要求的……要求主动联系劳务输出城市。所以我们年初就赶紧联系了你们（G 市），因为 G 市是我们的劳务人员输出大市。"（访谈编号：QBJ211206）近年来，关注外来弱势群体在打工城市办事难的新闻报道逐渐增多，引发了持续的社会关注。这种基于流动人口规模的合作决策，对地方政府来说也是一种理性抉择。

其次，上位宏观战略的存在，也可以为城市在"异地可办"中的合作创造相对友好的外部支撑氛围。宏观层面的合作框架构建了一种合法性认知，使得城市间在特定领域的合作成为一种"顺理成章"。例如，某市的一位相关负责人就专门提到了上位宏观战略的这种作用："之前看见 C 市和广州签了一个合作战略协议，这个跨域通办就跟着来了。"（访谈编号：YGZ211210）"一般这种会市与市之间有个全面合作的框架协议，然后政务服务只是之后的一个子课题。我估计 C 市这个也是这样的。"（访谈编号：YGZ211211）这种情况下，合作项目也更容易争取政策资源、获得领导重视。当双方遇到因各自政务服务的体制机制差异而造成的协同困境时，既存的宏观合作框架也可以提供原则性指导，为"求同存异"和"彼此让步"提供法理依据。

最后，政务服务管理能力构成了"异地可办"合作中供给侧方面的主要考量。这实际上从侧面表明，城市自身在政务服务管理的一体化、标准化和规范化水平，是推行政务服务跨地区合作的重要前提。在"异地可办"的事项梳理中，涉及大量有关办事标准和流程的协调统一问题。有时候，需要其中一方作出让步，在标准和流程上向另一方看齐。有时候，则需要双方都作出适应调整。如果双方无法各自在内部就多部门联办事项的标准和流程实现有效统一和系统整合，那么会极大增加双方在合作中的协调难度。"有些事项是多部门联合的事项，这种想要通办就很难的。比如说需要 A 市协调 3 个部门，同时 B 市也协调 3 个部门，然后一起达成共识来推进通办。客观上就很难了。"（访谈编号：YGZ211213）又比如，在推动不动产登记的异地可办中，由于各城市内部在管理上就比较杂乱、标准分立，这直接增加了跨城通办的工作量——"别说 A 市和 B 市了，连 A 的 aa 区和

bb 区都完全对不上的。大量的前期工作才能让无差别事项落地，让办理真的简单化——而且，这真的不是技术能做的，全靠人工一点点去校对一点点去磨合去交流。"（访谈编号：YGZ211215）

就控制变量而言，两市的地理距离和合作联结成负相关。换言之，如果两个城市的地理距离越接近，那么二者更有可能合作开通"异地可办"。这一结果和既有地方政府合作文献的观点一致：城市更愿意和毗邻或邻近伙伴合作，因为此时合作中的交易成本和风险都相对较小。

七、结论与展望

高质量推进政务服务"异地可办"朝纵深方向演进，是我国"十四五"时期坚持以人民为中心，深化政府职能转变，构建新发展格局的题中之义。依据我国对生产要素合理流动的工作部署，各类公共服务应从与户籍人口挂钩转为与常住人口挂钩，劳动力体系应加快建立跨区域协调和衔接机制。为此，政务服务"异地可办"合理有效地覆盖了人户分离的特殊情况（尽管这从规模上来看并非特殊），有助于清除区域间人才要素流动障碍，优化企业异地经营营商环境。

本文情境化构建了包含供需两侧在内的整合性分析框架，基于广东省21个城市间"跨城通办"的改革案例展开实证分析。量化分析表明，对于一对城市的合作协议达成，需求和供给两侧都会是城市合作决策的重要考量。需求侧中，两市的人口流动规模越大，抑或是存在战略合作框架，二者达成合作联结的可能性越大。供给侧中，两市整体的政务管理水平越高，二者达成合作联结的可能性越大。进一步的质性分析揭示了上述要素的微观作用机理。具体地，明确的群众需求和区域发展需求可以帮助城市在推进"异地可办"中达成双边合作。此外，城市自身在政务服务管理上的一体化、标准化和规范化程度是推进后续政务服务跨区域协同的重要基础。在自身"发育不良"的前提下，实现"异地可办"的无差别受理可能会遇到重重阻力而停滞不前。

对于推进"异地可办"在下一阶段的高质量发展，本研究表明：决策者可尝试从需求和供给两侧同时着力。一方面，可依托整体层面的战略合作框架，为"异地可办"中的地方合作提供更为有力的法理支撑。这可以有效减小地方在合作协调过程中所遇到的阻力以及潜在风险。另一方面，城市自身在推进政务服务工作一体化、标准化和规范化改革的重要性不容小觑。所谓"一屋不扫，何以扫天下"，在尚未对自身内部管理实现有效整合和协同的前提下所开展的政务服务跨地区合作，可能会浮于形式表面，无法在深层次的组织制度层面实现有机协同。尤其考虑到政务管理能力在短期内更具灵活可变性。这意味着，当前决策者可以通过大力提升自身政务服务管理水平的方式，实现更高质量的地方合作联结。此外，基于大样本的量化分析并未在经验层面验证财政和关系资源的驱动作用。这表明，尽管在我们的调研中，个别城市提到了财政储备和领导关系资源对于推动合作的可能影响。但在总体层面，城市在这些方面的优势可能尚无法稳健地构成合作。决策者可尝试从需求供给侧的其他方面寻找相对优势，在"异地可办"中主动而为。

本文在以下方面存在局限。首先，受限于数据的完备程度，本文聚焦广东省"跨城通办"展开实证分析。虽然广东省在政务服务"异地可办"上具有典型代表性，然而对于幅员辽阔的大国治理而言，我们希望后续研究可以基于全国层面的城市样本数据进一步验证本文的分析框架。其次，本文聚焦城市间的合作协议。

虽然合作协议是城市间政务服务"异地可办"的关键前提，所谓"名不正，则言不顺"。然而，签署协议并不必然意味着双方会开展更深层次的合作。为此，后续研究可随着改革实践的深入，在合作联结之外，聚焦城市间政务服务"异地可办"的事项数量和类型，进一步探讨"合作多深"的问题，从而更加立体地揭示政务服务"异地可办"背后的府际合作行为逻辑。

（《中国行政管理》2022年第12期）

审批链治理嵌入信用链治理

——政务服务改革的范式转换

中共浙江省委党校（浙江行政学院）公共管理教研部讲师　唐京华

中共浙江省委党校（浙江行政学院）公共管理教研部主任、教授　陈宏彩

诚信是市场经济运行和社会秩序形成的基础要件，完善社会信用体系不仅对推动市场经济发展、加强和改进基层社会治理具有重要意义，也是推进政务服务改革、建设法治政府的关键一环。2024 年 1 月，国务院印发《关于进一步优化政务服务提升行政效能推动"高效办成一件事"的指导意见》（以下简称《指导意见》），对深入推进政务服务提质增效作出战略部署，政务服务改革进入新阶段。《指导意见》明确提出，要以政务服务部门清楚告知、企业和群众诚信守诺为基础，推行"告知承诺 + 容缺办理"审批服务模式。服务对象信用状况作为一个重要因素被纳入政府规制调整的探索范畴，为进一步深化政务服务改革提供了新的思考方向。

一、政务服务改革的研究路径：文献回顾与问题提出

改革开放 40 多年来，中国行政体制改革始终围绕政府职能转变展开。2012 年 11 月，党的十八大提出要"深入推进政企分开、政资分开、政事分开、政社分开，建设职能科学、结构优化、廉洁高效、人民满意的服务型政府"。政府职能转变由此开启以权力下放和优化服务为主要内容的新一轮重大变革。政务服务改革是政府职能转变和行政体制改革的主要内容，近年来，为提高企业和群众获取政务服务的便利度满意度，各省市结合地方实际展开了先行探索，例如源于福建泉州的"容缺受理"制度、浙江的权

责清单制度和"最多跑一次"改革、江苏的"不见面审批"等。2024 年 1 月，国务院印发《指导意见》，政务服务改革不断向纵深方向推进。围绕改革的具体实践，学界主要沿以下三种路径展开了理论探讨。

一是政府、市场、社会关系的研究路径。政务服务改革是现代政府建设的重要内容，传统主流的研究路径是将其置于重塑政府与市场、社会关系的视野下予以讨论，主要围绕政务服务改革"改什么"和"如何改"的问题展开。首先，关于"改什么"，学界已达成一定共识，认为政务服务改革主要解决政府、市场、社会之间的作用边界问题，核心是要牢牢把握政府职能转变和市场决定性作用两个环节，推动政府角色由审批为主转向以监管和服务为主。其次，关于"如何改"，除了宏观层面讨论推进法治政府、有为政府、有效市场设外，不少研究还聚焦中观层面如何实现"宽进严管"，防止政府"有形之手"伸得过长；如何去繁简苛，以"简约治理"激发经营主体活力等展开了深入探讨。此研究路径对重构政府与市场、社会关系的认识，已超越简单强调政府效率低下和放松管制必要性的论断，开始注重从企业和群众的角度思考如何推进政务服务更深层次变革。

二是营商环境建设的研究路径。营商环境建设是政务服务改革的重要议题，从理念层面，不少研究指出政务服务改革彰显了打造开放透明、公平竞争、包容发展的营商环境的价值追求。从实践层面，更多研究采用案例分析和统计分析方法，近距离讨论了政务服务改革如何为营商环境优化提供良好制度保障、如何降低经营主体面临的行政负担等。除上述研究外，还有部分学者高度关注"未来怎么做"的问题。例如，一些研究从改革思路上建议要切实变审批部门"我要怎么办"为企业群众"要我怎么办"；还有一些研究特别关注政务服务标准化建设、政策措施整体统筹、监管体系创新完善等体制机制变革。总体而言，此研究路径的切入点是如何通过政务服务改革推进营商环境的市场化、法治化、国际化，尽管从本质上讲，其仍没有跳出政府市场关系的研究范畴与分析框架，但已注入了更为具体的实用主义元素，特别是定量分析方法的引入，使该领域的研究具有了一定的实证基础。

三是府际关系调整的研究路径。此路径主要从政府纵向层级、横向部门之间权责结构再优化的角度，分析政务服务改革的内容、成效与路径。从纵向关系调整角度，有学者认为政务服务改革推动纵向政府间关系调整思路由"集权""分权"转向"确权"的规律性认识，有助于打破纵向府际间"收权"与"放权"循环的怪圈，但当下仍无法有力破除确权标准不规范、不清晰、不统一、不彻底等问题。从横向关系调整角度，有研究揭示了政务服务改革在推动政府横向组织结构优化和权责配置调整、促进行政资源有效整合等方面的积极效应，使政府内部机构改革思路由"行业管理"转向"功能管理。"此研究路径侧重于探讨政务服务改革中科层制政府本身的调整与优化，对市场、社会等其他主体的关注度则明显不足。

上述研究具有重要的理论与实践价值，但仍存在进一步拓展的空间。一方面，政务服务改革本质上是行政审批制度改革的深化和延伸，既有研究从宏观或中观层面讨论了政府与市场、社会之间，政府层级间和部门间关系的重新调整，但对以审批链为代表的政府微观治理范式转换缺乏深度解构与权威阐释；另一方面，既有研究倾向于将如何进一步推动政府自身改革作为研究的最终落脚点，未能完全脱离政府本位的惯性思维。行政审批制度改革是政务服务改革的主要内容和关键环节，如何从审批链治理着手，破解政府职能转变过程中"管""放"循环的"规制怪圈"，切实推动政府角色转换和政务服务效能提升，仍需进一步理论探讨。

鉴于此，本文引入信用治理的分析视角，从规制与信用互动的角度出发构建分析框架，探讨政务服务改革的 4 种典型模式，提出在审批链治理中嵌入信用链治理是政务服务改革的可能方向。在此基础之上，结合义乌信用市场建设的创新实践，深度解构嵌入信用链治理的运作机理与实际效能，并审慎反思政务服务改革的微观逻辑与实践走向。本文主要采用案例研究的方式，以义乌信用市场建设为典型案例，通过实地调研与深度访谈收集资料，一手资料主要来源于座谈记录及实地调研记录，二手资料主要包括政府相关文件、汇报资料及网络公开数据等，多角度资料来源能够相互验证，增强研究结果的可靠性。在案例选择上，研究遵循了典型性与针对性相结合的原则。一方面，作为信用市场建设的先行者，义乌较早开始信用治理的实践探索，并被确定为全国首批 12 个社会信用体系建设示范城市之一，相对成熟的运作模式能够更加清晰地呈现信用链治理的实践样态；另一方面，义乌信用市场建设形成了一套规范化的制度体系，并借助数字平台支撑构建了多方协同的市场监管模式，推动了政府角色与服务模式的转变，为深度揭示政务服务范式转换的逻辑与路径提供了实践例证。

二、规制与信用互动：政务服务改革的新分析框架

以行政审批制度为核心的政府规制改革是政务服务改革的重要内容，其核心要义是通过合理调整政府规制边界，减少不必要的行政审批和优化服务模式等，激发市场和社会活力，但问题的关键在于如何调整政府规制边界始终缺乏一些客观可评判的标准。

事实上，无论传统还是现代社会，信用在市场和社会的自我规制中一直发挥着不可替代的重要作用。"信"的含义为诚实，不欺。孔子把"信"作为"仁"的重要表现之一，要求"敬事而信""谨而信"（《论语·学而》）。"信用"在汉语中的释义为遵守诺言，实践成约，从而获得信任。事实上，诚实守信已经成为中国古代的道德规范，在社会交往和公共生活中发挥着十分重要的作用，守信激励、失信惩戒是社会治理的基本规则，中国也因此成为信用为本的国度。在古代西方世界中，信用被用于个体诚信资格认定或交易活动的誓约中，借助誓言的方式确保契约义务的履行。进入现代社会以后，技术进步为信用发展提供了更大空间，信用由此成为规范交易活动、调节政府规制的一种可靠工具。早在 20 世纪上半叶，发达国家便开始尝试运用信用评级强化市场对企业行为的规制。现今很多国家已在不同程度上建立和使用社会信用体系，并以此来加强对市场和社会主体的管理与服务。从实践领域的经验事实来看，尽管信用工具也可能存在失败的情况，但其赋能政务服务的效用已基本达成共识。既有研究表明，信用在政府政务服务中的基础性作用主要表现在两个方面：一是增强政务服务透明度，信用信息披露被认为是最好的政府监管模式，不仅能够为市场提供即时风险信息，增强市场对企业的约束，还有助于强化对政府行政权力规范的整体要求，防止权力滥用；二是提升政务服务效能度，相较于传统行政审批、法律合同等静态化的规制举措，"信用"是更为常见和更加稳

定的减少交易风险的手段，信用信息登记不仅为构建全方位、全过程、精准化的监管模式，实现审慎监管提供了可能，还为确定和完善监管规则本身提供了有效工具。可见，信用不仅是经营主体之间缺乏信任状况的一种补救手段，还为政府规制市场和社会秩序提供了重要参照标准，政府可以根据行为主体的信用状况合理地调适规制方式和规制力度，从而降低行政成本，提高服务质效。因而，在政务服务改革推进过程中，规制与信用实际构成了一组双向互动的方向坐标：面对信用好的市场和社会主体，政府过度采用强规制手段会增加不必要的行政成本；反之，忽视市场和社会主体信用差的状况，单方面强调放松政府规制则可能带来治理混乱的结果。因而，深入推进政务服务改革必须平衡好政府规制与社会（市场）信用之间的关系。根据规制与信用的不同组合关系，可以将政务服务改革概括为 4 种典型模式，如图 1 所示。

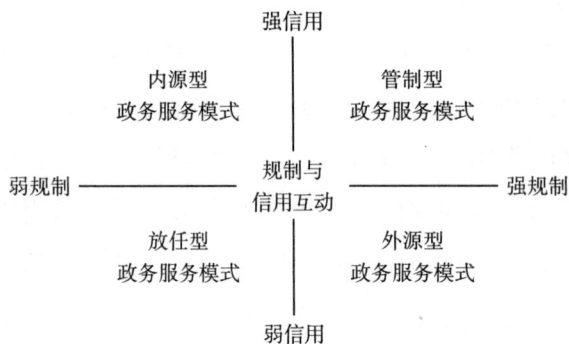

图 1　政务服务改革的 4 种典型模式

（一）"强规制、强信用"：管制型政务服务模式

管制型政务服务模式是指面对信用较好的市场和社会主体，政府仍采取严格的规制措施加以干预和约束。政府规制[①]是现代国家治理的有效工具，但这并不意味着政府规制越强越好。首先，管制型政务服务模式会导致较高的制度交易成本和行政成本等显性成本。一方面，公共行政活动本身具有高投入、低产出的特点，对不同信用等级的主体统一采取强规制方式，不仅会扩大实施政府规制所需的机构、人员、设备、资金等成本投入，

---

① 政府规制是指政府部门依据有关法律法规，直接对市场和社会主体活动进行干预和限制的行为。

还极大增加了政府信息收集、监督管理等方面的行政负担，使政府规制陷入"高成本投入"与"超负荷运转"的困境。另一方面，对信用良好的市场和社会主体设置较高准入门槛，将会增加行业垄断、权力腐败、寻租行为等滋生空间，带来较高的政府声誉及反腐败成本。其次，管制型政务服务模式还会导致扼杀市场和社会活力等隐性成本。面对政府规制的种种约束，信用良好的市场和社会主体也需要花费大量的时间、人力和资金等加以应对，这将给以效率为首要原则的市场经济活动增加不必要的制度交易成本，降低资源配置效率与社会创新活力。总体而言，管制型政务服务模式是一种高成本、低收益的治理模式，具有较强的集权式治理特征，体现为政府单一主体权力过度膨胀，越界干预市场和社会主体活动。

（二）"强规制、弱信用"：外源型政务服务模式

外源型政务服务模式是指面对信用较差的市场和社会主体，主要依靠政府外生性力量干预，采取严格规制的方式进行治理。此模式具有两方面的优势：一是有助于创造公平公正的制度环境。当经济社会活动处于一个信用缺失的环境中时，极易出现秩序混乱情形，表现为社会主体活动的随意性较强、经营主体的不负责任行为等。在此环境下，政府作为权威性主体，采取强有力的规制措施进行监督、惩戒与引导，有助于推动构建公平公正的经济社会秩序，维护和增进社会福利。二是有助于降低交易成本，提升组织运行效率。在信用较差的经济社会环境中，主体间交易的不确定风险明显增加，为了保证交易对象按时履约，交易主体不得不花费更多成本尽可能详细地获取交易对象的有关信息，这不仅导致交易成本大幅提升，组织运行效率也大打折扣。政府采取强规制模式能够较好地抑制各类主体的不规范行为，降低主体间交易的不确定性风险。由此可见，外源型政务服务模式是一种相对合理的规制方式，具有权威式治理的显著特征，但其缺陷在于市场和社会的自我规制能力较弱，政府需要付出的行政成本较高。

（三）"弱规制、强信用"：内源型政务服务模式

内源型政务服务模式是指面对信用较好的市场和社会主体，政府较少采用强制性规制方式干预、限制或约束主体活动，主要依靠市场和社会内生力量进行治理。内源型政务服务模式是一种较为科学的规制方式，具体

表现在两个方面：一是政务服务的成本较低。在信用较好的经济社会环境中，交易主体受到信誉机制的充分激励，通过自我约束的方式积极履行契约，客观上有助于降低政府规制所需的时间与经济成本，以及权力寻租、效率扭曲、公信力损失等方面的行政成本。二是政务服务的效能较高。相较于政府单一主体主导的"强规制"模式，"弱规制、强信用"模式通过多元主体之间的信誉保证与信用监督来规范交易主体行为，这种"强信用"的自我约束与互相监督机制整合了各类主体力量，在促进"社会共治"和提升协同治理效能方面具有独特优势。总体而言，"弱规制、强信用"是一种低成本、高效能的政务服务模式，具有开放式治理的特征，体现为政府、市场和社会主体以信用管理为基础共同参与秩序维护。

（四）"弱规制、弱信用"：放任型政务服务模式

放任型政务服务模式是指面对信用较差的市场和社会主体，政府也较少采用强制性规制方式干预、限制或约束主体活动。此模式是绩效最差、导致混乱的一种供给方式。首先，放任型政务服务模式可能放大市场和社会机制的缺陷。市场和社会机制具有盲目性、外部性和信息不完备性等内在局限性，当处于信用严重缺失的社会环境时，市场和社会主体活动将更加随意和不负责任，在此条件下缩小政府规制边界，经济社会秩序失范或将不可避免。其次，放任型政务服务模式会增加社会治理的多重风险。信用缺失主体的契约履行具有较强不确定性，因此与之相关的经济社会活动的稳定性与可预期性也较差，过度放松政府规制会助长一系列投机与策略行为，不仅导致社会公平性和公正性缺失，加剧公众对社会混乱现状的不满与抱怨情绪，从而引发政府信任危机，还会削弱法律的权威性，增加金融风险、道德风险等各种潜在危险。放任型政务服务模式具有松散式"弱治理"的显著特征，表现为政府、市场与社会主体之间缺乏必要的合作、协调与互补，且对各类主体活动缺乏有效的约束和规范，经济社会秩序整体上处于不稳定甚至无序状态。

由上可见，信用要素在现代政府政务服务供给中扮演着极为重要的角色。一方面，信用是市场和社会内部自我生成的约束机制，其对主体行为的激励和规范是长期的、连续的；另一方面，信用为合理调整政府规制边界提供了一种可靠的评判标准，将信用要素融入政务服务改革中，形塑规制与信用强弱互补的服务模式能够发挥良好的服务效能。然而，实践领域政务服务改革并未足够关注和使用信用工具，这为改革的持续推进留足了空间。

三、审批链治理嵌入信用链治理：政务服务范式转换的逻辑

新中国成立以来，我国国家治理实践中更多体现了政府"强规制"的特征。在计划经济时期，政府主要采用强制性手段全面管理经济、社会各项活动。改革开放以来，我国在从计划经济向市场经济转型过程中，政府对市场和社会直接行政命令式的干预逐渐弱化，随之形成的是以法律法规为依据的规制型政府，即通过建立规模庞大、内容繁杂的行政审批、行政处罚等规章制度，基本将经济、社会的全部活动纳入政府规制范围。随着经济社会的不断发展，以行政审批为核心的政府"强规制"模式日益暴露出种种弊端，如挤压社会规模、抑制市场活力、滋生行政腐败等。为此，国家自上而下推行了多轮行政体制改革，虽然不同时期行政体制改革的具体内容各有侧重，但合理界定政府规制的边界、方式与程度始终处于改革的核心位置。新时期行政体制改革的重心仍是更好推动审批服务模式变革，既要加强政府事中事后监管和服务模式创新，又要更好发挥市场和社会主体作用，弥补政府治理的不足。信用要素为推动政府职能转变，激发市场和社会活力提供了有效工具，在审批链治理中嵌入信用链治理是政务服务范式转换的一种可能方向。

（一）基于审批链治理的政务服务范式

"链"在汉语中的释义是用金属环连结而成的长条，学术研究中"链"的概念较早被用于企业经济领域，产生了供应链、价值链等专业术语，其中"链"的核心要义是指一个环环相扣的链条，任何节点的断裂都会导致活动的失败。基于审批链治理的政务服务范式是指政府在法律框架内，以行政审批为中介节点，对市场及社会主体活动进行干预、约束和限制，审批不通过，市场及社会主体就无法获得准入资格和参与交易活动，相应的交易链条就会断裂，如图2所示。行政审批是政府主导的行政活动，因而

审批链治理是以强规制为特征的政务服务范式。

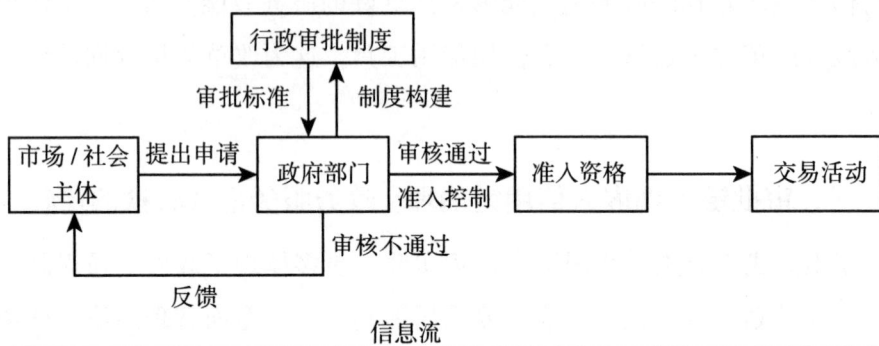

图 2　基于审批链治理的政务服务范式

作为一种"强规制"的治理技术，审批链治理的主体是政府行政机构，它以"命令—控制"为核心理念，以正式法律制度为准绳，借助行政审批制度的载体形式，对市场和社会主体活动进行事前准入控制。因而，基于审批链治理的政务服务逻辑是政府基于对市场和社会主体不信任原则的底线控制，要求市场和社会主体严格履行遵法守法的底线义务，其核心关怀是市场和社会主体行动的合法性。审批链治理以行政强制力量为基础保障，因而政务服务过程中政府权力运作呈现集权的总体特征，主要依靠政府行政资源投入，积极干预市场和社会主体活动，但由于现代科层制政府具有横向分科与纵向分层的结构属性，审批链治理的政务服务范式整体上呈现分散化审批、碎片化监管的状态。不仅如此，作为一种"强规制"治理技术，审批链治理的政务服务效果具有两面性：当行为主体信用较好、自我管理和自我规制能力较强时，过细过严的行政审批会导致过度型治理的弊端，既增加政府的行政成本，又损害市场及社会主体的行动效率，不利于市场和社会自治能力的生长；而面对信用较差、自我管理和规制能力较弱的行为主体，"强规制"的外源型政务服务模式有利于规范市场和社会秩序，维护社会公平正义。

此外，基于审批链治理的政务服务范式中政府角色的突出特征是直接管理和积极干预，强调政府主导作用，具有一定的合理性，但也会带来一系列显性与隐性成本。改革开放以来，以"强规制"为特征的审批链治理范式经历了碎片化政府下部门分散审批的体制之痛。然而，囿于科层制政府部门化运作的局限，改革对此作出的回应集中体现在审批权限调整与组织结构优化两方面，例如各地推出的联合审批、交叉审批等一站式审批服务，甚至多省市还成立了近千家行政审批局。改革虽取得一定成效，但重心始终未能跳出政府自身权责结构变革的范畴，包括合理界定政府干预的范围和边界、重新调整部门权责配置等，尤其未足够关注如何发挥市场和社会机制的功能，因而改革的进一步推进始终面临不少制度瓶颈。

（二）嵌入信用链治理的政务服务范式

现代社会中"信用"的概念萌发于 20 世纪 80 年代后期银行金融系统中的征信制度，20 世纪 90 年代末上海等地最早开始试点社会信用体系建设，之后逐步推广至全国实施，"社会信用"成为当代中国社会治理不可或缺的重要制度安排。2014 年，国务院发布《社会信用体系建设规划纲要（2014—2020 年）》明确"到 2020 年，社会信用基础性法律法规和标准体系基本建立，以信用信息资源共享为基础的覆盖全社会的征信系统基本建成"，社会信用体系建设进入快速发展阶段。2016 年，国务院发布《关于建立完善守信联合激励和失信联合惩戒制度　加快推进社会诚信建设的指导意见》，提出"探索建立行政审批'绿色通道'""优化诚信企业行政监管安排"。2022 年 3 月，中共中央办公厅、国务院办公厅印发《关于推进社会信用体系建设高质量发展促进形成新发展格局的意见》，明确要求"创新信用监管"，"加快健全以信用为基础的新型监管机制"。党的二十大报告也强调，要"完善产权保护、市场准入、公平竞争、社会信用等市场经济基础制度，优化营商环境"。社会信用在国家顶层设计、现实需求以及信息技术发展的多维驱动下，成为新时代实现社会有效治理的新工具。

信用链治理是指政府以法律法规为依据，以信用信息为中介节点，对市场及社会主体活动进行干预、约束和限制。它以可信任、可量化、可公开的全链条信用信息汇集与管理为基础，通过政府、市场及社会等多元主体的共同参与进行失信惩戒与守信激励，以此打破政府单一主体主导的服务模式，推动市场（社会）主体活动产出最大化和资源配置效率最优化。信用链治理中，市场及社会主体、信用信息库、政府构成节点单位，彼此之间基于信用信息交流，形成信任关系网络，并在信用制度体系支撑下开展各项活动，如图3所示，具有网络化治理的突出特征。若节点单位产生不良信用信息，信用链就会断裂，基于信任关系网络链接的后续活动也将受到限制。信用链治理包含信用信息链（市场及社会主体—信用信息库—政府）和信任关系链（政府—信用信息库—市场及社会主体）两条子链，信用信息库通过收集处理信用信息，为节点单位之间建立信任关系，因此，信用信息子链条是信任关系子链条缔结的基础。信用链治理以信用制度体系为支撑，以信用信息库建设为关键环节，同时还通过平台对接和数据共享与其他数据库之间建立联系，为信用信息管理提供充分的数据支撑，进而保证市场和社会主体信用评价的规范性、准确性、客观性。

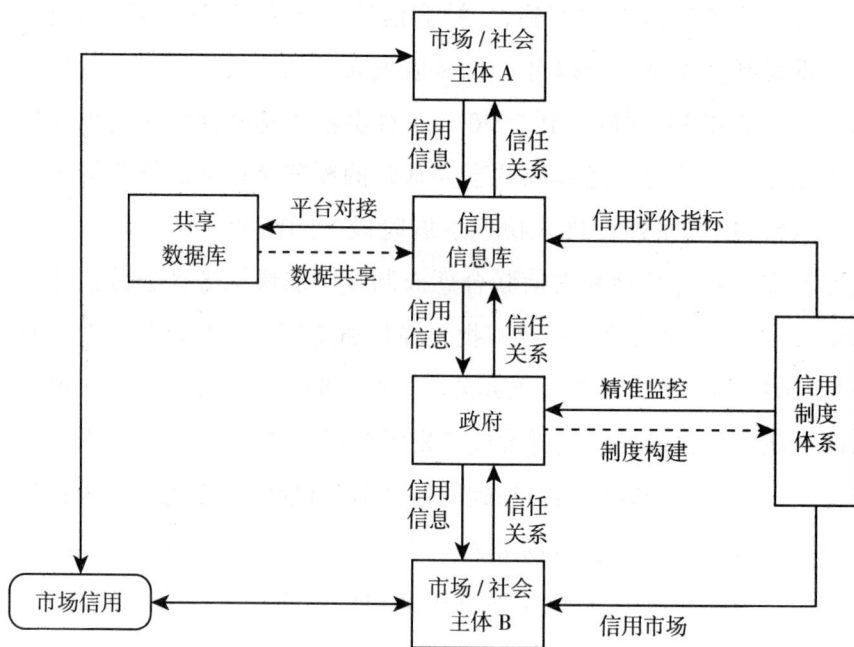

图3　基于信用链治理的政务服务范式

嵌入信用链治理的政务服务范式是指政府在审批链治理过程中适当融入社会信用要素，通过动态更新信用信息，合理调适规制措施，提升服务质效。作为一种"解制性"[①]治理技术，信用链治理为弥补审批链治理缺陷、持续深化政务服务改革提供了可行路径。它在供给主体、服务理念、载体形式、运作逻辑等方面明显区别于传统审批链治理范式，如表1所示。首先，信用链治理强化了政府中立赋能的角色特征。如前所述，传统基于审批链治理的政务服务范式突出强调政府主导作用，一律采取"强规制"方式，这在规范市场和社会秩序的同时，也部分削弱了市场及社会活动的效率性和灵活性。信用链治理中政府角色的核心是通过中立性的公共信用信息收集、管理和公开来影响市场及社会主体活动，营造公平公正的交易环境。不仅如此，政府还主动为信誉良好的市场和社会主体在行政许可、市场监管、公共服务等方面提供相应便利，消解不必要的程序性行政负担，有助于实现政府权力运行的公开化、法治化，减轻行政成本，推动经济社会转向包容型发展。其次，信用链治理依托信誉机制增强市场和社会的自我调节功能。公共信用信息具有开放性、透明性、不可篡改性和可追溯性等突出特征，处于不同时空场域的市场和社会主体，不仅基于自身信誉维护机制严守道德诚信、守信规范与履约原则，还广泛参与信用信息收集、传递与共享，并以失信信息为依据实现多元主体联合惩戒，既包括法律层面的行业限制、资格限制等，也包括多元主体对失信主体的负面评价、交往规避与合作排除等，任何主体的失信行为都将面临信誉损失与联合惩戒的巨大压力。因而，相较于政府单一主体主导的审批链治理范式，信用链治理的嵌入，既有助于动态合理调适政府规制措施，解除过多的政府干预，又为增强市场及社会主体的自我治理功能提供了有效工具。它融合了内源型和外源型政务服务模式的优势，是一种基于法律规则与社会共识的多元共治模式。

---

① B.盖伊·彼得斯在《政府未来的治理模式》一书中提出"解制型政府"的概念，其中"解制"一词的含义主要是指通过解除内部繁文缛节的限制，使政府活动更具创造力、效率及效能。本文中，"解制性"技术含义是指解除过多的政府规制和限制措施，释放市场和社会主体活动的效率和效能。信用链治理之所以能够作为一种"解制性"治理技术，主要是因为政府可以根据市场和社会主体的信用信息状况，动态调整和优化监管措施，使政府规制具有更强的灵活性和适应性。

表 1 基于审批链治理或信用链治理的比较

	审批链治理	信用链治理
供给主体	政府	政府、市场及社会等多元主体
服务理念	命令—控制	授权—激励
载体形式	行政审批制度	公共信用信息
服务形态	碎片化监管	网络化治理
运作逻辑	基于不信任原则的底线控制	基于信任原则的更高责任期待
核心关怀	主体行动合法性	资源配置有效性
权力运作	集中权力	扩大授权
运作规范	法律规范	法律规范、道德准则与自治规则
治理资源	政府行政资源	政府、市场、社会资源整合
关系特征	社会（市场）信任政府	政府信任社会（市场）
政府角色	积极干预	中立赋能
成果检验	准入控制	结果产出

四、义乌市嵌入信用链治理实践：范式转换的案例解构

义乌是浙江省辖县级市，由金华市代管，下辖 8 个街道、6 个镇，常住人口 190.3 万人，2023 年出口额首次突破 5000 亿元大关，是名副其实的"世界超市"。从"鸡毛换糖"到国际商贸，义乌的发展虽然很大程度上得益于市场先发优势和集聚功能，但政府的引导、调控、规范也发挥了决定性作用。强县扩权改革、行政审批制度改革、"大综合一体化"行政执法改革等市场取向的多轮政务服务变革，推动了"义乌模式"的形成发育。但经济社会发展总会带来政务服务变革的新要求，如何更加充分地释放市场和社会活力始终是义乌发展的核心议题。

（一）义乌审批链治理的进路及其限度

与国家宏观行政体制改革的总体趋势一致，义乌政务服务模式也经历了由管制型向服务型的整体转变。近年来，围绕传统行政审批碎片化、低效率、高成本等一系列问题，义乌率先启动两轮商事登记改革，同时借助数字技术赋能大力推动权力下放、管理创新和服务优化，通过先行先试"涉企证照通办""无证明城市"等，大幅度清理压缩行政审批事项，仅 2018 年全市就梳理削减精简事项 411 项，削减办事材料 5144 份，政务服务

改革取得积极成效。但与此同时，一些深层次的体制机制问题也逐渐显露，成为限制政府职能转变的藩篱。

首先，审批制度不健全导致政务服务空转错位。自 2018 年率先打造"无证明城市"以来，上级政府部门及义乌市本级分层次分批次下放了数千项行政审批权限，大力推动"一网"申报、"一窗"办理、"一站"服务、"多点"可办、部门联动。审批权限下放在简化办事流程、节约行政成本、激发主体活力等方面发挥了积极作用，但配套审批制度的不完善弱化了政务服务改革的实际效能。具体表现为某些领域后置审批权限下放，但前置审批部门及关联部门未同步跟进；跨层级跨部门数据信息共享存在制度壁垒，政府监管的精准性、灵活性不足；还有部分事项审批标准未完全统一，给市场和社会主体活动增加了不必要负担。在以"命令—控制"为核心的审批链治理模式下，政府部门审核通过是市场和社会主体获得准入资格并参与交易活动的刚性前提，审核通过与否主要取决于行政审批制度标准和信息流供给，作为支持性构件的行政审批制度不完备或信息流互通受阻，极大地限制了义乌政务服务改革的效能。不仅如此，审批链治理还具有明显的单向性、静态性特征，政府主要凭借市场和社会主体提供的有限信息进行行为合法性鉴定，审批通过意味着准入监管结束，但对于市场和社会准入资格获取后的交易活动及行为变化，审批链治理难以作出及时精准的反应，而且政府审批的范围是有限的，静态信息与范围局限使得某些领域政务服务出现缺位。

其次，权责关系网络不顺畅导致政务服务碎片化。近年来，针对行政审批领域的碎片化问题，义乌不断深化"四无一网""一件事"改革等，力图通过数字政府建设和权责清单制度改革，全面厘清部门权责边界，实现行政审批事项归类、材料精简和流程再造。然而，改革并未从根本上解决政务服务碎片化问题，目前义乌很多行政审批事项权责梳理还处于大类规整阶段，某些重点领域事项权责边界划分尚不清晰，部门间审批权限衔接、材料流转还存在不少交叉和缝隙，多头审批与无人管理的状况也仍然存在。审批链治理模式下，政府是政务服务供给的直接主体和关键节点，部门职能是否清晰、流程对接是否精准决定了审批链条向下流转的效率和质量，权责关系网络不顺畅一方面会导致政府内部审批链条流转"卡顿"或"空转"，损耗政府多部门协同监管效能；另一方面也给市场和社会主体增加了不必要的行政审批成本。

最后，放管衔接不精准增加市场交易风险和成本。作为全球最大的小商品集散中心，义乌一网通办、跨区通办、全程代办等诸多改革走在全省乃至全国前列，仅 2023 年便完成 10 个 "一件事" 数字化迭代，推动 "一网通办" 率达 96% 以上。[①] 但义乌在推动审批权限下放、材料清单精减的同时，全程监管并未同步跟进，某些领域行政审批制度改革不同程度上存在以批代管、批管模糊和脱节等问题，尤其部分专业性较强的审批权限下放还存在基层接不住现象。审批链治理的核心在于严格的事前准入控制，前端审批链条放松，意味着必须强化后端交易监管，但实践领域普遍存在审批与监管割裂问题，表现为某些领域准入控制降低，但后续监管跟不上；少数部门为减轻监管压力，刻意提高审批标准等。放管衔接不精准不仅可能增加监管不严引发的市场风险，还在某种程度上抑制了市场和社会自主性构建，"批管何以协同" 是审批链治理长期面临的难题。

（二）嵌入信用链治理的范式转换与逻辑阐释

为了弥补审批链治理的种种缺陷，2000 年以来，义乌开始积极探索"信用市场"建设，逐步建立了市场信用差异化奖惩和分类监管机制。近年来，为深化信用体系建设，提升政务服务效能，义乌市聚力打造了信用信息共享平台和市场信用 APP，不仅能够实时展现、更新和查询市场、社会等各类主体的信用信息，还为推动政府职能转变，加强市场监管提供了有效工具。目前，信用信息共享平台已归集了全市 60 个部门的 1550 项政务数据，覆盖所有 75 万家经营主体、280 万自然人、1550 余家社会组织、508 家政府机构和事业单位，形成了超过 6.1 亿条信用记录；市场信用 APP 则已实现对 6.2 万经营主体、境内外常驻和主流客商的应用全覆盖。2023 年义乌市 "承诺审批—践诺监管—联合奖惩" 闭环管理机制获评全国信用承诺优秀案例。义乌将信用要素融入政务服务改革的创新实践，有效弥补

---

① 资料来源：义乌市行政服务中心管委会《义乌市政务服务管理办公室 2023 年工作总结和 2024 年工作思路》。

了审批链治理主体单一、手段僵化、服务碎片化等弊端，推动了政务服务模式的转型升级。

首先，以信用信息管理推动政府政务服务边界柔性化扩展。政府与市场是有边界的，在公权力无法直接介入和全面监督的领域，往往呈现更突出的信息不对称和交易风险问题，这就需要政府创新政务服务方式，适当柔性化扩展服务边界，社会信用管理为此提供了一种有效的工具选择。从义乌市的实践来看，其一，信用信息管理为防控市场风险提供柔性化工具。借助信息技术和数字化手段，义乌市场信用 APP 逐步打通归集了市场监管、税务、法院等 18 个政府部门的公共信息以及企业、客商的信用信息，既促进了跨部门、跨领域信息沟通与共享，也整合了政府部门之间、政府与市场和社会之间的信用信息资源，经营主体可通过信用信息查询选择诚信交易对象，这降低了市场和社会主体活动的信息不对称风险。其二，信用信息管理为政府部门加强监管提供柔性化手段。义乌市场监管部门积极建立并完善信用评价模型，[①] 根据评价分值将经营主体划分为 6 个信用等级，并根据自动采集、数据交换、自主申报和人工录入的信用信息，动态调整经营主体的信用等级。信用等级评价结果为市场监管部门灵活、动态调整监管力量，集中有限精力强化对重点领域、重点企业的监督提供了有效手段，极大地提升了政府监管的灵活性和效能性，降低了行政成本。其三，信用信息管理为强化经营主体自我监督提供柔性化标准。信用评价结果不仅是政府加强监管的有效工具，还为市场和社会主体发现短板问题、改进自身行为提供了可靠依据，在此过程中，经营主体也可通过自主申报、阳光监督等提升信用等级。建立在信息双向流通基础上的信誉机制，使经营主体能够更好地控制自身行为的影响，这不仅打破了审批链治理中政府主体单方主导的模式，强化了市场和社会的自治功能，还促使政府与市场、社会加强沟通合作，推动构建共建共治共享治理格局。据统计，2021 年义乌中国小商品城经营主体违法率同比下降 23%，营商环境明显改善。

---

① 义乌市场信用评价模型设置诚信经营、荣誉资产、遵循规则、党群共建、转型发展、行政处罚等 7 个方面 82 个评价指标，根据采集的数据信息，将各类主体的信用等级从高到低划分为 AAA、AA、A、B、C、D 6 个等级。

其次，以信任关系网络提升政府政务服务协同供给效能。部门化运作和碎片化服务是审批链治理的突出弊端。近年来，以联合审批等为代表的审批链治理变革虽意在破解此难题，但囿于体制障碍和制度惯性始终未真正破题。围绕如何增强政府跨部门协同监管效能的难题，义乌一方面借助信任关系网络的扩散效应提升政府内部政务服务协同供给效能，通过构建"信用＋监管""信用＋金融""信用＋民生服务"等多层次信用体系，推动信任关系在行政审批、公共服务、招标投标、政府采购、信贷审批等方面的扩散应用，大力增强分散化部门在事前信用评价、事中信用核查、事后联合奖惩等方面的协同效能。另一方面，通过信任关系网络的传导功能，实现政府、企业与公民个人等多方主体的整体协作效应。在传统基于审批链治理的政务服务范式下，政府主要依赖有限的信息和行政手段发挥监管效能，由于不直接参与市场竞争，政府所掌握的信息和可使用的监管手段实际极为有限。义乌将政府主导与其他主体参与有机结合，由政府构建信用评价模型与互动平台，并提供市场管理、金融征信等部门基础公共信息，企业和公民个人则通过平台直接参与信用信息申报和信用评价等，评价结果与相关主体的市场信用等级挂钩，并直接影响交易活动。若活动主体产生不良信用评价，其与政府及其他主体间的信任关系就会断裂，这不仅会触发政府的信用惩戒，其他主体也会依据信用评价结果进行交易规避、合作排除，使失信者寸步难行。这种多方参与的信用信息归集和信用惩戒，既减弱了政府、企业、个体之间信息不对称情形，又强化了对市场和社会主体活动的全过程监管。

最后，以信用制度体系赋能经营主体的自主性建构。自主性是市场竞争活力和效率的重要源泉，但"批管不协同"问题使审批链治理长期面临"批太严"或"管不好"的局面，这在相当程度上抑制了经营主体的活力性和自主性。义乌信用制度体系建设为赋能经营主体自主性建构提供了可能，表现在两个方面：一是纵向维度上赋予经营主体更多对自身交易活动和资源配置的自主权。义乌市在信用体系建设的基础上，一方面推行信用承诺审批制度，以"信用承诺"代替"资料审批"，信用优良的企业和个人可通过书面信用承诺提前发放证照，即"你承诺，我先批，事后审，失信惩"，推动从"事前管审批"向"事后管信用"转变，有效减少了程序烦琐、效率低下的行政审批对市场活动的束缚和影响。另一方面建立市场信用分类监管制度，日常抽检中对信用好的企业减少或免于检查，对其他企业则根据不同信用等级、按不同比例实施抽查监管，信用分类监管减少了政府对经营主体活动的直接干预。二是横向维度上扩充经营主体对市场需求及其他主体信息的掌握程度，增强经营主体追求自身利益最大化行为的有效性。信用评价制度不仅为政府强化监管提供了有效工具，经营主体也可以通过市场信用 APP，分市场、行业、商品等类别直接查询交易对象的信用排名，并自主选择诚信的交易对象。这既增加了市场信息的透明度，帮助经营主体提升了风险防范能力，又推动构建主体之间的信任关系，促进了市场的充分竞争。

五、总结与讨论

基于"规制—信用"互动的分析框架，本文构建了政务服务改革的 4 种典型模式，并提出信用链治理嵌入审批链治理中，是政务服务范式转换的一种可能方向。义乌市的实践也表明，信用链治理的嵌入在推动政府政务服务边界柔性化扩展、提升政府政务服务协同供给效能、赋能经营主体自主性建构等方面发挥积极效用。与现有研究相比，本文的理论增量体现为以下三点：其一，深化了对政府规制微观治理机制的认识。现有政府规制的相关文献成果，重在探讨体制机制变革与方式手段创新，但对以行政审批为代表的政府规制的深层机理认识不足。本文从比较分析视角出发，对审批链治理的理念、载体、形式等作了具体分析，指出审批链治理的深层逻辑是底线控制，以此为基础的政务服务改革将难以跳出"收与放"循环的规制怪圈。其二，拓展了政务服务改革研究的理论视角。本文揭示了信用要素融入政务服务改革的理论逻辑与实践价值，并提出"信用链治理"的概念来概括以信用工具推动政务服务范式的变革，进一步深化了对政务服务改革思路的认识。其三，从推动政府职能转变的宏观历史进程来看，理顺政府和市场的关系、平衡好"简政放权"与"加强监管"的关系，一直是改革的重要难题。本文基于义乌市信用治理的案例分析认为，信用工具为平衡两种关系提供了新载体和新思路。

　　本文也存在两个有待进一步讨论的问题：一是信用信息管理缺乏统一、权威标准的问题。市场和社会主体信用信息管理的规范性、统一性是信用链治理嵌入审批链治理的前提基础，但当前对哪些信息应当被纳入信用评价体系、针对不同性质的失信行为应当采取何种强度的惩戒措施等存在较大认识上的差异，信用信息管理和使用范围太宽或太窄，将会导致政府监管过度或监管不足的问题。二是嵌入信用链治理的法治化问题。一方面当前社会信用管理体系建设存在法律规范层级较低、配套制度不完善、权责边界不清晰等问题；另一方面审慎明确信用治理的使用边界，依法依规采取差别化的监管措施需要更加完善和充足的法律支撑。此外，信用信息对市场和社会的影响是长期的、广泛的，信用修复的标准化、制度化、精准化和体系化建设尤其值得关注。概而言之，如何建立科学规范的信用链治理体系，并逐步完善相关方面的法律支撑，将是后续研究的重要方向。

（《中国行政管理》2024 年第 6 期）

政务服务数据治理生态系统概念框架研究

吉林大学行政学院博士研究生　覃耀萱
大连理工大学公共管理学院教授　张锐昕

一、问题提出和已有研究综述

在多中心治理场域下，"政务是国家治理中的行政事务，是公共治理的重要工具和形式"。在数字政府环境下，"政务服务是政府职能的重要组成部分"，也是电子政务建设的重点内容。在信息不确定情境下，政务服务数据成为影响国家治理效能的关键变量以及赋能政府职能履行和驱动公共治理水平提升的重要工具。党的十九大报告提出"数字中国"建设，党的十九届四中全会提出"推进国家治理体系和治理能力现代化"，党的十九届五中全会强调"加强数字社会、数字政府建设，提升公共服务、社会治理等数字化智能化水平"，党的二十大报告再次强调要加快建设数字中国，以及《国务院办公厅关于印发全国一体化政务大数据体系建设指南的通知》倡导"充分发挥政务数据在提升政府履职能力、支撑数字政府建设以及推进国家治理体系和治理能力现代化中的重要作用"等部署要求，建设"数字中国"及"推进国家治理体系和治理能力现代化"需要夯实"数字政府建设"基础。对政务服务数据进行治理并为其治理构建良性生态系统以维持其能量转换优化、功能改进增强以及与生态系统间相对稳定、动态平衡和协同发展，变得必要又紧迫。为此，亟须研究用于解释、分析和解决政务服务数据治理生态系统问题的"相关概念、定义及其相互关系"以及"将这些基本概念联系起来的结构体系"，这些乃是形成概念框架的要件。

具体而言，政务服务数据治理生态系统的构成要素有哪些？应该如何定义它们？它们之间的关系和结构体系如何？

围绕政务服务数据，已有研究主要涉及其概念界定、运行模式、框架模型、影响因素、优化策略等议题，成果相对丰富。但是，数据服务及产品供需分离、错配、不对等、失衡、协调难等问题不同程度地存在着，政务服务数据分类、确权、治理、生态形成等问题至今也未能妥善解决，使得有些政务服务数据拥有者在共建共治共享数据工作中受利益驱使产生的不合作意图与行为难以借助制度、组织和功能保障得到有效控制。此外，关涉政务服务数据标准规范体系构建的动力不足，研究存在短板，理论指导实践的针对性也有待提升。围绕政务服务数据治理已有研究主要涉及工具、方法、路径等议题，成果虽然也很丰富，但政务服务数据治理实践一直存在行动上主体间竞争与合作不足、过程中资源间分配与协同不够、结果上个体与整体效能提升不力等问题。

围绕政务服务数据治理生态系统，已有研究成果相对匮乏。利用综合思维研究政务服务数据治理生态系统的研究成果很少，只涉及其价值创造机理和成熟度评估而针对政务服务数据治理生态系统的概念定义、构成要素及其关系和结构体系等方面的研究几近阙如，这大大降低了政务服务数据治理理论的解释力及对实践发展的指导力。因此，需要从最基础的概念框架入手研究政务服务数据治理生态系统，以此为政务服务数据治理生态系统的结构与功能构建乃至良性运营与可持续发展提供参考指南。

二、政务服务数据治理生态系统的含义指涉

政务服务概念的形成与服务型政府建设背景下公共服务概念的泛化密切关联，其逻辑演进则是伴随着其与公共服务的关联关系变迁而展开的。关于政务服务与公共服务两个概念谁大谁小的分歧一直存在。原本公共服务被认作政府为满足社会公共需要而提供产品与服务。由于人们认同现代政府承担的所有职责都应归属公共服务的范畴，因而顺理成章地便将所有涉及为公民利益服务的事务都称为公共服务。这些认识是公共服务概念泛化的表现。相较于政务服务而言，彼时的公共服务是一个更为宽泛的大公

共服务的概念。伴随着数字政府实践的不断推进，以及包括政府部门在内的政府治理主体对政府治理能力和数字素养局限的认识深化，公共服务与政务服务之间的包含与被包含关系一直处于理性转换的进程当中。2016年《国务院办公厅关于印发"互联网＋政务服务"技术体系建设指南的通知》提出，"政务服务按事项性质分类可分为行政权力事项和公共服务事项"。之后，有学者提出，政务服务的前身是行政审批或者行政审批服务，它与公共管理学中一般意义的公共服务概念有所区别，二者是包含与被包含关系；政务服务在全面深化改革和建设人民满意的服务型政府进程中早已超越了行政许可服务和行政审批服务，包含了社会服务、公共服务、市场服务和管理服务等内容；有学者进一步指出，政务服务也绝不仅仅是公共服务，还包括管理，不能把政务服务简单理解为公共服务，也包括监督，这两者都包括在内。学者们的这些观点都在说明政务服务的外延正在逐步拓展，已经演变成为一个包含公共服务范畴在内的、内容更为丰富的大概念。

政务服务概念的认知解读，有过程论、行为论和服务论等观点之别。持过程论观点的学者认为，政务服务是实现公共利益和价值输出的过程。如，"政务服务是指在公民本位理念的指导下，以高效优质的公共产品和公共服务为目标，通过合理规范的协调运转，不断强化政府服务职能、实现公共利益的过程"；"政务服务是依据《中华人民共和国行政许可法》和相关法律法规，在公众与政府之间，以行政许可、公共服务等政务服务事项需求为输入，按照申请、受理、审批和监督的管理流程互动与转化，实现政务服务价值输出的管理过程"。持行为论观点的学者认为，政务服务是提供行政权力事项和公共服务事项的行为。如，"政务服务是指各级政府及其所属部门，为公民、法人和其他组织依法办理行政许可、非行政许可审批和公共服务等行政管理事项的行为"；"政务服务是指各级政府及其所属部门或法律、法规授权的具有管理公共事务职能的组织，依公民、法人或者其他组织的申请，实施行政许可、行政确认等具有依申请实施特征的行政权力和公共服务事项的行为"。持服务论观点的学者认为，政务服务是行政服务或更大范围的服务。如，"政务服务是指各级政府、各相关部门及事业单位，根据法律法规，为社会团体、企事业单位和个人提供的许可、确认、裁决、奖励、处罚等行政服务"；"政务服务是政府部门直接或通过其他部门向社会提供各类服务，包括行政许可，也内嵌于各类公共服务中，在公共服务的供给和获取过程中都存在政务服务环节"。综合来看，过程论侧重公共价值实现的过程，行为论侧重提供服务事项的行政行为，服务论则侧重提供服务的类型。政务服务从本质上来说是一种政务服务实施机构[①]行为。我们认为，政务服务是依据法律法规，以创造公共价值和实现公共利益为目标，由政务服务实施机构为自然人、法人和其他组织提供行政管理事项的行为。需要说明的是，政务服务作为不断发展的一项政府职能，朝向提供优质高效的公共产品和公共服务的目标，其职能范畴和重心一直在随着经济社会的发展而不断地扩充着和发生着偏移。

关于政务服务数据概念界定的成果很少，比较典型的定义是："政务服务数据是指政府相关职能部门在政务服务过程中收集、产生并记录、存储的文本、图片、影像等形式的数据。"与政务服务数据的概念相比，学者们更多提及政务数据的概念。如，将政务数据定义为"各级政务部门及其技术支撑单位在履行职责过程中依法采集、生成、存储、管理的各类数据资源"；"政务数据在一些地方性文件中多被定义为行政机构（包括行政机关和授权行使行政职能的组织）在依法履职过程中产生或获取的各类数据资源"；"政务数据是政务部门在依法履行职责过程中制作或者获取的，以一定形式记录、保存的文件、资料、图表等各类数据，包括直接或者通过第三方采集的、依法经授权管理的和因履行职责需要依托政务信息系统形成的数据等"。可见，政务服务数据与政务数据两者并无本质差别。从服务的视角看，政务数据就是政务服务数据。只是政务数据更多强调其是在政务部门依法履行职责过程中获取或产生的，而政务服务数据更为强调其是在服务过程中获取或产生的。根据政务服务的内涵属性和职能范畴，分析上述概念界定的共通之处，我们认为，政务服务数据应指政务服务实施机构

[①] 政务服务实施机构是 2017 年 1 月 12 日颁布的《国务院办公厅关于印发"互联网+政务服务"技术体系建设指南的通知》对"各级政府及其具备相应主体资格且行使相应政务服务事项的工作部门、部门管理机构、依法承担行政管理职能的单位和组织、列入党群工作机构序列但依法承担行政职能的部门、具有公共服务职能的企业"等的统称。

在履行职责或提供政务服务过程中获取或产生的数据。这一定义表明，政务服务数据不再局限于各级政府的数据范畴，还涉及具有公共服务职能的企业、社会组织以及技术支撑单位等多类组织的数据范畴，不仅体量庞大，跨越虚实空间集聚，结构形式多源异构，而且覆盖面广，涵盖了与国家政治、经济、社会、文化和公众生产生活息息相关的公共安全、营商环境、教育医疗、文化体育、养老服务等各个领域，蕴含着巨大价值。

进一步地，要界定政务服务数据治理，先要厘清数据治理的概念。目前对数据治理的理解主要有三类观点：一是将数据治理看作数据管理的延续和升级。如，将数据治理定义为是对数据管理和数据利用的治理，是对数据管理的高级规划和控制。二是将数据治理视为决策权的运用。如，将数据治理理解为在组织中"使用数据的决策权和责任的结构框架"，是对数据相关事务的决策制定与权威性行使。三是将数据治理等同于数据生命周期全过程管理活动的集合。如，数据治理是对数据和信息进行管理的组织行为，是涵盖采集、使用到清理的数据全生命周期的政策和程序集。随着政府职能转变的深化，使得政务服务数据治理成为覆盖全局、统合全程的"牵一发而动全身"的社会化系统工程，需要政务服务数据治理主体系统规划、前瞻管理和协作发展。政务服务数据治理不能仅局限于对政务部门在履行行政职责的过程中获取或产生的数据进行治理，还应包括对"履行社会公共事务治理职能对自身、市场和社会中数据资源和数据行为的治理"，以及"对数据相关要素和数据环境等外部数字生态环境展开治理"。由此，可将政务服务数据治理定义为：政务服务实施机构根据政务服务的目标和数据治理的准则，在对各类多角色政务服务主体的数据权责形成共识并予以明确的前提下，利用信息技术手段对政务服务数据生命周期全过程进行系统规划、前瞻管理和协作治理，从而使政务服务数据得到合理、有效利用，以实现政务服务价值最大化的过程。其特性体现为政务服务实施机构的行政性、权威性和整体性，政务服务主体（包括实施机构）的多元性、互补性和权责性，政务服务数据的公共性、隐私性和整合性，以及三者互为张力、互相支持的本质要求。

至于生态系统，本是生态学的核心概念，由英国生态学家坦斯勒

（A.G.Tansley）于 1935 年首次界定，后经美国生态学家林德曼（R.Lindeman）、魏泰克（E.P.Whittaker）、奥德姆（E.P.Odum）等人逐步完善，形成至今仍被普遍认可的经典定义："即在一定时间和地理空间范围内，生物群落与其周边环境相互作用而形成的功能复合体。"在此基础上，学者们不断给出新的定义，比如：生态系统是"在一定时间和空间范围内，生物与生物之间、生物与物理环境之间相互作用，通过物质循环、能量流动和信息传递，形成特定的营养结构和生物多样性"。该定义在原有概念的基础上增加了生物与生物之间的相互作用。随着现代科技的快速发展与交叉演进，生态系统应用不再局限于自然生态领域，而是在逐渐向人工生态领域延伸。有学者将之应用于数字创新领域，认为数字创新生态系统是"利用数字技术对数据要素进行处理，从而在场景应用创新过程中由多主体互动形成的创新生态系统"。也有学者将其应用于知识领域，认为知识生态系统是"旨在通过知识流动、物质交换和环境协同，进而促进知识共享和知识服务的发展"。在政府领域，有学者认为开放政府生态系统强调政府与技术部门、私营企业和学术机构的创新者之间的互动，以产生"实践创新"，其形式包括新的数据标准、新的信息系统设计和新的技术平台等。可见，虽然面向不同领域的人工生态系统概念具有不同特性，但研究者们在生态系统的基本要素、共同属性和目标追求上达成了基本共识。由此我们认为，政务服务数据治理生态系统的概念，除了要纳入自然生态系统和人工生态系统组成要素之外，还要结合政务服务及其数据的特殊性并考察其目标追求。从信息的角度看，政务服务数据治理生态系统本质上是信息生态系统。运用信息生态理论解释政务服务数据治理生态系统，就是将人和数据看作根本性、关键性资源，并选择"以人为本""以数据为本"的治理方式，强调人和数据是政务服务数据治理生态系统中的核心，要依靠人对数据的采集、加工处理和传输等操作能动地改变自身和改变环境。从系统的角度看，政务服务数据治理生态系统是由多种要素构成的复杂系统，其良性构建依赖于打破横亘在政务服务实施机构与社会公众之间的数据壁垒，通过政务服务数据的跨部门跨领域跨时空互联互通和全面赋能赋权赋利赋信于人，来推动政务服务构成要素之间关系和谐及结构优化、系统最优至整体最优，实现政务服务效益最大化。

基于此，政务服务数据治理生态系统的含义至少包括以下内容：在虚实时空范围内，政务服务实施机构根据政务服务的目标和数据治理的准则，在对各类多角色政务服务主体的数据权责形成共识并予以明确的前提下，在对政务服务数据生命周期全过程进行系统规划、前瞻管理和协作治理的基础上，利用政务服务提供者之间，政务服务提供者与被提供者之间，政务服务提供者、被提供者与数据之间，政务服务提供者、被提供者、数据与虚实时空环境之间的相互依赖、相互作用、相互制约，借助物质循环、能量流动和信息协同形成错综复杂的网络协作关系，构成一个具有特定功能结构的、良性循环的整体。

三、政务服务数据治理生态系统的构成要素及其定义、关系和结构体系

关于信息生态系统的构成要素，已有研究成果主要包括二要素说、三要素说和四要素说。二要素说将信息生态系统的构成要素分为"信息人和信息生态环境"；三要素说将信息作为第三个并列的要素独立出来，将信息生态系统的构成要素分为"信息人、信息及信息环境"；四要素说则是要在三要素说的基础上凸显信息技术的功用，主张从信息环境中提取出信息技术并将之作为一项独立要素，从而将信息生态系统的构成要素组合进化为"信息人—信息—信息环境—信息技术"。这三种观点为我们厘定政务服务数据治理生态系统的构成要素提供了基本依据。

政务服务数据治理生态系统构建、运营和发展，不仅需要依靠信息人、信息、信息环境和信息技术等的支持，更需依靠制度工具。后者可提供公共价值导向，规范约束主体行为，校正预期治理目标。其他构成要素只有借助制度工具这一中介要素的合理嵌入和有效运用，才能达成更好地增强彼此之间的黏性和连贯性的效果，从而获得有效治理成果和规避技术决定论带来的不良后果，实现技术理性与价值理性的和谐统一。由此，本文提出政务服务数据治理生态系统在凸显技术功用的四要素基础上增加"信息制度"这一中介要素，即政务服务数据治理生态系统由"信息人—信息—

信息技术—信息环境—信息制度"等五要素构成。

（一）政务服务数据治理生态系统的构成要素及其定义

构成要素之一："信息人"。若将"所有与数字行政打交道的信息行为主体，都称为数字政府信息人"的话，政务服务数据治理生态系统的"信息人"就理应是所有与虚实空间的政务服务实施机构打交道的信息行为主体，具体包括现实空间的政务服务实施机构中的组织和个人，参与政务服务数据治理项目开发、利用和维护的其他组织和个人，使用政务服务及其数据治理系统和功能的组织和个人，以及上述组织和个人在虚拟空间的映射——数字化了的或异化了的组织和个人——也即"数字人"。无论是现实空间的"信息人"还是虚拟空间的"信息人"——"数字人"，它们本质上都是"虚""实"复合迭代的结果，都具有"作为生物人的生物性状、作为经济人的趋利性、作为组织人的自律性、作为社会人的互动性，以及他们中一部分人作为'行政人''管理人'的强化约束性"。这些多维属性说明，"信息人"是政务服务数据治理生态系统中最为复杂的构成要素，有主辅关系，不可或离；有实虚之别，互融互动，并通过"化'实'为'虚'、转'虚'为'实'，甚至于复合'虚'与'实'"，在政务服务数据治理生态系统中永远处于核心地位和中心节点。只要"信息人"彼此之间能够做到互赖互信、互为补充、竞争合作、互惠互利，就能为实现整个生态系统的良性循环和可持续发展创设先决条件。

构成要素之二："信息"。"信息"是指政务服务实施机构在提供政务服务过程中获取和产生的信息。它以数据的形式进行加工处理和传输，目的是促进数据充分利用和有效增值。政务服务数据治理生态系统对数据的要求主要是开放包容、交互畅通、流转迅速、转化准确、对接匹配、普惠共享及安全可信。"信息"主要源自宏观经济数据库、人口基础数据库、法人单位基础数据库、自然资源和空间地理基础数据库，医疗健康、社会保障、生态环保、应急管理、信用体系、安全生产等领域的数据，"集中汇聚的政务服务事项库、办件信息库、社会信用等业务信息库和共享利用的人口、法人、地理空间信息、电子证照等基础信息库"，以及政务服务事项从申请、受理、办理到最后办结的全过程各环节中获取和产生的数据。除了具有普遍性、客观性、事实性、价值性、载体性、表达性、依附性、流动性、转移性、变换性、有序性、层次性、动态性、可处理性、可转化性、针对性、共享性和时效性等信息的一般属性之外，"信息"还需具有政务服务的赋予属性，如行政性、公共性、社会性、服务性、公益性、公正性、规范性、综合性等，需要多元主体共建共治共享，以实现其价值最大化。

构成要素之三："信息技术"。"信息技术是能够扩展人的信息器官功能的一类技术"，也"指完成信息的获取、传递、加工、再生和施用等功能的一类技术"。政务服务数据治理生态系统的"信息技术"涵盖所有现时可用的现代信息技术，它们的综合利用能为政务服务数据治理提供技术支持。"信息技术"的发展源于社会需求的驱动，常会受到技术伦理的约束，具有数字化、网络化、智能化、渗透性、变革性、竞争性等特点，常常呈现出更新迅速、追求安全经济平衡等属性。

构成要素之四："信息环境"。"信息环境"既包括"政务部门内部的办公自动化系统，政务部门之间的资源共享和协同办公系统"组成的内部环境，还包括"政务部门面向企业和公众提供的信息服务、网上办事与互动交流的信息系统"组成的外部环境。政务部门间协同、共享和互操作的内部环境至关重要。只有保证政务服务内部子环境的和谐稳定、良性发展，才能保证其他要素的有效协同和整个生态系统的升级与演进。"信息环境"需要建立在其所有组成要素相互之间、其要素与"信息人"之间在虚拟时空与现实时空互联互通、互嵌融合、开放包容、协调有序的基础之上，是虚拟时空和现实时空的"信息人"利用"信息技术"和"信息"与"信息环境"等要素结成的有机体。"信息环境"具有多样性、动态性、交互性、适应性、全球化、社会性、可变性、技术性等属性，这些属性共同形成了"信息环境"的复杂性特点，并深刻地影响着"信息人"获取、加工处理、传输和产生"信息"的方式。"信息人"与"信息环境"共同为支撑其他构成要素的生存和发展营造良性场域和友好情境，当其他构成要素的需求及作用关系发生改变时，"虚""实"结合的"信息环境"也需适时调整；反之亦然。

构成要素之五："信息制度"。"信息制度"主要指为实现数据治理目标而采取的战略规划、政策法规、标准规范等组成的制度集合，"是政府发挥引导、规范、提倡、支持、约束、防止、惩罚等作用的具体措施"。信息制度之间需要互相衔接，连续稳定，以实现对政务服务数据治理全流程的引导和规制。制度工具可以根据具体的情况和需要组合运用，以达到政府所期望的治理目标。"信息制度"具有指导性、战略性、法律约束性、系统性、动态性、基础性、公共性等属性，它不仅可以为"信息"的有效开发和利用提供重要的保障和支持，而且能为"信息人"的行为和活动提供依据和要求。

（二）政务服务数据治理生态系统构成要素的关系和结构体系

政务服务数据治理生态系统的任何一个构成要素都不能独立存在和自主发展，也不能单纯依靠某个或某一些构成要素发展，而是要与所有其他构成要素相互影响、相互作用、相互制约、共同发展。各个构成要素彼此之间是互为补充、互相支撑、互为制约、互相助益、互相竞合、利益相关的关系。各个构成要素作为政务服务数据治理生态系统的构件或相对独立自主的单元，彼此之间通过相互作用和相互影响得以共生共在并共同成长，形成既张弛有序又弹性稳健的关系和结构，推动作为单元的诸功能关系协调和作为整体的结构体系优化。

首先，政务服务数据治理生态系统是一个以人工生态系统为主、结合自然生态系统构成的有机整体。"信息人"的生物性状具有主观能动性和塑造性。其能否运用自身能力和集体智慧去改进和优化其他要素的形式和内容，主导其他要素合理转换与和谐发展并发挥关键作用，能否为生态系统的平衡演化提供方向和方略，"信息人"的能力是决定性因素。"信息人"与"信息"之间的关系，是"信息人"依靠和利用"信息"，"信息"通过关联形成因果关系、相关关系或层级关系，再反馈给"信息人"，来实现对两者的构造过程。"信息"是"信息人"的基础资源和治理对象，"信息人"为"信息"提供生存发展的养分和能量。通过"信息"在"信息人"之间流动和运转为生态系统提供动力和保持活力，不断提升"信息人"的知识结构和信息素养，以指导和优化其决策。"信息人"与"信息技术"之间的关系，是"信息人"不断改进和优化"信息技术"，"信息技术"不断向"信息人"赋能赋利，"信息技术"的升级换代和快速发展为"信息人"的数字能力增强和拓展提供支持，"信息人"的多方面需求增加又为"信息技术"发展提供方向。"信息人"与"信息环境"之间的关系，是"信息人"依靠"信息环境"的同时又受制于"信息环境"，"信息环境"在向"信息人"赋权的同时要保障"信息人"的安全和信用，为其在理念、能力、行为以及活动方式等方面的发展创设适应性环境和前置条件。"信息人"与"信息制度"之间的关系，是"信息人"前瞻性制定政策、执行既定政策，而"信息制度"引导和规范"信息人"的行为和行动。"信息人"为达成自身目标会对"信息制度"产生驱动作用，而"信息制度"在为"信息人"提供政策工具的同时，还要受到"信息人"治理需求攀升的挑战以及行动偏好和权力结构的约束。"信息制度"能否不断适应"信息人"的需求和"信息环境"的变化作出适应性调整或重新制定，是影响生态系统良性演进的重要因素。

其次，除了"信息人"作为核心的构成要素与其他四个构成要素之间形成因果关系、相关关系或层级关系之外，各个构成要素之间也存在着相互作用和相互影响的关系。生态系统正是依赖于构成要素之间静态关系的建立与适应环境时的动态同化作用，借助于各个构成要素之间的"虚""实"并存融合与"虚""实"相争相生，才得以在保持结构相对稳定的同时不断形成新的结构，达成满足自身构造再构造的效果。

最后，政务服务数据治理生态系统的各个构成要素既各自自主调整演进，又彼此互渗转换、互促功能增强，使其自内容、形式、功能至结构得以维持平衡和稳定状态，政务服务数据治理价值效益最大化和政务服务数据治理生态系统良性可持续发展得以实现。

如用建立政务服务数据治理生态系统理想化结构体系的方式来对上述关涉概念框架的诸多讨论进行整体化、可视化呈现，可以形成如图1所示的对政务服务数据治理生态系统概念框架原始模型的具象表达。

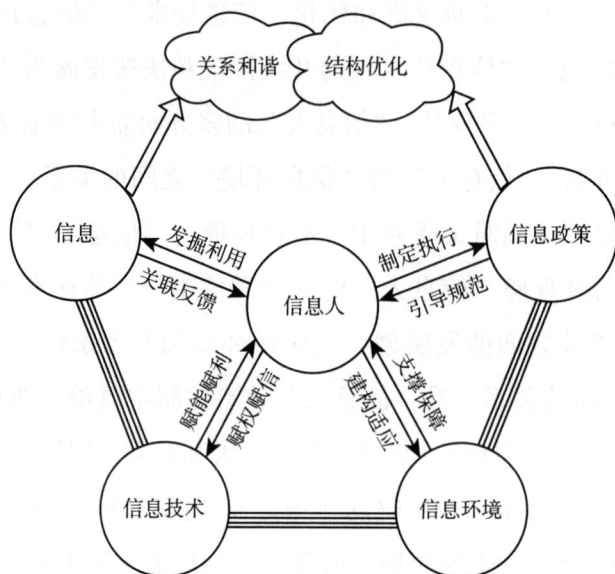

图 1　政务服务数据治理生态系统概念框架原型

四、结语

本文主要研究政务服务数据治理生态系统的构成要素及其定义、关系和结构体系等，初步设计并构建了政务服务数据治理生态系统五要素范式。现有概念框架原型完善与否，能否为政务服务数据治理生态系统理论建设与实践发展搭建通道，为总结提炼实践经验并将之升华为理性认知提供逻辑依据，影响着"信息人"能否对政务服务数据治理的现有知识体系和实践需求以及面临的问题有清晰的理解和把握，取决于"信息人"能否基于场域、环境、情境与战略的有机衔接、相互渗透、交叉融合，弄清使其他构成要素具体化和健全化的方法，以满足目标受众资源需求及符合多域主体协同要求，使概念框架的内容和形式因数据共享、信息传递、知识循环、智能驱动和智慧管理等而逐渐丰富和多样，以此为政务服务数据治理生态系统构成要素的综合设计、系统调控和结构体系的整体改进，以至整个生态系统的设计与构建提供行之有效的方法，并为政务服务优化提供规则参考。

政务服务数据治理生态系统概念框架的应用与发展，应以坚持"人民至上"价值、承载国家战略要求以及关系国计民生的重要场域、环境和情境为层级拓展维度，以"信息人"为中心由内向外、由行政到公共为生态取向牵引，以其构成要素为核心构件和框架节点，以构成要素之间关系和结构为连接纽带和空间构造支柱，以政务服务数据治理效率公平、过程规制为逻辑起点和目标归宿，力求使其构成要素及其相互关系和结构体系建立在开放有序、权属明确、关系协调、整体功能增强的基础之上，实现良性可持续发展。

（《中国行政管理》2024 年第 4 期）

政务服务数字转型过程中的职责体系演进：
基于政策文本的回溯分析

河海大学公共管理学院副教授　李晓方

一、问题提出

党的十八届三中全会指出，"全面深化改革的总目标是完善和发展中国特色社会主义制度，推进国家治理体系和治理能力现代化"。作为国家治理体系的重要组成部分，政府治理体系和治理能力现代化是全面深化改革的基本目标之一。按照党的十九届四中、五中全会要求，推动政府治理和能力现代化，要"优化职责配置"，"加强数字社会、数字政府建设，提升公共服务、社会治理等数字化、智能化水平"。

政府治理和运行的数字化转型，客观上要求政府在经济调节、市场监管、公共服务、社会治理以及环境保护等职能领域优化职责配置，建立与数字经济、数字社会相适应的职能体系。那么，究竟应该如何看待数字化转型与以科层为主要结构形态的政府职责体系之间的相互关系？数字化是否意味着对科层制的摒弃？政府职责体系配置优化的方向和着力点有哪些？围绕这些问题，学界已进行了一定探讨，从观点来看主要分为两类。

一是认识到数字化与科层之间的不相容性，强调数字技术对科层组织的变革作用。"一种新的组织形态挑战了科层模式"，这种模式鼓励"直接对用户负责，并且形成用户、开发人员和各方利益相关方共创共享的开放生态组织"。在政府治理领域，则表现为一种关注整体、协同的政府职责体系变革潮流。"整合再造（Reintegration）、基于需求的整体主义（Needs-based holism）和数字化变革（Digitization Changes）将成为未来政府结构调整的新方向"。从具体的职责配置来看，主要表现为以"数字政府即平台"为战略理念的政府职责跨层次和跨部门整合调整。在横向上，一方面通过数字技术赋能职能管理，编制管理部门可以系统审视职能配置中的职责交叉问题，从而优化职能配置，深化行政审批改革。另一方面通过强调以需求为中心的职责结构调整和流程再造，提高政府运行效率和回应能力。随着"数据开放运动"的发展以及公共服务提供过程中社会参与的增加，一个政府主导的"开放治理框架"正在形成，政府的职能和角色将发生系列变化。政府从公共价值和服务的垄断者转变为"平台提供者""协调推动者""工具提供者""资产管理者"和"公共价值的保证者"。在纵向上，这一变革趋势则表现为央地之间权力和职责关系的再分配和再调整。一方面，数字技术支撑下的权责清单建设具有促进层级政府职责配置优化、发挥多层级政府结构优势的潜力；另一方面，数字赋能下的跨层级审批联动和一体化办理，客观上对"高层级政府具有一定赋能作用，通过流程控制加强在某种程度上实现了对低层级政府的数字限权"。

二是认为数字技术与"去科层化"之间并非简单的线性关系，数字技术具有强化"科层运作"的一面，甚至特殊情形下会发生"再科层化"的负面效果。技术与组织间的多向嵌入和复杂互构，意味着科层可以充分改造和利用技术增强自身的运作，"执行技术"的概念框架便是对这种现象的一种精准概括。在基层治理实践中，学者研究发现以数字技术为支撑的网格化服务管理并非对科层制的超越，而是"基层治理科层化趋势的增强"。"细事细治"的网格化管理服务是技术支撑下服务形式的创新和科层组织的精致化，它开启了国家主导的"科层化精细治理"时代。除此之外，受制于数字技术应用中的规划与需求匹配以及转型过程中激励相容程度影响，数字化转型还可能引起"迎合展示""冗余"等新形式"科层弊病"和反功能。

学者研究为探讨数字技术背景下政府职责体系变革提供了系统支持，政府职责体系变革的目标、方向以及潜在影响在学术讨论中逐渐清晰起来。不足的是，既有研究较多关注到政府职责体系建设的"规范性"层面，对

"经验性"层面的探讨尚有欠缺。尤其是考虑到数字政府建设是一个"进行中"的政策，对数字政府转型如何以及怎样推动政府职责体系变更、调整等问题，目前尚缺乏比较清晰的图景。本文以政务服务领域为切入点，对数字技术所推动的政务服务领域职责体系调整过程进行系统回溯和分析。之所以选择政务服务领域作为研究对象，一方面，政务服务作为政府公共服务职责的重要部分，其治理的数字化、现代化与"政府治理现代化具有高度契合性"，对其转型规律的探讨可以为推动政府治理现代化探讨提供有力支撑。另一方面，在我国政府数字化进程中，政务服务的数字化是推动较早，也是应用较为成熟的领域之一。通过对该领域随数字化转型而发生的职责体系变革分析，可以管窥数字化转型与整个职责体系变迁之间的相互关系。

二、政府职责体系的概念与分析框架

政府职责体系涉及政府的结构和运作方式。从已有文献来看，学者对政府职责体系概念的认识有着广义、狭义以及静态、动态的区分。

广义上看，有关政府职责体系的研究内容包含了政府与市场、社会之间的边界划分，以及政府内部横纵两个维度上的划分，即所谓的"政府职责体系的外部划分和内部划分问题"。狭义来看，许多学者将政府职责体系界定为给定政府与市场、社会边界基础上的内部划分问题。一般区分为横向和纵向两个维度。横向主要关注"不同政府部门之间的权责配置关系和结构"，纵向则涉及层级政府要完成的任务，主要包含中央和地方政府之间以及地方各级政府之间职责划分的问题。

从静态和动态意义上区分政府职责体系则主要体现为对政府职责体系观察视角的差异。静态意义上的政府职责体系主要是指"宪法、法律、行政法规和部门'三定'对政府职责的表述"，客观上表现为层级政府间或政府部门间特定的结构形态。从动态视角来看，政府职责体系既涵盖政府职责随经济、社会发展不断进行转移、下放、整合的历史进程，也包括职责分工基础上的横纵向政府间的合作机制与运作结构。

本文主要关注狭义政府职责体系演进问题，因此，将政府职责体系界定为在一定边界范围内，依据特定价值目标将职权和责任在层级政府之间以及政府内各部部门之间进行分配和施行的组织系统。它一方面强调政府职责体系的形成是特定的价值体系和目标指导下的结果，体现一国行政体系的政治特色；另一方面认为对职责体系的分析和理解要同时关注职责分工所形成的静态结构和动态运行过程。这里所谓静态结构是指与专业分工相匹配的特定岗位责任、人员素质以及以此为基础的政府结构形态，表现为整体的组织结构图。动态运行过程则涉及既有职责分工条件下权力运行以及政府、部门间的协同和配合，主要包括权力行使的条件、权力行使的程序以及权力行使的过程监控和责任追究等。其中，权力行使的条件主要涉及谁、在怎样的情境下、在多大的范围内可以行使宪法、法律和组织法所赋予的权力；权力运行的程序则主要是指权力运作过程中人员、科室、部门甚至是不同类型的政府之间协同配合。以此概念为基础可以形成本文的主要分析框架，如图 1 所示。

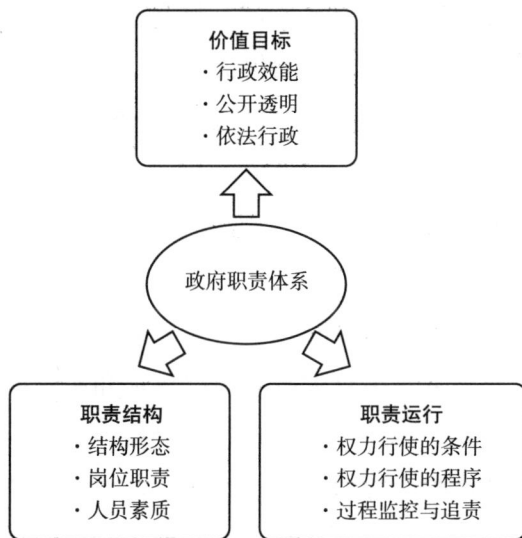

图 1　分析框架

三、数字化转型中政务服务领域的政府职责体系演进

（一）资料来源与研究方法

本文以政策文本为素材，对数字化转型过程中政务服务领域政府职责

体系的演进规律进行分析，文本素材来源于"北大法宝·中国法律信息总库"。2022 年 7 月 15 日以"政务服务"和"数字政府"为关键词进行检索，获得中央政策法规 70 篇，地方 5952 篇。因为文章关注的研究对象主要是政务服务领域的政府职责体系变化，所以去除带有较强执行性地方政府的工作文件，最后剩余政策文件 37 份，其中行政法规 1 份、国务院规范性文件 19 份、地方政府规章和法规 17 份。

研究方法方面，文章采用内容分析和编码分析相结合的方法。内容分析主要用于职责结构和职责运行的变革分析。编码分析则以 NVivo11.0 为工具，对政策文件中涉及价值目标的"指导思想"和"立法目的"部分进行编码统计。

（二）职责体系的演进分析

1. 演进所遵循的价值目标

价值目标为职责体系调整提供方向性指引。以政策文本为素材对政务服务数字化变革进行分析，可以发现政务服务领域职责调整所追求的价值目标主要包含与政府自身运作相关的价值目标、与公共服务供给相关的价值目标以及与经济和社会发展相关的价值目标三类。

一是与政府自身运作相关的价值目标，核心关键词包括"依法行政""行政效能""公开透明"三个。互联网技术的发展为政府职权和运作信息的公开、监督提供了必要条件。从文件发布情况来看，数字技术对政府职责体系的影响在早期（2012 年以前）主要表现为运作过程的规范化和公开化。从内容上看，主要是要求政府职权事项和服务事项线上公开、物理场所的集中办理，要求建立电子监察平台对权力运行进行有效监控。这一价值诉求贯穿于政务服务数字化的全过程。这一时期政府发布的规范性文件主要包括四川、海南两省的《政务服务监督管理办法》以及中办、国办联合印发的《关于深化政务公开加强政务服务的意见》。2012 年以来，政务服务数字化的转型文件对"公开透明"价值强调有所降低，对"便民利民"和"市场活力"等价值强调有所增强。这也符合政务服务数字化从线上公开到横纵一体化的总体演变趋势。

二是与公共服务供给相关的价值目标，核心关键词包括"便民利民"

和"公平普惠"。从具体措施来看，不同时期政策关注的焦点有所差异。2012 年以前主要以"事项公开""办理集中"和"监督监察"作为实现"便民"的主要手段。这一期的"公开"强调的是事项信息、办事过程和结果公开，但对公开形式、标准化、规范化强调不多。而"集中"则主要表现为人员和事项的物理集中，强调物理空间的"一站式"。"监督检查"方面则主要通过效能监察窗口设立和监察员的派驻加以完善。2011 年，国务院提出在试点县建立统一的电子政务平台，但总体而言，技术支撑下的职责运行规范化活动开展有限。2012 年以来，技术手段在"便民利民"方面的作用逐渐凸显，2012 年国办转发《全国政务公开领导小组 2012 年全国政务公开和政务服务工作要点》，要求编制各类职权的"职权目录"，并依法向社会公开，同时要求整合政务服务资源，依托政务服务中心逐步实现各类平台的对接和融合。2016 年《"互联网＋政务服务"技术体系建设指南》印发，对于政务服务相关的职权信息展示、事项标准化、办事指南规范化以及平台设计和支撑架构方面作出明确的要求。2018 年"一网、一门、一次"改革文件、"全国一体化在线服务平台建设意见"以及 2019 年国务院《在线服务的若干规定》推动政务职责体系向运行的平台化、网络化和协同化转变。2022 年，国务院印发《关于加快推进政务服务标准化规范化便利化的指导意见》，对"跨层级、跨地域、跨系统、跨部门、跨业务"协同管理和服务能力要求进一步提高，明确提出 2025 年底前实现政务服标准化、规范化、便利化大幅提升，高频政务服务事项的全国无差别受理的目标。另外，特别值得关注的是公平普惠作为价值诉求在"互联网＋政务"政策文件中也越来越引起关注，体现了数字化时代对政府职责体系调整应该关注到"数字鸿沟"现象的影响。

三是与经济和社会发展相关的价值目标，核心关键词包括"市场活力"和"新发展"。在 2012 年以后的政策文件中，与市场活力相关的价值目标的论述逐渐增多。数字技术背景下，职责体系调整越来越多地关注到营商环境建设和市场活力激发的问题。如，2022 年国务院发布《关于数字政府建设的指导意见》在指导思想中明确提出将数字技术应用于政府管理、服务各领域，发挥数字政府对数字经济、数字社会、数字生态的引领作用，推动高质量发展。表 1 和表 2 分别展示了有关政务服务数字化转型的价值目标编码及其随时间变化情况。

表 1 政策文件中"互联网 + 政务"的价值目标

价值目标指向领域	编码	文件中的表述举例
政府自身运作	公开透明	政务公开、公开透明、公开是原则不公开是例外
	依法行政	规范政务服务活动、依法行政、对行政权力监督制约、从源头上防治腐败、廉洁政府、法治政府
	行政效能	行政效能、优化政务服务供给、行政服务水平、治理体系和治理能力现代化
公共服务供给	便民利民	便民利民、服务政府、以人民为中心
	公平普惠	公平普惠、公共服务均等化、人民群众获得感、幸福感
经济和社会发展	市场活力	市场活力、营商环境、创新
	新发展	高质量，创新、协调、绿色、开放、共享的新发展理念

表 2 价值目标编码的数量和时间分布

时间	公开透明	依法行政	行政效能	市场活力	便民利民	公平普惠	新发展
2012 年以前	21	13	8	0	6	0	0
2012—2016 年	3	12	11	2	7	0	1
2017—2022 年	1	11	32	13	42	6	8

2. 职责结构的调整

按照电子政务经典理论，在技术赋能以及围绕结果而不是专业分工进行组织设计原则的共同影响下，数字技术会推动管理幅度增加，中间管理层缩减甚至取消。不过也有学者认为，对于公共部门而言，职责和结构调整从来不是技术发展的自然结果，而是政治、法律、管理等多重要素共同作用的结果。从政务服务领域职责结构的调整情况来看，政府结构并没有出现经典理论所预设的明显中间管理层缩减和政府整体结构扁平化的情形。作为替代，数字技术对职责结构的影响更多表现为矩阵式组织结构（政务服务中心）兴起以及新的集中行使行政审批权部门（行政审批局）出现。不仅如此，新技术环境和职能运作方式推动了新岗位的设置，岗位职责要求也呈现"复合性"特征。

一是与权力和服务事项相关的职责配置呈现"集中"特征，主要表现在三个层面。首先，在职责信息展现层面，信息的呈现方式突破了部门分工的限制，以主题、生命周期等多种方式集中展示。2016 年国务院办公厅发布的《"互联网＋政务服务"技术体系建设指南》对政务服务信息的汇聚和展示提出明确要求，强调从用户角度对部门职权信息进行整合。2022 年国务院颁布《关于加快推进政务服务标准化规范化便利化的指导意见》，进一步对移动端的信息入口问题进行规范，一级政府原则上建立统一整合的政务服务移动端服务平台。其次，在职责承担主体层面，职权事项和服务事项的具体承担者呈现向单个部门科室和行政服务中心集中的趋势，甚至部分地区成立行政审批局作为政府部门集中行使行政审批权，政务服务的执行结构呈现从科层式组织机构向矩阵式组织结构再到混合组织结构演变的特征。在以政务服务中心为中枢的矩阵式组织运作中，入驻窗口和部门接受政务服务中心管理机构和原来所属部门的双重管理，人员的激励和身份认同问题值得引起关注。最后，在职责履行的监督主体层面，职责事项的逻辑集中为监督主体扩大化和工具更新提供了契机。信息调度能力增强提高了中央和省级政府自上而下的权力监督能力。国家和省级政府的一体化平台建设推动了公众参与和数字限权。相对传统的职能管理而言，数字技术背景下政府的纵向职能监督能力得到增强。

二是新机构、新岗位设立和职责要求的复合化。首先，数字技术的发展要求新的专门从事服务数字化转型的机构和职位。政务服务领域新机构和岗位设立主要围绕治理信息接入、数据治理以及施用全过程展开。在信息接入环节，影响较大的主要是政务热线管理机构和岗位设立。新成立热线机构处于信息接入前端，根据 2020 年《国务院办公厅关于进一步优化地方政务服务便民热线的指导意见》，全国除 110、119 等紧急热线服务外，其余热线全部归并为"12345"。12345 热线管理机构承担公众诉求事件的受理、转办分发、反馈以及办理结果监督等职能，这实际上是对"接办一体"的科层运作机制的某种调整。新机构设立缝合了部门分工所导致的科层运作缝隙，使复杂科层组织对外"黑箱化"，提高了政府回应的及时性和整体性。在数据治理环节主要表现为大数据局、首席信息官等新结构和岗位设立。目前不同区域对大数据局的职责定位有所差异，但优化数据治理、推动数据共享作为核心职责基本获得各地的认可。在数据施用环节，则表现为成立政务服务中心或行政审批局集中行使原来分散的部分政务服务职能，推动政务事项的"一门""一窗"式办理。其次，在岗位职责方面，与政务服务"一窗式"改革相伴随的是前台工作人员的"全科化"。前台一线的知识要求日益复合化，"逆科层化"现象开始出现。根据国务院办公厅 2016 年发布的《关于加快推进"互联网＋政务服务"工作的指导意见》，"互联网＋政务"改革要向"一号一窗一网"方向推进。所谓"一号""一窗"，实际是要求原来由多个部门和人员行使的职权集中到少数窗口和人员。按照科层制理论，部门化的理论基础在于专业化和部门分工，而"一号""一窗"实际上要求将分工后的工作职责重新整合。从分工到整合，对前台工作人员素质要求和工作技能的复合性要求提高。以江苏省苏州市为例，随着"一窗式"改革推进，基层人员需要应对原来从属于多个部门的业务，"全科社工"设置成为基层政府政务服务创新的重要内容。所谓"全科社工"，就是将原来民政、社保、计生等多个条线的工作职责整合，由少数人总体负责。最后，政务服务"标准化"客观上使前台工作人员（受理人员）具有外包管理的可能性。传统政务服务提供过程中，由于政府服务办事指南、办理流程等没有实现标准化，知识分散掌握在各部门工作人员手中，受理和审批不仅仅需要特定职务身份，同时也需要具有专门业务知识。身份和隐性知识的限制决定了审批过程只能由特定区域、具有特定身份（主体资格）人来执行。随着数字技术的推广以及知识管理平台的建设，政务服务供给过程日益标准化、规范化和公开化，受理环节的知识也以显性方式存储于信息系统之中。技术赋能使跨区域审批和部门协作成为可能，材料受理环节越来越不依赖于特定人员的专业知识。在政务服务领域，许多政务大厅前台受理人员都实行了合同管理，提高了用人灵活性和主动性。

3. 职责运行的变化

政府职责运行是特定权力主体依据一定条件和程序独立或协作完成行政任务并承担相应责任的过程。从构成要素上看，职责运行涉及主体要件、情景要件、程序要件以及责任承担等内容。

一是主体要件层面。根据经典科层制理论，公权力本质是一种"法律赋予的、有序的权力"，合理—合法性构成了科层制的权威基础。一般而言，公权力的行使由政府部门或法律、法规授权的准公共组织承担。数字技术发展在某种程度上了改变了政府职责边界，"高度联通所带来规模经济效应使原来必须由政府提供的公共服务具备了商业化的条件"。具体到政务服务领域，这种边界调整表现在政务服务供给主体多元化、供给过程的参与性以及供给平台的第三方运营管理三个层面，如表3所示。主体多样化层面的主要支撑性政策文件是2018年国务院出台的《加快推进全国一体化在线政务服务平台建设的指导意见》。该文件明确指出，发挥"两微一端"优势，在政务服务的供给渠道方面引入第三方平台参与。同样在该文件中，中央政府就第三方参与运营管理技术支撑平台提出要求，强调健全"平台运营服务社会化机制"，创新运营服务模式。供给过程的参与性则表现在"政务服务好差评"制度设计之中。国务院政务服务"好差评"制度要求建立差评和投诉的核实、整改和反馈机制，充分利用大数据等新技术手段将企业、群众意见和建议反馈到政务服务提供过程中。

数字技术对政府职责主体的影响还与公权力运行的"有序性"相关。科层组织有序运行是建立在特定权力分工基础之上的，与部门化、层级化和属地化密切关联。数字技术具有高度联通的特征，政府职责运行便有了突破地域、层级以及部门等边界可能性。这一变革趋势在政务服务领域突出表现为新流程协调者出现以及"跨域通办"服务中对地域管辖权的"有限突破"。对流程协调者（政务服务中心等）作出规定的政策文件较多，值得关注的是江苏省2020年颁布的《江苏省促进营商环境便利化条例》。该条例明确授权特定的行政机关经依法授权集中行使其他机关的行政许可，这为行政审批局权力的运行提供了地方性法规的支撑。2022年国务院发布《关于加快推进政务服务标准化规范化便利化的指导意见》，要求设立"办不成事"反映窗口、无差别"综合一窗"等，提供兜底性、整体性服务，这都是在科室层面对以分工为基础的科层体制的修正。在地域管辖权的有限突破方面，影响较大的是国务院办公厅印发的《关于加快推进政务服务"跨省通办"的指导意见》。该文件明确提出要拓展"异地代收代办"模式。"异地代收代办"的办件模式虽然没有改变原有行政事项的管理权，但通过"收受分离"模式赋予了异地行政单位在服务事项审核和受理方面部分权限。

二是情景要件层面。在政务服务领域，情景要件主要表现为政府审批各类管理和服务事项所必备的材料，它是依法行政原则在权力运行过程中的具体体现。我国作为单一制国家，权力行使的情景要件实际上是法律、行政法规、地方性法规以及各种解释性文件共同作用的结果，这也造成了单一事项在名称、办理条件、办理时限等方面的多样性。数字技术在海量信息存储、比对以及挖掘方面的优势客观上使政府具备将这种差异清晰化、标准化和合理化的可能。首先，政务服务事项和办事指南的公开化、标准化和规范化。这一过程贯穿于政务服务数字化转型的整个历程。从政策内容演变来看，早期（2012 年以前）主要是强调政务服务事项的公开和目录化，如 2008 年《海口市政务服务监督管理暂行办法》以及 2011 年《广西壮族自治区政务服务管理办法》等。随着行政审批改革的持续推进，对情景要件的管理深度和规范化程度也不断加深，表现为从同一事项省以下名称、编码、依据、类型的统一到国家、省、市、县、乡的四级统一。2022 年《关于加快推进政务服务标准化规范化便利化的指导意见》进一步将标准化要求从事项清单延伸到实施清单，要求逐步实现同一事项的受理条件、办理流程、申请材料等实施环节要素的全国范围内统一。此外，事项信息的公开渠道建设和清单管理方式也日渐丰富。除目录清单外，地方创新运用了中介服务清单、收费清单等多种清单。尤其是伴随国家一体化政务服务平台上线，对政务服务发布和受理要求也提高到"跨区域、部门、层级和渠道的事项数据同源、同步和无差别受理"。其次，办事材料的精简。办事材料的精简建立在数据共享和部门协同的基础之上。"一表申请"是地方政府在材料精简方面的主要做法，通过信息共享和协同简化了办事情景复杂性。最后，"告知承诺制"推行和信用监管实施。与办事材料简化不同，告知承诺制实际上改变了政务服务中政府对"事实"的确认方式，从"事前证明"的方式过渡到"事后核查"，并以"信用体制"为辅助推动服务对象自觉和诚实守法。"告知承诺制"诞生于地方实践，2018 年国务院《关于加快推进全国一体化在线政务服务平台建设的指导意见》对该创新的合法性予以肯定和部分确认。

三是程序要件层面。在政务服务领域表现为以用户为中心的流程重组。从被动到主动、部门协同配合以及从分段负责到整体优化是流程重组的基本方向。首先，服务过程主动性越来越突出。从行为属性上讲，政务服务事项多属于依申请事项，事项办理以用户申请为前提。但现实生活中，政务事项设定往往基于特定管理和法律要求。所谓"一件事"，在公众和政府看来往往有着不同内涵所指。用户对不同政务服务事项之间衔接、先行后续不甚了解，这就为政府主动服务提供了可能。定制、推送类服务也因此引起政策制定者的关注。根据《"互联网＋政务服务"技术体系建设指南》，"互联网＋政务服务"建设应该在以用户为中心的服务资源聚合基础上，基于事项间的关联向用户推送与其办件特点密切的政策和信息。这也改变了审批类服务事项被动性的特征，服务更加主动和便民。2022年《关于加快推进政务服务标准化规范化便利化的指导意见》再次对这一要求进行确认，要求依托一体化平台和智能技术实现"一企一档""一人一档"和"免审即享"。其次，一体化平台在业务流转过程中作用越来越突出。在数字化转型初期，技术支撑往往以分散建设为主，这种模式虽然有一定灵活性，但也容易造成数据孤岛、重复建设等问题。随着云计算的发展，横纵一体化的平台建设越来越引起中央重视。2018年《全国一体化在线政务服务平台建设指导意见》出台，标志着我国在线政务向国家、省、市、县四级一体化的方向演进。最后，政务服务的总体过程从科层形态下的分段负责向整体优化转变。政务服务的整体优化不仅仅是技术赋能的结果，同时也受到职能分配和协调的影响。"牵头办理"是政策文件中为实现服务整体性提及最多的办理机制。"牵头办理"的实质是通过设置流程所有者，由其负责将分散的内部流程整合，对外提供整体性服务。

四是权力监控和责任追究层面。权力监控的目的在于将"命令权力范围降到最低"。它关系到权力行为主体能否以负责任的方式行事，并承担相应的法律责任。结合政务服务领域政策演变，可以发现职责体系在权力监控方面的变化主要表现为对权力运行的"全程"线上监督、外部性评价的引入以及协同执行中的责任再分配三个层面。首先，政务服务数字化与运行监管数字化同步建设。政务服务的"网络化"办理使权力运行处于实时监控之中，"数字化办理痕迹"为违规行为智能监控和发现提供了便利。海口市 2008 年制定《政务服务监督管理暂行办法》时就提出"政务服务中心可以通过信息系统对服务事项受理、审查情况进行检查"。2011 年中办、国办《关于深化政务公开加强政务服务的意见》明确提出要"建立健全电子监察系统，对行政许可、非行政许可审批和公共服务事项实现全过程监察"。2018 年全国一体化在线政务服务平台建设更是将电子监察系统作为核心应用进行建设。权力运行全过程监管成为数字化政务服务的重要特征。其次，绩效评价过程中公众参与也日益突出。服务权力运行的公众评价最初是通过网站、服务平台以及政务热线等渠道，以监督、投诉、举报等方式进入的。2018 年政务服务"好差评"制度的出台，明确了政务服务考评中公众参与包含"一次一评""一事一评"、"综合点评""监督查评"等 4 种形式。公众参与加强了对政府权力运行的外部监督和问责，同时也起到统筹中央和地方之间信息不对称，增强纵向权力监督的效果。最后，政务服务的多元协同执行也引发责任的再分配问题。政府服务过程的政社合作、政企合作、服务外包以及政府内部的部门协同都对原有以科层分工为基础的分部门、层级问责机制造成冲击。新执行机制下责任分配和承担的问题也值得关注。

表 3　数字技术与政务服务领域政府职责运行变化

维度	主要变化	核心政策内容与观点
职责主体	主体多元和开放	利用第三方平台拓展服务渠道；发挥社会机构运营优势；创新平台运营服务模式；基于评价大数据的政务服务整改和精准化
	从科层分工到整体性	"一门、一窗、一网、一次"；"跨省通办"；省内通办
履职情形	事项和指南公开化、标准化和规范化	清单管理制度；实行无差别受理、同标准办理；基本要素"四级四同"
	办事指南材料精简	一表制
	承诺制与信用管理	信息监管、容缺受理、承诺受理
履职程序	被动到主动	个性化服务推送、定制服务
	平台支撑	全国一体化政务服务平台
	分段负责到整体优化	"一窗受理、服务集成""并联审批""联合审图、联合探勘""多地联办"

续表

维度	主要变化	核心政策内容与观点
履责监控与 责任追究	全过程线上监督	政务服务电子监察系统，事项全流程动态监督
	重视外部评价	"好差评"管理体系；"一次一评""一事一评""综合点评""监督查评"
	多元协同与责任再分配	—

四、讨论与启示

回顾数字技术背景下政务服务领域职责体系变迁可以发现：

一是从职责分配的角度看，数字技术改变了政府职责运行的边界条件。这种边界条件的变化既包含了权力和责任在政府、市场和社会间的初次分配，同时也包括了在政府层级和部门间的再分配。具体来看，首先，与技术特征相关的平台化和规模经济使企业和社会具备了参与政务服务供给的客观条件。在政务服务的平台运营管理、客户引流以及结果送达、评价等领域，企业和社会组织越来越多参与到服务供给过程之中。其次，在政府内部，政府职责的配置和结构也在发生变化。分部门、分层级以及属地化管理模式在某种程度上受到挑战。但值得关注的是，数字技术带来的职责结构、内容的调整并非以"显著"和"彻底"的方式加以展现的。从政务服务领域的演变过程来看，这种调整是"潜移默化"和"渐进"进行的。职责调整初期主要表现为整体结构稳定条件下职责分布的微调，调整方向主要表现为事项的决策管理权向贴近客户的一线部门和科室集中以及决策流程的压缩，调整的结果是金字塔的组织科层组织结构向任务式、矩阵式组织结构的演变。最后，就岗位职责要求而言，与科层化对部门分工和知识专业化要求不同，数字技术背景下政府职责运行的整体性倒逼一线和前端工作岗位知识要求复合化。

二是从价值目标角度来看，数字技术的角色逐渐从强化职责运行的工具向赋能和再造转变。在政务服务数字化转型初期，数字技术主要被视为强化既有职责运行的工具和手段，在目标诉求方面主要表现为对效率价值和法治价值的强调。随着转型的进一步推动，技术不再被仅仅视为一种工具，赋能和再造成为数字技术在价值塑造方面的最明显特征。政府职责配置更多强调发挥技术本身在经济和社会发展中的再造和公平促成作用，价值目标方面主要表现为职责配置变革中对普惠公平、新发展等理念的重视。

三是从职责体系的运行过程角度看，政务服务领域数字技术的影响可以用"多元参与、整体协同和过程优化"几个关键词来概括。政府职责配置和运行更加关注用户需求和整体体验。这与工业社会背景下的科层组织结构的运行有很大不同。根据泰勒的观点，科层组织是一种为完成特定目标而设计的工具，它将分散于职工的知识收集起来，加以分析形成原则，同时强调科学合理挑选职工，让人与岗位最大限度地配合，以此实现组织运行的效率。这种效率实际上建立在"去人格化和形式化"的基础上。而数字技术背景下职责运行更多是市场逻辑向政府职责配置领域渗透的结果，它以公众需求为导向，强调权力运行过程的整体性和便捷性，旨在向公众提供整体、便捷和高效的服务体验。

四是从数字技术驱动政府职责体系演进的整体历程来看，以科层化的方式推动组织结构的"去科层化"是政府职责体系变革的一个突出特征。这一特征也决定了政府职责体系的数字化变革最初不太可能以彻底否认科层制方式来进行。相反，改革初期往往表现为技术对科层制缺点的克服，以增强科层制的运作效率和效能为目标。问题导向、有限目标下渐次推进的职责调整策略有利于为变革提供持续的动力和合法性支持。

值得注意的是，政务服务仅涵盖了政府职责体系的部分内容，本文对数字技术背景下职责体系演进规律讨论是否完全适用于其他业务领域，有待进一步分析。首先，从政府、市场和社会边界调整的角度看，在政务服务领域以多元参与、协作为主要内容职责变革主要表现为一体化平台管理运营、客户引流以及结果送达、评价等环节。那么，在其他领域如何体现？是否也同样表现为职责内容和权力向社会和市场的延伸？其次，从职责区域划分角度来看，数字技术的跨时空特征打破了"属地管理"边界限制，这属于数字技术对职责影响的共性。那么，从应对策略上看，在政务服务领域适用的跨域协调机制是否对其他领域依然有效，其有效性的前提条件是什么有待进一步讨论。最后，从政府内部部门协同和流程再造的角度看，政务服务领域的职责调整主要源于公众对政府服务整体性要求提高，而其他领域，部门职责关系的调整则多与产业数字化和数字产业化所带来的平台化和跨界融合相关联。那么，在政务服务领域适用的设立跨边界流程所有者的再造策略是否依然适用？流程所有者应该呈现怎样的组织形态？这些问题都有待进一步地讨论和探索。

（《中国行政管理》2022年第10期）

第三部分　实践创新

以公众诉求驱动的政务服务效能提升

北京市政务服务和数据管理局

政务服务是现代治理体系的重要组成部分，是现代治理能力的核心要素，是区域营商环境的关键表征，是城市宜居程度的集中体现，是都市精细化管理的基础数源。以公众意见的参与、反馈、回应机制为切入点，并依据大数据手段，制定相应规范，是数字政务服务建设的核心。

一、公众诉求驱动的政务服务能力提升机制

（一）公众诉求导向的政务服务能力构成

公众诉求深化了政务服务具备人民、人群和个人的多层次内涵。在人民层面，公众诉求具备广泛性、多样性和稳定性的特征，需要将多渠道、多类型、定量化作为解决要点；在人群层面，公众诉求具备有界性特征，需要从类型化、模式化和结构化入手解决；在个人层面，公众诉求具备分散性、异质性、不可测性的特征，需要以高频率、短时延、快迭代作为解决要点。以上特征对政务服务提出了核心能力要求，包括感知力、洞察力、执行力、判断力、自省力、创新力。

（二）公众诉求驱动机制模型

通过信息搜集、需求判断、模式识别、服务改进和公众评价进行数字赋能，形成公众诉求驱动的机制模型，即数据驱动精准服务能力提升、诉求驱动敏捷服务能力提升和评价驱动体系自优化能力提升。

一是数据驱动提升精准服务能力。当前，北京市已经形成包含服务事项、大厅平台、服务行为、办件流程、服务评价和差评投诉五大类别全量

大数据环境，具体包括北京市政务服务事项全景要素数据、北京市 12345 同源投诉建议反馈数据、各级各类大厅运营管理数据、办事人上网、进入大厅后服务行为数据、北京市政务服务后台办件流程数据、十万级问卷精准调查数据等。

北京市通过大数据研判公众需求特征，实现了数据驱动精准服务能力的提升。在实践中，采用 KANO 模型对公众需求进行分类和排序，收集了北京市 21079 位办件人评价、109.6 万条办件记录、4730 万个数据字段，并将其作为评价数据，设定综合满意度、政策知悉、办事指南、服务流程、信息平台、服务反馈等维度进行流程建模。然后，采用证据推理规则方法，包括融合多源信息、精炼有效信息、兼容不确定性、人工智能归因，使结果可追溯、可解释。最后，通过综合判断，得到共识因素和非共识因素，分析优化政务服务的最重要因素。

在应用中，我们通过对公众服务需求进行精准描述，发现不同年龄段办事人、不同类型办事人、不同区域办事人、不同政策标签下服务对象和特殊人群在需求上均有所差别。在识别差别的基础上，我们可以实现政务服务的精准优化，比如，年龄处于 18—30 岁的青年群体对政务服务中信息平台的需求较高，若能在服务过程中提供自助终端、材料在线预审等服务，则将显著提升其办事满意度。与此同时，青年群体对办事指南服务期望较低，较之了解并依照指南流程接受服务，其更倾向于在信息化平台上自主探索。

二是诉求驱动提升敏捷服务能力。随着听民情、解民意、了解群众、密切联系群众活动的不断深入，更多问题得到关注，如普遍性问题解决周期过长、个性化问题难以获得关注、新衍生问题缺乏解决路径、碎片化问题难以催生机制等等。在越趋复杂的治理环境和应对突发事件的迫切需求下，敏捷治理以其快速感知、灵活响应及持续协调的特点，为系统提升政务服务的科学化、精细化和智能化水平提供了路径。

从定义上来说，敏捷治理就是数字时代政府通过创建高效运行的数字治理系统，协同引发各个治理主体的优势和功能，主动及时感知内外部的环境变化，从而快速准确调动各种资源作出应对和反馈的模式。它具有高度适应性、紧密互动性、复杂关联性和严格时效性的特点。

在北京市的具体实践中，敏捷型政府主要体现在下面几个方面。第一，堵点问题"一源汇聚"。北京市汇聚公众侧、管理侧及混合来源等不同来数据，形成公众参与政务服务"好差评"问题清单。第二，汇聚问题"一网督办"。通过北京市政务服务事项管理系统的公众参与政务服务"好差评"问题集中管理平台进行公众反馈问题的督办管理，并对问题进行分析和溯源，建立年度重点诉求办理台账，实行入账管理、销账推进。第三，典型问题"解剖麻雀"。对公众反馈发现的痛点、堵点、难点问题转化为"麻雀"，通过解剖一只"麻雀"，将"点"上的经验推广到"面"，最终实现在全局中解决现实问题的目的。每个问题均保留原始形态完整记录，对问题症结要素进行汇总整理，还对问题核验流程进行分步描述。第四，已解决问题"回头再看"。通过现场暗访确认问题解决情况、网办问题复现确认堵点疏通效果、以电话回访了解企业群众切实感受等。第五，碎片化问题"以小见大"。对问题清单进行主动分析，用"小切口"解决大问题等。

三是评价驱动提升体系自优化能力。建立服务部门全覆盖、服务事项全覆盖、服务渠道全覆盖的政务服务"好差评"制度，强化服务事项管理、优化办事流程、提高服务效能和便民度、增强在线办理便捷性和智能化水平，是政府治理现代化的应然价值。

具体来说，第一，以企业群众满意度和获得感为出发点。"建立政务服务'好差评'制度，服务绩效由企业和群众来评判。政府部门做好服务是本分，服务不好是失职。"第二，以政务服务"好差评"国标为参照系。"覆盖事项、机构、平台和人员评价等内容，从百姓办事创业的'全事项、全渠道、全平台、全流程'角度出发，实现政务服务评价、反馈、整改、监督的闭环管理。"第三，以数字化赋能政务服务发展为加速器。"全市政务服务系统要围绕'率先基本实现政务服务现代化'的目标，以数字化转型为牵引，以制度创新、科技赋能，率先构建新发展格局。"

二、工作实践——北京市公众参与政务服务"好差评"模式

在实践中，北京市从服务环境、服务供给、服务获取、服务反馈和服

务创新 5 个维度构建北京市政务服务"好差评"指标体系。其中，服务环境侧重线上、线下服务平台，服务供给关注各类"可办"的便利化举措，服务获取关注公众"实办"情况及体验，服务反馈侧重咨询、沟通、投诉渠道效能，服务创新关注模式、渠道、流程和内容方面的创新。

在评价数据获取上，我们采取四种方式：第一，"一次一评"是指政务服务机构要在服务窗口醒目位置设置评价器或评价二维码，方便办事企业和群众自主评价；第二，"一事一评"通过政务服务平台要设置评价功能模块或环节，方便企业和群众即时评价；第三，"综合点评"是指要通过意见箱、热线电话、监督平台、电子邮箱等多种渠道和方式，主动接受社会各界的综合性评价；第四，"监督查评"通过积极开展政务服务调查，尤其是对新出台的政策、新提供的服务以及重点服务事项，及时了解政策知悉度、办事便利度、服务满意度等情况。

在评价数据来源上，一是事项数据，通过北京市政务服务事项管理系统收集；二是办件数据，它的主要依据其实是上面提到的所有事项条目，通过北京市一体化在线政务服务平台收集；三是好差评数据，从北京市一体化在线政务服务平台政务外网端好差评接口收集，具体包括服务数据及评价数据两类，我们的事项库、办件库和好差评库共同组成了评价数据库，其他数据还包括问卷调查数据、电话回访数据、现场暗访和 12345 差评投诉数据等。

在评价指标上，我们总共设置了一、二、三级指标，并分别赋予了不同权重和赋分方式。其中，一级指标包括综合满意、服务环境、服务供给、服务获取、服务反馈和服务创新 6 项。在经过主观、客观和管理指标的赋分后，我们使用最大值标准化法进行归一，采用各区调节指数进行调节，最后计算各项权重并进行汇总，在结果上促进形成了"你追我赶、共同提升"的效果，同时也充分体现区情差异，避免"多做多错"，避免"规模至上"，为"小而精"留足舞台。

经过几年的探索和实践，这套体系取得了一定的实际成效。一是实时监测城市运行脉搏：政务办件变化反映城市社会、产业运行态势；疫情期间助企纾困事项办理情况连续监控；问题分布体现社会矛盾焦点变化。二是有效构建堵点疏通机制：将全口径问题进行汇聚，对问题进行入库督办管理，严格设定问题期限解决反馈机制，最终形成问题案例、已解决问题定期暗访、问题分布和趋势定期分析。三是持续反馈优化服务效能：共性问题精准描述、区域排名形成"锦标赛"机制、区域报告给出管理抓手、部门评价推动体系融合、季度反馈明确改进方向。

我们也通过历年评价数据，总结了一些趋势性结论，如图1、图2、图3所示。

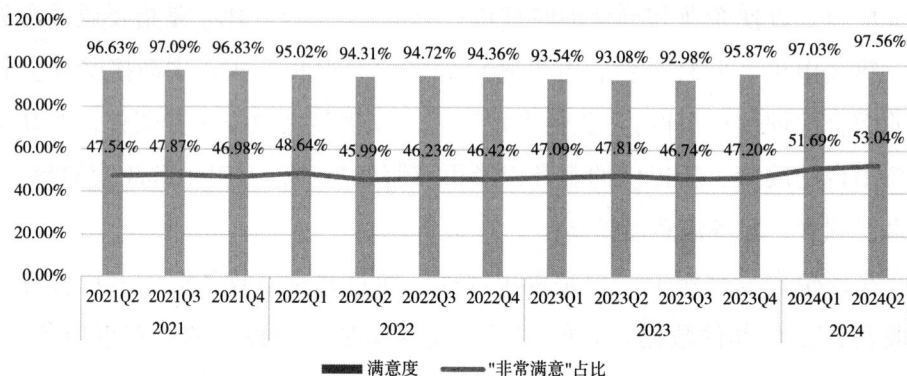

图 1　满意度变化趋势

1.首先看满意度的趋势变化，我们可以发现近年来，其实我们做了很多工作，但是满意度提升的空间实际上在缩小，这意味着"满意度红利窗口"已关闭，市场经营主体对政务服务水平预期快速提升。

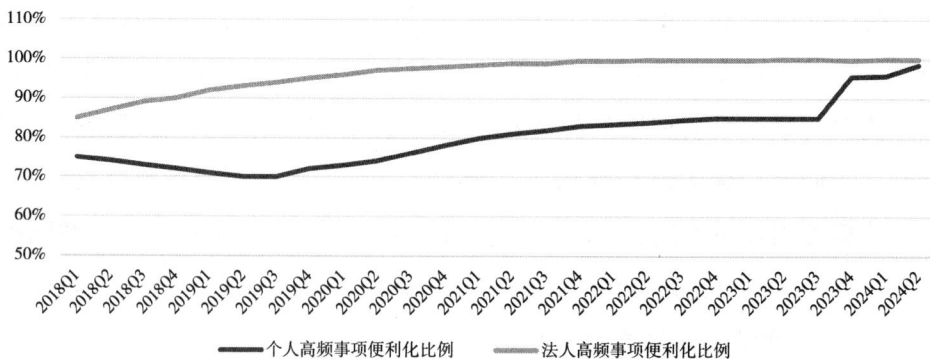

图 2　高频事项便利化比例趋势

2.下面是个人和法人高频事项的便利化比例趋势变化，可以看到，在供给和需求两端存在差别，我们需要主动弥补这个偏差。

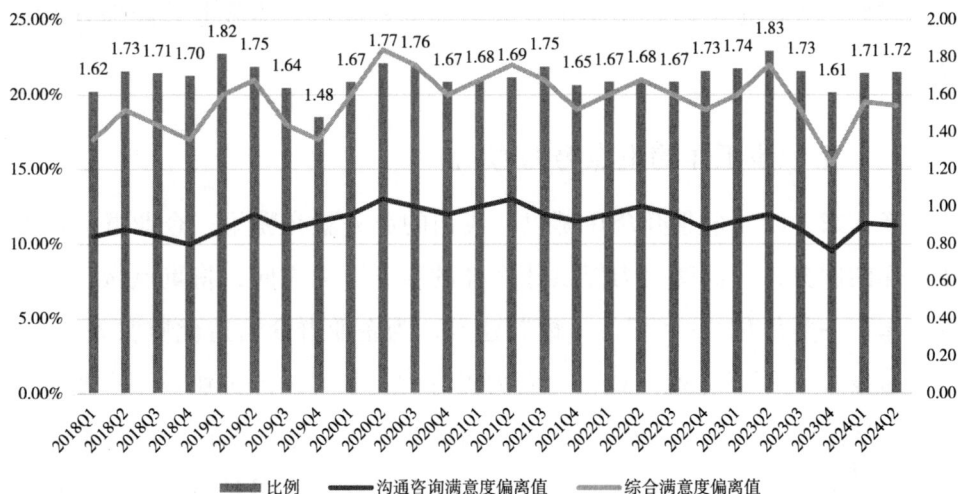

图3　满意度偏移趋势图

3. 如图3所示，沟通咨询满意度与综合满意度之间存在一个比例大概为1.6的增量关系，这也就意味着，其实沟通咨询渠道建设是提升公众满意度的关键举措。换个角度考虑，其实公众满意度很大程度上取决于公众对于服务的一个预期，而在沟通咨询环节，我们是可以相应调节公众预期水平的。

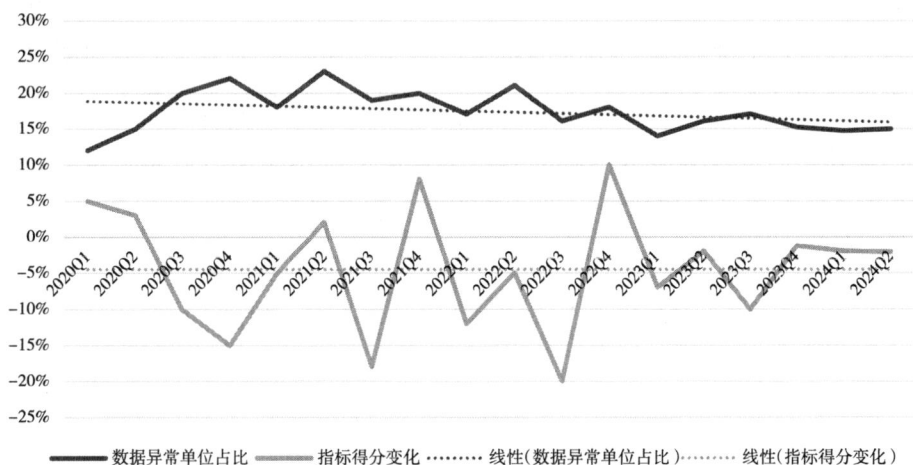

图4　数据异常占比变化和指数得分变化关系

4. 如图4所示，两条折线分别是数据异常单位占比变化和指数得分变化，若把它们分别平滑为直线可以发现，数据异常单位占比越高，指数得分会越低。我们也可以得出结论，数据基座质量是整体服务效能提升的重要前提。

三、下一步工作的重点努力方向

接下来，以"企业群众在哪里，我们的服务就在哪里；企业群众需要什么样的服务，我们就努力提供什么样的服务"为方向，将重点做三个方面工作：一是优化"一门""一窗"建设，为企业群众营造优质服务环境；二是加强"一网""一端"建设，着力提升"互联网＋政务服务"广度和深度；三是优化"一号""一体"建设，为群众构建融合一体的服务平台。

可以说，政务服务改革只有起点、没有终点，我们要始终保持"在路上"的心态，携手努力推动政务服务新发展，助力建设人民满意的服务型政府，持续为人民群众提供优质、高效、满意的服务。

北京市政务服务系统坚持新时代首都发展统领，围绕促进高质量发展、提升高品质生活，深入谋划首都政务服务改革路径、重点任务。贯彻新发展理念，围绕"五子"联动服务和融入新发展格局，深化政务服务改革。推进现代化治理，探索形成超大城市治理"首都样板"，全心全力守好百姓日子。推进全链条改革，激发经营主体活力和社会创造力，大力提振市场信心。推进便利化升级，精准提供全流程全要素高品质服务。加强数字政府建设，释放数字红利，加速打造更加协同友好便利的数字服务。坚持国际化提升，塑造政务服务国际品牌，更好服务高水平对外开放。要加强一体化融合，激发改革新动能，推动首都政务服务整体升级。

以"高效办成一件事"改革为引领
进一步优化政务服务、提升行政效能

天津市人民政府政务服务办公室

2024 年以来，天津市以习近平新时代中国特色社会主义思想为指导，全面贯彻党的二十大和二十届二中、三中全会精神，深入学习贯彻习近平总书记视察天津重要讲话精神，认真落实国务院部署要求，把"高效办成一件事"作为优化政务服务、提升行政效能的重要抓手，坚持改革引领，加强顶层设计，完善制度机制，创新服务模式，推动政务服务提质增效，最大限度利企便民，激发经济社会发展内生动力。

一、注重改革实效，高标准谋划"高效办成一件事"

天津市委、市政府高度重视，把"高效办成一件事"改革作为贯彻落实习近平总书记视察天津重要讲话精神的一项具体举措，主要领导同志多次批示，市政府常务会议研究部署，列入政府工作报告重点督办，成立工作专班挂图作战，市政府印发工作方案，全面对标对表国家部署要求，形成 5 个方面 17 项具体任务。

一是聚焦改革重点。从企业和群众视角出发，将政务服务渠道建设、模式创新、数字赋能、扩面增效、夯实基础等 5 方面内容全部纳入重点任务，改革重点更加突出。

二是坚持结果导向。在注重从供给侧发力的同时，更加注重从企业和群众办事是否高效评判工作质效。

三是主动对标先进。查找不足差距，有针对性地制定优化提升措施。

四是汇聚多方合力。在方案制定过程中广泛征求了各方意见建议，多次修改完善，力求改革措施务实管用。

五是突出天津特色。方案中超过一半以上的内容为天津特色和细化措施，如全域推行"证照联办"改革、全面实行行政备案规范化管理等。

二、注重突出重点，高质量推动"高效办成一件事"

天津市全面贯彻落实国务院部署，把"高效办成一件事"年度重点事项作为"硬任务""必答题"。分管副市长专题调度，市政府副秘书长定期督导，市政务服务办统筹协调推动，逐事项成立工作专班，市财政、数据局全力支持保障，确保重点事项高质量高标准完成。目前，2024年第一批13个重点事项已于6月底全部上线运行，新一批8个重点事项正在加快推进。

一是推动企业领域重点事项扩面增效。如企业上市合法合规信息核查"一件事"，在完成国家确定的17个领域基础上，扩大延伸至融资信贷、表彰奖励、招标投标、申请资金和项目支持等多个领域；公共信用报告替代无违法犯罪证明领域由17个拓展至40个。

二是优化个人领域重点事项。如新生儿出生"一件事"累计办理时间由20个工作日压缩至4个工作日以内，办理环节由5个压缩至1个，通过调用电子证照实现无纸化办理。目前，已覆盖16个区65家医院。

三是提升办事服务便利度。建设全市"高效办成一件事"业务中台，推动系统互联、数据共享。同时，在市、区两级政务服务中心设立"高效办成一件事"线上体验、线下服务专区，专人提供咨询、帮办服务。越来越多的企业和个人采取集成办的方式办理"一件事"，其中，企业上市合法合规查询、企业破产信息查询、军人退役服务"一件事"服务均100%覆盖目标企业和人群，新生儿出生"一件事"服务覆盖75%以上新生儿。

四是创新扩展服务场景。2022年以来，天津市已陆续推出37项市级"一件事"场景、290项区级线下"一件事"场景，办理总量380余万件。如会展"一件事"，打通公安、城管、交通等部门，累计办理时间由20个工作日压缩至不超过7个工作日，2023年底推行以来已为30多场展会提供

"一件事"集成服务，有力促进了会展业发展。大件运输"一件事"，将办理时加压缩至 3 个工作日以内，对符合条件的免于征询公安交管部门意见，建立了泛京津冀大件运输许可审批联动机制，积极推动大件运输"一件事"跨域办。

三、注重系统集成，高水平落实"高效办成一件事"

天津市坚持改革引领和数字赋能双轮驱动、线上线下融合发展，全面加强政务服务体系建设，系统集成"一门一网一线"服务，为高水平落实"高效办成一件事"提供强有力的基础支撑。

一是推进线下"一门"服务。健全市、区、乡镇（街道）、村（社区）"三级中心、四级服务"体系，全面实施综合窗口改革，市、区两级政务服务中心 90% 以上事项以及"高效办成一件事"重点事项实现综合窗口"一窗"服务。

二是推进线上"一网通办"。依托全市一体化政务服务平台，积极推进政务数据直达基层，打通 35 个市级部门专网，接入 28 个部委 48 个国垂系统，发布 156 类电子证照，网上办事大厅提供 8.5 万个政务服务事项办事入口，"津心办"APP 超过 1560 个高频事项实现掌上可办，900 余个银行、社区网点实现政务服务"自助办""就近办"。

三是推进服务"一线应答"。12345 政务服务热线整合各类政府热线 89 条，设置"高效办成一件事"、营商环境、企业服务专席，引入人工智能、大数据等新技术，创新"智能文本客服 + 人工在线客服"模式，实现工单 100% 自动回访、各类诉求"接诉即办"，打造"津呼速应"特色品牌，更好服务企业和群众高效便利办事。

四、注重制度建设，持续深化"高效办成一件事"改革

天津市坚持以制度建设为主线，加强政务服务制度供给，推进政务服务标准化，健全"高效办成一件事"重点事项清单管理机制和常态化推进机制。

一是深化政务服务模式创新。及时清理和修订与"高效办成一件事"

改革不相适应的制度规范和政策文件，为推进集成办、承诺办、跨域办、免申办提供制度保障。

二是加强行政备案管理制度建设。制定《天津市行政备案规范管理改革实施方案》《天津市行政备案事项清单》和《天津市行政备案管理办法》，明确行政备案设定、实施和监督管理等工作要求，进一步规范行政备案管理。

三是推进政务服务标准化建设。健全政务服务事项清单管理动态调整机制，推进政务服务事项京津冀跨域通办和"同事同标"，加强政务服务热线地方标准制定和市级标准化试点建设，积极开展营商环境标准化试点。

四是健全重点事项清单管理和常态化推进机制。健全完善市级统筹、区级联动、部门专班工作机制，高标准落实"高效办成一件事"国家"13+8+N"、市级"37+15+N"、区级"290+160+N"的重点事项清单，编制集成办理"一件事"工作指引和办事指南。

五是坚持企业群众满意标准。通过全面实行政务公开和常态化开展数据核验评估、政务服务"好差评"、"办不成事"反映、"我陪群众走流程"，检验"高效办成一件事"实施效果，持续改进提升政务服务质效。

下一步，天津市将进一步全面贯彻党的二十大和二十届二中、三中全会精神，认真学习贯彻党中央关于进一步全面深化改革、推进中国式现代化的决定，按照国务院部署要求，在国办政务办领导下，坚持以"高效办成一件事"改革为引领，持续深化政务服务改革，不断优化政务服务、提升行政效能，为推进中国式现代化建设贡献力量。

聚焦不同办事场景　重塑政务服务流程

河北省数据和政务服务局

河北省委、省政府高度重视"高效办成一件事"工作，全省优化营商环境大会明确提出，"提升政务服务效能，就要'高效办成一件事'"。河北省数据和政务服务局发挥牵头部门作用，强化省级统筹，在有关部门配合下集中攻坚，打破数据壁垒，优化服务机制，全力开展信用修复和残疾人服务"一件事"河北创新示范改革工作。

一、分类推进信用修复"一件事"

信用修复主要涉及行政处罚、经营异常名录、严重失信主体名单3类。以往企业信用修复需要登录8个系统，对接32个部门，平均需要经历6个环节、提交7个材料、历时33个工作日。且向各部门提交的申请材料、办理流程、办结时限都不一致，并需在主管部门、信用牵头部门多口修复，结果互不相认。河北省按照国办文件要求，提出"一口进入、一次提交、快速办结、结果共享互认"总体思路，对所有信用修复的办理环节、申请材料、办理时限等逐个梳理，分析堵点问题，提出"统一受理入口、重塑修复流程、压减材料数量、共享信息结果"的解决方案。改革后，企业进入1个入口（线上、线下），对接1个部门（信用部门），平均经历4个环节（减少2个），提交3个材料（减少4个），历时25个工作日（减少8个）就可完成信用修复。

（一）行政处罚信息的修复

分为"需多口修复"和"在信用中国一口修复"两类情况。

需多口修复的涉及市场监管和应急管理 2 个部门，在认定部门和信用部门都需要修复。市场监管部门作出的行政处罚，企业修复需登录 2 个入口（国家企业信用信息公示系统、信用中国），对接 2 个部门（市场监管部门、信用部门），经过 7 个环节（市场监管 3 个：受理、审批核查、公示；信用部门 4 个：受理、审核、复核、抽查），提供 7 个材料（市场监管 4 个：修复申请书、守信承诺书、履行法定义务证明材料、营业执照；信用部门 3 个：身份证明材料、信用修复决定书、承诺书），历时 30 个工作日（市场监管 20 个、信用部门 10 个）。应急管理部门作出的行政处罚，企业修复需登录 2 个入口（安全生产信用信息管理系统、信用中国），对接 2 个部门（应急管理部门、信用部门），经过 8 个环节（应急管理 4 个：受理、审核、上报应急部、取消公示；信用部门 4 个：受理、审核、复核、抽查），提供 7 个材料（应急管理 4 个：申请书、履行法定义务证明、消除不良影响证明、未再发生失信行为证明；信用部门 3 个：身份证明材料、信用修复决定书、承诺书），历时 48 个工作日（应急管理 38 个、信用部门 10 个）。

通过改革，省内统一了受理入口，在省、市、县三级政务大厅设立专门办事窗口，在河北政务服务网开设信用修复专区。推动申请材料和结果信息共享互认，逐一比对压减材料。企业只需登录信用修复专区 1 个入口，对接 1 个部门，经过 4 个环节（受理、审核、复核、抽查），提交 3 个材料（身份证明材料、申请表或信用修复决定书或履行法定义务证明、承诺书），历时 10 个工作日，即可完成修复。

直接使用"信用中国"修复的，企业通过"信用中国"系统 1 个入口，对接教育、工信、人社、文旅等 28 个部门，经过 5 个环节（认定部门 1 个：初审；信用部门 4 个：受理、审核、复核、抽查），提交 3 个申请材料（身份证明材料、申请表或履行法定义务证明、承诺书），历时 10 个工作日。通过改革，省数据和政务服务局和相关部门协商取消了认定部门初审环节。企业进行修复仅需要对接 1 个部门（信用部门），经过 4 个环节（受理、审核、复核、抽查），材料和时限没变。

（二）经营异常名录信息的修复

涉及市场监管、自然资源 2 个部门。

过去是由认定部门修复，都需要分别对接省、市、县 3 级，经过 3 个环节，提供 4 个材料，分别历时 20 个和 57 个工作日。经过协商对接两个部门，统一了受理入口，直接在省、市、县修复窗口提交申请即可。针对自然资源部门修复时限长的原因，是对专家"核查"环节没有规定明确时限的问题，与自然资源部门沟通协商，统一了专家"核查"时限最多为 25 个工作日，将整体修复时限压减至 45 个工作日，其他环节和时限没有变化。

（三）严重失信主体名单信息的修复

19 个部门可以认定严重失信企业，按照"谁认定、谁修复"原则，由认定部门修复。企业同时被多个部门列入严重失信主体名单的，需向多个部门重复提交申请材料，多部门跑办。通过统一受理入口，规范"一套材料、一套表单"，共享行业部门和信用部门申请和结果信息，实现企业只进一口、只对一个部门、只提交一次材料，失信公示信息多部门、多网站同步撤销。

信用修复"高效办成一件事"实施以来，共计办理 263 个修复事项，企业少提交 1052 个材料，跑动次数减少 263 次，办理时限减少 2104 个工作日。

二、残疾人服务"一件事"

改革前，申请人首先需要办理残疾人证，需分别跑 3 个部门（县级残联、医院、村委会），经过 5 个环节（申请、初审、评定、公示、领证），提交 7 个申请材料（申请表、身份证、户口本主页、户口本本人页、照片、居住证、监护人身份证明），历时 20 个工作日。领证后，还需申请困难残疾人生活补贴、重度残疾人护理补贴、残疾人就业帮扶、城乡居民基本养老保险补助 4 项补助帮扶，分别跑 5 个部门（残联、人社、民政、村委会、乡镇政府），提交 23 个申请材料（申请表、身份证、残疾人证、户口本主页、户口本本人页、银行卡、低保证等），经过 10 个环节（申请、村级核实、乡镇审验、相关部门分别审核、决定等），历时 37 个工作日。总计来看，需跑办 8 个部门，经过 15 个环节，累积提交 30 个申请材料，历时 57 个工作日。改革后，申请人只需登录 1 个系统（政务服务网残疾人服务专区），对接 2 个部门（政务服务部门、医院），经过 6 个环节，一次性提交 7 个材料，历时 13 个工作日。

主要做法：一是重塑流程，将残疾人证办理、补助帮扶等 5 个事项整合为"一件事"。二是简化环节。取消了"两项补贴"村委会核实环节，将 4 项补助的 10 个环节整合为 1 个。三是精简材料。将各类申请材料去重压减，残疾人证等实行电子证照自动核验，材料压减 23 个。四是减少跑动。全部事项"一网通办"，向全省 398 家评定医院免费发放电子印章，推行"医疗机构残疾人评定电子化"，申请人在医院体检后，无须往返跑办其他部门，评定结果自动推送残联、民政、人社等部门。五是压减时长。对接全国残疾人证办理系统、全国两项补贴信息系统等 2 个国家系统，打通省人社公共服务平台、省公共招聘网、省残疾人就业帮扶系统等 3 个省级系统，所有材料线上流转、信息实时推送、同步并联审批。

残疾人服务"高效办成一件事"实施以来，共计办理 787 个事项，群众累计减少 18000 个申请材料，7000 余次跑动，节省 30000 余个工作日。

另外，河北省同时推进其余 11 个"一件事"改革进程，水电气网联合报装、开办运输企业、企业上市合法合规信息核查、企业破产信息核查、社会保障卡居民服务 5 个"一件事"，充分借鉴北京、浙江、重庆等集中攻关和创新示范地区系统建设、集成办理方式等经验做法；企业信息变更、开办餐饮店、企业注销登记、新生儿出生、教育入学、退休 6 个"一件事"，已有一定基础和经验。这 11 项，需打通 7 个国家系统、52 个省市自建系统，关联电子证照库、电子印章库等，已于 2024 年 6 月底开始试运行，7 月底全省推开。

三、聚焦问题，集中攻关

在信用修复方面，有两个具体问题，需要上下联动，左右协同，集中攻关。

一是数据共享有待加强。自然资源部门矿业权人勘查开采信息、文旅部门旅游监管平台、应急管理部门安全生产信用信息、税务部门征管系统、海关部门行政相对人系统等信息系统的信息数据共享需要完善具体机制。应协调以上部委，向地方开通系统相关权限或是建立系统直连机制，打通数据通道，实现与地方系统申请信息和结果信息的互通共享，办事过程信息可查、可追踪。

二是信用修复标准还需进一步统一。各部门执行的标准规定中，申请材料不统一，流程及办结时限不一致。比如，税务部门的严重失信主体名单修复，改革后规定了总体时限（45个工作日）要求，但其中国家税务总局向"信用中国"推送修复结果时间不确定，影响了办理总体时限的进一步压减。国家层面应研究制定各领域统一的信用修复标准，出台相关政策文件及制度规范，统一各类修复事项"一张表单""一套材料"，明确修复条件、路径、环节、办理时限等。

下一步，河北省在扎扎实实完成好13项"一件事"的基础上，积极探索创新，围绕京津冀协同、高标准高质量雄安新区建设和河北特色产业发展等，谋划推出一批如企业迁移、环评排污、药品经营等河北特色"一件事"，把"高效办成一件事"转变为持续提升政务服务效能的常态化工作。

以"高效办成一件事"提升政务服务效能

山西省行政审批服务管理局

2018 年 4 月，习近平总书记在全国网络安全和信息化工作会议上强调，"要运用信息化手段推进政务公开、党务公开，加快推进电子政务，构建全流程一体化在线服务平台，更好解决企业和群众反映强烈的办事难、办事慢、办事繁的问题"，"为人民群众带来更好的政务服务体验"。2024 年初，国务院印发《关于进一步优化政务服务提升行政效能推动"高效办成一件事"的指导意见》，聚焦"高效"和"办成"关键点，将涉及民生的多个"一件事"作为优化政务服务、提升行政效能的重要抓手，旨在切实解决企业群众"办事难、办事慢、办事繁"问题。2024 年 7 月，党的二十届三中全会通过了《中共中央关于进一步全面深化改革　推进中国式现代化的决定》，提出"促进政务服务标准化规范化便利化"。这是进一步转变政府职能，建设人民满意的法治政府、创新政府、廉洁政府和服务型政府，推进国家治理体系和治理能力现代化，更好推动高质量发展，满足人民日益增长的美好生活需要的必然要求。为全面贯彻落实习近平总书记重要讲话精神，以及国务院关于围绕"高效办成一件事"合力攻坚，不断增强群众和企业获得感的部署要求，山西省委、省政府在 2024 年整治群众身边不正之风和腐败问题，将纠治审批服务中的"办事难、办事慢、办事繁"问题列入 15 个重点"听民意办实事"项目，由山西省行政审批服务管理统筹推进。

一、省局统筹，构建"一盘棋"整体格局

一是高起点谋划，高站位部署。山西以"高效办成一件事"为抓手，

强力纠治审批服务中的"办事难、办事慢、办事繁"问题，出台《山西省人民政府关于进一步优化政务服务提升行政效能推动"高效办成一件事"的实施意见》（以下简称《实施意见》），充分发挥"一枚印章管审批"改革制度优势和综合窗口全覆盖运行机制优势，强化数字赋能，深入推进线上线下深度融合，在国务院 13 件"一件事"的基础上，提出巩固提升 9 项，探索拓展 5 项，共制定 27 项"一件事"清单，明确"高效办成一件事"实行省级统筹协调，形成分管省领导主抓、省审批服务管理局牵头推进的工作格局。

二是强化协调联动，制定具体方案。加强省级统筹，结合山西省《实施意见》和国办《"高效办成一件事"2024 年度新一批重点事项清单》8 项"一件事"清单，组织协调各省直部门召开 100 余场（次）推进会、培训会，督促指导 35 件（第一批 27 件 + 国办第二批 8 件）"一件事"牵头部门逐件细化分解、明确任务、压实责任、制定方案、明晰规范，印发《公民身后"一件事"联办服务实施方案》《山西省退休"一件事"实施方案》等"一件事"具体方案，指导"一件事"全面落地。

三是超常规推进，系统化治理。坚持问题导向和目标导向双向发力，以群众办事方式多元化、办事流程最优化、办事材料最简化、办事成本最小化为着力点，制定《纠治审批服务中的"办事难、办事慢、办事繁"问题集中攻坚行动方案》，通过"我陪群众走流程"、"政务服务体验员"、政务服务平台、12345 便民热线、监督电话、线下"办不成事"反映窗口等渠道收集问题，健全审批服务中的"办事难、办事慢、办事繁"问题发现解决机制，梳理一批突出共性问题，将优化完善一体化政务服务平台功能、加强公共支撑能力建设作为解决企业群众急难愁盼问题、落实"一件事"的突破口，提升智慧便捷服务能力、破解数字鸿沟，开展系统化治理。

二、系统优化，强化"一平台"支撑能力

一是全面升级，重构一体化在线政务服务平台。注重改革引领和数字赋能双轮驱动，按照中台化建设理念，升级一体化在线政务服务平台，构建"四横四纵"总体架构，与省建 37 个审批部门业务系统对接，实现条块

系统融合互通。同时，对大厅叫号系统、受理系统、审批系统、制证系统等全面改造，迭代升级"山西政务"小程序及"三晋通"APP，设立"高效办成一件事"专区。如，省林草局结合自身办件特点特色，依托一体化平台，将涉及在森林和野生动物类型地方级自然保护区修筑设施审批等4个事项并行办理；将涉及矿藏勘查、开采以及其他各类工程建设占用林地审核等5个事项合并办理，为企业和群众提供"一件事一次办""一类事一站办"服务。

二是上线"晋企惠"，推行政策服务免申办。开发建设山西省涉企政策一站式综合服务平台"晋企惠"，通过统一政策发布、统一规范流程、统一兑现标准等，实现全省涉企政策"一站通查"、部分惠企政策"免申即享"、奖补资金"一键直达"。上线一年来，共发布涉企政策14827条，上架奖补事项2061项，累计办件5157件，在线兑现奖补资金1.3亿元，推动了企业与政策无缝衔接。

三是协同共治，积极推进数据共享。制定《深化政务数据共享推动数据直达基层全面赋能政府数字化履职能力提升工作方案》，印发第七批政务数据共享责任清单，累计共享1504项数据、申请国家层面开放数据接口111个、发布数据资源4.36万项、提供线上数据核验服务3.93亿次，有效减少了审批服务中的重复提交材料问题。如，在推出企业上市合法合规信息核查"一件事"中，原本企业要在省市县不同层级、不同部门办理17项信息核查事项，通过数据共享，只需一表申请、并联核查、足不出户、5个工作日即可完成。

三、流程再造，助力"一件事"小步快跑

一是业务整合，推动关联事项集成办。积极协调各级各部门，在政务大厅全面设置"高效办成一件事"专窗，并强化各业务场景建设，推动关联事项线上线下无差别受理，同标准办理。如横向上，促进省农业农村厅和省市场监督管理局窗口联合，实现农产品质量安全检测机构"双认证"考核工作结果互认，推进省科技厅和省人社厅窗口就外国人来华就业许可实现联合办理，实现材料内部流转，有关事项联办后压缩审批时限50%以

上。在纵向上，推动省自然资源厅窗口，将煤层气矿业权登记流程由省、市、县三级联办调整为省、县两级联办，省级审查不超 10 个工作日，县级审查不超 5 个工作日，大幅提高了审批效率，解决了"办事慢"的问题。

二是先行先试，系列"一件事"落地见效。山西按照试点先行、成熟一批推广一批的原则，通过业务融合、系统对接、流程再造等，推动"一件事"清单落地。如，在全省推出新生儿出生"一件事"，取消出生医学证明申请表，推行出生医学证明电子证照，取消公安落户出生医学证明副页收取，实现由原来的"跑 5 个部门、平均 20 个工作日"优化为"1 次申请、平均不超过 4 个工作日、最快 1 个工作日"，经验做法被国办全国推广。整合市监、消防等部门多个业务系统，重塑开办餐饮店"一件事"联办流程，通过流程优化、系统支撑、数字赋能，压减了开办餐饮店"一件事"办结时间，企业开办餐饮店由 73 个工作日压减至 10 个工作日，办理环节由 4 个减少至 1 个，跑动次数减少至线下只需"跑一次"，线上全程网办。此外，企业注销、企业破产信息核查、社保卡居民服务等 9 个"一件事"在全省推开，开办运输企业、水电气热网联合报装等 9 个"一件事"在有关市县开展试点，解决"办事繁"的问题。

三是优化服务，提升"全代办"水平。建立"全面推行项目前期策划服务机制""全面推行'一项目一方案一清单'项目审批模式""全面推行市、县审批局与开发区联动审批机制"和"组建涉企服务专家团队"的项目审批"全代办"4 项机制；细化梳理高频帮代办事项，在公布各市和开发区政务服务"全代办"事项清单的基础上，不断拓展帮代办服务范围，增强靠前服务意识，优化帮办代办队伍，创新服务模式；以一体化在线政务服务平台为总枢纽，通过系统集成、数据共享、证照复用等手段，重构系统功能，搭建起表单信息自动填报、事项材料智能合成、申报进度实时同步、帮办人员全程参与的"傻瓜"式办事平台，形成了全生命周期服务机制，让企业群众确实省了事、帮办代办团队确实能办事。

四是降低成本，大力推进开工"一件事"。全面推进"三个免于提交"（政府部门核发的材料免于提交、能够通过信息共享核验的材料免于提交、能够提供电子证照的免于提交实体证照），推动审批服务减环节、减材料、减跑动，大幅降低企业群众办事成本。在山西省实施拓展"一件事"项目，即开发区企业投资项目开工"一件事"中，指导推动山西转型综改示范区率先探索，对纳入开工"一件事"的 12 个事项进行全面梳理整合，上线开工"一件事"审批系统，打造"靠前论证评估 + 无前置受理推进 + 合理预判决策"相结合的审批新模式，由至少办理立项、土地、规划、环评等 13 项手续、平均提交 30 余份材料、填写 300 余项信息，向一网申请、一张表单、一次提交、最多填写 28 项信息转变。在取得成功经验后，已向大同经开区、阳泉高新区、长治高新区、晋城经开区扩大试点，成熟后将在全省开发区推广。

四、接诉即办，建立"一条热线"响应机制

一是创优服务，持续密切联系企业群众。开展经营主体诉求"直通必达""有诉必应"专项行动，设立经营主体服务专席，开通网上"绿色通道"，着力解决经营主体全生命周期遇到的问题。及时将推出的"一件事"内容扩充至热线知识库，方便企业群众咨询。建立高峰期未接通来电当日主动回拨服务制度，确保一个电话不漏接、一个诉求不漏听。加强与水、电、气、暖、通信等民生行业联动，周期性邀请企业工作人员入驻热线提供专业服务。

二是一抓到底，持续提升诉求办理质效。构建 12345 热线诉求办理闭环管理机制，明确诉求办理时间，开展工单"研判 + 督办"，对省直承办部门两次办理群众仍不满意的工单逐一分析研判，应当继续办理的转承办部门提级督办，进一步压实承办部门处办职责。指导各市全部构建以疑难诉求研判为前提，承办单位主要领导提级督、各级督查部门专项督、政府领导包案督的三级督办机制，推动群众诉求办得更实。

三是数据分析，实现科学治理。积极组织对全省审批服务中"办事难、办事慢、办事繁"类咨询投诉进行汇总分析，对照企业群众所需所盼，加强对承办单位办理答复意见的审核研判，督促逐项办理、答复、回访，更新工作进展，深入挖掘深层次原因，及时研究制定长效解决机制。结合中心工作和社会热点，深挖热线数据价值，强化成果运用，编制 12345 热线

专报、经营主体诉求月报、热线周报，不定期编制各行业热点问题专项统计分析报告，为政府部门科学决策提供信息参考，助力政府治理体系和治理能力现代化。

下一步，山西省政务服务中心将不断巩固提升政务服务综合质量，持续做好行政审批改革，积极推动"一地创新、全省复用"，以"小切口"撬动政务服务环境大提升，吸引更多经营主体在山西投资兴业，实现共赢发展，着力提升全省政务服务系统业务能力和服务水平，为推动高质量发展作出新的更大贡献。

数字赋能提升政务服务能力
全力打造内蒙古营商环境特色品牌

内蒙古自治区政务服务与数据管理局

2024 年，内蒙古自治区紧抓数字化发展机遇，以本轮机构改革为契机，组建自治区、盟市、旗县三级政务服务与数据管理局，并将优化营商环境工作职能划入政数局，发挥机构优势，一体化推进政务服务、大数据管理和优化营商环境工作。同时，立足内蒙古地域广阔、布局分散的地区实际，以数字化改革为牵引，以升级数据基座、服务方式、场景应用为抓手，持续强化数字赋能，全面提升政务服务能力，全力打造内蒙古营商环境特色品牌。

一、升级数据基座，提高数据共享能级

聚焦自上而下一体化建设，升级全区一体化数据平台，建设以"一云一网一平台"为核心的自治区政务数字化基础支撑体系，持续丰富政务大数据场景应用，数字赋能"高效办成一件事"线上办事能力持续提升。

一是升级完善全区一体化数据平台。依托自治区政务信息资源共享平台、公共数据开放平台和全区一体化政务服务平台三大平台，整合集成目录管理、供需对接、资源管理、数据共享、数据开放、分析处理等功能，打造自治区政务大数据平台数据服务总门户，为各部门各地区提供"一站式"政务服务管理解决方案，实现政务数据一本账展示、一站式申请、一平台调度，全力推动跨地区、跨部门、跨层级数据互认共享，支撑数据资源高效率配置、高质量供给，助推全区政务服务工作提档升级。

二是持续构建一体化政务大数据体系。聚焦建设重点，建设 5 个基础库、6 个主题库、3 个专题库，构建标准统一、布局合理、管理协同、安全可靠的全区一体化政务大数据体系。聚焦数据供需，建立高效供需对接机制，编制政务数据共享需求清单、责任清单、负面清单"三张清单"，实现数据共享清单化管理。聚焦"一网通办"，标准化梳理依申请行政权力事项和公共服务事项，自治区到嘎查村（社区）五级共 59 万个政务服务事项实现"进一网、能通办"。

三是全力推进政务大数据场景应用。以"高效办成一件事"为牵引，数字赋能集成化政务服务。聚焦个人与企业两个全生命周期，由自治区政数局牵头抓总，统筹推进自治区市监、人社等部门业务协同、流程再造、数据共享和系统对接。依托政务服务网、"蒙速办"移动端搭建"高效办成一件事"主题应用场景，实现一站式线上办理。截至 2024 年 7 月底，全区 13 个"高效办成一件事"重点事项已累计办理 230 余万件（次），企业准营、员工录用等 10 个地方特色"一件事"已累计办理 800 余件，最大程度实现了高效办事"利企便民"。

四是统建"一表通"系统赋能基层治理。聚焦苏木乡镇（街道）和嘎查村（社区）"填表报数"任务过重问题，按照"统一建设、分级应用"原则，由自治区统一建设全区基层"一表通"系统，建成自治区"一表通"专题库，汇聚专题数据 7 亿条，有力推动了跨层级、跨部门数据共享，变让基层填报为从系统自取，同时按照"一数一源"原则推动数据精准回流基层。截至目前，19 个旗县（市、区）已完成试点工作，正在加快在全区复制推广，累计开通系统账号 1.67 万个，收集报表 1 万余张，精简整合重复填报字段，梳理形成数据台账 4000 余个，着力实现系统之外无报表，以数据通赋能基层减负，助力优化营商环境。

二、升级服务方式，优化指尖政务服务

聚焦"数据多跑路，企业群众少跑腿"，迭代升级"蒙速办"的品牌、应用和体验，更多事项实现企业群众"零跑动""指尖办"。

一是全力推动品牌升级。全力打造"掌上办"政务服务品牌——"蒙

速办"移动端，汇聚各级政务服务应用超 7500 项，注册用户 1780 余万，累计访问量近 8.7 亿次。2021 年，"蒙速办"移动端作为典型案例被列入《中国数字政府建设报告》。

二是全力推动应用升级。持续推动更多高频应用实现"掌上办"，接入企业注册、税务、财务、人力资源等涉企应用 800 余项，可办应用 3264 项。上线"高效办成一件事"专区、"法人频道"，通过智能匹配和精准推送涉企政策资讯，助力政务服务从"企业找政策"到"政策找企业"。

三是全力推动体验升级。推动"蒙速办"移动端 4.0 焕新升级，汇聚行政权力事项 11.2 万个、公共服务事项 47.7 万个，精细化专区划分，整合打造"办事中心""便民中心""证照中心""政策中心""导航中心""消息中心""互动中心"七大中心，企业群众办事体验度和便利度明显增强。

三、升级场景应用，发挥数据赋能价值

聚焦公积金、公证、审判执行、政府采购等高频事项，通过数据共享、联动协同、数字监管等数字化赋能手段，推动企业群众办事"少跑腿"甚至"零跑腿"，政务服务质效大幅提升。

一是数字赋能智慧公积金服务。推动智慧公积金服务转型升级，建立"三大基础平台 + 七大服务渠道 +N 个智慧应用"数字体系。依托自治区数据共享交换平台，共享 22 家单位数据，实现公积金在线实时核验、零材料办理，资金调动、业务审批数据实现全监管。将公积金网上营业厅、微信小程序等七大服务渠道与蒙速办、支付宝城市服务等公共平台融合，让公积金服务触手可及。

二是数字赋能政府采购治理现代化。建成政府采购"全区一张网"云平台，实现十二大子系统和七大基础库互联互通、资源共享，全面实现远程不见面开标，降低供应商参与政府采购成本，目前已实施远程不见面开标项目 2.5 万个。通过"政采小云"智能机器人在线提供技术服务，解决操作问题 20.8 万次。成立全国首家政府采购行政裁决服务机构，实现投诉处理事项线上受理、审查、质证、裁决、公示、归档，大幅提升投诉处理效能，受到财政部通报表扬。

三是数字赋能跑出公证加速度。内蒙古每年产生公证案件 31 余万件，其中 60% 需核实当事人婚姻状况，开具婚姻状况证明。聚焦这一高频需求，自治区司法厅、民政厅联合印发《婚姻登记信息查询核验办法》，以信息化手段实现与民政部门线上业务联动协同、婚姻信息互通核验，大幅减少了当事人跑动次数。

四是数字赋能法院审判。针对审判工作量大、人员较少实际，全区法院系统进一步推进数字化技术在审判执行领域深度应用，让数字化成果代替人工开展非核心业务，研发运用金融审判一体化平台，实现文书要素智能识别填充，诉讼程序等工作批量处理，法律文书一键生成，平均办案时间缩短 22 天。

下一步，内蒙古自治区将以本次会议为契机，认真学习兄弟省市先进经验做法，持续聚焦企业群众办事难点堵点问题，强化数字赋能政务服务，推动营商环境持续优化，不断擦亮内蒙古营商环境特色品牌。

赋能"高效办成一件事" 提升政务服务质效

辽宁省数据局

辽宁省认真贯彻落实《国务院关于进一步优化政务服务提升行政效能推动"高效办成一件事"的指导意见》（国发〔2024〕3 号），制定工作方案，积极组织梳理企业群众办事创业中涉及部门较多、办事频率较高的事项，以集成服务方式推进关联事项优化办理流程，集中攻坚"服务通""数据通""系统通""业务通""政策通"，实行"线上一表申请、线下一窗受理、问题一个系统解决"，全面提升政务服务效能。目前，已有 41 个"高效办成一件事"场景建设运行，办理 260 余万件，平均减少申报材料 52%、审批环节 72%、办理时间 62%、跑动次数 77%，极大地方便了企业群众。

一、坚持"三个突出"，确定办事主题

一是突出"高频关联"选事项。深入企业群众广泛开展调研，积极听取有关部门和地区、企业和群众意见建议，利用办件数据分析研判，选取需要到不同部门、反复提交同类材料的事项，让企业群众只需提交一次材料即可办成多件事。如，"二手房转移登记及水电气联动过户一件事"只需提交一套产权材料，可同时办理水、电、气过户三件事。

二是突出"关键小事"找切口。围绕企业从设立到注销、个人从出生到身后的全生命周期，立足"小切口"服务"大民生"，尽可能将事关企业群众利益的"小事项"找全面，所急所忧的"小问题"找精准，给企业群众提供更多便捷服务。如，"社保转移接续""公积金提取""员工招聘""社保缴费"等与企业群众生产生活密切相关的"一件事"。

三是突出"痛点堵点"找问题。针对投资项目环节多、报件多、审批时间长、部门协同弱等难题，重点围绕项目立项、建设、验收等不同阶段设置"一件事"，加快项目落地投产速度。如，"立项用地规划许可""工程建设许可""水电气网联合报装""联合验收"等"一件事"。

二、聚焦"四个强化"，提升服务效能

一是强化标准引领。制定标准规范开展流程再造，优化涉及事项的办理流程，形成"一个流程"；删减重复申报材料，形成"一张清单"；整合各环节申报表单，生成"一张表单"，形成标准化操作规程，推动无差别办理。如，"灵活就业一件事"申报材料由 18 份减少到最多 5 份，跑动次数由 7 次变为"一次不用跑"。同时，对涉及的"不计时环节"进行规范，将全省 3.9 万个事项 5.4 万个"不计时环节"减少到 9951 个事项 1.4 万个环节，全部承诺时限，实行计时管理，打破监管盲区。

二是强化系统对接。积极推进"一件事"涉及的业务系统互通对接，以信息确认、数据共享等方式减少纸质材料提交，加强信息"预填免填"，办理结果通过电子证照或邮寄等方式流转，优化办事体验。已经对接 231 个系统 1020 项功能。如，原来设立律师事务所需要先后向市、省司法部门申请，现只需向市司法部门申请，市、省司法部门间通过系统流转，无须申请人跑路，即可实现"省市联办""一网通办"。

三是强化服务融合。构建"高效办成一件事"线上线下服务体系，线下依托政务服务中心"综合窗口"，线上依托一体化政务服务平台"一件事"专区，实现线上"一端受理"、线下"一窗办理"，变"企业群众多头跑"为"审批部门协同办"。目前，全省各政务服务中心将"高效办成一件事"全面纳入"综合窗口"办理，按照"前台综合受理、后台分类审批、综合窗口出件"模式提供服务，服务比例达到 80%。

四是强化问题解决。针对"高效办成一件事"运行过程中遇到的问题，将 12345 热线、网格员现场发现、政务服务"好差评"、我陪群众走流程、政务服务体验员等渠道进行融合，积极构建"一件事"问题收集机制、化解机制和闭环管理机制，建设及时解决问题的"12345 热线＋网格""高效

解决一件事"，靶向解决企业群众急难愁盼问题。

三、建立"三个机制"，推动工作落实

一是高位推进机制。省委、省政府高度重视"高效办成一件事"改革，将其作为优化营商环境的重要抓手列入《政府工作报告》以及省政府主要领导亲自负责的34项重点任务之一。省政府主要领导、分管领导多次现场调研指导、召开专题会议调度，要求坚持刀刃向内、深化改革，切实抓实抓细抓出成效。

二是协同联动机制。省营商局作为统筹部门，组织推动各牵头部门、配合部门及各地区建立工作联动机制，共同研究标准规范，协调解决具体问题，形成工作合力。省营商局多次通过电话沟通、会议研讨、现场督导等方式，强化工作调度，推动落地落实。

三是闭环管理机制。省营商局牵头组建"高效办成一件事"工作专班，制定重点场景工作台账，建立"发现—通报—整改—销号"闭环管理机制，采取"一人盯一事"方式，强力协调推动，实行销号管理，确保落实到位。

下一步，我们将认真贯彻落实党中央、国务院关于深入推进"高效办成一件事"改革的决策部署，不断夯实基础工作，强化薄弱环节，特别是围绕系统对接、数据共享等难点堵点强力攻坚，不断拓展应用场景，在更多领域更大范围提质增效。同时，充分利用报刊、广播、电视、网络新媒体等渠道，加大"高效办成一件事"宣传推广和引导服务力度，让更多人了解、知晓。通过调研、座谈、走流程等方式，充分征求企业群众意见建议，有针对性地进行调整、完善，给企业群众更多幸福感、获得感。

数字引领、模式创新、整体协同
推动"高效办成一件事"走深走实

吉林省政务服务和数字化建设管理局

2018 年 4 月，习近平总书记在全国网络安全和信息化工作会议上强调，要"更好解决企业和群众反映强烈的办事难、办事慢、办事繁的问题"。2024 年 1 月 9 日，国务院印发指导意见，就进一步优化政务服务提升行政效能推动"高效办成一件事"工作进行全面安排部署。吉林省认真贯彻落实党中央、国务院要求，加强统筹统建和协同联动，创新行政管理和服务方式，深化政务数据整合汇聚和共享应用，线上线下融合推动"高效办成一件事"。高效办成的基础是吉林省多年来推动数字引领、模式创新、整体协同的政务服务工作底盘。

一、强化协同联动，让"办事不求人"成为常态

一是统筹推进。吉林省政数局发挥统筹协调作用，印发《关于进一步推进政务服务扩面提质增效的通知》《关于依托全省一体化政务服务平台进一步提升全省"一网通办"能力的通知》等政策文件，先后召开 30 余次系统会、调度会、推进会，部署改革任务、压实工作责任、破解堵点问题。对标第一批 13 个重点事项，9 个省直牵头部门结合实际制定工作方案，主要负责同志亲自部署、亲自协调、亲自调度。

二是多方协同。各地各部门聚焦减材料、减环节、减时限、减跑动，优化前后置办理环节，重构跨部门办理业务流程，编制场景化办事指南，工程化、项目化推动工作落地。省卫健委会同公安、人社、医保等部门重

构业务流程，推动实现新生儿出生"一件事"的 7 个事项线上线下融合办理。省残联积极协调国家平台数据接口，实现残疾人证电子证照实时共享。2024 年 6 月底，第一批 13 个重点事项已实现高效办成。其中，水电气网联合报装"一件事"在国家规定的 5 个事项外，拓展了热力和广播电视报装 2 个事项。通过跨部门政策、业务、系统协同和数据共享，申请表单多表合一、线上一表申请、材料一次提交，实现了给排水、供电、燃气、热力、通信、有线电视加外线工程审批 7 类关联事项集成办，精简申报材料 50% 以上、减少填表项 80% 以上。企业信息变更"一件事"和注销登记"一件事"在国家统一要求基础上，增加医保单位参保信息变更、参保状态变更 2 个事项。6 月 26 日，吉林发出全国首张凭出生证明在线申领的新生儿医保码，通过新生儿出生"一件事"集成服务，用出生医学证明在网上成功为新出生的宝宝办理了医保参保。

三是创新举措。在加快落实国务院"规定动作"基础上，推动海关助企退税、房屋公证转移登记、特殊群体精准服务等 45 个特色"一件事"高效办成。省发展改革委、省住建厅、省自然资源厅、省人社厅积极推动重大项目快速获批、燃气用户"阀管灶"改造、"无籍房"产权登记、人才免申即享等纳入重点事项。各地也积极拓展本地特色"一件事"，长春市校车使用许可、吉林市教师资格认定、四平市多类型企业开办、松原市动物诊疗准入准营、白城市企业无还本续贷等区域性改革探索受到好评。梅河口市开展"下乡办"活动，涉农事务深入乡镇为农村拖拉机、联合收割机进行注册登记，现场办理农机牌照，同时解答申领办理农机行驶证等相关问题，农户们纷纷表示："在家门口办理牌照，不用老远跑到市里，方便极了！"

二、丰富服务渠道，推动政务服务"不打烊"

一是推动服务多元化。省、市、县三级政务服务中心全面建立帮办代办服务点、设立助企服务办公室，建立运行、协调工作机制，帮助企业解难题、办实事。推行延时错时服务，80 个政务服务中心中已有 74 个实现午间不间断服务。在各级政务服务中心全面建立办不成事反映窗口，为企业群众提供兜底服务。

二是推出"吉事办"2.0版。打造网上政务服务总入口、掌上办事总门户，超过10万个政务服务事项实现全程网办、不见面审批。对接整合中省直部门掌端服务应用455项；依托掌端"城市驿站"服务区，各地区上线区域特色服务应用276项；累计1000项高频全程网办事项完成掌端流程适配，移动端常办事项、常用服务达到1731项，"掌端通办"能力持续提升。与省内41个部门的73个高频业务系统完成统一身份认证对接，方便企业群众"一次登录、一网通办"。

三是推行接诉即办改革。依托12345热线打造政务服务"总客服"，建设全省统一的接诉即办智能管理平台，建立全省政策咨询知识库，运用大数据、人工智能等手段高效解决群众急难愁盼问题。2024年上半年，受理各类诉求234万件，接通率97%、满意率99%。特别是高标准、高质量完成春节、"五一"期间旅游诉求办理工作，做到日清日结、办结率100%、满意率100%。2024年5月，国办对全国20个省（区、市）开展优化营商环境专项督查后，通报表扬了吉林省加快数字吉林建设促进营商环境持续优化的典型经验。

三、优化服务流程，改善企业群众办事体验

一是推进关联事项集成服务。强化跨部门政策、业务、系统协同和数据共享，实施业务流程革命性再造，合力推动13个重点事项全部在"吉事办""高效办成一件事"专区上线运行，各级政务服务中心受理窗口线下同步开通服务，推动申请表单多表合一、线上一网申请、材料一次提交，累计减少关联事项跑动次数92%，压减时限85%，精简材料59%。吉林省"推动数据直达基层和向地方回流，助力基层减负提质增效"经验做法被国办列入优化政务服务推动"高效办成一件事"典型经验向全国推广。

二是推进承诺事项容缺受理。推行"告知承诺＋容缺办理"审批服务模式，全省已有8000余个事项通过签订告知承诺书、明确办理条件、约定责任义务等实现容缺办理。推行经营主体以1份专用信用报告替代41个领域无违法违规记录证明改革，自2023年11月1日实施起至2024年6月

底，全省共开具专用信用报告 4.5 万余份，有效破解了经营主体开具证明的难题。在国家发展改革委发布的《2024 年第一季度行政许可和行政处罚等信用信息公开工作结果的通报》中，吉林省位列全国第一。

三是推进异地事项跨域办理。在"吉事办"推出"白城市—内蒙古兴安盟"等 20 个特色"跨省通办"服务专区，已有 132 个全国统一事项、530 个吉林特色事项实现"跨省通办"。四平市、辽源市、通化市与抚顺市、铁岭市、通辽市共同签订吉南辽北蒙东六市一体化协同发展政务服务"跨省通办"战略合作协议，推动跨省通办范围不断扩容。

四是推进惠企政策免申即享。依托省政府门户网站和"吉事办"移动端开设"政策直达"专区、专栏，面向企业群众推送优惠政策及核心条款 1500 余条，用户浏览量超 1.7 亿次，变"人找政策"为"政策找人"。长春市梳理资金补贴扶持、税收优惠等政策条件和适用规则，搭建线上兑付平台，集中发布政策服务事项 626 项，兑现奖补资金 12.9 亿元，减免缓税费 42.4 亿元。

四、加强平台建设，持续提升行政效能

一是发挥政务服务平台支撑作用。依托"吉林祥云"大数据平台，推动省市县三级政府部门 386 个系统应用云上部署、云上运行、云上共享，并保持安全稳定运行；采用"负载均衡"模式部署政务外网链路，实现省市县乡村五级全覆盖，保障全省"海量"政务服务信息的有效传输。依托全省统一政务服务事项库，推动新增"一件事"相关联办的公共服务事项统一管理，实现全省同一事项无差别受理、同标准办理。在"吉事办""高效办成一件事"专区为企业群众提供智能回填、智能预审、智能问答等智慧化服务。

二是提升政务数据共享实效。建立健全政务数据共享协调机制，数据共享交换平台已覆盖省市县乡村五级、接入全省 1.15 万个部门（单位），归集数据资源超 278.7 亿条，共享应用突破 5800 亿条次。组织实施数据共享应用百千工程，深化数据供需对接，拓展数据共享应用场景，面向全省发布推广首批 20 个数据应用案例。

三是推动数据直达双向奔赴。全省统建数据直达系统，实现国家、省、市、县、乡、村六级数据贯通、有序共享。目前，吉林省已调用 28 个国家部委数据接口 190 个，累计调用数据 402 亿次，市、县、乡、村订阅使用省级部门数据资源 2000 余个。2024 年 5 月 17 日，在全国政务服务数据直达基层支撑"高效办成一件事"视频会议上，吉林省作为 6 个发言单位之一，汇报典型经验。研发基层数据"一张表"，基层填报数据汇聚到各市州及省直部门，再回流到各乡镇及村级组织，实现基层数据"一次采集、智能分发、共享共用、五化闭环"，目前已有 25 份表格上线应用。

赋能"高效办成一件事"提升政务服务质效
锚定"高效办成一件事"改革优化政务服务

黑龙江省营商环境建设监督局

党中央、国务院高度重视数字政府建设和优化政务服务提升行政效能工作。2024年初，国务院印发《关于进一步优化政务服务提升行政效能推动"高效办成一件事"的指导意见》，对政务服务改革作出全面部署。黑龙江省深入贯彻落实党中央、国务院决策部署，扎实推动"高效办成一件事"改革落地见效。

一、总体推进情况

黑龙江省委、省政府深刻认识到"高效办成一件事"改革是驱动政府数字化改革、赋能政府治理创新的重要抓手，是加快转变政府职能、全面提高政府效能的重大改革，是推动政务服务提档升级的牵引性、撬动性重要工程。在国务院办公厅政务办公室统筹指导下，黑龙江省作为国家首批"高效办成一件事"集中攻关和创新示范省份之一，各牵头部门加力推进、责任单位通力配合，第一批13个"一件事"改革于2024年6月24日已全部完成，整体改革质效处于全国第一梯队，相关经验做法在全国复制推广。2024年7月12日、15日，省政府新闻办举办两场新闻发布会，全面介绍"高效办成一件事"改革和重点事项落地情况。

一是强化顶层设计。省政府将"高效办成一件事"改革写入2024年《政府工作报告》，并率先出台省级实施意见，逐一细化13个"一件事"实施方案。

二是强化重点攻坚。统筹 27 个中省直部门、65 家水电气热网企业、280 家助产机构、180 家评残机构，组织 150 余名业务、技术人员合力攻坚，13 个"一件事"改革后平均办理时间从 33 个工作日压减到 4 个工作日、办理环节从 8 个压减到 1 个、提交材料从 25 份压减到 7 份、跑动次数从 7 次压减到 1 次。截至 2024 年 8 月 6 日，13 个"一件事"累计办理 166840 件。

三是强化创新拓展。国务院办公厅部署新一批 8 个"一件事"清单后，黑龙江省率先印发新一批重点事项改革工作方案，退役军人服务和就医费用报销 2 个"一件事"已上线运行，其他 6 个"一件事"已于 2024 年 11 月底前完成改革任务。在完成好国家第一批 13 个"一件事"、全力推进国家新一批 8 个"一件事"基础上，黑龙江省主动创新、自主谋划了 437 个"一件事"〔包括：203 个省级统筹事项，234 个市（地）创新事项〕，形成了 458 个事项的"高效办成一件事"矩阵，持续提升改革覆盖面。

二、主要做法和启示

黑龙江省经过半年多来的改革集中攻关，深入推动数字政府建设与"高效办成一件事"改革全面融合、双向支撑赋能，有效解决了系统庞杂联通难、数据壁垒打通难、业务分割融合难等问题，改革取得了阶段性成效。

一是坚持高位推动，以"统"为核心，构建协同联动工作机制。省委、省政府主要领导多次作出批示，分管省领导 4 次主持召开全省推进会议，多次作出具体工作部署。省营商环境局牵头建立了"123456"工作体系（即统建一套系统、制定两个标准、建立三项机制、优化四减成效、梳理五类要素、实施六步工作法），统筹推进流程再造、业务协同、系统对接、数据共享。确立了"承接国家一批、省级统筹一批、市（地）创新一批"的常态化、长效化推进机制，不断丰富"一件事"场景。组织开展 13 次全省业务培训、累计培训 5300 余人次，通过将基层的"问题清单"转化为优化提升的"任务清单"，推动"一件事"在基层落地贯通。

二是坚持人民至上，以"服"为目标，积极回应企业群众需求。聚焦企业群众所需所盼，改革中新集成了 13 个联办事项，为企业群众提供更多增值服务，积极提升"一件事"含金量。全省 12345 热线及时更新知识库，及时为企业群众提供"高效办成一件事""不打烊"咨询导办服务。

三是坚持数据赋能，以"数"为支撑，充分运用数字政府建设成果。黑龙江省数字政府建成的 30 项共性支撑能力，联通的 56 个省直厅局和各市（地）的 900 余个业务平台系统，汇聚的 2300 多亿条政务数据有序共享应用，建设的省级政务数据直达基层系统，为改革提供了有力保障。采用"省级统筹、省建市用"模式，集约节约建设的"高效办成一件事"系统极大地节约了市（地）建设资源，提高了建设效率，统一了建设和服务标准。

四是坚持"六最"标准，以"简"为路径，切实提升行政效能。大力开展流程再造，"一件事"办理环节、材料、时限、跑动平均压减 80% 以上。围绕深化政府职能转变，及时清理制约改革的行政规范性文件，巩固并持续推动审批服务做减法，切实降低企业群众办事成本。

五是坚持系统集成，以"融"为关键，扎实推动业务技术深度融合。采取"一次申请、一窗（网）受理、一链办理、一窗（网）出件、一次办好、一体监督、一键评价"的"七个一"服务模式，通过业务、系统、数据、服务融合，以及跨层级、跨地域、跨系统、跨部门、跨业务协同，大力优化线上线下流程、整合平台资源。改革期间，共集成 13 个"一件事"涉及的 104 个联办事项，组织对接 62 个业务系统、281 个接口，新开发接口 113 个。

三、下一步工作安排

黑龙江省将深入贯彻落实党的二十届三中全会精神，持续推进"高效办成一件事"改革走深走实，有效提升经营主体和群众获得感、满意度，重点做好以下四方面工作。

一是强化省级统筹，持续提升改革覆盖面。积极打造 13 个第一批"高效办成一件事"重点事项 2.0 版，制定 196 项优化提升措施，持续优化提升运行效能。同时，将改革向基层减负、综合监管、社会信用、产业链（加个动词）等领域拓展，推进"基层减负一件事""高效管好一件事""信用代证一件事""产业链一件事"，持续推出更多具有龙江特色和辨识度的高质量"一件事",让企业群众年年都能感受到实实在在的变化。

二是强化跟踪问效,持续提升群众获得感。完善常态化运营机制,组织开展"高效办成一件事"落实情况监测和评估,综合运用数据抓取、明察暗访、"走流程"等方式,检视改革落实成效,制定有针对性的优化提升措施,持续提升企业群众体验感。

三是强化复制创新,持续提升改革普惠度。鼓励支持市(地)聚焦企业和个人两个全生命周期重要阶段,创新推出更多高质量的"一件事"事项,推动省直部门从业务指导、数据支撑、系统对接等方面加大支持力度,并按照"一地创新、全省复制"原则及时推广,持续提升全省改革整体质效。

四是强化宣传推介,持续提升群众感知度。全面总结"高效办成一件事"改革创新做法,加强功能作用、场景应用宣传,引导企业群众体验和办事,培育用户使用习惯,增强用户黏性,持续提升改革影响力。

聚焦"高效""办成"两个关键点
推进"人工智能＋政务服务"改革

上海市人民政府办公厅

2022年4月，习近平总书记在中央全面深化改革委员会第二十五次会议上指出，要把满足人民对美好生活的向往作为数字政府建设的出发点和落脚点，打造泛在可及、智慧便捷、公平普惠的数字化服务体系，让百姓少跑腿、数据多跑路。这为在新起点上继续深化政务服务改革指明了方向。上海全面贯彻落实《国务院关于进一步优化政务服务提升行政效能推动"高效办成一件事"的指导意见》，践行以人民为中心发展思想，大力提升行政效能，持续打造泛在可及、智慧便捷、公平普惠的数字化服务体系。

一、以"高效办成一件事"为牵引，持续推进政务服务水平提升和营商环境整体性优化

上海聚焦"高效""办成"两个关键点，强化"业务＋技术"双轮驱动，推进"人工智能＋政务服务"改革，赋能政务服务政府侧和需求侧提质增效，高标准完成国家集中攻关和创新示范工作任务，推动13个重点"一件事"早启动、早落地、早见效，并将相关工作作为市委、市政府工作重点，列入年度政务服务工作要点，统一部署，强力推进。

一是创新服务方式，以流程再造推动"高效办成一件事"。

——推行关联事项集成办。将涉及多部门或跨层级办理的关联事项集成办理，已累计推出41个市级"一件事"，实现多事项"一次告知、一表申请、一套材料、一窗受理、一网办理"，平均减环节72%、减时间58%、

减材料 77%、减跑动 83%，累计办件量超 1751 万件。

——实施容缺事项承诺办。结合事中事后监管，对适合的事项全面推进"告知承诺 + 容缺办理"。根据政务服务事项实施难度、风险可控程度、服务对象信用状况等，采用申请材料后补或免交、实质审查后置或豁免等方式，签订告知承诺书，明确办理条件，约定责任义务，建立了基于信用承诺的极简审批制度。目前，市级层面超 120 项事项已实施告知承诺制，每年通过告知承诺方式办理的业务超 30 万件。

——拓展异地事项跨域办。创新"远程虚拟窗口"新模式，为企业群众提供远程帮办服务，更好满足企业群众异地办事需求。上海会同苏浙皖三省，率先将"远程虚拟窗口"在长三角应用于跨省通办，通过"屏对屏"同屏在线，获得"面对面"服务体验，已实现上海 16 个区和苏浙皖 40 个地市全覆盖，已提供超 1.6 万次"远程虚拟窗口"服务，有效推进了长三角区域"不破行政隶属、打破行政区划"一体化服务。

——创新政策服务免申办。强化数据归集共享，推进惠企利民政策逐步实现"免申即享"，特别针对法律法规明确要求依申请办理的事项，明确了主动推送、自愿申领的实施路径，避免法律风险。上海聚焦惠企利民政策和服务，运用大数据分析和精准画像能力，市区两级已累计推出"创新型企业专项金融支持""残疾人交通补贴""对学前教育、基础教育、普通高中、中职等教育阶段家庭经济困难学生实施资助"等超 300 项政策服务"免申即享"，惠及企业群众超 1748 万家（人）次，确保"应享尽享"。

二是强化数字赋能，推进政务服务向"好办""易办"跃升。

——应用人工智能辅助实现"少填少交智能审"。通过数据共享复用为企业群众提供申请表单智能预填、申请材料"两个免交"；通过 AI 辅助收件合规审核，实现人工审核判断向人工智能审核判断转变。超 200 项高频依申请事项实现平均预填比例达到 78%，平均预审比例超 90%，大幅提升申请过程便利性和审批透明度、公平性。以上海"建设工程规划许可"事项为例，一个 28 幢楼的商品房项目，改革前，需手动录入 699 个字段，涉及 17 项材料，申报过程需 1 小时左右；改革后，AI 图形自动解析共 504 项指标、智能汇总核算 141 项指标，手动填写字段仅 10 个，填表正确率提升至 100%，首办成功率由 67% 提升至 90.2%，申报过程仅需 5 分钟，应用"一张图"AI 辅助空间分析与多图比对，审批时间由 20 个工作日缩短至 5 个工作日。

——应用人工智能赋能实现申请材料由政府主动生成。为有效解决办事人因缺乏专业知识和经验，提交的材料存在规范性、完整性、准确性问题，需要反复修改等方面的痛点，改革传统办事服务由申请人准备材料的模式，应用 AI 机器学习申请材料审查要点，聚焦格式化申请材料，由人工智能自动生成，如《公司登记（备案）申请书》《公司章程》《公司章程修正案》《股东决定》《股东会决议》等。这大幅降低了企业群众办事难度，提升了"首办成功率"，让企业群众首次在网上发起申请或首次到线下大厅办理即可成功完成申请提交。浦东新区政务服务大厅依托人工智能辅助，"首办成功率"已经达到 98%，窗口收件时长从约 20 分钟缩减到 10 分钟。

三是构建全方位帮办体系，打造"网购型"帮办服务体验。为满足企业群众办事过程中遇到在线操作、材料准备、业务标准、业务流程困难时，亟须获得及时专业帮助的需求，开通了"线上专业人工帮办"，兼具实时性和专业性，打造上海特色"021"帮办服务体系，即服务"0"距离不间断、线上和线下"2"条渠道、专业人工帮办"1"分钟内响应。已有超 359 项高频事项开通"线上专业人工帮办"，实现 1 分钟内首次响应，90% 解决率，帮办超 48 万次，满意率达 95%。"12345"热线开通为企服务专席，实现三方通话直转部门专业人员接听。不断夯实"我陪群众走流程"领导干部帮办机制，全程体验咨询、申请、受理、审核、办结、反馈等办事流程，统筹协调解决难点问题。

二、推进企业合法合规信息核查"一件事"改革——专用信用报告替代有无违法记录证明

当前，企业在申请上市、发行公司债券、银行贷款、招投标、申请优惠政策、荣誉表彰等场景中常需要提交有无违法记录证明。在金融领域，企业申请上市过程中，常要为自身及子公司、分公司、法人类控股股东等

开具证明，每家公司少则需开具 10 多个领域的证明，证明总数量一般达到几百份。企业需协调的政府机关多、难度大，需耗费大量人力、物力、时间。同时，企业一般只能到注册地基层监管部门开具证明，该证明仅能反映在一地有无违法记录的情况，无法反映在全域的情况。为此，上海推出专用信用报告替代有无违法记录证明。

一是强化制度供给，明确专业信用报告的适用范围和效力。上海在《中华人民共和国行政处罚法》《中华人民共和国行政许可法》和《上海市社会信用条例》等法律法规规章框架下，以社会信用体系和政务数据平台为基础，首次将"行政机关给企业出具的违法记录情况证明"界定为"有无违法记录证明"，明确该类证明中"违法记录"的概念、范围，强调除生效法律文书确认企业违法行为的情形外，其他情况均应视为无违法记录，已依法不予行政处罚的企业行为也不列入违法记录。此外，秉持公平、公正原则，率先明确企业在需要证明自身有无违法记录情况时，均可使用专用信用报告来证明，而非仅局限于上市、评优等个别场景。目前，专用信用报告已覆盖 41 个执法领域。

二是全面汇聚企业违法记录信息，建立数据流转闭环。全面梳理企业违法记录数据归集情况和全市行政执法主体名录。建立市、区、街镇三级数据归集责任体系，依托公共信用数据归集机制，明确归集步骤、渠道、方式、频率等要求，确保各级行政机关规范有效归集数据。建立数据归集、跟踪、监督、责任追溯和考核机制，将各级各领域行政机关数据归集情况纳入营商环境考核和法治上海建设考核。同时，上线"合规一码通"功能，上海企业还可以随时随地"亮码"证明自身有无违法记录的情况，替代提交相关领域证明。

三是经营主体开具报告更便捷、索证方应用报告更高效、专用信用报告证明效力更高。相比以往基层执法单位开具的证明，专用信用报告载明的违法记录更全、信息更细，更有助于券商、律所、招标人等索证方判断经营主体情况。由于专用信用报告具有统一的开具途径、内容要素、样式、核验码，索证方与经营主体的沟通更加高效。有证券公司相关负责人表示，上海的专用信用报告有专门的防伪核验码，索证单位可以凭码快速核验报告真伪，可以省去证券服务机构陪同企业逐一拜访各个部门验证证明真实性的程序，不仅方便企业，也方便索证方的尽调核查工作。同时，专用信用报告涵盖企业在相关执法领域市、区、街镇三级的违法记录信息，违法记录信息更全，证明效力更高，有利于索证方更全面地评估企业生产经营合法性情况。

专用信用报告替代有无违法记录证明实施以来，上海已为经营主体出具专用信用报告 2.2 万余份，可替代证明超过 48.5 万份。从报告应用场景看，48.8% 的报告用于金融场景，34.1% 用于行政管理场景，17.1% 用于商务经营场景，每个场景均需经营主体证明若干领域的违法记录情况。从已出具的报告包含领域看，41 个领域中，86.8% 的报告包含市场监管领域，85.8% 为人力资源社会保障领域，85.6% 为税务领域，82.7% 为公积金管理领域，其余 37 个领域在专用信用报告中出现的比例也均超过 70%。

三、思考和建议

一是持续优化"一件事"跨层级、跨部门、跨领域协同的顶层设计。如，企业破产信息核查、企业上市合法合规信息核查"一件事"，由于企业具有跨区域经营的市场灵活属性，出具相应的报告需要全国数据共享支撑，同时，核查报告也有跨领域、跨区域互认的需求。再如，信用修复"一件事"等，需要加强部委之间的协同、省际互认，以及市场化信用评价机构关于修复结果的实时联动，从而加快实现信用修复统一规范、高效协同。

二是持续加强"高效办成一件事"标准化、规范化工作。集成办是跨部门单事项的"高阶"整合，需要进一步规范跨部门、跨层级的业务流和数据流，更需要从上至下逐一优化企业群众高频办事的单事项，并形成全国的标准和制度，持续推进政府内部的职能优化、智慧应用和提升效能。同时，就上海前期的工作实践看，集成办要真正根据群众办事习惯和需求来推进，关注集成度的同时，更重要的是事项办理的规范性、透明度和可预期性。

　　三是持续加强国家层面对数字化服务的立法保障。"高效办成一件事"改革中，各地创新"免申即享"、容缺受理等服务，打破了传统政府管理服务模式，亟须及时清理和修改完善与之不相适应的行政法规、规章和行政规范性文件。前期，上海已经通过地方立法解决了本市核发的电子证照与原件具有同等法律效力的问题。但是，"免申即享"、容缺受理等服务改革中，申请人无须再提交申请材料，而经过申请人确认的电子数据信息是否具有与原纸质材料同等的法律效力问题等亟须在法治层面予以明确，以解决数字化服务中的法律风险问题。

打造"江苏敏捷服务"
全力实施"高效办成一件事"

江苏省数据局

《国务院关于进一步优化政务服务提升行政效能推动"高效办成一件事"的指导意见》，是党的二十大后国务院部署的一项重要政务服务改革文件，高度契合我国进入新发展阶段的时代要求，集中体现了新时代新征程党中央、国务院推动政务服务改革的新思路、新举措、新要求。江苏省将推进"高效办成一件事"作为贯彻落实习近平总书记对江苏重要指示精神的具体行动，进一步优化政务服务、提升行政效能，以"走在前、做示范"的扎实成效，打造一流营商环境，增强人民群众获得感、幸福感、安全感。

一、秉持"敏捷服务"，全力推动"高效办成一件事"落实落地

江苏创新推出"不见面审批""不见面交易"等一批改革举措，有力推动了行政审批制度改革进程。面向新时代新征程，顺应经济社会数字化转型趋势，江苏着力打造应需而变、数字支撑、快速响应的"敏捷服务"，引领政务服务向更高水平更高质量迈进。在推进"高效办成一件事"工作中，将"敏捷服务"贯穿始终，确保高质量实施。

（一）紧扣"敏捷"这个要义，推进政务服务质态整体跃升

国务院强调，实现办事方式多元化、办事流程最优化、办事材料最简化、办事成本最小化，较之以往的减环节、减材料、减时限、减跑动，表明新时期政务服务改革理念、内涵要求、发展方式发生显著变化，政务服务改革迈进新质态。这轮机构改革，江苏省组建了省市县三级数据局，融

合了政务服务管理、数据管理和政务服务热线职责，为贯通"一门""一网""一线"服务渠道、推动条块融合互通提供了体制保障。省数据局切实发挥职能优势，牵头制定《关于打造"敏捷服务"推动"高效办成一件事"的实施意见》。全力抓好 13 个"一件事"的推进落实工作，江苏承担的 4 个创新示范"一件事"均已印发实施方案，并先行落地、率先见效；其余 9 个"一件事"完成方案制定和系统设计；新增"企业找涉税专业服务""涉路施工"等拓展"一件事"，与 13 个"一件事"统筹推进、一体实施，在"高效办成一件事"的首年打好开局。

（二）强化"统筹"这个关键，加强"一件事"省级统筹、一体运用

"一件事"呈现跨部门、系统多、链条长的特征，唯统筹方能聚合众力、高质推进。一是加强工作统筹。常务副省长直接抓，省政府分管副秘书长担任召集人，省数据局负责同志具体牵头，牵头部门和责任部门分管负责同志、业务处长参加，建立"高效办成一件事"工作体系和协调推进机制。厅局长之间畅通"高效办成一件事"协商热线，随时直接沟通，省数据局先后召开 6 次协调推进会，研究解决矛盾难点。二是加强渠道统筹。在每个"一件事"联合发文中，同步部署线上"专区"、线下"专窗"和 12345"一线应答"工作，一体推进、整体应用，提升"一件事"工作质效。三是加强数据统筹。数据不在于集中，而在于在线。省数据局切实发挥对数据的牵头抓总、流转调配职责，围绕不同"一件事"所涉企业群众办事需求和业务流向，与牵头部门和责任部门一事一议、一表一策，推动数据源头直供、实时在线，实现数据由"为我所有"向"为群众所用"转变，支撑"一件事"高效办成。

（三）把牢"协同"这个方法，推动职能各方协力合作、同频共振

协同是合作的科学。与竞争相比，合作才是更加本质的现象，更有长久的统御效果。在省数据局的积极协调推动下，"一件事"牵头部门切实牵住头，制定实施方案，编制服务指南，建设受理端口，开展系统对接；相关责任部门主动配合，逐项落实系统对接、数据推送任务。对暂时无法实现互联互通的，相关部门服务为先、因地制宜，想方设法予以解决，人民银行江苏省分行、南京海关等部门采用"审核查询 ＋ 系统推送"的方式保障服务，江苏证监局积极协调省内证券公司提供查询接口，拓展了集成服务链条，提升了"一件事"改革成效。

（四）筑牢"法治"这个保障，确保"一件事"职能化常态化开展

"高效办成一件事"不是凭空飞过来的"一件事"，而是群众催生出的"一件事"；不是多出来的"一件事"，而是部门职责所系的"一件事"。江苏重视运用法治思维和法治方式，推动职能部门"职"与"事"衔接，将"高效办成一件事"与依法依规履职统一起来，在"一件事"中切实履职，在自觉履职中高效办成"一件事"，调动省数据局与牵头部门两个积极性，推动政务服务改革行稳致远。省人力资源社会保障厅结合自身职责，联合9家省级部门，不仅完成4类事项任务，还增加了"政务服务""待遇补贴""校园服务"等6个新领域的运用，大大拓展了社保卡的应用范围。为了便利破产管理人查询企业破产信息，省法院多次主动与省数据局、省公安厅等13个部门对接会商，并牵头联合发文，建立企业破产信息核查"一件事"服务机制和线上线下办理体系，将国务院文件规定的8个部门9个事项，扩展到12个部门13个事项39类信息，增加了企业银行账户、证券账户、商标专利、欠缴电费等信息查询服务。省交通运输厅在完成国家规定的道路货物运输经营许可和普通道路货物运输车辆《道路运输证》办理的基础上，新增经营性道路货物运输驾驶员从业许可，实现了从"两证同发"到"三证同发"。

二、锚定示范引领，积极推进"高效办成一件事"改革创新

总结前一阶段江苏"高效办成一件事"工作，主要有以下几个方面的特色和创新。

（一）打造"一事一个"省级统一受理端，实现事项集成数据集聚系统集约

过去，部门数据共享主要采取"点对点"对接模式，局限在特定的业务场景和需求上，不具备复用性。为降低开发成本，缩短开发周期，减轻基层负担，江苏坚持省级统筹，由省级牵头部门统建"一件事"受理端。省政务中台作为江苏数字政府应用建设基础底座，支撑部门间业务协同、

系统联通、数据共享。省级建设的统一受理端接收到申请信息，由中台自动分发相关部门系统，部门依规办理后自动反馈，中台集成办理结果，受理端一次反馈，实现事项集成、表单集成、应用集成，推动实现"一件事"全流程在线办理。

（二）创新"民声接听员进大厅"，推动 12345 热线深度嵌入政务服务

传统 12345 热线主要采用话务员在热线服务大厅集中受理群众来电的服务模式。江苏 12345 热线经过 7 年创新发展，已迈入数字化赋能标准化、规范化、便利化的新质态。这次"高效办成一件事"，江苏推动 12345 热线由机构向机制转型，塑造 12345 热线新形态，在全省布置 12345 热线"民声接听员进大厅"。

目前，在省政务服务中心"高效办成一件事"服务专窗设置 12345 专席，4 名民声接听员与首席代表、政策专员联动，提供业务咨询和导办服务。

（三）创设"高效办成一件事"主题信息问答，提供精准化政务信息服务

"热线百科"是江苏 12345 在全国首创的政务信息大辞典，7153 家省市县党政部门规范录入 28 万条政务信息，并每日动态更新，向社会发布。为了便利企业和群众知晓"高效办成一件事"相关政策和办事服务流程，省数据局专门创设了"高效办成一件事"主题信息问答，进一步提高公开实效和工作质效。目前，4 个创新示范"一件事"已汇聚 19 个分类和 1115 对问答，其中，企业信息变更问答 182 对，开办运输企业问答 182 对，企业破产信息核查问答 406 对，社保卡居民服务问答 345 对，随时供企业群众查询使用。

（四）推进政务服务"条块统合"，着力破解基层"小马拉大车"突出问题

"小马拉大车"是当前基层治理中的突出问题，一个重要的原因就是基层使用系统多、填报信息任务重，而基层需要的信息数据不能按需获取。江苏坚持省级统建和服务下沉相结合，创新"条块统合"模式，将省级开发的"一件事"受理端封装为标准化服务应用，嵌入设区市政务服务平台，基层办事人员可以直接办理"一件事"和更多事项。通过这一模式创新，使基层办事人员切身感受到多套系统变为一套系统、登录一个平台办理更多事项的便利，发挥数据和政务部门的"兜底"作用。

三、打造精品服务，在企业信息变更"一件事"上走在前、做示范

企业信息变更"一件事"是江苏承担的 4 个集中攻关和创新示范任务之一，涉及市场监管、公安、人社、住建、税务、人行等 6 个部门涉企信息联动变更，联通 10 余个系统。在国办政务办有力指导下，省数据局和省市场监管局多次对接会商，召开专题协调推进会，制定工作实施方案，加强平台开发和数据对接，目前已在南京、苏州、南通、扬州等 4 个设区市试点运行，创新示范取得积极成效。

（一）建成全省统一受理端

依托省一体化政务服务平台，建成企业信息变更"一件事"统一受理模块，通过省政务中台进行数据流转，实现审批业务跨部门、跨层级、跨地区敏捷打通，线上收件、后台流转、进度查询等功能敏捷提供。同时在政务服务中心设置审批服务专窗、民声接听员专席，在江苏 12345 热线百科设置主题信息问答。

（二）大幅压缩申请材料

将涉及的企业变更登记、公章刻制、社会保险登记变更、住房公积金企业缴存登记变更、税控设备变更发行、基本账户预约等 6 项许可（服务）事项，申请材料整合为一套材料清单、一张信息共享采集表格，申请人按照营业执照变更登记填报信息，通过信息共享和电子证照应用，不同事项间相同的证明材料免于重复提交，有电子证照的不再要求提供纸质材料，申报材料由原来的 23 项精简至 6 项，减少 73.9%。

（三）办事流程显著优化

建立跨部门联动审批服务机制，明确各部门职责分工，制定企业信息变更"一件事"流程图，市场监管、公安、人社、住建、税务、人行等部门开展业务协同，对企业信息变更关联的许可（服务）事项提供统一受理、

集成办理服务，减少申请人参与环节。企业营业执照变更登记业务最快一日办结，其他部门同步变更半天办结，企业办事时间较原来大幅压缩。

（四）拓展更多服务场景能力

充分把握"一件事"改革的内涵要求，发挥数据共享共用的便捷性和集约性，在完成 6 个事项集成服务基础上，依托省政务中台，开发完成"6+N"可扩展技术架构，拟在下一步推进涉企经营许可（服务）变更与营业执照变更集成联动办理，进一步丰富企业信息变更"一件事"应用场景，更好服务广大经营主体。

四、精进行政效能，努力在更多领域更大范围实现"高效办成一件事"

"高效办成一件事"是牵引政务服务升级、建设人民满意服务型政府的重大改革，考验的不仅是业务流程重塑、系统平台联通、服务渠道优化，更是政府自我改革的勇气和刀刃向内的决心，需要以改革创新的精神、敏捷服务的理念，科学谋划、保持定力，常抓不懈、务求实效。下一步，江苏将努力在更多领域更大范围实现新的突破。一是强化统筹协调，加强整体设计，注重改革引领和数字赋能，聚焦企业和个人两个全生命周期，健全完善"高效办成一件事"事项清单管理机制和常态化推进机制，深入推动全省政务服务提质增效。二是对标国家创新示范要求，对 4 个创新示范"一件事"再深化、再提质，切实发挥引领作用，确保始终走在前、做示范；强化条块联动、工作协同，加强业务指导和数据共享支撑，推进其余 9 个"一件事"争一流、见实效；以"13+"模式推动更多"一件事"建设实施。三是将"高效办成一件事"和深化基层治理结合起来，推动基层高频政务事项"一平台办理"，放大"高效办成一件事"效应，全力打造"江苏敏捷服务"。

高质量实施"高效办成一件事"
不断增强群众和企业的获得感

浙江省政务服务办公室

　　浙江省委、省政府高度重视政务服务工作，坚持将政务服务作为优化营商环境的重要抓手，将政务服务"一网通办"作为打造数字政府、现代政府、服务型政府的核心任务，将"高效办成一件事"作为优化政务服务、提升行政效能的关键举措。省政务服务办迅速行动、深入谋划，围绕2024年第一批13个国家"一件事"，重点聚焦企业信息变更、水电气网联合报装、信用修复、社会保障卡居民服务等4个试点"一件事"，一体联动、高效协同、合力推进、拉高标杆，奋力打造"浙江样板"，力争形成全国示范。截至目前，13个国家重点"一件事"均已实施上线，全省办件量252万，平均办理时长2.2小时，好评率99.8%。

一、做法成效

（一）加强统筹协调，构建一体推进工作格局

　　组建由省政务服务办牵头、13个"一件事"省级牵头部门组成的总专班，以及13个"一件事"工作专班。每个"一件事"由省级单位牵头，会同各地各部门，统筹制定工作方案，确保各项改革举措走在前列、一贯到底。例如，针对开办餐饮店"一件事"，浙江采取证照集成办理模式，即在申办人登记时同步申请许可证办理，实现"准入即准营"，提升申办人开办效率。

（二）加强实施推进，确保各项任务落实落细

省级单位牵头，聚焦业务重塑、流程再造、系统贯通、数据共享，按照"统一业务、统一共享、统一体验、统一运维"方法路径，全省统一实施、11 设区市 90 区县一体贯通，实现"一表申请、一套材料、一次提交、一次办结"。截至目前，13 个"一件事"已实施上线。例如，针对信用修复"一件事"，实施前，全省 4 个条线 70 余套业务标准；实施后，全省 1 套办事指南、业务流程、表单材料。

（三）加强攻关突破，形成一批典型经验案例

省级牵头单位加强总结提炼，将信用修复、社会保障卡居民服务、教育入学、退休、新生儿出生等 5 个"一件事"纳入经验做法汇编，进行全国示范推广。例如，针对社会保障卡居民服务"一件事"，154 个居民服务事项、200 余项补贴"一卡通办"，1226 个文旅场馆"一卡通行"，9000 余家医疗机构、2 万余家药店"一卡通结"。

二、经验体会

（一）坚持"顶层设计＋基层创新"

省级牵头部门统筹制定工作方案，明确业务、数据、技术规范；全省统一实施、全域贯通。同时，充分激发基层改革创新活力，推动"领跑者""先行者"做法上升为全省标准，实现"一地创新、全省受益"。

一是"领跑者"模式。鼓励基层充分对标办事体验，积极申报优化建议，推动省级部门业务流程再优化、表单材料再精简、数据共享再提升、审批效能再提档。以退休"一件事"为例，年办件量 46 万，上线以来，省人力社保厅吸收采纳杭州市富阳区、温州市瑞安市、嘉兴市海盐县、金华市永康市等地的优化建议，不断提升办事体验。

二是"先行者"模式。鼓励基层结合实际，先行探索确有所需的"一件事"，推动先行试点经验全省复制推广。以临时占用、挖掘城市道路"一件事"为例，杭州市富阳区先行先试、成效显著，省建设厅全省复制推广。

（二）坚持"制度变革＋技术创新"

聚焦"一件事"流程中的关键性堵点，积极发挥制度变革的牵引性作

用，充分激活技术创新的支撑性作用，合力推动"一件事"高质量实施。

一是制度变革。以新生儿出生"一件事"为例，根据《中华人民共和国户口登记条例》，群众需携带纸质出生医学证明，前往派出所线下窗口办理落户。为破解上述堵点，浙江出台相关文件，明确启用出生医学证明电子副页，以数据流贯通业务流，让群众无须跑动。

二是技术创新。依托全省共建的"一网通办"平台，基于标准化的"一网通办"事项，将跨部门办理的多个事项，搭积木式组装为"一件事"，高效实施，降本减负。以婚育户"一件事"为例，改革前需3周完成开发，改革后3天即完成配置并上线。

（三）坚持"规定动作＋自选动作"

"规定动作"高质量，"自选动作"多作为。在确保高质量实施13个"一件事"基础上，坚持需求导向，主动谋划实施更多企业所需、群众所盼的高频刚需"一件事"，推动社保医保参保、社会救助等25个"一件事"上线运行。以社保医保参保"一件事"为例，省人力社保厅牵头整合医保、人力社保、税务等3个部门职工医保参保登记、职工社保参保登记等13个事项，2024年办件量307万件。

（四）坚持"效能监测＋量化闭环"

利用大数据开展"一件事"效能监测，发现堵点，打通梗阻，以数据流整合提升决策流、业务流、执行流，精准提升政务服务"快办优办"水平。比如，针对新生儿出生"一件事"，2024年一季度全省超期办理率0.37%，宁波市相对较高，主要原因是下辖江北区超期办理情况较为突出。宁波市江北区采取针对性措施，4月超期办理率由0.67%降至0.13%，其中江北区由1.75%降至0.27%。

三、实践案例

水电气网联合报装"一件事"涉及面广、复杂度高，浙江作为试点地区之一，通过半年多的集中攻坚、试点探索，取得初步成效。

（一）主要做法：建立"四个一"

一是建立"一个窗口"。依托"浙里办"移动端、PC端、窗口端、自助端上线水电气网联合报装"一件事"。同时，在各设区市、县（市、区）政务服务中心开设水电气网联合报装窗口，提供一站式咨询和办理服务。

二是建立"一支队伍"。组建由建设和政务服务部门双牵头，公安交管、自然资源、城市管理等部门和水电气网服务企业组成的联合服务团队，针对水电气网联合报装和外线施工审批两个环节，按需按责提供服务。

三是建立"一个系统"。依托省一体化政务服务平台，开发省统一水电气网联合报装系统，共享企业社会信用代码、项目征地红线图、初步设计、土地权属证明文件等5份申报必要材料，并可在线查阅项目设计文件，提升报装便利性。

四是建立"一套制度"。出台《浙江省优化营商环境条例》，明确水电气网要实现报装申请全流程一网通办。印发《浙江省水电气网联合报装"一件事"改革实施方案（试行）》，明确11项重点任务；印发浙江省水电气网联合报装改革可复制政策机制典型案例，为全省全面推广落地提供借鉴。

（二）主要成效：推动"四个变"

一是变区域服务为全域服务。整合全省204家水气服务企业、118个供电营业厅及电信服务企业相关服务，规范统一报装表单和材料，表单字段由237个精简至70个，申请材料由28份精简至6份，为"全省通办"夯实基础。

二是变单独审批为联合审批。推动"临时占用城市绿地审批""临时占用城市道路审批""城市桥梁上架设各类市政管线审批"等6个水电气网外线施工审批有关事项"集成办"，进一步提升审批效率。

三是变申请办理为主动服务。建立市政基础设施统筹配套建设机制，在土地待出让、项目立项、工程规划许可等不同阶段提前获取水电气网和施工临时临电报装需求，由属地报装服务牵头部门主动与报装企业联系，累计提供主动服务199次。

四是变基本服务为增值赋能。在提供基本服务的基础上，在窗口帮办代办、地下管网施工设计交底、管网联合竣工测绘、管网安全检测等环节，为企业提供定制化、套餐式、模块化、线上线下相融合的增值化服务，累计提供增值服务 132 次。

下一步，浙江将认真贯彻落实党的二十届三中全会精神，按照国务院办公厅统一部署，始终坚持以人民为中心，高质量实施迭代"一件事"，更大力度地方便群众企业办事，更大限度地激发市场活力，更多更实的举措惠及基层，为"高效办成一件事"改革提供更多浙江样本、作出更多浙江贡献。

以"高效办成一件事"为牵引
不断提升数字化政务服务效能

安徽省数据资源管理局（安徽省政务服务管理局）

近年来，安徽省深入贯彻习近平总书记关于网络强国的重要论述，认真落实党中央、国务院决策部署，以"高效办成一件事"为牵引，强化"政数"融合，深入推进政务服务标准化规范化便利化，不断提升企业和群众的获得感和满意度，取得了积极成效。

一、抓好重点事项推进持续优化办事体验

采用"省级统筹、上下联动、试点先行、全省推广"的方式，建立推动"高效办成一件事"落实工作机制，围绕各类问题及时会商，"清单＋闭环"式推动重点任务落实。在 2024 年 7 月 16 日国办秘书局印发的"高效办成一件事"典型经验案例中，安徽企业破产信息核查"一件事"、长三角新生儿出生"一件事"、安徽码应用、马鞍山数据赋能人才引进 4 项工作入选典型案例。

一是服务供给迭代升级。坚持"服务为先"的理念，从企业和群众视角找准改革创新的发力点和着力点，由政府"端菜"变为群众"点菜"。以开办运输企业"一件事"为例，围绕一家企业名下通常有多辆货运车辆要办理道路运输证的需求，及时优化完善政务服务平台批量受理和分发功能，打造"1+N"集成办理模式，实现一次申报，同时办理道路货物经营许可证和多张道路运输证，申请人线下"最多跑一次"、线上"零跑动"。2024 年 4 月 28 日，安徽省在全国"高效办成一件事"工作推进和交流会上介绍了

该"一件事"经验做法。

二是业务流程持续优化。在运用技术手段推进"减环节、减材料、减跑动、减时限"的同时，进一步从业务、制度层面优化业务流程，释放"高效办成一件事"改革空间。以企业上市合法合规信息核查"一件事"为例，针对企业申请上市过程中开具无违法违规证明难、繁、久等问题，实施企业公共信用信息报告代替证明改革，升级推出企业公共信用信息报告（上市版），实现一份信用报告代替40个部门无违法违规证明，让数据多跑腿，企业不跑路。改革实施以来，企业累计下载信用报告13.5万余份，替代传统无违法违规证明270万余份。

三是数据价值充分发挥。强化数据赋能，以数据及时高效共享，减少企业群众填写信息。以教育入学"一件事"为例，实现省域内户籍、房产、居住证、供水、供电、供气等数据共享，网上联合验证，输入学生个人信息，系统即可自动生成户籍信息及家庭房产等信息，与学区自动匹配，2024年以来已为50.8万名新生提供服务。

四是区域协同探索突破。围绕部分"一件事"存在跨区域办理的情形，加强区域协作，积极探索"一件事""跨省通办"。如，聚焦父母双方户籍地均为安徽但在沪苏浙出生的新生儿，在当地医院办理出生医学证明后，还需回安徽办理出生登记等事项的情形，安徽省联合沪苏浙，依托长三角"一网通办"平台，完善长三角新生儿出生"一件事"，前端一体申报、后台分发处理、信息集成共享，实现"网上办、全程办、无须往返异地"。

五是服务链条精准延伸。围绕企业群众不清楚申报事项的"上下游"关联关系、办事材料，容易忽略或遗漏需要申报的事项，影响正常生产生活的问题，主动提前介入，提供精准的帮办代办服务，实现"一类事一站办"。以水电气网联合报装"一件事"为例，水电气网企业在立项用地规划许可阶段就主动对接用户，提前做好介入服务；对接入工程涉及外线审批的，由水电气网企业全程代办，实施告知承诺制、备案制，为申报企业提供"保姆式"服务。

二、打造政务服务业务中枢助力"一件事"高效办成

创新推出全省统一的政务服务业务中枢,深度联通各级各部门政务服务系统,做到数据通、流程通、业务通,有效解决政务系统"条块分割、烟囱林立、信息孤岛"等问题,切实减轻基层负担。上线以来,累计对接110个系统334个事项,共享组件302个,复用表单637次,更加方便实现"高效办成一件事"。

一是办事更便捷。通过业务中枢将部门自建业务系统与政务服务平台深度互联互通,实现线上统一申报、线下统一收件。将原来需链接跳转办理的事项升级为统一申报方式,减少用户重复注册账号、频繁切换不同系统、办件数据共享难等问题。将原来线下需要使用部门系统收件或无系统收件的事项纳入"全省通办"系统收件,现已支持1492个事项线下统一收件,做到入口统一、方便快捷。

二是审批更高效。业务中枢可实现不同层级、不同区域、不同部门业务系统间业务的高效协同联动,通过业务中枢对接的事项申报数据和材料可在不同系统间"秒级响应""实时推送""跨域流转"。将原来两个系统间数据推送平均时长由5秒钟压缩到1秒钟以内,时间节省80%以上。企业群众在政务服务平台提交申请后办件信息可第一时间推送至部门业务系统进行审批办理,窗口工作人员无须等待即可"秒批秒办"。

三是开发更省事。业务中枢在安徽省一体化数据基础平台统一的数字底座上建设,对系统对接规范、接口调用协议、字段数据标准等内容进行了规范统一,大大提高了对接开发效率。例如,字段维护方面,原先需维护8855个普通字段,通过业务中枢现仅需维护935个标准字段,工作量大幅减少,且事项表单可通过业务中枢已有组件"拖拉拽"快速配置生成,无须重复开发基础组件和功能,开发时间节省60%以上。

四是成本更节约。通过业务中枢深度联通各地各部门业务系统,将原有"分散式"对接方式转变为"中枢式",有效避免了低效对接、重复对接等问题。通过业务中枢对接,可实现表单、组件、数据、业务流程等在不同系统间充分共用共享,减少代码冗余、重复开发。安徽省"一件事"建

设费用已从平均 100 万元压缩到 10 万元以内，大幅减少部门开发建设成本，更加集约、节约、高效。

三、推深"政银合作"激活政务服务"通办"新模式

注重改革引领和数字赋能双轮驱动，联合各类银行机构，深化"政银合作"，充分发挥银行网点覆盖面广、群众黏性强的优势，激活社会资源，拓展安徽省一体化智能自助系统创新应用场景，推广一体化、集成式自助服务全省通办，为企业和群众提供 7×24 小时不打烊"随时办"服务。目前，已高质量赋能银行网点 2400 多个、自助终端 2600 多台，集成推出不动产、社保、医保、公积金等高频自助事项 1200 多个。

一是聚焦"拓点扩面"，打造"政银合作"新路径。紧密联合多家银行机构形成发展合力，让政务服务"就近好办不跑腿、跨区通办少跑腿"。多端赋能，直达基层，实现银行网点自助终端"政务＋金融"服务多场景业务叠加，极大方便基层群众办事，目前已实现全省各级城区及乡镇全覆盖。场景融合，贴近园区，实现与企业生产、职工生活密切相关事项在开发区、园区等银行网点可查可办。区域通办，面向长三角，联合工农中建交等银行，合力推进长三角区域自助通办服务模式，联合交通银行重点打造"政务＋交行"协同联动示范网点，上线推出人社、卫健、税务、医保等热点领域长三角通办自助事项。

二是聚焦"便利高效"，推行"跨区通办"新模式。聚焦基层群众办事的难点堵点，创新"政务＋金融＋生活"应用场景，大力推进政务服务"就近办""随时办""家门口办"。推行跨区通办服务模式，突出"一地开发、全省复用"，企业和群众可在全省各地银行网点自助终端就近自助申办、跨区域办理高频自助事项。强化智能导办服务能力，全省统筹服务标准，统一开发交互界面，提供身份证、社保卡、安徽码等多种认证方式，方便企业和群众身份识别、自助办事。坚持科学布局，结合各类场所各类人群实际需求，持续推动向村（社区）、园区、商场、楼宇和银行、邮政、电信网点等场所延伸，全面构建移动直达、弹性部署、公平普惠、优质高效的自助通办服务体系。

三是聚焦"同标共管",打造"一机通用"新范式。坚持系统观念,加强整体谋划,创新推广一体化智能自助系统应用,赋能各类自助终端的对接联动、服务上线、集成通办。统一自助服务事项开发标准,方便各地自建服务事项快速上线,大幅减少自助服务建设成本和推广成本。采用开放式系统架构,支持服务功能全省统一建设部署,适配各类主流操作系统及浏览器,方便各类自助终端一键接入、智能安装、按需布点。采用统一部署、分级管理模式,实时监控各级自助终端的运行状态、业务办理、用户评价等,实现对全省域自助终端统一授权、统一监测、统一升级和统一部署。

四、实现材料"免提交"促进数字化服务效能提升

深化数据赋能创新和共享应用,按照"成熟一批推出一批"的原则,首批推出 120 个"免提交"政务服务事项,所有事项申请材料 100%"免提交",以企业群众"无感"办事促政务服务"有感"提质。

一是强化业务同标,"全省一单"夯实基础。上下联动、分级推进,省级部门统筹编制各级"免提交"事项申请材料、受理条件、承诺时限等关键要素,通过全省政务服务事项管理平台统一各层级办理标准,实现同一事项在省内同一层级无差别受理、同标准办理,为"免提交"清单实施夯实业务基础。首批 120 个"免提交"事项涉及 15 个行业部门,已全量实现"全省一单"。

二是强化数据共享,"数据赋能"提升效能。以高频政务服务事项为重点,创新工作方式方法,大力推进电子证照和数据共享创新应用。通过征集基础清单、集中研究讨论和充分征求意见,逐事项分析评估申请材料的"免提交"方式,证照类材料调用电子证照库数据;政府部门核发材料通过数据共享调用核验;表单类材料以"全省一单"统一的材料表单为基础,做到一次开发、标准固化、全省通用,实现降本提效,让企业和群众切身感受数据共享带来的便利。首批"免提交"清单 2023 年度办件量占省市县三级总办件量超过 20%。

三是强化服务有感,"免于提交"落地见效。坚持目标导向,以企业群

众"高效办成一件事"为目标，畅通线上线下"免提交"服务渠道，为企业信息变更"一件事"、退休"一件事"、身后"一件事"等重点事项赋能，以材料"免提交"为"小切口"，推动政务服务领域营商环境"大优化"，企业群众满意度和获得感不断提升。如发票票种核定事项，办理该业务需要提供盖章申请表、营业执照及身份证，可在线填表并调用电子证照，"零材料"办成事。

下一步，我们将认真贯彻党中央、国务院及省委、省政府工作部署，落实第十八届全国政务服务工作交流研讨会的最新精神，以"高效办成一件事"为牵引，统筹推进"数字安徽"建设，围绕推进政务服务运行标准化、服务供给规范化、企业和群众办事便利化，加强政务服务体系建设，全面推行"一窗受理、综合服务"；深化"政银合作"，推广安徽省一体化智能自助系统，拓展推出更多高频自助服务并向基层延伸，打造 7×24 小时不打烊"随时办"服务品牌；落实堵点闭环处理机制，持续优化办事体验，推动"高效办成一件事"向"高效办成每件事"迈进；深入推进线上线下融合，提升数字化政务服务效能，优化政务服务营商环境，不断增强企业和群众的获得感、满意度。

以"数字赋能政务服务提质增效"
更好支撑"高效办成一件事"

福建省发展和改革委员会、福建省数据管理局

近年来，在党中央、国务院领导下，在国办政务办关心指导下，福建省委、省政府积极推动"数字赋能千行百业"工程，坚持把"数字赋能政务服务提质增效"作为优化政务服务、提升行政效能，支撑"高效办成一件事"的重要举措。2024年，全省高位推进"高效办成一件事""数据最多采一次""无证明省份建设""闽政通优化提升""数字赋能机关效能建设"等"五位一体"改革工作任务，以数字赋能模式，打造政府管理转型升级新起点。在全省已推出的4批次"一件事一次办"改革工作基础上，福建省积极行动，于2024年5月20日迅速高标准完成国务院第一批13件"高效办成一件事"重点事项上线任务，并融合"数据最多采一次""无证明省份建设"等改革创新成果，提升改革实际成效。截至目前，全省13件"高效办成一件事"累计办件量达到1781.56万件，为企业群众办事减免材料73%，压缩时间81%，精简环节99%，减少跑动99%，申请表单中57%的字段实现数据智能回填，数字赋能已逐渐升级为福建省"高效办成一件事"改革的增速器。

一、注重系统统建，推动业务办理规范高效

系统互联互通、数据高效共享是"高效办成一件事"改革需重点突破的问题，为提高业务协同效率，福建省依托省集成化办理平台统一建设13件"高效办成一件事"业务受理系统，对接打通了32个省级业务部门、40

套业务系统，集成 90 余项政务服务事项，有效统一服务入口、服务标准、业务流程和公共服务能力支撑。通过加注"统一收件码"，对办件全生命周期进行实时精准监控，及时发现业务系统堵点、服务效率低下、数据汇聚不全等隐性问题。建设"高效办成一件事"改革成效动态总览图，从界面友好度、标准准确度、方式完备度、事项覆盖度、服务成效度五个方面统一设置评估指标，对省级业务部门和各设区市"高效办成一件事"改革推进情况进行综合评估，提升各级业务部门参与改革的积极性。

二、优化服务渠道，实现"一网、一门、一线"升级

福建省在推动"高效办成一件事"过程中注重推动全渠道服务畅通，着力提升"一网、一门、一线"服务质量。

"一网"方面，开通了省网上办事大厅、"闽政通"APP"高效办成一件事"专区，并推动事项同步入驻微信、支付宝小程序，在专区页面设计上，为每个"高效办成一件事"事项设置"主题页面"，录制宣传小视频，全面展示每个重点事项服务内容、服务特点、服务方式、政策解读、常见问题解答等；在"办事页面"，提供操作视频、简版办事指南、政务地图，通过情形引导提供服务办理。同时，在传统的单事项办理页面上，设置"高效办成一件事"链接入口，引导企业群众通过集成化方式办理相关联事项。

"一门"方面，推动"高效办成一件事"事项全面入驻市、县级政务服务中心"高效办成一件事"综合窗口，依托线下"综窗"系统，实现业务"前台综合受理、后台分类审批"。同时，强化线下"综窗"人员业务培训，要求全面熟悉掌握 13 件重点事项服务内容、办理方式和常见问题处置方法，提供直接受理、帮办代办、业务咨询、办件查询、投诉处理等服务。

"一线"方面，省 12345 热线中心通过召开热线视频调度会，更新知识库、编制指南，加强话务员培训，优化智能客服，问题收集处置等方式，提高热线业务处置能力，做到"咨询类精准解答、投诉类高效办理"。同时，福建省大数据集团专门成立智慧客服中心，建立"高效办成一件事"政务专席，推动与 12345 热线业务联动，进一步提高"高效办成一件事"业务一线应答和问题处置能力。

三、聚焦社会期盼，完善梳理全类型服务

福建省在推动"高效办成一件事"业务梳理过程中，注重加强全事项、全区域、全场景业务梳理，确保每个"高效办成一件事"涉及的所有业务情形得以办理。例如，针对企业信息变更"一件事"、企业注销登记"一件事"，我们对公司、分公司企业法人及其分支机构，个人独资企业、合伙企业及其分支机构，农民专业合作社（联合社）及其分支机构，个体工商户等11类性质经营主体的69类办理情形进行梳理，通过系统情形引导，满足不同类型经营主体的办事需求；针对退休"一件事"，我们对机关事业单位、企业单位、灵活就业等三类不同群体，全方位梳理完善退休业务办理情形；针对企业破产信息核查"一件事"，我们进一步细分了法院核查、企业自查、破产管理人核查等三种业务办理情形；针对企业上市合法合规信息核查"一件事"，建立以专项信用报告替代企业无违法记录证明模式，依托省经营主体专项信用报告查询系统出具《企业上市合法合规信息核查综合报告》，一次性核查覆盖37个行业领域的信用信息，比国家要求的查询内容多出20类；针对企业注销登记"一件事"，在以往改革实践基础上，配置完善简易注销和普通注销两种情形，方便企业根据实际情况，选择最便捷、合规的业务办理方式。

四、创新服务模式，推动"四办"服务融合

为体现服务"高效性"，福建省在原有"一件事一次办"集成化办理模式基础上，积极融合免申办、跨域办、智能办、承诺办等服务模式，提升服务效能。例如，针对企业破产信息核查"一件事"，通过建立"府院"系统对接，完善破产管理人身份线上核验授权，以业务部门数据接口核验方式替代传统人工线下核查，以《福建省企业破产信息核查综合报告》替代各业务部门分别出具的核查报告，将原先9份报告压缩为1份综合报告，既方便了申请人办事，也减轻了工作人员负担；社会保障卡居民服务"一件事"通过"免申即享"方式，为"闽政通"用户直接开通"交通出行""文化体验""就医购药"等公共服务；残疾人服务"一件事"中的

"城镇居民基本养老保险补助"事项也通过关联数据核对分析，以"免申即享"方式直接发放补助；新生儿出生"一件事"中的产妇授权环节，企业信息变更"一件事"中的"企业印章刻制"事项分别采用了告知承诺模式，降低了业务办理条件；全省 13 件"高效办成一件事"重点事项均通过系统统建、数据互通方式，实现省内业务通办。

五、依托数据赋能，实现业务申报方式极简化

针对企业群众办事重复填报数据的问题，福建省于 2024 年初启动"数据最多采一次"改革，通过业务梳理和数据治理，实现以数据自动回填替代企业群众手动填报数据。

一方面，开展业务梳理，统一表单字段标准化名称，将全省办件量最高的 500 个高频事项的申报表单进行拆解，细分出采集字段 9871 个，共享字段 4448 个，建立完善"一数一源"数据管理模式。其中，采集字段通过"一次采集、多次复用"，减少企业群众重复填报数据；共享字段通过智能中枢配置，实现从"一人一档""一企一档"数据库自动回填数据。

另一方面，夯实数据底座，治理基础库数据。构建标准化的"一企一档""一人一档"数据目录，累计完成 30 多个部门，共 62 亿条数据治理。其中，"一企一档"已包含 9 个方面共 1176 个数据项，覆盖 204 万个经营主体；"一人一档"已包含 12 个方面共 1078 个数据项，覆盖 5400 万自然人（含省外用户）。目前，全省 68% 以上的政务服务办件量实现了"数据最多采一次"，有效提升了企业群众的实际办事体验。

数字福建是习近平总书记关于数字中国建设的思想源头和实践起点，福建省虽然在探索改革引领和数字赋能双轮驱动方面取得了一些成效，但离企业群众期盼还有一定距离。我们将始终秉承与时俱进、锐意进取、勤于探索、勇于实践的改革创新精神，扎实推进数字赋能千行百业工程，厚植执政为民沃土，积极向国办政务办和兄弟省市学习请教，探索在更多领域更大范围实现"高效办成一件事"，更大程度提升企业群众满意度、获得感。

以"高效办成一件事"为牵引
推动政务服务提质增效

江西政务服务管理办公室

近年来，江西省深入贯彻党中央、国务院关于推进政府职能转变和数字建设决策部署，以"高效办成一件事"为牵引，注重改革引领和数字赋能双轮驱动，推动政务服务提质增效，取得了积极成效。江西打造的"赣服通"、"网上中介服务超市"、惠企政策兑现平台"惠企通"，全面实行延时错时预约服务，在全国首个编制完成行政许可事项清单等做法获国务院办公厅肯定，相关工作作为国务院第六、第八、第九次大督查发现的典型案例得到国务院办公厅的通报表扬。国办政务办将江西省列为"高效办成一件事 2024 年度重点事项集中攻关和创新示范地区"，三个"一件事"入选全国"高效办成一件事"典型案例汇编。

一、强化系统观念，打造统一数字底座

我们坚持全省"一盘棋"，按照"五统一"，即统一顶层架构、统一技术标准、统一数字底座、统一共性应用、统一运维运营，全面提升数字政府集约化建设水平，以系统思维布局全省数字政府建设。

一是云网基础设施集约化程度高。集约化构建政务"一张网、一朵云"，政务外网实现省、市、县、乡、村五级全覆盖，网络集约化率达到98%。采用"省市两级、逻辑统一、按需共享、安全可靠"的模式建设政务云平台，统一为各级政务部门提供计算存储等云资源服务。目前，正在规划建设全省一体化的政务数据资源体系、数字政府安全保障体系。

二是打造线上"赣企通"平台。我们优化升级"惠企通""网上中介服务超市"两个平台，整合"赣服通"涉企政务服务功能，为全省所有经营主体提供专业化、精准化的综合服务。这个平台有效整合政务服务资源，构建了集"PC 端、移动端、自助端、大厅端、电话端"五端一体的服务体系，打造全国首个多端互联的惠企服务新模式。这个平台不仅可以做到政策的智能拆解、精准推送，而且打通了财政预算管理系统、信用江西、电子税务局等平台，实现了全流程线上资金兑现。目前，"赣企通"平台正在上线试运行。

三是推动"赣通码"应用试点。作为全国试点省份，完成与国家政务码平台互通和跨省互认，已实现在政务服务、景区入园、网吧上网登记等场景互通互认。我们积极推广"赣通码"场景应用，在江西任何一家三星级以上酒店，旅客可以免身份证、免刷脸，实现一码入住；在江西省市县三级 140 个政务服务大厅，群众可通过"扫码""亮码""刷脸"三种方式，授权同意调用常用证照，实现 5600 多项政务服务事项"免证办"。"赣通码"相关创新做法被新华社《数字政府观察》第一五一期刊登推广。

下一步，我们将深入贯彻落实党的二十届三中全会精神，用好改革关键一招，健全"高效办成一件事"常态化推进机制，全方位推进政府治理流程优化、模式创新和履职能力提升，助力江西省数字政府建设高质量发展。

全力推进"高效办成一件事"创新示范

山东省人民政府办公厅

习近平总书记强调，要"更好解决企业和群众反映强烈的办事难、办事慢、办事繁的问题"，"为人民群众带来更好的政务服务体验"。"高效办成一件事"作为贯彻习近平总书记重要指示精神的重要举措和优化政务服务、提升行政效能的重要抓手，是政务服务改革集大成者。山东省高度重视，认真落实，坚持系统性思维、整体式覆盖、全流程再造、数字化引领，以"高效办成一件事"为牵引，聚焦企业群众所需所盼，深入实施政务服务、政企沟通、机关运转提质提效行动，积极开展残疾人服务、企业注销登记、教育入学等数字赋能"一件事"国家级集中攻坚和创新示范。

一、高起点创新，深入实施"三提行动"

山东省深刻领会"高效办成一件事"的重大意义，将其作为事关加强和改进政府机关作风建设、提高工作效率、防范纠治形式主义官僚主义，事关政府执行力公信力，事关治理体系和治理能力现代化的头等大事来抓，围绕政务服务、政企沟通和机关运转实施三大行动，大力提升行政效能。

（一）聚焦"模式创新"，实施政务服务提质提效行动

结合山东工作实际，积极构建"一个中心、两个主体、三条主线、四化塑形"的政务服务新体系，这是山东省政务服务工作的总指引。"一个中心"，即坚持以人民为中心，推动政务服务由政府部门供给向企业群众需求转变。"两个主体"，即供给侧统筹省市县等各级政务服务主体力量，需求侧聚力服务1亿群众和1400万家经营主体。"三条主线"，即规范服务

内容、服务渠道、服务流程。以事项为政务服务基本内容，融合推进线下"只进一门"、线上"一网通办"、诉求"一线应答"，全面提升政务服务水平。"四化塑形"，即一体打造标准化、规范化、便利化、数字化的规范体系，科学指引各地开展政务服务建设。

（二）聚焦"问需于民"，实施政企沟通提质提效行动

坚持跨前一步、主动作为，以有解思维更好服务企业，推动政府和企业"双向奔赴"。一是常态化开展政企沟通，对省政府领导与企业常态化沟通交流作出制度性安排，每月至少召开 1 次政企沟通交流会，开展 1 次走进企业家会客厅活动，走访至少 10 家各类经营主体。自去年 10 月该机制实施以来，省政府领导开展政企沟通交流会、走进企业家会客厅活动 20次，解决企业诉求问题 222 个。二是畅通"省长直通车"，开通企业家直通省长公开号码（96178），发挥好"省长信箱"作用，在"爱山东"网上政务服务平台设立了"企业家诉求专区"，多渠道收集企业诉求。三是实行诉求解决"马上就办"，沟通桥梁架起来，快速响应是关键。在群众诉求实行"即办、快办、及时办"三级处办模式基础上，对企业诉求创新建立"2115"快速响应机制，即 2 小时到达现场或取得联系，1 个工作日内提出办理意见，15 个工作日内解决问题或服务确认。2024 年以来，企业诉求平均办理时长压减到 5 个工作日左右，其中 2 小时响应率达 98.58%，服务满意率 99.02%。

（三）聚焦"刀刃向内"，实施机关运转提质提效行动

大力推进"高效办成一件事"，政府机关高效运转是重要保障。山东坚持"高效"与"减负"相结合，以模式创新驱动工作流程再造，切实增强政府系统执行力。健全完善高效办文、办会、办事机制，省政府文件总体运转时间缩短 20% 以上。推出机关办公"一件事"，持续强化数字赋能，依托"山东通"协同办公系统 3.0 版，实现省市县乡四级一个平台协同办公；围绕出差审批、公务接待、财务报销等，推出"一件事"协同应用，机关内部业务实现"一表申请、一次办结"。

二、高标准筑基，不断积蓄服务势能

近年来，山东积极探索、提前布局、重点发力，在工作路径、事项梳理、平台升级、数据共享等方面，为强力推进"高效办成一件事"奠定了坚实的基础。

（一）深入实施"双全双百"工程，探索了有效路径

自2021年起，聚焦企业群众办事高频事项，大力实施"双全双百"工程，即围绕企业和个人两个全生命周期，各推出不少于100项高频事项实现极简办、集成办、全域办。目前，已累计推出员工录用、不动产登记、婚育、养老等100个"一件事"服务场景，在方便企业群众办事方面起到了初步成效，为纵深推进"高效办成一件事"改革蹚出了路子。

（二）全面推进政务服务标准化，夯实了事项基础

山东将全面梳理政务服务事项作为推进"高效办成一件事"流程再造的基础。坚持"标准规范、四级统一"要求，创新运用"十步"工作法，对事项从开始编制（头）到结果应用（尾）"一标到底"，形成了全省政务服务事项基本目录，摸清"7+1"各类事项底数共计5000余项，确保事项梳理公布"同标同源"，基本实现全省"无差别受理、同标准办理"，为助推事项集成办理打下了坚实基础。

（三）迭代升级"爱山东"政务服务平台，强化了平台支撑

积极顺应"互联网＋政务服务"发展趋势，优化"爱山东"政务服务平台功能，全面提升业务系统支撑能力，推动实现政务服务在桌面端、移动端、电视端、窗口端、自助端"五端融合、五屏联办"。同时，依托"爱山东"政务服务平台，创建"一件事"集成服务专区，自动合并表单、材料，实现结果复用，极大便利了企业群众线上申办、自助申办。

（四）全力打造"无证明之省"，实现了数据赋能

开展"无证明之省"建设，凡是通过电子证照、数据共享可以获取的信息，不再要求企业和群众提供实体材料。截至目前，全省已推行直接取消和告知承诺事项1098项，使用电子证照7亿余次。推出全省统一的"鲁通码"，实现了政务办事、酒店入住、门禁通行、文化旅游、交通出行、小

区门禁等六大领域总计 5.1 万个场景"一码服务"，减少证明材料 3000 多万份，为推动"高效办成一件事"提供了可靠数据支撑。

三、高质量落地，扎实完成攻关任务

山东是经济强省、人口大省，企业群众对政务服务的办事需求很大，2023 年全省有 2771.2 万自然人、421.7 万法人办理过政务服务业务。作为特殊的政务服务对象，全省持证残疾人 270 多万人，政务服务普惠性要求和残疾人特殊性需求的矛盾亟待解决。前期，山东聚焦残疾人办事难问题，把助残"一件事"作为"双全双百"工程重要任务，积极改革攻坚，取得了一定成效。2024 年，又承担残疾人服务、企业注销登记、教育入学等三项"一件事"集中攻关和创新示范任务，坚持问题导向，全面摸清推进残疾人服务等"一件事"的难点堵点，将其作为主攻方向进一步优化提升。

（一）建强工作团队，解决好"谁来干"的问题

在整体推进"高效办成一件事"工作中，建立了"1+1+N"推进机制，对每个"一件事"，明确 1 个省牵头部门、1 个重点市、N 个省参与部门，由省政府办公厅统筹协调、各牵头部门具体负责，形成了协同联动、合力推进的整体工作格局。具体到残疾人服务"一件事"，一是建立工作专班。由省残联牵头，民政、人社、大数据等部门参与成立工作专班集中攻坚，联合印发《山东省残疾人服务"一件事"实施方案》，明确工作目标、工作任务、责任分工、工作步骤等。二是梳理堵点难点。在推进过程中，梳理了业务流程、法律政策、数据支撑等方面难点堵点共 13 项，形成问题清单，分别上报相关部委、责任单位协调推动解决。三是推动任务落地。省政府办公厅每月召开推进会议，调度难点化解、系统改造、方案制定等进度，省大数据局和各有关单位积极参与，全力推动残疾人服务"一件事"落地运行。

（二）优化办理流程，解决好"如何办"的问题

围绕"一件事"主题式服务，实施业务整合和流程再造，简化部门内部和部门之间办理环节，对多个事项的申请表单、申报材料合并去重，实现"一张表单、一套材料、一次申请"。一是延伸服务链条。在国家清单

5 个服务事项（残疾人证办理、困难残疾人生活补贴、重度残疾人护理补贴、残疾人就业帮扶、城乡居民基本养老保险补助）基础上，结合前期工作基础，创新增加了残疾儿童康复救助、残疾人大学生励志助学等 7 个事项，集成更多服务。二是科学设置套餐。按照"1+N"模式，以残疾人证办理为基础，根据群众办事需求，坚持并联、串联相结合的原则，对两个及以上的联办事项逐一组合确定办理套餐，明确了 7 个常用套餐。例如，"残疾人证办理+困难残疾人生活补贴""残疾人证办理+重度残疾人护理补贴+城乡居民基本养老保险补助"等。三是搭建服务平台。依托"爱山东"政务服务平台，改造业务系统接口，打通全国残联信息化服务平台、山东数字民政平台等 5 个业务系统，即时推送申请材料和办理状态，统一传输和管理信息数据，基层无须另建系统，即可有效服务各类残疾人主体。四是强化数据应用。推进残疾人证电子证照、电子印章、电子签名等在业务办理各环节的广泛应用，共享残疾人信息数据，实现了 48 项要素信息的"数据替跑"。改革后，办理残疾人服务"一件事"时，跑动次数由 9 次减少到 1 次，办事材料由 23 项减少到 8 项，平均审核环节由 12 个减少到 4 个，平均办理时间由 24 个工作日减少到 11 个工作日。

（三）拓展服务场景，解决好"在哪办"的问题

充分考虑残疾人对智能化服务的不同需求，打造了线上线下融合的服务模式，设置更多服务场景，进一步提升残疾人办事满意度、获得感。一是畅通线上申请渠道。线上在"爱山东"政务服务平台设置"残疾人服务'一件事'"专区，残疾人在线上一键提交申请表，通过平台流转业务数据，联办事项并行审核、一网通办，以"数据多跑路"代替"群众多跑腿"。二是拓展线下服务场所。线下在县乡两级政务服务场所设置残疾人服务"一件事"专窗，部分地区下沉到村（社区）便民服务站、残疾评定机构、儿童康复机构等，方便残疾人就近申请服务。由窗口工作人员统一受理后，通过网上平台流转数据信息，联办部门按职责线上审核办理。三是完善帮办代办机制。针对重度残疾人出行困难等问题，全省 6 万余名镇村残疾人专职委员为残疾人提供帮办代办或上门服务，并反馈办理结果。开展主动服务模式，推动对惠残政策未覆盖人员的精准识别，主动为残疾人匹配宣讲惠残政策、提供助残服务，推动更多服务实现"免申即享"。截至 2024 年底，通过"免申即享"发放各类惠残助残补贴 1400 余万元。

（四）完善评估指标，解决好"怎么评"的问题

评估"高效办成一件事"的落实成效，既要抓住流程优化的"高效"，又要抓住实际办件的"办成"，具体而言就是把改革后减环节、减材料、减时限、减费用、增便利等"四减一增"和办件量作为关键要素。一方面，紧盯"四减一增"成效，研究设计了《"高效办成一件事"成效评估指标》，从申请人和改革者两个视角，分别围绕场景、申报、办理结果 3 个方面，设计了 35 项评估指标；围绕场景、申报、办理结果、宣传引导、加强监管 5 个方面，设计了 52 项评估指标，形成了可借鉴的成效评估指标体系。另一方面，紧盯办件量统计，在"办理渠道"方面，聚焦线上和线下两种渠道的全量统计；在"办理情形方面"，聚焦不同情形下联办事项"自由组合"的分类统计，制定了可落地的统计指标。2024 年以来，残疾人服务"一件事"实际办件中，五联办（五个事项一次联办）有 219 件，四联办有 3717 件，三联办有 1.66 万件，两联办有 2.65 万件。

四、高维度提升，总结深化改革体会

山东省按照党中央、国务院部署要求，立足改革实践，从更长远、更全面角度审视思考"高效办成一件事"，形成了务实管用的工作推动路径和基本经验。

（一）高位推动是落实"高效办成一件事"的关键保障

党中央、国务院高度重视优化政务服务、提升行政效能工作。习近平总书记强调，要转变政府职能，提高行政效率和公信力。"高效办成一件事"作为贯彻习近平新时代中国特色社会主义思想和党的二十大精神的生动实践，具体推进中往往涉及多层级、多部门、多领域，离不开高站位的谋划部署和强有力的纵深推进。2024 年 1 月，国务院印发关于进一步优化政务服务提升行政效能推动"高效办成一件事"的指导意见，对有关工作作出系统性部署。山东省省政府主要领导同志亲自部署、亲自推动，在《政府工作报告》中明确提出，大力推进"高效办成一件事"，健全"高效办成一件事"常态化推进机制；以省政府和省政府办公厅名义印发了贯彻落实"高效办成一件事"的 5 个若干措施。近期，又研究起草了政务服务"集成办"规范指引，持续推动"一件事"集成服务制度化、规范化建设。

（二）抓实业务是实现"高效办成一件事"的根本基础

"高效办成一件事"将多个部门、多个事项进行流程再造、集成服务，关键在于抓实业务这个根本。在推进残疾人服务"一件事"的同时，聚焦为残疾人提供优质高效政务服务，研究制定《优化残疾人政务服务规范指引（2024 年版）》，对服务平台、服务方式、场地设施要求、便利化措施等进行了全面摸底和系统规范，在此基础上推进工作如同"庖丁解牛"，事半功倍。同时，围绕网上办事区、社会合作网点、镇街便民服务中心、网上政务服务基本功能等出台规范指引，逐步建立政务服务标准体系的"四梁八柱"。

（三）数字变革是推进"高效办成一件事"的动力之源

"高效办成一件事"联办事项越多，数字支撑的重要性越发凸显。比如，残疾人服务"一件事"涉及残联、民政、人社 3 个不同层级部门 12 个服务事项。改革前，需线下"多头""来回"提交纸质材料；改革后，通过打通线上平台和电子证照应用，只需"一表申请、一次办理"，为企业群众和工作人员减负提效。下一步，要积极推进人工智能、大数据模型、增强现实（AR）、虚拟现实（VR）等新技术的广泛应用和持续赋能，线上迭代升级"爱山东"政务服务平台，进一步优化集成办服务专区，打造"7×24小时不打烊"的政务服务超市；线下创新推进现代智慧"政务综合体"建设，在省市县三级政务服务场所设置"一件事"服务专窗，规范"网上办事区"建设，推动政务服务线上线下"网厅融合"。

（四）群众满意是评判"高效办成一件事"的根本标准

群众满意是政务服务改革的根本评判，山东聚焦企业群众需求迫切、办件量大的难点问题，创新打造"一件事"服务场景，真正把好事办好、把实事办实。比如，新能源汽车作为新质生产力的重要载体，2024 年 4 月，中国新能源乘用车零售渗透率首次突破 50%，发展势头强劲。聚焦企业群众新能源汽车充电桩报装需求，将报装申请和施工方案确认等事项整合成

"一件事"，实现"零材料"一键申报，3.9 万余户新能源车主受益。再如，2024 年 1 月以来，中国与"新马泰"三国实现签证互免，国人出境旅游需求爆发式增长。及时推行出国（境）"一件事"，整合公安、人社、医保、自然资源等 6 个部门的 14 个事项纳入联办流程，办理材料由 36 份压减至 6 份、跑动次数由 9 次压减为 1 次、办理时限由 15 个工作日缩短至 7 个工作日，进一步激发了群众消费热情。同时，积极开展"揭榜挂帅""研究攻关"活动，鼓励各市创新探索更多"一件事"服务场景，涌现出了日照开办民宿"一件事"、临沂直播电商"一件事"、济宁公租房"一件事"、聊城道路挖掘修复"一件事"等经验做法，大力推进"高效办成一件事"已在山东蔚然成风。

下一步，山东将深入推动政务服务提质提效，在更多领域更大范围实现"高效办成一件事"，力求使"高效办成一件事"到"高效办成每件事"成为各级政府和工作人员的一种理念、一种追求、一种素养、一种习惯，贯彻落实到政府行政的各方面、各环节，成为山东的一张亮丽名片。

实施"高效办成一件事"
高质量推进"一网通办"

河南省行政审批和政务信息管理局

河南省在《政府工作报告》中安排部署落实"高效办成一件事",全省上下高效协同、全力推进,以"高效办成一件事"为契机,有力地促进"一网通办"高质量推进。

一、省级统筹,全省一体推进实施

河南在新一轮党政机构改革中,在省市县三级统一设置行政审批和政务信息管理局,实现机构贯通、职能贯通,政务服务和政务数据管理工作一体融合,为"高效办成一件事"推进优化了体制机制。

(一)做好整体谋划

印发《河南省进一步优化政务服务提升行政效能推动"高效办成一件事"的实施意见》(豫政〔2024〕18号)和两批次重点事项工作部署文件,聚焦"高效""办成"两个关键点,围绕2024年10月底前"高效办成一件事"2024年度重点事项全面落地、高效办理,2027年基本形成泛在可及、智慧便捷、公平普惠的高效政务服务体系,安排了17项重点任务,统筹推进政务服务渠道建设、模式创新、数字赋能、扩面增效、夯实基础等工作,同步明确责任部门。

(二)明确改革标准

明确事项梳理标准,对21项重点"一件事"涉及事项,在全省范围内统一每一办理项的58个要素,制定工作手册,没有法律法规或者国务院决定依据，不得增加申请材料，不得将中介服务事项作为办理行政审批的条件；没有法律法规规章依据，不得增设政务服务事项的办理条件和环节，确保在依法行政的基础上同一事项全省无差别受理、同标准办理、办事一个样。明确流程再造标准，全面推行一次告知、一表申请、一套材料、一窗（端）受理、一网办理、限时办结、统一出件。明确改革成效标准，办理"一件事"50%以上的表单基础信息自动生成、申请材料压减60%以上、办理时限压缩70%以上、办理环节压缩80%以上。

（三）上下协同推进

省级组建统筹工作专班，发挥河南行政审批政务信息管理局机构省市县三级贯通的机制优势，选取4个省辖市作为试点（郑州、安阳、焦作、信阳），建立"省级统筹协调，市县同步联动，部门协同配合"工作体系，实施"一个事项、一个牵头部门、一个工作专班、一套工作方案"工作推进机制，13个省级牵头部门主动担当作为，各省级联办部门积极协同配合，省行政审批政务信息管理局全程跟进指导参与，广泛吸收市县政务服务职能部门意见建议，合力形成每项"高效办成一件事"重点事项实施方案、工作规程和办事指南等。

（四）重塑办理流程

采取"2+2+2+3+2"闭环工作方法，即2项梳理：事项梳理、流程梳理；2项成果：一张表单、一套材料；2项联通：系统联通、数据联通；3项上线运行标准：一次申请、一端受理、一网通办；2项推广：业务培训、宣传推广。完成21项重点事项涉及的86个事项4988个要素精细化梳理、数字化重塑，全面集成，每项"一件事"实现"多表合一、一表申请""一套材料、一次提交"。推进国家、省、市三级政务数据平台级联对接，打通数据堵点，强化数据高效共享，需共享数据字段358个，已共享304个，有效支撑"高效办成一件事"表单信息免填写、相关证照和材料免提交。从企业群众视角出发，通过数据集成重构业务流程，初步实现改革成效目标。如，新生儿出生"一件事"上线后，办理时限由32个工作日压减为5个、材料由9份减少为2份、环节由16个压减至3个，已惠及1.7万户家庭，做法入选《优化政务服务推动"高效办成一件事"典型经验案例》；企业破产信息核查"一件事"，实现 10 个部门 10 个事项联动，实现"零跑动"，办理环节减为 2 个、压减 90%，办理时限缩短为 5 个工作日、压减 95% 以上。

二、统一受理，"一网通办"全面深化

以"高效办成一件事"的扎实推进，促进一批多年影响"一网通办"的工作实现质的突破。

（一）"高效办成一件事"促进全省办事"统一收"

按照"加强以国家政务服务平台为总枢纽、联通各地区各部门政务服务平台的全国政务服务'一张网'建设"的要求，以"高效办成一件事"为切入，完成省一体化政务服务平台统一受理系统重构升级，建成省统一受理端，在原 8 个接口的基础上，新增 13 个接口，发布 21 项系统对接标准，嵌入"高效办成一件事"功能模块，在河南政务服务网、"豫事办"APP 开设"高效办成一件事"专栏，打造全省统一的"一件事"申报入口，实行"高效办成一件事"重点事项全省一端（窗）申报、统一受理、一键分发、一网办理、统一反馈。同时，各级政务服务中心"一件事"窗口使用省统一受理端受理业务申请。

（二）"高效办成一件事"促进全省办事"系统通"

以"高效办成一件事"为切入，在国办政务办等各方支持下，双向联通省市两级统一受理系统，新打通 13 个省级部门使用的 17 个垂建审批业务系统（含 2 个国家垂管系统），在"入口统"基础上，上线的 10 个事项全省一个系统受理、一个流程办，实现了"系统通、数据通、业务通"。

（三）"高效办成一件事"促进"云网墙"建设提速

以"高效办成一件事"为切入，推动全省政务云全栈云服务"一朵云"供给，加快建设上线政务云综合管理平台，建成投用省级信创云，省级云资源池"一云纳管"，完成 74 个省直部门 560 个政务信息系统云上部署。"一张网"融通全面提速，省级 59 条专网中 50 条完成整合任务、9 条正在整合对接，形成全省云网管理一体化管控体系。"一道墙"防护能力提高，启动建设主动感知即时处置的省一体化安全运营支撑平台，完善"局 + 中

心＋集团"一体化安全保障机制，常态开展监测预警、风险处置等工作。

（四）"高效办成一件事"促进技术支撑再增强

以"高效办成一件事"为切入，强力推进"1+3+2"共性支撑平台体系建设。上线省政务大数据平台，支撑数据资源"聚存通管用"，数据共享交换效率提升50%；完成省一体化政务服务平台主体功能重构实现群众办事"一口受理、一网办理"，完成省一体化监管平台更新升级初步具备保障跨部门综合监管的共性能力，完成省一体化协同办公平台政务运行"一网协同"赋能实现移动办公；建成投用"河南链"省级链实现交通链等上链应用，启动建设"豫事码"着力推动"多码合一"。

（五）"高效办成一件事"促进数据赋能再提升

以"高效办成一件事"为切入，上线省级"四电"（电子证照、电子印章、电子签名、电子材料）系统，支撑"一件事"事项上线运行同时，还高效支撑了司法、水利、商务、市场监管等部门开展食品经营许可证、造价工程师（水利工程）注册证书申领等一体化政务服务。目前，制发电子证照2.7亿个、电子印章2.8万枚、电子签名6460枚，日均调用电子印章2万余次，使用电子签名1万余次，通过电子材料免提交纸质材料6311份。

三、下一步打算

下一步，我们将按照国办政务办的要求和这次交流会的精神，以结果为导向，认真学习研究借鉴全国同行的好经验、好做法，强化创新，不断推进工作再上新台阶。

（一）注重群众体验，加强推广培训

按照"只有使用中才能最优反馈持续提升"的工作理念，继续采用"静默上线、邀约内测"的方式，进一步做好推广试用和业务培训，充分发挥河南政务服务网、"豫事办"APP"高效办成一件事"意见建议栏目作用，畅通意见收集渠道，形成"事项上线、使用反馈、服务优化"的闭环。

（二）抓好其他事项上线运行工作

充分借鉴国家发布的优化政务服务推动"高效办成一件事"典型案例经验做法，坚持省级统筹、一体推进，集中攻坚，拓展创新，做好其他重

点事项的落地实施。

（三）继续增强数字政府建设的基础支撑能力

扎实推进全省"一朵云一张网一道墙"建设，整合纳管省市政务云资源，融通业务专网，建成省市两级一体安全运营支撑平台，提升"一云纳管、一网通达、一墙防护"能力。强化省统一受理系统的推广应用，结合统一身份认证、数据共享应用等，加快实现全省线上线下统一使用统一受理系统受理业务，推动实现更高质量的"一网通办"。

坚持"四化"融合
深入推进"高效办成一件事"改革

湖北省数据局

党的十八大以来，习近平总书记多次考察湖北，赋予"建成支点、走在前列、谱写新篇"的使命任务。近年来，我们认真贯彻落实党中央、国务院关于优化政务服务、提升行政效能的决策部署，以"高效办成一件事"为抓手，以标准化、集成化、数字化、智能化为导向，创新服务模式，再造审批流程，着力解决企业和群众反映强烈的办事难、办事慢、办事繁等问题，不断提升人民群众办事体验。目前，已实现55个"一件事"全省定标推广，平均减少办理时间84%、减跑动80%、减环节75%、减材料50%。政务环境在2023年全国工商联"万家民营企业评营商环境"中获全国第一，一体化政务服务能力连续两年位列全国"非常高"行列。2024年5月，审管联动改革经验被国办营商环境专项督查肯定并发文全国推介，6月获评2024年新华数字政府观察十大创新案例。7月，国务院办公厅秘书局发文肯定湖北省军人退役"一件事"、襄阳市区域性统一评价两项改革，并将主要做法在全国进行推广。

一、坚持标准化引领，夯实多跨联动办事基础

为实现跨部门、跨层级、跨地域"高效办成一件事"，聚力推动审批服务事项、材料、系统对接标准化。

一是推动事项标准化，实现全省同标准、无差别审批。坚持省级统筹，建立政务服务事项清单管理制度。制定《湖北省政务服务事项基本目录》

《湖北省依申请及公共服务事项管理暂行办法（试行）》，涵盖省、市、县、乡、村五级 8 类 1813 项事项，实行共性要素和个性要素分类管理。

二是推动申报材料标准化，实现一套材料、一表申请。聚焦"高效办成一件事"重点事项，推动申报材料标准化，将多个部门多个事项的申报材料整合去重，形成一张材料申报清单。制定全省统一的"一件事"标准规范，形成标准化的"一件事"基本信息库，通过政务服务电脑端、移动端、线下端、自助端等统一提供同标准受理服务。

三是推动系统对接标准化，实现"一网审批、一体管理"。制定《湖北省统一受理平台对接技术规范》，依托省一体化政务服务平台，推动各级各部门审批系统一次对接、全省共用。截至目前，全省已对接 280 个审批业务系统，实现系统联通、数据共享、业务协同。如，针对开办餐饮店"一件事"，统一对接省直部门 4 个行政审批系统，对接成果已成功复用到开办药店、网吧、超市等"一件事"主题。

二、坚持集成化融合，再造政务服务办理流程

通过窗口集成、受理集成、审批集成，推动审批服务模式革命性再造。

一是统一受理模式，变"多门多窗"为"一网一窗"。以省一体化政务服务平台为枢纽，统筹线上线下政务服务资源。线上通过湖北政务服务网，实现一次申报、一网办结。线下在各地政务（便民）服务中心（站）设立综合窗口，统一受理集成办事项，实现找一窗、交一套材料。申请公租房"一件事"，联通民政低保确认、社区资格确认、住建公租房申请等系统，申请人一次网上申报，后台进行资格核查，截至目前，已服务 1.7 万户困难家庭。

二是统一审批模式，变"逐项串联"为"集成并联"。推动关联事项集成办，实现群众办事"一次告知、一表申请、一次填报、同步审批"。申请人一次性提交"一件事"申请材料后，系统将所需材料分别打包推送到部门业务审批系统，各部门进行审批并将办理结果数据回传，实现办理结果多端获取、全程感知。如，针对军人退役"一件事"，将 9 个事项集成办理，办理时限从 75 天压减至 1 天。

三是统一发证模式，变"跑多窗取多证"为"一窗取证""一业一证"。通过线上专区和线下综窗，实现审批完成后"一窗发证"，申请人可线上查看办理结果、线下在综合窗口领取或选择邮寄到家。同时，在 25 个行业开放"一业一证"办理模式，可为经营主体发放"行业综合许可证"。

三、坚持数字化转型，推动政务服务提能提速

充分释放数据红利，推动数据"多跑路"、群众"少跑腿"，最大限度便民利企。

一是深化数据共享应用，推动政策服务"免申即享"。依托省政府门户网站上线惠企政策直达快享专区，接入 17 个市州惠企政策平台，汇聚全省 10 个领域、19 个行业惠企政策 2009 条，向企业推送惠企政策信息 8160.9 万条。应用"楚税通"系统建立双向互动政策平台，向 5559 家企业精准推送"外贸进出口降费""碳排放权质押贷款"等惠企政策。

二是打造企业和个人专属空间，实现申报材料"免填免交"。省大数据能力平台汇聚人口数据 28.27 亿条、法人数据 4.17 亿条，办事实现基本信息自动获取。建成全省统一的电子证照库，拓展涉企领域免证明应用场景，实现 100 种高频电子证照在政务服务中"免提交"。开办运输企业"一件事"通过自动调取法人数据，实现 13 个基本信息自动填写和 2 项证照材料免提交。

三是大力推行电子印章，推动更多事项网上好办易办。依托经营主体电子营业执照，为企业免费同步发放企业法定名称章、财务专用章等 5 枚电子印章。企业登录湖北省政务服务网，使用电子营业执照小程序下载使用电子印章，可实现在线盖章，无须提交纸质扫描件。

四、坚持智能化增效，升级群众办事服务体验

探索推动政务服务智能化转型，提升企业和群众获得感。

一是探索智能帮办导办。通过音视频、桌面共享、远程控制等技术工具，引导申请人在政务服务网完成线上帮办服务，服务办事群众 30 余万次。通过数据核验办事人的基本信息，实现 42 个"一件事"主题 155 个政

务服务事项全程智能帮办导办。

二是探索简易事项智能办。在12个市县开展简易事项智能办改革试点，推动企业和群众办事自主申请、后台无人工干预、全自动数据比对、审批结果智能签发。襄阳市建立"以大数据比对为主，远程自助认证和社会化服务相结合"的领取社保待遇资格认证标准化服务体系，认证方式由"人证"转变为"数据认证""静默认证"，方便39万余人。

三是推动政务服务自助办。通过政务服务自助一体机，实现一批高频事项"自助申请、自动审批、自助发证"。系统根据登录信息自动调取数据，即时完成身份校验、资料填报、提交审核、自助打印。目前，全省部署自助终端6250台，其中镇级1246台、村级1278台，可24小时办理税务、社保等200多项高频事项。

多维施策推进
涉企涉民"一件事"高效办成

广西壮族自治区大数据发展局

2024 年以来，广西认真贯彻落实党中央、国务院关于"高效办成一件事"的有关决策部署，通过一体化部署、优化线上线下服务以及加强移动端、自助端、热线端"三端"建设，并融合"集成办""上门办""指导办""兜底办"4 种模式，多维施策，深入推动政务服务提质增效，已实现全区 13 个"高效办成一件事"重点事项全流程网上办理。2024 年 7 月，国办秘书局印发《关于做好优化政务服务推动"高效办成一件事"典型经验推广工作的通知》，广西"推动公安机关窗口整合，推进线下办事'只进一门'""水电气网联合报装一件事"列入向全国推广的经验做法。

一、强化"一体"管理，建立极畅办事机制

广西认真研究国家"高效办成一件事"重点事项清单，自上而下一体统筹各涉及行业主管部门，优化业务流程，推进"一件事"高效办成。

一是一体构建目标，坚持"自选动作"和"规定动作"一体落实。在高质量实施 13 个国家"高效办成一件事"重点事项基础上，广西根据企业办事迫切需求，创新实施 26 个广西特色"高效办成一件事"重点事项，清单覆盖开办电影院、健身房、眼镜店、书店等多类涉企"一件事"。印发《广西进一步优化政务服务提升行政效能推动"高效办成一件事"实施方案》推进落地实施，为企业和群众提供更多的个性化"一件事"选择。

二是一体压实责任。广西成立"高效办成一件事"工作专班，建立健

全多部门协同联办机制，集中驻场攻坚，有效地打通部门业务壁垒，形成畅通工作机制，逐一研商制定 13 个国务院统一部署的"高效办成一件事"具体实施方案并印发实施，为市县开展工作提供指导。

二、优化"两线"服务，打造极优办事体验

广西充分聚焦企业群众对线上线下办理业务的不同需求，强化线上线下两条线建设，畅通涉企涉民"一件事"办理渠道，着力打造线上线下相互融合的办事体验。

一是推进重点事项办理线上"一网通办"。将广西数字政务一体化平台作为全区推进"高效办成一件事"业务底座，聚焦各业务系统连通难制约全程网办重点，开展系统一体化攻坚行动，完成 231 套国垂、区垂系统与一体化平台相互打通，其中 99 套区垂系统与一体化平台双向打通，实现审批服务全过程数据汇聚共享。

二是推进重点事项线下申办一窗受理。在自治区、市、县、乡 4 级已建设运行 1390 个政务（便民）服务中心（站），开设分领域专窗和无差别受理窗口，推进各个"高效办成一件事"重点事项在线下实现受理、办理、反馈，确保企业和群众办理一件事只进一门、只到一窗就能高效办成。2024 年以来，全区线下办理政务服务共 16.74 万件，办件实际提速率超 75%，政务服务"好差评"非常满意率超 99.9%。

三、加强"三端"建设，提升极速办事效能

广西围绕聚焦企业群众办事场景，注重改革引领和数字赋能双轮驱动，进一步拓宽线上线下服务渠道，深入打造移动端、自助端、热线端等数智化移动端服务，高效助力数字便民利企行动赋能增效。

一是优化"移动端"专区。广西在"智桂通"移动端开设"高效办成一件事"专区，已实现国家 13 个、自治区 5 个"高效办成一件事"重点事项在专区同步发布上线。2024 年 7 月，广西在钦州市、来宾市、崇左市开展小学一年级、初中一年级新生教育入学"一件事"改革试点工作，依托线上"桂通办"平台及"智桂通"移动端等线上渠道，成功办理新生教育

入学"一件事"17万件，占全部办件量的74%。

二是推进"自助端"办事。充分借助银行、邮政等平台综合自助服务终端，大力推进自助服务终端进社区、楼宇等。目前在342个建设银行营业网点、1709个农村信用社营业网点和598个邮政网点设置政务服务自助终端设备，群众只需携带有效身份证件，即可在就近的自助终端上完成1500多项高频政务服务事项办理，基本覆盖"高效办成一件事"涉及的82项政务服务事项办理，大大节省了时间成本，提高了办事效率，让办事群众实现"就近办、家门口办"。

三是强化"热线端"反馈。重视"高效办成一件事"体验反馈，不断延伸政务服务触角，推进12345热线建设和改革，完成全区各级486条政务热线的归并整合，基本建成"一号对外"的政府服务"总客服"，畅通"一件事"咨询办理和意见反馈渠道。

四、推进"四办"模式，打造极佳办事模式

为全面解决企业和群众在办理"一件事"中不会办、不易办、办不成等难点痛点问题，广西通过业务整合、拓宽服务渠道等，推进服务精准供给。

一是全面推进"集成办"。"一件事"涉及的各具体事项均实行并联审批，通过对各"高效办成一件事"重点事项进行流程梳理和再造，优化整合办理流程，实现承诺时限缩减比例达72%以上。如，广西全面梳理整合优化各地义务教育阶段新生入学报名申请表，根据申办家庭的不同情形合理设置不同信息表单，并通过推行共享数据自动调用、个性信息自行填报、申请表单自动生成，实现"多表合一、一表申请"，填报字段由原来需填的58个减少至30个，减幅48%；通过推行电子证照自动调用等，申请材料由原来需提交14份减少至5份，缩减64%，基本实现"一套材料、一次提交"。

二是推行特殊情况"上门办"。针对残疾人特殊群体"一件事"，探索在申领人、残疾评定机构和县级残联之间搭建方便快捷的信息传递对接机制，不断优化工作流程，实现残疾人证"一次通办"。如，广西合浦县残联

将残疾人证申请、发放等工作下放到乡镇、村残联和村（社区）残协，充分发挥基层残联、残协、残疾人小组及残疾人社工站作用，以纳入监测对象的残疾人家庭为重点，对未持证的疑似重度残疾人及已持证的残疾等级可能变动的残疾人进行仔细摸排，采用"集中＋入户"方式，为疑似重度残疾的特殊群体提供上门评定和上门办证换证等"上门办"服务，打通残疾人证办理"最后一米"。

三是推进服务企业"指导办"。对于"一件事"涉及事项、填报流程不了解的情况，各设区市政务服务中心推行窗口导办服务，通过"手把手"指导企业提交申报材料，现场完成业务办理。如，广西铁之韵供应链管理有限责任公司（以下简称铁之韵公司）经办人在桂林市窗口咨询办理道路货物运输经营许可涉及事项，办理人不了解相关手续，又急于开展业务，桂林市大数据和行政审批局派员悉心指导企业准备申报材料，仅一套材料便成功办理了开办运输企业"一件事"，当日企业领取了营业执照、货物道路运输经营许可证、5枚免费公司公章，次日公司便顺利开展了业务。

四是推进办不成事"兜底办"。推行政务服务体验官制度，组织政务服务体验官沉浸式体验"高效办成一件事"等政务服务办事流程，实时感受和解决办事服务过程中存在的问题；在自治区政务服务中心开设线上线下"办不成事"反映专窗，破解企业和群众办事"疑难症结"。截至目前，全区各级政务服务中心共设置"办不成事"反映窗口393个，全区"办不成事"反映窗口共受理"办不成事"各类问题2145件，其中已办成2011件，办成率达93.75%，群众满意率达99.96%。

以"高效办成一件事"为牵引
着力提升优化政务服务广度深度

海南省营商环境建设厅

"高效办成一件事"是党中央、国务院在政务服务领域部署推进的一项重要改革任务,是提升政府效能、推进国家治理体系和治理能力现代化的重要举措。党的二十届三中全会提出,要"促进政务服务标准化、规范化、便利化""健全'高效办成一件事'重点事项清单管理机制和常态化推进机制",集中体现了新时代新征程党中央、国务院推动政务服务改革的新思路和新要求。海南坚持问题导向、企业和群众需求导向,以提高为民服务效率、经营主体效益、社会治理效果、政府行政效能"四效"为目标,以"高效办成一件事"为牵引,不断提升优化政务服务的广度和深度,有力推动了政务服务和营商环境整体提升。

一、围绕"高效办成一件事"主题,谋划建立"三张清单",扎扎实实推进实现企业和群众办成事、好办事

通过多方面举措,推动"高效办成一件事"有序实施。

一是建立"三张清单",确保工作落细落实。每个"一件事"分别建立问题清单、场景清单和项目清单"三张清单",通过问题清单多渠道滚动收集问题,推进"一件事"边实施、边优化;通过场景清单,进一步拓展13个"一件事"的实施范围、覆盖人群、办理场景,让改革更加公平普惠;通过项目清单,以项目化形式集中攻关、倒排工期,打造免申即享、信用审批等一批海南特色改革举措。

二是以数字化智能化手段实现"四化"目标。利用系统融通、数据共享、电子证照归集等手段,对国办规定单事项和海南自主增加单事项进行流程优化再造,全面推动办事方式多元化、办事流程最优化、办事材料最简化、办事成本最小化。如,残疾人服务"一件事"将原来11份材料减少至常规场景0材料,上线残疾人鉴定能力实现报告共享应用;企业上市合法合规信息核查"一件事"推行信用报告替代无违法违规证明,实现"扫脸即办"。

三是以整体政府理念系统提升改革效能。强化整体性、系统性观念,重点事项实施过程中实行统一指挥、统筹管理,强化横向协同和纵向指导,让"政府内部跑动"代替"企业群众跑腿"。如,教育入学"一件事"通过公安、民政、社保、不动产、人才等多部门协同,实现信息自动线上校验、关联比对和精准核查;企业破产信息核查"一件事"依托部门线上线下联动,将涉及13个部门40个核查事项约90天的核查时间缩短为3个工作日办结。目前,海南第一批13个"一件事"已于2024年6月底全部上线,第二批8个"一件事"按照时间节点大力推进中,《"一码通全岛",营商再优化》案例入选国家第一批29个经验案例。

二、以推动"高效办成一件事"为切入点,拓宽创新领域,多举措推进优化政务服务

本着企业和群众需要,就是我们的工作方向这个准则,海南以集成化、场景化、便利化为主线,通过制度创新和数字赋能双轮驱动,在各个领域不断优化政务服务,力求提升企业和群众的获得感。

一是大力推进政务服务增值化改革。围绕13个"一件事",结合海南实际,创新推出免申即享、信用审批等利企便民增值服务,推动"一件事"更好办、更高效。如,企业信息变更和企业注销"一件事"将"证照联办"与"免申即享"融合,让符合条件的经营主体享受"一件事"之外的许可证变更免申请、免提交、免审批以及零跑动、零材料的"三免两零"服务。

二是推行政务服务"全省通办"。依托海易办平台强化政务服务省内跨区域联动,打造深度融合、高效协作、方便快捷的"全省通办"服务体系,

当前已有 401 个高频政务服务事项和企业信息变更、企业注销、退休、残疾人服务 4 个"一件事"实现省内异地通办。

三是打造"无证明城市"。聚焦事项线上申报信息填写过多、线下办事仍需提交多类实体证照和纸质证明等突出问题，大力实施政府数字化转型 5 项攻坚行动，持续深化政务服务"免证办"改革，探索建设"无证明城市"，全域推广政务服务"扫码亮证""亮码办事"，确保电子证照"能共享必共享"，逐步实现"减证便民"向"免证利民"转变。

四是持续推进诚信海南建设。创新"红橙蓝"信用等级审批制度，信用最好的红档可享受审批提速 30% 和绿色通道，信用较好的橙档享受告知承诺和容缺后补服务，信用一般的蓝档不享受相关便利措施，推出"信用 + 一证多址""信用 + 可视化勘验""信用 + 离岛免税"等多种"信用 +"场景服务，构建"守信有激励、失信必惩戒、信用可修复"的诚信治理体系。

三、以"高效办成一件事"为引领，助力推进海南自贸港建设

深入贯彻"高效办成一件事"理念，围绕自贸港建设大局，立足新发展阶段，加快打造海南自贸港特色"高效办成一件事"服务体系，主动服务和融入新发展格局，以高质量的政务服务助力海南自贸港建设行稳致远。

一是加快推动自贸港政策兑现。聚焦自贸港 60 项核心政策中属于办理类和兑现类的政策，依托"海易办""海易兑"平台，形成自贸港政策服务组合并分批次上线，发挥政策组合"1+1 > 2"效果，争创自贸港"高效办成一件事"特色品牌。首批打造了自贸港企业所得税减免"一件事"、自贸港高层次人才优惠"一件事"、自贸港企业进口免征关税"一件事"、自贸港加工增值免征关税"一件事"、境外投资（ODI）"一件事"、开展合格境内有限合伙人（QDLP）和开展合格境外有限合伙人（QFLP）"一件事"、中国洋浦港登记及退税"一件事"等 7 个"一件事"，让惠企利民政策"找得到、看得懂、办得快"。

二是拓展外资企业和外国人服务场景。结合国际化营商环境建设，不断拓展外资企业投资"一件事"、外国人便利服务"一件事"等涉外服务场

景。同时聚焦外籍人士来琼工作生活需求，在"海易办"平台上线国际服务专区，涵盖政务服务、营商、旅游、生活、工作、留学、购物、自贸港特色服务等八大主题场景，为来琼外籍人士提供一站式、全方位的政策信息、资讯服务和生活指南。

三是以"小切口"打造特色利企便民服务场景。海南结合本地房地产业兴盛、旅游旅居城市特点以及自贸港功能定位，因地制宜打造了一批利企便民服务场景，以"小切口"推动提升企业和群众获得感。如，将存量房转移登记关联的 10 项业务集成联办，打造二手房交易登记"一件事"，提升办理效率。

四、以实施"高效办成一件事"，推动政务服务整体水平提升

坚持构建长效机制，推动利企便民常态化长效化，坚定不移优化"办成事"的机制、打造"好办事"的环境、形成"办好事"的生态，更好满足人民日益增长的美好生活需要。

一是构建"审管法信"一体联动机制。聚焦审批监管执法业务不协同、数据不共享等问题，海南推进审批、监管、执法、信用一体联动，审批结果在线自动推送至监管库，督促监管跟上，信用监管贯穿审批、监管和执法全过程，实现信息共享、业务协同、闭环管理、一体服务，营造高效、有序的政务服务环境。

二是构建政企政民常态化沟通机制。依托 12345 热线、营商环境问题受理平台、政企约见平台、政企面对面、营商环境下午茶、早餐会等渠道和形式，建立政企政民常态化沟通和诉求响应解决机制，政府为企业和群众服务时做到"有求必应、无事不扰、有诺必践"。营商环境问题受理平台运行以来共受理企业投诉 8000 余件，办结率超 90%。上线海南省涉企活动统筹监测系统，对政府部门开展的涉企活动进行统筹监测，政府部门开展入企调研、邀请企业参加会议等须通过系统提前预约。推进"综合查一次"改革，在确保依法行政前提下，统筹政府部门执法检查活动，最大限度减少对企业正常生产经营活动的干扰。

三是构建全量问题收集解决机制。整合 12345 热线等 16 个问题渠道来

源，建立全量"问题池"，全面收集企业通过各种渠道反映的问题，建立"每月一题分析研判工作机制"，对共性问题通过出台政策、建立机制等方式进行批量解决。

四是上线企业码。聚焦中小和民营企业融资难、信息不对称、政策兑现不便利等问题，搭建企业综合服务平台（企业码），推动信用码和企业码合一，在全国率先实现公共信用信息和涉农信用信息一个平台归集应用，引导涉农金融机构为 11.3 万户农户提供 118.07 亿元信贷支持，帮助 725 家新型农业经营主体获得 8.3 亿元信贷支持；推动企业码和政策兑现关联，通过企业综合服务平台智能匹配政策超 57 万条次，线上兑现金额超 32.8 亿元，为中小和民营企业提供便利化融资和政策兑现服务。

五是开展大调研大服务专项行动。组织 3000 余名各级领导干部和工作人员作为企业包联员，点对点服务全省 10000 家各类企业，面对面倾听企业诉求，送政策、送服务、解难题，集中解决一批政府资金兑现、企业融资、政策落地等企业急难愁盼问题，建立健全一批服务企业长效机制。

坚持系统观念、加强协同创新
推进"高效办成一件事"落地落实

四川省人民政府办公厅

国务院"高效办成一件事"工作部署后，四川省十分重视，立即行动，将其列为 2024 年全省重点工作写入省政府工作报告，强力推动"高效办成一件事"落地。

一、"三统一"建立常态化推进机制

（一）统一指挥调度

省政府办公厅负责统筹协调、督促落实，组建综合协调、业务推进、系统对接和数据共享支撑、线下窗口支撑、第三方支撑、跟踪问效等 6 个专项工作小组。推行"一事一专班""一事一方案"工作模式，实时协调分歧、每周跟踪进展、每月调度督促、不定期会商解决问题，构建起常态化推进机制。

（二）统一推进路径

明确制定实施方案、开展试点工作、总结形成经验、全省全面推开、跟踪督办检验成效"五步走"推进路线，逐阶段划定工作重点、细化各项措施。目前，13 个"一件事"在全省范围落地可办，办件量达 169 万件（社会保障卡居民服务"一件事"累计提供服务近 8 千万次，未纳入统计）。

（三）统一标准规范

省级层面统一各"一件事"受理条件、申请材料、办理流程、办理时限等关键要素，推动同一事项全省"无差别受理、同标准办理"。创新制定"办事指南"和"操作指南"，明确受理、转办、审批、出件具体流程和工作时限，解决群众办事看不懂和一线人员操作不规范等问题。

二、"三强化"推动办理模式革新

（一）强化办事流程重构

全面梳理"一件事"涉及的政务服务事项，整合重塑业务流程。首批13个"一件事"办理环节由10个到20个不等压减至5个以内，跑动次数压减至一次或零跑动，申请材料平均压减50%，办理时限平均压减57.6%。如，针对新生儿出生"一件事"，新生儿只要取得出生医学证明即可办理医保参保登记，极大缓解了患病新生儿家庭就医困难。

（二）强化增值服务拓展

开办餐饮店"一件事"将从业人员健康证纳入联办事项；企业信息变更、企业注销登记、企业上市合法合规信息核查3个"一件事"创新集成医保等事项；信用修复"一件事"将社会组织拓展为服务对象。

（三）强化服务模式创新

鼓励指导各地大胆探索，推出独具本地特色的服务模式。成都市新都区将开办运输企业"一件事"服务窗口前移至物流园区、货车司机"暖心之家"，充分发挥帮办代办作用。成都市、绵阳市采用"线上预审＋现场核查"模式，提升开办餐饮店"一件事"现场勘验通过率。宜宾市启用加载"交通联合"标志的第三代社保卡，可在北京、上海、重庆等300多个城市持卡享受公共交通服务。

三、"三提升"加快线上线下融合

（一）提升数据共享能力

建成省政务信息资源共享平台，推动跨部门、跨地区的数据共享交换，2024年以来对外提供数据服务454亿条（次）。围绕支撑"高效办成一件事"，收集汇总数据需求14类。在国办政务办、公安部和交通运输部支持下，探索跨省驾驶证、行驶证等电子证照在开办运输企业"一件事"中共享应用。

（二）提升业务系统对接水平

制定"高效办成一件事"系统对接技术指南，确定6种业务协同对接模式，推动实现"一件事"收受办高效协同。充分发挥省一体化平台公共枢纽作用，加快数据更新频率，提升数据共享应用质效。开办运输企业"一件事"所需的营业执照相关数据更新频率保持在4小时以内。

（三）提升线下服务水平

出台《四川省综合性政务服务场所规范化建设实施方案》，规范建设省、市、县、乡、村5级政务服务场所。深入推进综合窗口改革，推行"前台综合受理、中台业务支撑、后台分类审批、统一窗口出件"服务模式。全省21个市级、183个县级政务服务大厅均设立"高效办成一件事"专窗，使用统一的操作指南和办事指南。

四、"三加强"确保"一件事"高效办成

（一）加强培训确保跑通能办

建立"一件事"培训制度，围绕业务改革、数据共享、系统操作等内容，组织开展延伸至县（市、区）的人员培训。多渠道收集"一件事"落地中发现的问题，逐项研究制定解决措施，已解决1232个问题，处置率98.71%。

（二）加强宣传提高知晓度

线下通过政务服务大厅等渠道，线上充分发挥新媒体作用，并加强与《人民日报》、新华社、《四川日报》、四川电视台等官方媒体合作，多形式多角度多层次深度开展"高效办成一件事"系列宣传报道，引导企业群众主动选择"一件事"服务。

（三）加强调研了解真实感受

通过"我陪群众走流程"等形式开展成效核验，查找落地中的差距和堵点，一一整改提升。开展首批13个"一件事"调研，广泛收集意见建

议。开办运输企业"一件事"，通过微信小程序开展服务效能回访，共收回399份有效问卷，服务满意度达100%。

虽然四川省在"高效办成一件事"方面做了大量工作，也取得一些成效，但与兄弟省市先进做法相比，与企业群众日益增长的办事需求相比，还存在一定差距。下一步，四川省将认真落实党中央、国务院决策部署，以此次会议为契机，围绕更好提升企业群众获得感和满意度，推动首批"高效办成一件事"重点事项向好办易办转变，做好新一批重点事项落地落实。

扩大服务内容、区域、范围
持续深化"高效办成一件事"改革

贵州省政务服务中心

贵州发挥一网统建和"一窗通办'2+2'模式"优势，在推进国家规定清单基础上，从扩大服务内容、服务区域、服务范围三个方面着手，持续深化"高效办成一件事"改革。

一、发挥"一盘棋"优势，一体化推进 13 个"一件事"

成立"高效办成一件事"领导小组，按照一个总方案和 13 个"一件事"子方案的总体架构，专班式推进国家部署的重点事项。依托全国一体化政务服务平台，建设贵州政务服务网"高效办成一件事"专区，建成"云勘验"系统，实现远程联合踏勘，完成 11 个自建系统与贵州政务服务网融通，12 项数据实时共享，在国家清单外集成事项 48 个，46 项材料免提交，13 个"一件事"纳入 12345 热线联动范围，全省 109 个政务服务大厅设置"一件事"综合受理窗口，累计办件量 54 万件。

二、提升"标准化"精度，推出"N 件事"自由组合办

探索事项要素标准化，通过建模分析，建立不同事项同一材料、不同表单同一要素关联关系，优化平台功能，实现多事项自由集成、申请材料自动去重、申请表单自动生成，发挥"一窗通办'2+2'模式"改革基础，推出"N 件事一窗一次办"，探索多个政务服务事项不设清单、不限区域、自由组合、一次办成。目前，已统一 23 类标准材料名称，584 张表单 2745

个要素自动去除、免填写，900 余个事项可自由组合。

三、探索"跨区域"深度，5 级协同跨域跨层级联办

针对"一件事"集成的多事项涉及跨层级、跨区域的情况，贵州充分发挥"全省通办"和"一网覆盖"优势，整合多区域联动办理事项，推出外贸企业、食品生产厂、义齿制造厂等跨区域"一件事"；利用市区大厅共建优势，整合多层级办理事项，推出开办酸汤厂、农村宅基地、药店、会展、加油站变更等跨层级"一件事"。目前，已累计推出跨区域、跨层级"一件事"155 个。

四、拓展"一件事"广度，实现涉企需求一站式服务

整合法务、金融、科创等涉企资源，推出集诉求接处、商务服务、政策兑现于一体的企业需求"一件事"服务，开展商会轮值，广泛收集企业需求，联动工商联、营商环境等部门，形成企业诉求分头收集、统一汇聚、集中研判、数据分析、决策参考的工作格局，累计办理企业需求 6 万件。在此基础上，对企业需求进行分类分析，针对市场动态和创业需求，编制民宿、白酒、茶叶等行业宝典，从服务企业到服务产业转变，为全省广大创业者提供全面、专业的创业辅导服务。

全力推进"高效办成一件事"落地见效
全面提升政务服务效能

云南省政务服务管理局

云南省深入贯彻落实党中央、国务院关于推动政务服务提质增效的决策部署,深入实施《国务院关于加快推进政务服务标准化规范化便利化的指导意见》(国发〔2022〕5号)、《国务院关于进一步优化政务服务提升行政效能推动"高效办成一件事"的指导意见》(国发〔2024〕3号)、《国务院办公厅关于印发〈"高效办成一件事"2024年度新一批重点事项清单〉的通知》(国办函〔2024〕53号),切实把"高效办成一件事"作为优化政务服务、提升行政效能的重要抓手,聚焦实现办事方式多元化、办事流程最优化、办事材料最简化、办事成本最小化目标,强化改革引领和数字赋能双轮驱动,全力推进"高效办成一件事"重点事项落地见效,全面提升政务服务效能。

一、全力攻坚,扎实推进"高效办成一件事"落地见效

(一)强化高位推动,聚力推进落实

云南省委、省政府高度重视"高效办成一件事"推进落实工作,省委、省政府主要领导先后在全省两会、全省优化营商环境大会、优化营商环境促进经营主体倍增专题会议、省政府常务会议上作出安排部署,调要以推进"高效办成一件事"为契机,推动全省政务服务迭代升级。同时就"高效办成一件事"具体工作作出10次批示,提出明确要求。全省上下紧盯目标,聚力攻坚,按国务院办公厅要求抓紧抓实各项工作。

（二）强化统筹协调，自我加压推进

在国家 2024 年度第一批"高效办成一件事"13 个重点事项的基础上，云南省自我加压，新增个人就业创业、开办药店、省内医保社保关系转移接续 3 个事项；在国家下达 2024 年度新一批 8 个重点事项的基础上，云南省新增项目竣工验收、二手房转移登记及水电气联动过户 2 个重点事项。根据国家关于确保第一批重点事项于 2024 年 10 月底前落地见效的要求，云南省按照力争所有重点事项 6 月底前实现线下一站式办理、9 月底前实现线上"一网通办"的目标作出安排。建立健全六个机制，加大统筹协调。

一是建立专班专人负责机制。省政府办公厅加强统筹，省政务服务管理局具体负责，建立工作专班，每个"一件事"明确专人负责全流程协调推进。二是建立挂图作战机制。制定 16 个重点事项推进落实时间表、工作推进进度表，分阶段、分重点建立工作台账，实行挂图作战。三是建立每月集中调度、集中通报机制。先后 2 次召开工作推进集中调度会议，2 次对工作进展情况进行通报，并及时对工作相对滞后的部门负责人进行工作提醒。日常工作中按需随时调度，强力推进工作落实。四是建立业务培训机制。组织省直牵头部门对 2024 年度 2 批 26 个重点事项开展业务培训，督促省直牵头部门召开工作会议或培训会议，加强行业指导和上线后业务实操培训；组织召开全省政务系统"高效办成一件事"工作培训会议，对加快推进"高效办成一件事"进行再安排、再部署、再落实。五是建立调研督导机制。对所有州（市）和部分县（市、区）工作推进落实情况开展专题调研，及时发现存在问题，督促指导各地各有关部门及时加以研究解决。六是建立重点事项常态化推进机制。从信访、人民网留言、政务服务"好差评"、政务服务投诉、问卷调查、工商联合会等多个渠道，广泛收集企业和群众诉求，以问题和需求为导向，为持续推出"一件事"提供事项储备。

（三）强化流程重构，优化审批方式

站在企业和群众视角，重构业务流程，优化前后置环节，着力推进减材料、减环节、减时限、减跑动，大幅压缩办理时长和办事成本；按照 18 个要素统一标准规范，及时印发公布"一个重点事项一个工作方案、一张推进时间表、一份工作指引、一份办事指南"，夯实同要素管理、同标准办理基础。

（四）强化系统建设，推动数字赋能

一是升级改造线上专区。2024 年 5 月 28 日完成升级改版，在省政务服务平台设置"高效办成一件事"线上专区，并完成事项配置、认领，办事指南、政策解读发布等。二是建成数据直达系统和专区。制定印发《云南省推动政务数据直达基层更好支撑"高效办成一件事"工作方案》，5 月底建成政务数据直达系统，7 月底建成政务数据直达专区，与国家政务数据共享平台对接的 64 个数据接口已全部联通。三是督促系统改造联通。督促各部门系统升级改造和联通，除社会保障卡居民服务"一件事"属于对社会保障卡应用场景的拓展外，目前 15 个"一件事"基本实现"一网通办"。

（五）强化渠道建设，推动线上线下可办

全面加强渠道建设，紧盯线下办事"只进一门"，推进统一受理和一站式办理；紧盯线上办事"一网通办"，设立"高效办成一件事"专区，推动网上可办向好办易办转变。

（六）强化示范引领，营造良好氛围

将开办道路货运企业、水电气网联合报装、个人就业创业 3 个"一件事"打造为示范事项，将昆明市五华区、曲靖市、玉溪市打造为示范区域，充分发挥示范引领作用。采取多种形式做好政策解读和舆论引导，利用"学习强国"、"云南发布"、省政府门户网站等渠道积极开展宣传推广，个人就业创业等"一件事"被人民网、新华网、中国政府网等广泛报道，发挥了较好的宣传示范效应。

（七）强化监督问效，推动政务服务迭代升级

省委办公厅、省政府办公厅联合发文，要求省级有关部门主要领导对"高效办成一件事"开展走流程活动，以企业、群众、工作人员身份对重点事项线上线下渠道办事进行实际体验，真实核验能否全流程实现"一次告知、一表申请、一套材料、一窗（网）受理、一次办成"，全面检查并及时解决事项覆盖"齐全不齐全"、所需材料"一致不一致"、办事流程"通畅不通畅"、办事服务"高效不高效"、纪律作风"严实不严实"等堵点难点问题，切实推动"一件事"高效办成。

总体上，云南省全力、高效、务实推进"高效办成一件事"落地见效。从时间进度上看，每月有提速。2024 年 4 月份，印发了云南省"高效办成一件事"实施方案；5 月份，公布了 16 个"一件事"工作方案；6 月份，实现了 16 个"一件事"线下可办；7 月份，建成了政务数据直达专区；8 月份，15 个"一件事"基本实现"一网通办"，并印发了新一批重点事项清单。从办件数量上看，每月有提升。比如，针对开办餐饮店"一件事"，6 月办件量 812 件、7 月办件量提升至 1904 件、8 月办件量达 3089 件；针对开办运输企业"一件事"，6 月办件量 1189 件、7 月办件量提升至 3473 件、8 月办件量达 6054 件；针对教育入学"一件事"，6 月办件量 85500 件、7 月办件量提升至 26.56 万件、8 月办件量达 70 余万件。从改革成效上看，每月有提质。目前，第一批 16 个重点事项最多压减 91.1%，压减环节 80.1%、最多压减 94%，压减时限 73.3%、最多压减 88.1%，压减跑动 91.7%、最多压减 100%。从工作情况上看，每月有亮点。针对两批重点事项清单，云南省都结合实际、突出特色，共新增了 5 个"一件事"。定期开展月调度月通报，月通报文件均报请省人民政府主要领导签批印发。点面结合突出云南特点，营造良好舆论氛围。比如，6 月结合中共中央政治局就促进高质量充分就业进行第十四次集体学习，加大对个人就业创业"一件事"的宣传；7 月加大对开办餐饮店"一件事"线上线下融合办理的宣传；8 月结合义务教育招生入学时点，加大对教育入学"一件事"的宣传。

二、全面提升政务服务效能

聚焦政务服务标准化、规范化、便利化，制定实施一系列措施，着力提升政务服务效能。

（一）推行"六张清单"，政务服务实现标准管理

坚持标准化引领、清单化落实，制定实施"六张清单"，全省政务服务事项实现了标准化管理。

一是推行部门权责清单，调整制定了 46 家省级部门权责清单事项 2866 项并向社会公布。二是推行政务服务事项清单，梳理公布依申请类政务服务事项 1091 项，依法依规重构从省到村五级政务服务事项。三是推行行政

许可事项清单，梳理公布 679 项行政许可事项并全部纳入清单管理，实现了"一张清单管审批"。同时，编制公布行政许可事项实施规范，推行事项名称、编码、许可条件、审批时限等 19 个要素全部统一，推动实现同一事项在全省不同地区和层级同要素管理、无差别受理、同标准办理。四是推行行政审批中介服务事项清单，保留 42 项行政审批中介服务事项、50 项技术性服务事项。五是推行便民服务事项清单，梳理公布了省级部门便民服务事项 113 项。六是推行告知承诺制证明事项清单，编制公布实行告知承诺制证明事项 122 项。

（二）推行"四个规范"，服务供给实现全程闭环

坚持事前事中事后衔接、全过程提供规范服务，着力规范服务行为，不断提升政务服务规范化水平。

一是规范大厅建设。全省共建成政务服务大厅 16375 个，实现从省到村五级全覆盖，县级以上政务服务中心均设置了综合服务窗口和专业服务窗口。二是规范进驻事项。在全国率先推行州（市）、县两级政务服务大厅进驻事项负面清单，公布州（市）级负面清单事项 72 项、县级负面清单事项 75 项，目前事项进驻率达 97.36%。三是规范办事服务。督促指导各级各部门按照统一发布的办事指南提供办事服务，着力减环节、减材料、减时限、减跑动，事项承诺办理时限压缩比例提升至 79.5%，"最多跑一次"事项占比达 95.67%。四是规范评价监督。常态实行政务服务"好差评"制度，第三方调查评估政务服务满意度达 95.8%。

（三）推行"六个办理"，企业和群众办事实现便利好办

坚持线上线下协同、利企便民，推行集成办、免证办、承诺办、自助办、跨域办、帮代办，全省政务服务事项网上可办率达 98%、全程网办率达 82%。

一是推行"集成办"。组织州（市）、县级通过云南政务服务网上线了一批"集成办"事项。二是推行"免证办"。累计汇聚 391 类 1.9 亿个电子证照，制发电子印章 2.25 万枚，205 类电子证照在移动端"亮证"应用。三是推行"承诺办"。实行告知承诺制证明事项 122 项，实施涉企经营许可告知承诺制改革事项 33 项。多数州（市）和部分省级部门建立了"告知承

诺＋容缺办理"事项清单。四是推行"自助办"。全省各级政务（便民）服务中心部署政务服务自助终端 1457 台，建设银行营业网点布放智慧柜员机（STM）1587 台，全省 12622 个行政村部署"裕农通"自助服务设备。五是推行"跨域办"。实现 204 个事项全国"跨省通办"、190 个事项西南地区"跨省通办"、165 个事项泛珠区域"跨省通办"。六是推行"帮代办"。在各级帮办代办窗口安排专人服务，有的组建专门团队开展帮办代办。

（四）推行"四项改革"，审批服务实现便捷高效

我们坚持改革促服务、服务提效能，大力推进行政审批制度改革，重点领域审批服务效率大幅提升。

一是推行重点区域赋权改革。对 89 个开发区、滇中新区、中国老挝磨憨—磨丁经济合作区、云南自贸试验区分别赋予了 74 项、87 项、84 项、128 项省级行政职权事项。印发《云南省沿边产业园区行使省级经济管理权限事项负面清单（2024 年版）》，将 103 项省级经济管理权限事项纳入负面清单。二是推行商事制度改革。全面实行企业开办"一窗通"服务，企业开办时间由 5 个工作日压减至 1 个工作日以内。三是推行"证照分离"改革。制定出台"证照分离"改革全覆盖实施方案，全面实施涉企经营许可改革事项 349 项，"证照分离"改革惠及新设经营主体数占比近 50%。四是推行投资和工程建设项目审批制度改革。加强要素保障，进一步压减审批时间，提高审批效率，政府投资类项目从立项到竣工验收审批时间由 120 个工作日压减至 50 个工作日以内。

（五）开展"三项行动"，政务服务效能实现不断提升

我们坚持问题导向、目标导向、结果导向，聚焦企业和群众办事堵点问题，深入开展专项整治行动，不断提升政务服务效能。

一是深入开展"优化政务服务提升营商环境"专项行动。坚持政企共同找问题，并督促整改。二是深入开展涉企政策"回头看"专项行动。组织 16 个州（市）和 21 个省级部门全面梳理涉企政策，着力完善不够规范、不好操作等问题，编制公布 283 项涉企政策操作规程，让干部能操作会执行、让企业看得懂易办理。三是深入开展政务服务效能提升"双十百千"工程专项行动。集中梳理解决两批 197 个企业和群众办事堵点问题，优化完善 104 项高频服务事项接入国家平台，上线运行助企惠企和民生保障两个服务专区，多渠道、多角度收集整改全省政务服务平台存在问题，进一步方便了企业和群众办事。

三、下一步工作打算

目前，我们的工作中还存在一些问题：一是政务信息化基础还需要加强；二是政务数据共享还有待提升；三是"高效办成一件事"推进不平衡；四是系统支撑能力有待提升；五是经验总结和典型打造还有待强化。

下一步，我们将深入学习贯彻党的二十届三中全会对政务服务标准化规范化便利化和"高效办成一件事"工作作出的决策部署，更加清醒认识政务服务的地位和作用，更加高度重视"高效办成一件事"工作，全面落实国务院办公厅政务办的工作安排，全力以赴抓好各项工作落实。

一是聚焦数字赋能。健全完善政务数据资源体系，深入推进基础数据库和专题数据库、政务数据共享平台建设，推进政务数据有序共享。

二是聚焦事项落地。巩固提升第一批 16 个重点事项线上线下办理成果，全面实现"一网通办"，抓紧推进新一批重点事项线上线下可办。

三是聚焦系统支撑。升级改造现有业务系统，加大对接打通力度，为新一批重点事项尽快实现"一网通办"提供支撑。

四是聚焦市县层级。开展专题调研，及时研究解决存在问题，组织业务实操培训，进一步提升基层经办人员能力，压实"高效办成一件事"落地实施的"最后一公里"责任。

五是聚焦事项储备。多个渠道，广泛收集企业和群众诉求，以问题和需求为导向做好事项储备，建立健全重点事项常态化推进机制。

六是聚焦宣传引导。强化示范引领，推动"一地创新、全省复用"。

坚持企业群众需求导向
推动政务服务提质增效

青海省数据局

近年来，青海省严格贯彻落实党中央、国务院安排部署，积极主动作为，紧盯企业群众需求和"一网通办""高效办成一件事"目标任务，压茬推进，取得积极成效。

一、集约建设政务服务"总门户"，全力推进"一网通办"走深走实

一是实现更多政务服务事项"网上办"。以集约化模式建设了全省一体化政务服务平台，形成了以统一身份认证、统一电子证照、统一事项管理、统一投诉建议、统一好差评、统一用户服务、统一支付服务为支撑的服务体系，实现省、市（州）、县（区）、乡镇（街道）便民服务中心和村（社区）便民服务站点"五级联动"，面向企业群众开通了网上申报、网上预审、网上办理、"一件事"套餐等政务服务功能，政务服务事项网办率达93%。

二是实现更多政务服务事项"掌上办"。围绕政务服务事项办理流程规范化、办事服务公开化、办事体验便捷化、办事渠道多样化工作要求，积极推动高频事项向移动端延伸。截至目前，"青松办"APP已汇聚涉及个人、法人5708个事项的网上指南、事项申报、评价查询等功能，网办便捷度不断提升。

三是推动更多政务服务事项"跨省通办"。根据国务院关于拓展政务服务"跨省通办"范围，进一步提升服务效能的工作要求，在与国家同步完成"跨省通办"工作任务的基础上，建成青海、新疆、新疆生产建设兵团、陕西、甘肃五省区"丝路通办"专栏，实现政务服务事项区域性网上"跨省通办"，有效减少了企业群众办事"多地跑""折返跑"现象。

二、集成办理政务服务"全流程"，全力推进"高效办成一件事"落实落地

一是强化组织保障。为推动"高效办成一件事"工作落实落地，成立了以省政府分管副秘书长为组长、省直各相关部门分管领导为成员、具体业务处室负责人任联络员的"高效办成一件事"工作推进领导小组，通过省级统筹谋划，确保"一件事"工作高效有序推进。同时，成立省数据局为主，省政府审改办、省政府信息与政务公开办公室、省信息中心业务骨干组成的"高效办成一件事"工作专班，明确任务分工，确保任务落实。

二是完善工作机制。建立"三集中"工作方式。为提高沟通效率，加快工作进度，"高效办成一件事"工作专班采取"集中时间、集中人员、集中办公"的"三集中"工作方式，积极组织协调相关业务和技术人员，统一在省数据局现场办公，共同整合优化事项、合并申请表单、精简办理材料、压缩办理时间、再造办理流程、完善实施方案、开展系统对接，并对出现的问题进行及时沟通和解决，大大提高了工作效率，推动工作取得实质性进展。健全"十个一"推进机制。充分利用"一个数据共享小组统筹推进、一事一方案精准施策、一个专班合力攻坚、一个场所集中办公、一周一天领导督办、一份时间表挂图作战、一季度一通报督促落实、一事项一演示压茬推进、一个门户统一入口、一套标准全省运行"的"十个一"工作机制，进一步完善"网上办理为主，融合办理为辅"的政务服务体系，扎实推进"高效办成一件事"改革落实落地。施行三级联动推广模式。采取每个"一件事"由一个省级行业主管部门牵头，一个市级人民政府协调，

一个县区级事项实施主体试点的三级联动模式进行推广，结合办事群众具体需求，充分发挥行业主管部门统筹作用，调动各级政府主观能动性，为实现更多高频政务服务事项全省复制推广提供切实可行的工作方法和有效经验。

三是压实责任分工。根据"三个免于提交"（"原则上政府部门核发的材料免于提交、能够通过数据共享核验的事项免于提交证明材料、能够提供电子证照的免于提交实体证照"）工作要求，省数据局、省政府审改办合力攻坚，各部门密切协同、积极谋划，"挂图作战"狠抓进度管理，"周小结""月专报"压茬推进。截至目前，已完成13个重点事项全省或试点上线试运行，各项推广工作有序推进。

三、持续深化政务服务"提质效"，不断优化企业群众办事体验

（一）试点先行，力争试点变亮点

为高质量完成"开办餐饮店一件事"创新示范工作，紧密结合国家要求，依托省一体化政务服务平台，开设"高效办成一件事""开办餐饮店一件事"专区和政策专栏，多次组织相关部门和行政相对人召开会议，对《青海省推进"开办餐饮店一件事"试点改革工作方案》进行反复修改完善，"三个紧盯"取得初步成效。

一是紧盯办事环节。申请材料从18个精简至6个，材料精简率达67%。

二是紧盯办理时限。并联办理市监、住建、消防事项，办理时限从33个工作日压缩至10个工作日，时限压缩率达33%。

三是紧盯群众所需。结合青海实际，创新性地将具有地域特色的"清真标识行政确认"事项纳入"开办餐饮店一件事"集成办理。

（二）持续发力，办事体验再提升

一是政务服务供给侧和企业群众用户侧办事体验同步提升。在政策"清不清"、流程"通不通"、服务"优不优"、体验"好不好"上下功夫，印发《开展"我陪群众走流程""政务服务体验员"工作方案》（青数

〔2024〕32号），采取企业群众参与评价，"厅局长、处长走流程"等多种形式，找准难点堵点靶向发力，推动政务服务从"能办"向"好办"转变，进一步增强企业和群众办事获得感、满意度。

二是政务服务事项库升级和事项标准统一同步推动。按照国务院办公厅关于事项库2.0行政许可事项向3.0系统切换的统一部署，推进全省各地区行政许可事项数据与国家、省一体化政务服务平台标准统一、数据同源，对全省各地各部门行政许可事项进行再梳理、再规范。

三是政务服务数据通和"高效办成一件事"同步推进。省级统筹协调"高效办成一件事"政务数据共享工作，建立健全并充分运用政务数据共享协调机制、政务数据共享责任清单机制、政务数据共享月通报机制，最大限度实现办事材料"免提交"，确保上级数据"用得上"，省级数据"下得去"，部门数据"流得动"，通过数据赋能让政务服务更加便捷高效。

（三）数据赋能，着力减少跑动次数

为进一步提高企业群众办事便捷度，省数据局主动作为，调研梳理高频事项，同步优化了涉及"开办餐饮店一件事"相关政务服务事项办理流程。比如，城市建筑垃圾处置核准、设置招牌标识备案、设置宣传品备案三个高频政务服务事项，对受理条件、服务对象、办理流程、申请材料、办结时限、办理结果等要素标准进行统一，并实现了结果证照电子化，办事跑动次数由线下"最多跑一次"转变为线上办理"零跑动"，目前，西宁市主城区已全面推行。

尽管工作取得一定成果，但依然存在共性支撑技术平台有待完善、基层政务服务工作力量薄弱等问题，制约了政务服务"一网通办"水平的提升。下一步，我们将进一步提高思想认识，围绕企业群众所想所盼，紧密结合工作实际、网络环境、事项调整等具体省情民情，采取"边实施、边运行、边服务、边完善"的模式，不断进行动态调整和逐步完善，持续提高企业群众满意度和获得感。以共享促落实。充分利用数据共享协调工作机制，依托省政务数据共享交换平台，梳理汇总政务数据共享需求，分批纳入"高效办成一件事"数据共享责任清单，推进审批服务数据有序开放、互认共享，"边实施、边运行、边服务、边完善"，推动实现 13+8+3 个重点事项"试点先行、全省复用"。以便捷促高效。围绕教育、就业、社保、医疗、养老等企业群众密切关注的办事需求，扎实推进各地区、各部门政务服务办理系统与移动端"青松办"深度对接和应用融合，利用大数据、人工智能等新技术手段为政务服务提供"数智"赋能。以体验促提升。坚持问题导向，建立政务服务问题查找、系统改进、督促推动和结果反馈机制，实现企业群众体验不断提升的良性循环。

以推进"高效办成一件事"为牵引
全面打造高效便捷的政务环境

宁夏回族自治区人民政府办公厅

2024年以来，宁夏回族自治区人民政府办公厅坚持以习近平新时代中国特色社会主义思想为指导，全面贯彻落实党的二十大和二十届二中、三中全会精神，深入学习贯彻习近平总书记考察宁夏重要讲话精神，牵头抓总、统筹指导全区各地各部门，把推进"高效办成一件事"作为新阶段优化政务服务、提升行政效能的主攻方向和战略重点，聚力改革引领、数字赋能、业务融合、技术应用等多轮驱动，提速推进政务服务转型升级，全面打造高效便捷的政务环境，为助力优化营商环境、推动经济社会高质量发展提供了有力支撑。截至目前，宁夏推进"高效办成一件事"改革主要任务全部落地，总体进度和成效与上海、江苏等全国试点省市保持同步；宁夏高效办成水电气暖网联合报装"一件事"、破解城镇住宅办证难"一件事"、政务服务线上线下融合和向基层延伸等典型经验案例，被国办在全国推广。

一、聚焦应用场景，打通堵点梗阻

针对事项标准化、数据共享化、业务协同化、体验更优化，推动业务、技术、数据融合，打造"高效办成一件事"应用场景。

一是重塑业务流程。聚焦企业和群众实际需求，加强业务整合、流程再造和集成服务，对申请表单、申报材料合并去重，简化办理环节，逐项制定标准化规程和办事指南，实现"一张表单、一套材料、一次申请"。截至目前，国家及自治区层面部署的"一件事"，平均压减办理时限 65%、压减申请材料 66%、压减办理环节 75%、减少跑动次数 76% 以上。

二是强化数据赋能。依托全国及全区一体化政务服务平台，扎实做好与国家及相关区直部门的系统对接和数据共享，厘清数据政务关系图谱，加强数据赋能。仅 2024 年上半年，围绕"高效办成一件事"改革，全区一体化政务服务平台与国家及自治区 30 多个专业审批系统完成对接，实现与公安人口、不动产、公积金等 80 多项数据互通共享，累计打通融合各类专业审批系统 108 个。

三是创新应用场景。精心梳理打造套餐式、主题式的涉企服务和公共服务应用场景，为企业和群众提供"一件事一次办""一类事一站办"的高效服务。如水电气暖网联合报装"一件事"构建了"一早介入、一表申请、一网通办、一窗受理、一体审核"的"五位一体"工作机制，平均单个项目报装人力节省 1.5 个、办事成本节省 2 万—3 万元。自治区自然资源厅等 6 个区直部门构建了规范办、探索办、联动办、高效办"四办"新模式，集中化解城镇住宅"办证难"，2024 年以来新增解决历史"办证难"1.1 万户，累计解决 22.2 万户。

二、深化政务改革，提升服务效能

积极探索政务服务线上线下融合的新模式、新路径，着力打造"在宁夏·事好办"政务服务品牌。

一是加快"五端"协同融合。聚焦网络通、系统通、数据通、业务通、证照通、用户通，持续推动全区一体化政务服务平台迭代升级，实现了电脑端、移动端、自助终端、实体大厅、12345 热线"五端"协同融合，在全国较早完成"高效办成一件事"线上专区、线下专窗全覆盖，实现了全区政务服务线上线下标准统一、数据同源、服务同质。

二是深化服务模式创新。大力推进关联事项集成办、容缺事项承诺办、异地事项跨域办、政策服务免申办、专业服务帮代办、企业服务增值办，以"极简办事"提升政务服务的速度和温度。围绕国务院部署的 13 个"一件事"，延伸服务链条，丰富服务内容，由原来 86 个事项拓展为 121 个事项，让企业群众"一次可办更多事"。如企业上市合法合规信息核查"一件事"，由以往需要核查的 18 类信息扩展到 27 类，确保了信息核查的全面性和精准性。

三是提升数智应用水平。创新应用大语言模型等新技术，先后上线了政务服务智能客服、智能审批、智能帮办等系统，试点推行了"数字门牌""视频勘验"、智能预审等创新举措，推动办事服务由人力服务向人机交互、由经验判断向数据分析转型，更好实现企业群众"一件事"高效办成。

三、强化系统观念，完善工作体系

坚持统一规划、统筹建设、分别负责、分级管理的原则，锚定中西部领先、全国一流的目标，加快完善泛在可及、智慧便捷、公平普惠的高效政务服务体系，推动全区政务服务实现新飞跃。

一是全面提升"一网通办"能力。建成上线了以身份认证、办事入口、事项管理、电子证照、电子印章、数据共享、公共支付、"好差评"、搜索服务等"十个统一"为基础架构，区市县乡村五级贯通、一体化运行的政务服务综合平台（即宁夏政务服务"一张网"），并持续扩能升级，与国家一体化政务服务平台全面对接，总体实现了"进一张网、办一揽子事"。截至目前，全区网上可办、"最多跑一次"事项占比分别为 95.3%、91.3%。持续推进"我的宁夏"政务 APP 扩能升级，目前可办事项达到 1600 多项、可查事项 4200 多项，实名注册用户占全区常住人口的 168%，累计办件1600 多万件。

二是全面夯实"只进一门"基础。加快完善区市县乡村五级政务服务体系，加强政务服务场所标准化建设，全区 27 个市、县（区）全部设立了审批服务管理局和政务服务中心，乡镇（街道）、行政村（社区）全部设立了便民服务中心（站），实现了机构、人员、场所、设备、业务"五到位"。全区乡镇以上政务服务场所全面推行了"一窗受理、集成服务"模式，实现了"综合窗口""高效办成一件事"专窗全覆盖，各级政务服务场所一站式服务能力持续增强。建成上线全区统一综合受理平台、全区集成化自助服务终端管理等系统，实现了申请材料"一次提交"、办理结果"一端汇集、多端获取"。

三是全面构建"一线应答"模式。建立完善了全区 12345 政务服务便民热线管理平台，构建了自治区和五个地级市"两级一体"的话务模式，实现了"一号对外""一体联运"。开通了"企业投诉及营商环境咨询"专号专席，全力打造企业投诉全记录、咨询答复一口清、解难纾困一站式服务，专号开通以来共受理经营主体诉求 5.7 万件，办结率 99%，满意率 90%。

四、加强组织领导，集聚工作合力

坚持省级统筹、一盘棋谋划、"一把手"推动，形成全区上下联动、条块结合、同向发力的良好工作格局。

一是加强政策部署。按照自治区政府主要领导要求，政府办公厅第一时间组建跨部门工作专班，利用春节假期主动加班加点，于 2024 年 2 月底起草下发了《自治区全面推进"高效办成一件事"进一步提高行政效能实施方案》，明确了 7 个方面、16 条改革举措和 2024 年"13+1+7+N"重点任务。同时，组织各牵头部门起草了分项工作方案，于 2024 年 4 月初下发了《2024 年"高效办成一件事"重点事项工作方案》，是全国最早出台改革总体方案和分项方案的省份之一。

二是加强协同联动。自治区各牵头部门、配合部门按照每个"一件事"落地可办的核心要素，建立了跨部门协调联动机制，倒排工期，挂图作战，集中攻关。各市、县（区）密切配合，大力推动减材料、减环节、减流程、降成本、提效率，形成了强有力的工作合力。

三是加强统筹调度。政府办公厅专门赴国办汇报对接工作，深入有关区直部门和市、县（区）指导培训、化解难题，建立了定期调度工作制度，先后组织召开跨部门业务对接协调、业务培训会 60 多场次，现场解决了一大批系统连通、流程重塑等难题。

推动"高效办成一件事"
助力政务服务环境不断优化提升

杭州市行政审批服务管理办公室

党的二十届三中全会强调，进一步全面深化改革要坚持以人民为中心，做到改革为了人民、改革依靠人民、改革成果由人民共享。杭州市审管办牢固政务服务"第一窗口"也是代表党委政府形象"第一窗口"的首位意识，聚焦企业和群众对新时代政务服务的美好期盼与向往，以政务服务增值化改革为牵引，按照国务院《关于进一步优化政务服务提升行政效能推动"高效办成一件事"的指导意见》要求，深入实施营商环境优化提升"一号改革工程"，实现政务服务由便捷服务向增值服务的迭代升级，不断提升企业和群众办事的获得感和满意度，为营商环境最优市建设注入强劲动能。

一、拓展"高效办成一件事"的"新场景"

杭州市把办事方式多元化、办事流程最优化、办事材料最简化、办事成本最小化作为努力目标，聚焦企业和个人两个全生命周期，构建更为多元的"高效办成一件事"服务场景。

一是升级打造一站集成增值化中台枢纽。2024年4月，杭州市企业综合服务中心完成机构升格，设立企业服务处，专职承担涉企服务全程跟踪督办、组织跨系统跨领域业务协同、涉企运行数据分析研判等工作。企服中心依托政务服务大厅"嵌入式"设置人才服务、法律服务、国际商贸服务、惠企政策、金融服务、慈善共富等增值化专区；从杭州"后亚运"的实际出发，围绕大型活动"一件事一次办"集成服务，设立营业性演出、体育赛事、展览展销综合窗口。截至 2024 年 8 月底，全市企服中心共有增值服务事项 2092 项，全市共办结增值化服务事项 30.98 万余件。

二是深化"办不成事"兜底服务机制。在全国率先探索构建"办不成事"兜底服务机制，强调政务服务工作的情绪价值，把工作的出发点从"可不可以办"的技术判断变为"应不应该办"的价值判断。在全市设立 95 个专窗，全量归集问题，畅通诉求反映渠道；针对非经常无先例事项、多部门无牵头事项、历史遗留疑难事项等，突出部门联动，再造审批办事流程；聚力数智赋能，推动从解决"一件事"向办好"一类事"延伸拓展，优化办事服务体验；采用动态跟踪、执纪问效、多元评价等方式，健全监督体系，提升办事服务效能。截至 2024 年 8 月底，全市累计受理"办不成事"问题 5611 个，协调解决 5197 个，问题办结率达 92.6%，群众好评率达 99.9%，相关工作经验在国办《政务情况交流》第六期刊印推介。

三是推动改革创新实践应用落地。搭建多跨协同数字审批服务大厅，在市、区、街道三级政务服务平台打造"上心办·云窗"，实现进"一个门"办"三级事"，首批可办公安户政、出入境、商事登记个体新设等 32 个高频事项，累计服务企业、群众 2500 余次，平均减少线下排队时间 15 分钟，满意率达 99.2%；杭州市政务服务中心大厅作为体现政务服务变革典型场景，在央视《焦点访谈》栏目展播报道。推动数字应用场景互联互通，全面推广电子证照、电子签章共享应用，在全国范围内率先公布实现 251 项企业办事事项凭营业执照"一照通办"，截至 2024 年 8 月底已累计实现 279 项事项企业办事"一照通办"，实现省市电子签章应用场景互联互通。

四是创新打造"行走的办事大厅"助企服务品牌。2024 年，依托移动审批车联动全市政务服务系统高效整合四级政务服务平台资源，按照常态化、主题化、全域化三种模式，进企业、进园区、进社区开展上门助企服务。指导各区、县（市）审管办聚焦各地特色产业梳理"一类事"服务清单，积极打造"一地一品牌"特色服务，梳理"一类事"服务清单 22 份，服务事项共计 447 项；同时，积极联动市工商联、市科协等单位（部门），整合政府、市场、社会资源，推出各类定制服务"礼包"。截至 2024 年 8

月底，已组织常态化、主题化发车服务 91 场次，服务企业、园区、社区等 654 家次，惠及 13016 人次；组织全域化服务 315 场次，服务企业 4161 家次，惠及 56110 人次。相关活动通过中央、省、市等 10 余家主流媒体报道 68 篇，其中《杭州日报》头版报道 6 次。

二、创新数智赋能直达快享的"新体验"

充分发挥杭州在数字化改革上先行先试的改革优势，在深入推进全市政务服务平台标准化、规范化、便利化建设的同时，强化线上线下深度融合的政务服务模式，为"高效办成一件事"提"质"增"智"。

一是赋能高质量"一网通办"。加快构建"网上一站办、大厅就近办、基层帮你办、全省统一办"服务模式，全市 193 个镇街、3204 个村社实现"一网通办"工作台全覆盖，161 个事项实现跨省通办；全市政务服务大厅"一网通办"收件率为 99.53%，窗口单事项"一网通办"占比达标率为 97.73%。充分利用杭州政务服务"一网通办"监测预警平台，强化"预警、整改、沟通"工作闭环，全市超期受理率、超期办理率均控制在 0.01%。

二是赋能"就近办"和"跨区域通办"。深化政务服务"便利化"改革，制定《"就近办"政务服务事项指导目录》（2024 年版），民生类政务服务事项 369 项实现"就近办"；助推"政银合作"网点扩面服务扩容，全市共设立"政银合作"银行网点共计 491 个，可办 96 个高频事项，持续做优"15 分钟政务服务圈"。推广长三角"一网通办"远程虚拟窗口，全市开设 29 个"远程虚拟窗口"；持续拓展"跨省通办"服务事项，先后与吉林长春、湖北恩施、四川广元和南充、陕西西安、广西南宁、山东烟台等地，签订"跨省通办"合作协议。

三是赋能公平市场环境建设。不断优化全市招投标领域市场环境，持之以恒抓好招投标领域专项整治，推动"信用 +"监管，深入推动公共资源交易实现国家、省、市三级 7 大类 196 万余条黑名单数据实时共享和动态更新；创新"天秤码"信用管理体系，实现建设工程、交通运输、水利、园林绿化等行业代理从业人员业务能力和信用水平可视化管理；探索推进小额项目统一管理，建设杭州小额项目综合管理平台，推动全市 31 家院校、14 家医院、7 家国企小额交易线上统一纳管。

四是赋能中介服务规范化管理。以投资项目审批中介服务为切口，制定《杭州市投资项目审批中介服务规范提升专项行动方案》，推广"网上中介超市"应用，投资项目审批中介机构网上累计注册总数 1411 家、年均增长 11.3%，竞价交易量 1287 项、年均增长 256.7%；创新"信用 +"监管体系，强化投资项目审批中介服务多维评价体系应用，以年度为周期向市场公布涉审中介诚信名单，获得优选推荐资格，利用中介优选系统已促成项目 1190 个。

三、构建"杭州·企呼我应"涉企问题高效闭环解决的"新机制"

杭州市以涉企问题为切入口，构建全市一体的线上线下相融合的涉企问题高效闭环解决机制，形成涉企问题"反映—受理—交办—办理—预警—评价—分析"工作闭环，推动涉企问题破题解难由"一件事"向"一类事"的转变。

一是全量归集问题，实现涉企问题主动发现。制定《杭州市构建"企呼我应"涉企问题高效闭环解决机制的实施方案》及配套试行机制，启用"杭州·企呼我应"服务场景。线上，接入 12345 热线营商环境专席、"亲清在线"等相关数据；线下，通过深化"办不成事"专窗兜底服务机制、开展"行走的办事大厅"助企服务活动、打造政企"面对面"洽谈室等形式，丰富"政企交流"场景，畅通问题搜集渠道。截至 2024 年 8 月底，共归集涉企问题 84.67 万余个，办结 84.55 万余个，办结率 99.86%，满意率 97.38%。

二是分类分层分级受办，实现涉企问题高效处置。根据问题领域、部门职责、处理层级等，逐级分办交办；构建企服中心、有关部门以及市、区县（市）、镇街三级全覆盖的体系，实现办件线上闭环管理；由企服中心明确专人联系相关服务专区，协调、跟踪涉企问题流转、受办情况。

三是综合分析研判，实现涉企问题举一反三。依托"杭州政务服务在线""企呼我应"数字驾驶舱，对涉企问题全量统计分析。企服中心通过

"涉企问题库"，开展同类问题"预警"，并分析总结形成西湖龙井茶全产业链服务、高端服装贸易知识产权保护、建德市草莓生产服务等系列"一类事"服务清单。

四是服务跟踪问效，实现涉企问题晾晒评价。以国办"好差评"标准设置评价维度；各承接部门按照"谁办理、谁负责"的原则，定期开展回访，对"不满意"评价实行100%回访，并提级处置；企服中心牵头梳理问题解决典型案例，供学习借鉴。

四、塑造党建和改革相融合的"新形态"

推动"高效办成一件事"在政务服务平台落地落实，关键在队伍、在服务，杭州市用足用好全市政务服务系统"1+13+N"党建联建机制，以"一盘棋"格局推动全市政务服务队伍高标建设，抓队伍、树形象，探索以党建强引领发展强的创新改革实践路径。

一是强联动，攻坚出亮点。连续三年开展市、区两级年度重点改革任务联动攻坚，2024年签约联动攻坚项目45个（其中，涉及政务服务的27个、公共资源交易的15个、自身建设的3个），以"一地创新、全市应用"，激发全市政务服务系统改革创新的内驱力。如，以萧山区政务服务"数智化"标准化项目获批国家级试点（国家标准化管理委员会认定）为契机，市审管办与萧山区审管办签约联动，持续推进全市政务服务标准化建设，于2025年上半年完成验收工作。

二是优作风，服务提效能。以党纪学习教育为契机，联动市政府办公厅纪检监察组、区县（市）审管办及其联系的纪检组，开展全市政务服务系统"作风建设提升年"专项行动，列出履职不力、效能低下、暗中卡要、态度生硬、纪律松散等问题清单，从管理机制、增值服务、队伍建设等方面制定12项针对性工作举措，以严明纪律推动勤廉作风建设。

打造"南事好办"场景　办好利企便民事

南昌市政务服务和数据管理局

2024 年以来，南昌市在市委、市政府的坚强领导下，深入贯彻《国务院关于进一步优化政务服务提升行政效能推动"高效办成一件事"的指导意见》的工作部署，聚焦企业群众"要办的事情找不到，要填的信息容易错，不懂的问题没处问，不好的服务没处说"等痛点，创新推出以"一窗搜索、一键到底、一呼秒应、一办即评"为具体承载的"南事好办"场景。

一、"一窗搜索"实现精准查找马上办

聚焦"要办的事情找不到"，以政务服务平台为总枢纽，运用 AI 大模型等新技术赋能，打造智慧大综窗总入口，推动 1466 项事项整合汇集，实现政务服务"繁向简""多向一""慢向快"的转变。

一是一个页面集成"一张网"。突破部分系统难以深度互联互通的障碍，创新建设线上"智慧大综窗"页面，形成"一个页面，一次登录，漫游全市"的"一张网"，实现 96 个系统归集为 1 个页面的"多向一"转变。

二是一个窗口囊括"全部事"。开发智能搜索框以模型智能计算替代人工页面查找，推动政务服务事项通过"模糊、联想、口语"搜索直接定位至办理事项，搜索事项由繁至简，实现"一窗通达、一框定位"。

三是一个 AI 解答"所有问"。深度应用自然语言大模型，提升人工智能意图识别和精准回答能力，440 项政务服务事项精准实现人工智能"一问即答"，问题处理由慢变快，平均处理时间压缩至 1.5 分钟。

二、"一键到底"实现点点鼠标轻松办

聚焦"要填的信息容易错",创新运用大数据、人工智能等新技术手段,优化政务服务事项申请条件、申报方式、受理模式,将智能预填、智能预审、智能效验应用办事全过程,推动政务服务由人力服务型向人机交互型转变。

一是数据清洗,表单数据智能填充。应用 OCR 技术、打造常用地址库、文本解析等方法,对数据库内积累数据进行提取、清洗和治理,形成 5.1 亿条数据的共享数据库,拓展数据共享应用,实现 20 余类信息免填报,350 余种 2155 万份证照免提交。

二是智能审查,审查要点智能效验。通过算力算法关联各业务清单和数据要素之间的逻辑关系,开发表单引擎工具,探索建成人工智能审查要点模型,实现 438 项材料表单内容"在线填报,自动效验,自动生成",办件时间平均压缩至 1.32 天。

三是打通壁垒,专业事项智能审批。加强电子印章、电子签名的应用,深入与公安、人社、医保等部门开展数据贯通效验合作,累计可在线效验要素突破 100 余项,30 余项高频事项申请"一次提交"、数据"多端获取"、结果"即时效验"。

三、"一呼秒应"实现手把手教放心办

聚焦"不懂的问题没处问",打造线上专业客服,通过远程视频、屏幕共享等方式,实现企业群众与工作人员实时音视频连线通话,1466 项政务服务事项可全流程咨询、700 余项事项可全流程受理,让企业群众"足不出户"享受帮办服务。

一是设置远程虚拟窗口,1 分钟唤起帮办。打造远程虚拟窗口,支持"电脑端、手机端"服务,组建线上客服队伍,提供"语音、文字、视频"在线引导、咨询和受理,实现 1 分钟内首次响应,解决率超 80%,家门口到办事窗口实现"零距离"。

二是打造线上服务专员,1 次呼叫跟踪解决。远程虚拟窗口开设急事呼

叫专线，专属客服人员全程跟踪服务，针对"住院治疗、腿脚不便"等特殊群体开展预约上门办理，特殊事宜开通急事办理绿色通道，"急事就找小赣事，1 次呼叫助您办好"的特色服务初步形成。

三是搭建可视数字空间，1 个空间共享服务。通过数据的采集和治理，以身份证号和信用代码为识别号，打造专属服务空间，为全市 300 余万注册用户定制数字画像，累计为 1 万余注册用户提供"到期提醒、材料银行、办事记录、证照存取"等特色专属服务。

四、"一办即评"实现未来的事情更好办

聚焦"不好的服务没处说"，搭建政务服务"晴雨表"，以政务服务事项为牵引，汇聚办件数据、运行数据、评价数据等，公开透明可视化呈现，实现全市政务服务效能状况实时查看、实时监督、动态感知。

一是一个进度条看状态。通过一个办件中心，关联办事全过程，超简进度条一目了然向企业群众展现，"办到哪里、处在哪个状态"随时可查，并通过短信提醒，让企业群众办事时做到心中有数，不必求人。

二是一套模型看计分。运用数字化建模手段，围绕业务、管理、效能等指标建立抢单计分、窗口饱和等多种模型，综合分析窗口收出件、办件等 20 余类数据，对窗口、部门以及县区效能进行无感化智能评估，精准评价政务服务运行情况。

三是一张晴雨表看效能。依托 12345 热线建立"人工智能＋回访专员"机制，对不满意办件实现 100% 回访覆盖，回访结果与其他模型数据融合，在各类政务服务平台或大屏上向社会公开，实现以公开促监督、以监督促提升的良性互动。

持续深化"高效办成一件事"
推动"在泉城·全办成"改革迭代升级

济南市行政审批服务局

"高效办成一件事"是优化政务服务、提升行政效能的重要抓手。近年来，济南市深入贯彻落实党中央、国务院决策部署，坚持改革引领和数字赋能双轮驱动，以集成办理、流程再造为突破口，深入推进"高效办成一件事"，不断推动"在泉城·全办成"改革迭代升级，企业和群众办事满意度、获得感大幅提升。

一、聚焦制度建设，强化协同高效，深化"高效办成一件事"模式创新

一是首创审批服务"四维协同"机制。发挥相对集中行政许可权改革优势，推动部门、层级、区域和社会等各方协同，打造"审批服务共同体"。通过人大立法出台全国首部审批局模式下审管协同联动方面的地方性法规，强化审批、监管、执法、信用全流程协同，促进政务服务事项高效规范办理。

二是深化"极简审批"模式。健全行政审批工作制度规范，全面推行"独任审批师"制度，扩大告知承诺、容缺办理事项范围，以集成式制度创新激发改革内生动力。完善"好差评"制度，畅通多元监督渠道，实现评价渠道、评价对象、评价事项"三个全覆盖"。

三是健全"高效办成一件事"常态化推进机制。由分管市领导担任组长，按照"一件事""一个牵头部门、一个工作团队、一套工作方案"工作

要求，完善"1+4+126"工作机制，推进"一件事"流程迭代升级。拓展"一件事"服务场景，强化跨部门政策、业务、系统协同和数据共享，推动关联事项集成办、容缺事项承诺办、异地事项跨域办、政策服务免申办。

二、聚焦规范统一，打造标准体系，夯实"高效办成一件事"工作基础

一是强化事项管理。全量完成政务服务事项基本目录和办事指南编制发布，健全事项动态调整管理机制，持续推进政务服务事项标准化提升。截至目前，市级2110项、区县1853项、镇街村居136项事项及办事指南，全部实现电脑端、移动端等五端"同源发布""同标办理"。

二是加强渠道建设。深化线上线下服务融合，推进政务服务事项"三进""三上"，市本级事项线下进厅率99.5%，线上可网办率99.6%，"一网通办"事项基础全面夯实。强化系统整合，推动"一件事"相关业务系统与一体化政务服务平台互联互通。改版升级市政务服务网"高效办成一件事"专区，在"爱山东"济南分厅上线"智慧审批"服务157项。动态调整电子证照证明"用证"事项清单，137类电子证照数据实现互通互认。推进综窗改革，深化"综窗集中受理、专区特色服务、后台分类审批、分区统一出件"服务模式。

三是完善标准体系。深化"一套标准管审批"，推行全流程标准化，推出"零基础"操作模板，提供公平公正无差别的政务服务。积极制定政务服务标准化管理办法，编制发布基层便民服务事项实施清单及办理规程。以标准形式固化改革成果，主导立项国家标准2项，发布地方标准7项。

三、聚焦流程重塑，推进集成改革，深化"高效办成一件事"应用拓展

一是围绕企业和个人全生命周期深化改革。推行"企业开办一件事"，深化企业开办"一网通办"，将7个部门8个事项合并办理，全市范围内实现半日办结。推行住所标准化登记，准入准营更加便捷。实施"照税联变"，一次办结率达98%。推进企业上市合法合规信息核查"一件事"，

在 52 个领域使用公共信用报告代替无违法违规记录证明，做到"应替尽替""能替尽替"。推行"义务教育入学"一件事，打通相关部门招生所需数据，报名实现"零跑腿"。推出社会组织登记"一件事"，精简申请材料21 份，压减办理环节 33 个。

二是围绕工程建设项目全链条深化改革。扎实推进工程建设项目全生命周期数字化改革试点，完成工程审批系统 3.0 升级，14 个部门 47 个审批事项一体化办理，7 类 37 项表单数据实时共享。依托工程审批系统、"智慧住建一张图"，省内率先实现房屋建筑单体"一码落图"。深化"拿地即开工、建成即使用"，推进推行建设工程规划许可证"二十六合一"、施工许可证"六合一"、联合验收"十四合一"，参加国家工改评估连续 5 年攀升进位，2023 年度获全国第二。推出水电气暖网等市政公用基础设施联合报装"一件事"，打造"泉联合"服务模式，接入时间平均节省 6 个月以上，2024 年以来服务项目 200 余个，节约经济成本 2000 万元以上。

三是围绕政策服务深化改革。建立"泉惠企"企业服务综合智慧平台，优化完善"10+N"经营主体标签体系，汇聚全市 154 万经营主体、1670 万余条数据，发布各级惠企政策 4200 余项、政策兑现事项 370 余项，其中135 项可通过平台"一键申报"。发布三批 129 项惠企政策"免申即享"兑现事项清单，已兑现资金 46.74 亿元，惠及企业 161 余万户（次）。

四、聚焦利企便民，促进服务增值，推动"高效办成一件事"提质提效

一是"云上服务"更省心。上线政务服务"云大厅"，集"查询、咨询、预约、导航、帮办、受理、审批"全流程服务于一体，提升一站式数字化办事体验。建设"云大厅"市级专业大厅和区县分厅，强化上线事项迭代升级，打造"云上政务综合体"。

二是咨询服务更用心。依托"智惠导服"构建智能咨询服务体系，创新自然语言大模型应用，梳理高频知识库 7.6 万余条，编制三级知识库标签147 项，不断提升意图识别和精准回复能力。截至目前，咨询回复总量超240 万件，满意率达 99.98%。

三是帮办服务更暖心。优化"泉帮办"服务，强化前台引导和全程帮办代办。提升"项目管家"服务质效，为重大、复杂和有急需的项目打造"四个专属服务"，为一批重大项目绘制个性化流程图。拓宽企业诉求受理渠道，开展主动问需、政策宣讲活动500余场，走访各类企业7000余家（次）。落实诉求闭环解决2110工作机制，累计受理企业诉求3.9万余件，满意率达98%以上。

四是自助服务更贴心。深入推进自助终端功能集成，跨部门集成242项高频事项，在全市布设590余台，对接银行自助柜员机920台，累计使用量220万余次。依托自助终端建设182个"泉税驿站"，打造"全域智慧税务服务网络"。

下一步，我们将以这次会议为新的起点，持续深化"高效办成一件事"改革，努力打造市场化、法治化、国际化一流营商环境，为建设"强新优富美高"新时代社会主义现代化强省会作出新的贡献！

强化数字赋能
深化"高效办成一件事"

郑州市行政审批和政务信息管理局

近年来，郑州市认真贯彻落实习近平总书记关于数字中国、网络强国、智慧城市建设的重要指示精神，始终锚定"当好国家队、提升国际化、引领现代化河南建设"的目标，以"数字郑州"建设为统揽，以"一网通办、一次办成"政务服务改革为抓手，深入推进数字政府一体化统筹建设。聚焦企业群众急难愁盼，坚持把"高效办成一件事"作为数字政府建设的突破口和优化政务服务、提升行政效能的有力支撑，持续深化政务服务集成化、便利化改革，不断提升服务质效，提高企业群众获得感。郑州市"一网通办，一次办成"政务服务改革实践入选智慧城市运营典型案例；"亲情在线"平台、"无事不扰、有事快办"两个经验做法入选"双十百千"工程典型案例；"五位一体"高效、智能办税链经验做法入选优化政务服务推动"高效办成一件事"典型案例，一体化政务服务能力位居全国重点城市第一方阵。

一、坚持以人民为中心的理念，延伸政务服务触角

郑州市始终坚持从企业和群众视角出发，围绕"高效办成一件事"加强整体规划，通过优化各级政务协同流程，提升政府服务质效，以民生"小切口"撬动政务服务能力"大提升"，为人民群众带来更好的政务服务体验。

（一）聚焦"四端协同"，拓展服务链条

基于郑州统一的"城市大脑"基础底座，按照"高频事项网上易办、简单事项自助可办、全部事项窗口能办、复杂事项大厅兜底全办"的原则，打造了以政务中台、数据中台"双中台"技术架构为支撑，集政务服务、公共服务和便民服务于一体，"四端（即'郑好办'APP实现手机端'掌上办'、政务服务网实现PC端'网上办'、政务大厅四级联动政务服务系统实现'一窗办'、自助一体机实现街道社区'就近办'）协同"的一体化政务服务平台。建设线下一窗受理云平台，强化部门协同、集成服务，优化提升一站式功能。截至2024年7月，上线政务服务网、"郑好办"APP高频事项和便民应用3093项，其中"郑好办"注册用户数突破1927万人，2912个事项实现"掌上办"，325项实现"零材料""刷脸办"。

（二）坚持问题导向，为民纾难解困

聚焦12345热线转办、"办不成事"窗口登记、平台受理反馈等渠道，建立部门联动政务服务"总客服"，畅通问题直达反馈通道。通过12345热线与110平台及各个民生保障部门高效联动机制，做到一线连民心、一线知民意、一线促快办，确保群众诉求有效落实；2024年以来，受理群众反映各类问题120.88万件，向各承办单位转办39.79万件，办结回复39.23万件，工单办结率98.6%，群众满意率93.1%。组织开展"政务服务进企业"活动，建立跨部门跨层级集中会商、多部门联席会议、专班跟踪督办等难点堵点发现解决机制，健全线上线下帮办代办服务体系；累计收集企业诉求、建议500余条，解决具体问题480余个，推动政务服务从"窗口"走进企业群众"心口"。

（三）完善"15分钟便民服务圈"，优化政务服务

全面推进乡镇（街道）便民服务标准化建设，通过网络、系统统一接入，推动公安户政、市场监管、社保医保等事项在全市193个乡镇（街道）便民服务中心实现就近办理，打造"15分钟政务服务圈"，为企业和群众提供更加优质的服务体验，打通服务群众的"最后一公里"。

二、突出数字赋能改革引领，推动系统集成"高效办成一件事"

郑州市全面强化政务服务数字赋能，充分发挥政务服务平台支撑作用、着力提升政务数据共享实效、持续加强新技术全流程应用，全面推动"一件事"既"一次办"又"高效办"。

（一）注重统筹规范，优化办事流程

坚持"市级统筹、部门协同、整体联动推进"原则，制定政务服务"一件事"工作规范，持续开展减环节、减材料、减时限、减跑动，通过环节合并、串联改并联等方式，系统重构部门内部操作流程和跨部门、跨层级、跨区域协同办理流程，统一工作标准，编制"一张事项要素标准化清单、一张联办申请表、一个并联审批流程图"的"三个一"清单，确保指南清晰、流程简明、材料精简、表格集成，以"高效办成一件事"制度化推动办事便捷化，实现"一次告知、一表申请、一口受理、一网办理、统一发证、一体管理"，做到申报材料压缩58.7%，办理时限压缩87.8%，跑动次数压缩82.8%。

（二）深化数据融合，推进系统联动

按照"急用先行、分类推进，先易后难、逐个打通"的原则，采取"全市统筹、抽调专人、集中攻关、强化对接"等措施，打破部门信息壁垒，通过数据互换、数据赋能等方式引导各相关部门主动推进数据共享交换。目前，一体化政务服务平台已实现系统打通、数据对接101个（其中市级自建系统76个、省部级系统25个）。同步启动电子证照归集专项工作，推动2018年以来的历史证照和新产生证照信息同步更新入库，累计归集生成市本级225类1167余万张电子证照、5.7万余条电子批文。跻身全国电子营业执照和电子印章试点城市，实现1.5亿经营主体电子营业执照的实时调取共享。

（三）推进数据应用，创新政务服务场景

围绕企业和个人全生命周期的重要阶段，建立"高频事项简易办、民生事项就近办、多部门事项联动办"的工作模式，为企业群众提供集成化

办理服务。目前，郑州市 105 个联办事项做到"一件事、一次办"，累计办理 800 余万件，实现企业和群众办事由"多地、多窗、多次"向"一地、一窗、一次"转变。其中，教育入学"一件事"，有效破解了新生入学报名材料多、跑动多、审查繁、时限长等问题，改变了以往报名彻夜排队现象，累计完成 23 万名小学新生入学报名；针对外地返郑上初中学生"房户住一致和不一致"两类情形，2024 年 6 月开发上线上初中"一件事"，共享身份、户籍、不动产等 4 个部门 6 项数据，实现全程"网上办、零材料、零证明、零跑动"，使更多群众体验到改革红利。公积金提取实现"刷脸秒办"，通过打通 6 个部门专网系统、共享 9 类数据，实现了 11 种线上办理业务场景，政府部门间的数据共享让群众一次不用跑、一份材料不用带、坐家即可享受公积金提取"刷脸秒批"。上线以来，群众已在线上成功提取 257.6 亿元。助力"智汇郑州"人才引进，上线 32 个人才工作"一件事"，通过"线上 + 线下"融合互联为各类人才提供便捷高效、舒心顺心的"全链条"服务。上线以来，累计发放青年人才生活补贴 14.18 万人，发放补贴资金 22.62 亿元；共为 55326 名青年人才发放购房补贴，累计发放金额 15.21 亿元。

三、强化数据共享应用，优化创新服务体验

综合运用平台、数据和技术，通过部门协同、流程再造、数据共享等措施，优化政务服务方式，深化政务服务创新，打造适合政务服务的场景应用，进一步优化办事流程、精简办事材料、提高办事效率，提升政务服务的温度与速度。

（一）打造统一预约平台，提升群众满意度

整合各级各部门预约系统，采用"1+15+N"系统对接模式，以"郑好办"APP 为全市统一的预约入口，建立线上"郑好办"APP 办事预约专栏、线下政务大厅排队叫号机取号、预约"就近办"地图智能引导等全流程服务，为办事群众自动匹配办事路径指引、服务指南，实现渠道、规则、事项、号源、数据管理、服务机制"六统一"，做到错峰预约、智能分流，让企业群众预约"门好进"，办事少等待。截至 2024 年 7 月，全市统一预约

平台接入市、县两级政务服务事项 10461 项，累计预约总量 105 万余次，大幅提升了企业和群众预约服务满意度，实现线上线下功能互补、信息通用、无缝衔接。

（二）探索政银合作模式，推动就近办理

推行政银合作模式，在有条件、有需求的银行网点、邮政网点等设置便民服务点，延伸传统服务模式，方便群众就近办理业务，持续提升政务服务便利化水平。截至 2024 年 7 月，全市共建成便民服务银行网点 199 个，累计业务量 20 余万笔。

（三）拓展"免证可办"范围，提高服务便利度

聚焦教育、社保、医疗和企业登记、经营许可办理等高频领域，推进电子证照跨区域、跨部门、跨层级信息系统业务数据互通共享、同步更新，不断扩大"免证办"事项覆盖领域，支撑企业和群众办事所需信息"自动填"、所需证照材料"免提交"，推动群众和企业办事证照、材料应免尽免、可免尽免。截至 2024 年 7 月，郑州市政务服务四级联动系统已经接入电子证照 30 余类，累计实现 615 项政务服务事项"免证可办"，实现清单内事项所需的申请材料只要是本市政府部门核发的一律免于提交，能够通过数据共享核验的免于提交证明材料，系统能够获取电子证照的免于提交实体证照。

郑州市始终以人民至上理念引领审批服务优化，强化数据赋能，围绕政务服务扩面增效，通过让"数据多跑路"，在更多领域更大范围实现"高效办成一件事"，以场景应用驱动服务供给创新，推出开放式、有温度、智慧化的政务服务新模式，为激发经济社会发展内生动力，持续提升数字政府基础支撑能力作出郑州新贡献。

突出"高效"、聚力"办成"、深耕"一件事"
持续深化政务服务改革

长沙市行政审批服务局

习近平总书记于 2024 年 3 月在湖南考察时强调,"进一步全面深化改革要突出问题导向,着力解决制约构建新发展格局和推动高质量发展的卡点堵点问题"。近年来,国家层面聚焦企业、群众视角"一件事",持续深化政务服务改革。湖南长沙作为最早谋划"一件事一次办"改革的地区,围绕打造"幸福长沙、网办到家"政务服务品牌,推动"一件事一次办"向"高效办成一件事"不断发展提升,长沙一体化政务服务能力由全国"高"组别提升至"非常高"组别。

一、突出改革创新,全力推进"高效办成一件事"

深刻把握"一件事一次办"到"高效办成一件事"的改革脉络,顶层设计在继承中不断发展,政务服务能力持续提升。

一是坚持目标导向,全面落实"一件事"。以钉钉子的精神,压茬推进国家提出的两批共 21 个"一件事"落地实施。特别是 2024 年 7 月,国务院办公厅公布的新一批 8 个"一件事"中,企业迁移登记、大件运输、就医等 3 个"一件事"长沙早在年初就进行了谋划部署,目前已推动教育入学、新生儿出生、残疾人服务等 15 个"一件事"落地见效,2024 年共产生办件 13 万余件。

二是坚持需求导向,拓展提升"一件事"。在全面落实国家事项基础上,湖南创新提出农村建房、经营性项目验收等 4 个"一件事",长沙进一步拓展新设二手车经营主体、"公证＋不动产登记"等2个"一件事"，合力推进"高效办成一件事"拓面增效。例如，针对申请人办理继承等不动产转移登记业务时还需办理公证等事项的业务需求，长沙推动公证机构进驻政务大厅，将公证和不动产登记等事项打包成为"一件事"，集中到一个窗口办理，对于法律关系简单、事实清楚、证明材料充分的公证事项，通过数据共享核实做到"立等可取"，最大限度利企便民，自2024年7月改革实施以来，已产生办件500余件。

三是坚持问题导向，攻坚克难"一件事"。将推进"高效办成一件事"列入全市十大民生实事，全面实行"一事一策""一事一班"，明确改革事项牵头单位实行"一把手"负责制，主要领导亲自抓部署、抓协调、抓督办，进一步激发推进"高效办成一件事"的改革加速度。特别是针对实践中所遇到的业务流程不顺、系统对接不通、数据共享不畅等问题，通过业务攻坚和技术保障双向发力，对账销号逐项解决难点堵点问题，持续推进减环节、减时限、减跑动、减材料，进一步提升改革质效。

二、突出数字赋能，实现政务服务"网办到家"

充分发挥数字化改革的引领作用，着力构建泛在可及、智慧便捷的政务服务体系。

一是全面建设"无证明城市"，夯实"高效办成一件事"数据底座。开发"无证明城市"系统，推动"刷脸办""减证办"和"证明线上开具"等系列改革落地见效，无房证明、户籍证明等38类证明可线上开具，身份证、营业执照等160类电子证照可实时调用，让企业群众不携带证明、证照也能"高效办成一件事"。以教师资格认定"一件事"为例，在取消实习证明等3项材料的基础上，通过数字赋能，对8类必要材料进行再精简，申请人通过长沙"无证明城市"系统可直接复用户口簿等2类证照，直接核验学历证书等5类材料，办理教师资格认定仅需上传一份信用承诺书和一寸免冠照就能办理完成。

二是持续深化"跨域通办"，拓展"高效办成一件事"覆盖范围。以"长株潭"政务服务一体化为重点，着力加强与长江中游城市群、泛珠三角区域、湘赣边政务服务合作，与 14 省 25 市（区）形成"跨域通办"合作共识，新生儿出生、教育入学、大件运输等"高效办成一件事"事项实现"全省通办"。以新生儿出生"一件事"为例，推动各层级和职能部门业务集成，在长沙市出生的新生儿，不受省内户籍限制，均可通过"高效办成一件事"平台实现"出生医学证明、户口登记、城乡居民参保"等事项一次办结，不再需要往返医院、户籍所在地派出所、政务服务大厅，事项办理时间平均缩短 70%。截至目前，全市共办理新生儿出生"一件事"18800余件。

三是不断强化"就近好办"，提升"高效办成一件事"服务质效。探索"政银合作"，在城市 CBD 区域银行网点，通过设立"政务服务自助区 + 政银通帮代办专区"的方式，提供"高效办成一件事"的自助查询、办理和帮代办服务。在各重点商圈、楼宇布局设置政务服务驿站，投入各类自助设备 2000 余台，为经营主体提供高频事项全天候不出楼办事服务。以企业开办"一件事"为例，联合银行将 24 小时智慧政务服务驿站开进城市中心商圈，实现企业在合作银行网点即可一次办好营业执照、税务登记和印章刻制等。

三、突出效能提升，做优线上线下服务"总窗口"

坚持服务牵引，驱动模式创新，全面加强政务服务渠道建设，推动一体化政务服务能力不断提升。

一是聚焦办事只进一门，推动窗口集约提质效。按照"专区、专窗、专人、专评、专督"原则，突出精致布局、精细管理、精心服务、精准保障，在全市各级政务服务大厅高标准设置"高效办成一件事"服务专区和专窗，明确"八有"专区建设标准，即有制度、有标识、有指引、有目录、有专人、有设备、有评价、有监督，将市政务服务大厅打造成为长沙"最美城市会客厅"。

二是聚焦事项一网通办，推动平台整合破多网。以聚合"一件事"为出发点，建成全市通用的"互联网 + 政务服务"一体化平台。在与省级层面"一件事"业务系统和"湘易办"超级服务端全面对接的基础上，推动全市政务服务网厅端、移动端、窗口端和自助端"四端"融合，保障各类前端服务数据同源、服务同质、更新同步。

三是聚焦清廉大厅建设，推动服务提升树品牌。坚持党建引领，突出阵地建设，将支部建在审批链上，与窗口审批人员签订廉政承诺书，形成廉政工作到窗到人的责任体系，市政务服务大厅评为"全省清廉服务窗口样本"。常态化开展"政务代言人"活动，开设"办不成事"反映窗口，2024年来收集企业群众评价近40万条，好评率99%，选聘人大代表、政协委员、企业群众代表等各界人士组建政务服务监督员队伍，定期体验"高效办成一件事"和政务服务改革成效，不断优化提升行政效能。

下一步，长沙市将深入贯彻落实党的二十届三中全会精神以及上级有关部署要求，以"高效办成一件事"为牵引，持续深化政务服务改革，不断提升行政效能，优化营商政务环境，打造政务服务"最美城市会客厅"，全面助力长沙高质量发展和现代化建设。

以"高效办成一件事"为抓手
优化政务服务提升行政效能

广州市政务服务数据管理局

2024 年以来，广州从企业和群众视角出发，把"高效办成一件事"作为优化政务服务、提升行政效能的重要抓手，强化部门协同和数据共享，统筹"线上一网""线下一窗""热线一号"多维服务渠道，构建"高效办成一件事"立体式服务矩阵，助力政务服务实现向"好办""易办"转变升级，为广州营商环境持续优化提供有力支撑。

一、背景情况

2024 年 8 月上旬，国家首批 13 个"高效办成一件事"重点事项在广东政务服务网广州分厅"高效办成一件事"专区全部上线。

材料份数减少 131 份，跑动次数缩减 59 次，环节数量减少 45 个，办理时限缩短 325 个工作日。

现以企业破产信息核查"一件事"为例，汇报广州市在"高效办成一件事"方面的工作情况。

二、企业破产信息核查"一件事"特色做法

企业破产信息核查"一件事"是国家首批 13 个重点事项之一。以往，破产管理人进行企业破产信息核查，时间周期长、准备材料多、来回跑动多、办事成本较高。

（一）做减法，开展政务服务"同标准"行动

以"一件事"为切入点开展政务服务"同标准"行动，从企业和群众视角出发，强化市级统筹，编制标准版办事指南，实行"一件事"一标准，线上线下多渠道协同统一。牵头部门对企业破产信息核查"一件事"的办理情形、表单要素、申请材料、审批结果等"业务要素"进行精细化梳理后，该"一件事"涉及的11个部门11个区，统一按照业务指南具体要求办理，在全省率先实现企业破产信息核查"一件事"全市同标准上线、市内无差别通办。

（二）做加法，加强"一件事"服务渠道全覆盖

强化"全市一盘棋"工作理念，构建线上"一网通办"、线下"一窗受理"、热线"一号应答"多渠道、立体式服务矩阵，加强"一件事"服务渠道全覆盖。线上依托广东省政务服务网广州分厅"高效办成一件事"服务专区，线下依托市区政务服务中心综合受理窗口，话务依托广州12345"热线坐席＋部门专家"体系，将原本分散在11个部门查询的44项信息，通过线上线下融合服务，集成一个入口统一受理，实现企业破产信息"一网""一窗"通查、"一号"应答。

（三）做乘法，数据共享驱动赋能

依托广州市政务大数据中心数据直达基层模块，深化业务数据的共享应用，以数据多跑路助力部门少录入、群众少跑腿。通过名单数据智能校验比对、自动匹配审核功能，实现申请人身份自动核验。根据业务信息核查需求，实现信息数据共享调用，减少业务审核时间和数据重复提交，提升破产信息核查智能服务效能，办理时限大大缩减，最短实时、最长5个工作日出具查询结果。

三、广州"高效办成一件事"特色服务情况

广州在全面上线国家首批13个"高效办成一件事"重点事项的基础上，聚焦企业个人全生命周期，进一步拓展"一件事"应用场景，重点推出18个广州特色"一件事"主题服务。

二手房转移登记及水电气联动过户"一件事"实现不动产登记和民生

服务"一窗联办、一表申请、一网通办"，年均办理量近 4.5 万宗。

无犯罪记录证明和公证书（出国类）联办"一件事"在各大公证点设置"一件事"专窗，累计办理量超 1 万宗。

社保费争议处置"一件事"依托 184 个实体化联合处置中心，为超 6400 位缴费人解决争议，引导企业主动补缴社保费 1.52 亿元。

在全国率先打造市政公用基础设施"六联办"服务（联合报装、联合踏勘、联合检验、联合账单、联合缴费、联合过户），实现了工程建设项目极简办事。

机动车年审换证"一件事"优化流程将年审和换证合并办理，使车主在办理年审过程中即可现场向检测站申请办理换证，即申请、即受理、即出证，避免因年审和换证分开办理而导致的来回奔波和时间等待。

四、下一步工作计划

广州将继续结合本地实际，在巩固首批重点事项工作成效的基础上，强化业务协同，持续升级体验，通过"亲身体验、换位思考、主动服务"等方式，多角度、多渠道、全流程深度体验"一件事"工作成效，及时找问题、解难题、促落实，持续提升企业群众办事体验，推进"一件事"集成办、高效办、暖心办。

做优做强"12345 亲清在线"亲商助企品牌持续推动国际化营商环境优化升级

成都市城市运行和政务服务办

2018 年 2 月，习近平总书记在成都考察时，首提公园城市理念；2022 年 2 月，国务院批复成都建设践行新发展理念的公园城市示范区，支持成都探索山水人城和谐相融新实践和超大特大城市转型发展新路径。近年来，成都市深入贯彻习近平总书记重要指示批示精神，认真落实党中央、国务院关于深化行政审批改革优化营商环境的决策部署，面对经济总量超 2.2 万亿元，经营主体规模超 390 万户对超大城市治理转型和完善企业全生命周期服务体系提出的新考验，持续提升国际化营商环境水平，推动城市高质量发展。2023 年春节后第一个工作日，成都市召开"12345 亲清在线"启动暨优化营商环境座谈会，聚焦让企业少烦恼、让企业少跑路、让企业多受益、与企业常见面，创新推出"12345 亲清在线"亲商助企品牌，集成"蓉易办""蓉易享""12345 助企热线"和"蓉易见"四大服务方式，形成了"诉求"有效解决—"办事"高效便捷—"政策"直达快享—"面对面"沟通交流的线上线下融合服务企业闭环工作机制。2024 年春节后第一个工作日，再次聚焦"12345 亲清在线"优化营商环境主题召开工作推进会，为各类经营主体提供更加便捷、优质、高效、公平的服务。

一、我们坚持以"12345 助企热线"推动企业诉求有效解决，让企业少烦恼

创建"三专一智"工作架构，开通"12345 助企热线"，设立企业服务接听专席 20 个；配备企业服务专员 48 人，负责紧急联系、日常联络沟通和诉求分析等；组建"企业诉求提速处置专班"，成员 11 人，由 1 名市管副局级实职领导干部任组长，10 名市级部门优秀干部为成员，常态化破解企业典型个案和跨区域、跨层级、跨部门的疑难复杂问题；成立企业诉求分析"智库"，负责分析研判企业发展的共性难点问题，辅助党委政府精准决策，2024 年以来，已形成智库建议 15 篇，获市领导批示 5 篇。2024 年以来，共收到企业咨询、建议、诉求等 7.44 万余件，专班提速提级处置 1.1 万余件，企业诉求解决率、满意率均达 95% 以上。

二、我们坚持以"蓉易办"推进政务服务高效便捷，让企业少跑路

建设"蓉易办"平台，通过打通省一体化政务服务平台和市、区（市）县两级业务系统，推行无差别受理、同标准办理、线上线下融合联动，为企业生产经营提供登记注册、经营许可等 2609 项政务服务事项便捷办理，同步推动"蓉易享""蓉易贷""蓉税乐企"等"蓉易 +"系列平台和法律、金融等增值服务应用逐步接入"蓉易办"平台，不断丰富"蓉易办"平台功能。平台总注册用户 229.5 万，接入网上应用 620 个，实际网上办件比例达 79%。

依托"蓉易办"平台深化政务服务业务流程再造，对高频事项的申请条件、申报方式、受理模式、审核程序、发证方式和管理构架等进行改革创新，明确部门工作责任和所需数据资源，形成全链条、全环节事项办理闭环。在"高效办成一件事"上，逐步实现"一次告知、一表申请、一套材料、一窗（端）受理、一网办理"，试点的开办餐饮店"一件事"办理时限由 48 个工作日缩减至 13 个工作日，全流程减免 9 份材料；试点的开办运输企业"一件事"办理时限由 40 个工作日减少为 5 个工作日，申请材料由 22 项减少为 3 项。

依托"蓉易办"平台设置"跨域通办"专区，与重庆市、德阳市、眉山市、资阳市等密切沟通，通过全程网办、异地代收代办、多地联办等模式，实现户口迁移、居民身份证换领、公积金跨区域转移接续等成渝通办、

成德眉资通办事项 267 项、241 项落地落实。比如，2024 年上半年成渝两地参保人员异地就医直接结算 153.61 万人次，医保支付 4.55 亿元。

三、我们坚持以"蓉易享"促进惠企政策精准普惠，让企业多受益

大力推进惠企政策"直达快享"，建成"天府蓉易享政策找企业"服务平台，一站式全量汇集惠企政策。通过惠企政策和企业主体双边画像，逐步实现惠企政策智能匹配和主动推送，推动惠企政策从"企业找政策"向"政策找企业"转变。平台共汇聚 390 万余家经营主体基本数据，现存有效政策文件 2100 余件，可申报事项累计上线 2400 余条，超过 2 万家企业通过平台进行线上申报。同时开设"政策直播间"，开展惠企政策宣传解读及问答互动。

成都高新区依托市级平台基础打造"高新通亲清在线"智慧应用，企业可一站查阅惠企政策、申报奖补事项、跟踪办理进度等，累计兑付资金 27.42 亿元，其中免申即享 4.1 亿元，惠及企业 2.5 万余家 / 次。成都新津区创新"政策找企业"审核机制，实现"免申即享"无须申报、一周兑付，"易申快享"线上"极简申报"、每季兑付。

四、我们坚持以"蓉易见"实现政企沟通"零距离"，与企业常见面

建立完善常态化、制度化的线下政企沟通交流机制，各级各部门主要及分管负责同志通过政企座谈会、政企咖啡时、政企早餐会等形式，"面对面"解决企业面临的各种问题。针对企业回访不满意诉求，建立专门台账，返回承办单位，责成再核实、再沟通、再办理，确因政策和客观因素解决不了的问题，由市、区（市）县两级产业部门定期开展企业点题、领导主导、部门答题、服务高效的"蓉易见"活动，做好沟通解释工作。2024 年以来，共组织 1.48 万余家企业开展线下沟通"蓉易见"活动 1527 场，收集问题建议 1510 条，解决问题 1312 个。

"12345 亲清在线"上线以来，涌现出一批为企解困方面的案例。

（一）一份专用信用报告，代替一摞无违法违规证明

2023 年以来，12345 热线陆续收到了即将上市企业反映的无违法违规证明开具流程较为烦琐的诉求，12345 热线智库专家对该问题进行了专题调研和深度分析，提出能否用信用报告代替无违法违规证明的建议，引起市委市政府领导高度重视，市发改委、市金融管理局等部门多次调查研究并在 2024 年 2 月 8 日的开年"第一会"上发布了《成都市信用报告代替无违法违规证明实施方案》。该方案与国家公布的 13 个"一件事"中的企业上市合法合规信息核查"一件事"高度契合，已于 2024 年 4 月 1 日在全省率先落地，首批次在 25 个领域实施，8 月 1 日拓展至 39 个领域，共汇集127.87 万条涉企信用信息，累计为经营主体开具专用信用报告 5563 份，代替无违法违规证明 116884 份。

（二）省市联动大幅降低企业滞纳金

2024 年 1 月 2 日，12345 热线企业提速专班收到企业反映："受疫情影响，企业经营困难。2022 年 7 月 6 日，企业向市社保局申请办理了缓缴社保费手续。市社保局称，最迟应在 2023 年 12 月底前补缴缓缴期间的社保费。2024 年1 月 2 日，该企业通过四川省网上经办系统申请补缴，生成单据显示加收滞纳金时间从 2022 年 8 月 1 日起至 2024 年 1 月 2 日止，欠费滞纳金共计 20652.52元，特建议降低缴纳金额。"企业提速专班赓即会同市社保局了解相关情况，经全面梳理，全市还有 848 户企业有类似情况。为此，专班积极协调四川省人社厅对缓缴企业的补缴社保费从 2024 年 1 月 1 日起计算滞纳金。经四川省人社厅请示人社部同意后，对该企业滞纳金重新核定，从原来 20652.52 元大幅降低为 95.2 元，有类似情况的 848 户企业累计少缴纳 900 万余元。

"12345 亲清在线"为我们第一时间发现并精准掌握企业需求和诉求提供了渠道和途径，成为党和政府与市场经营主体之间的连心桥。

营商环境没有最好，只有更好。我们将按照党中央、国务院的要求，学习兄弟省市的先进经验，做优做强"12345 亲清在线"亲商助企品牌，进一步瞄准最高标准、最高水平开展集成改革和制度创新，推进全链条优化审批、全过程公正监管、全周期提升服务，努力营造尊商重企、亲商助企的浓厚氛围，为建设践行新发展理念的公园城市示范区提供坚强支撑。

云上办、明白办、高效办
奏响"四季如春营商环境"新篇章

昆明市政务服务管理局

　　近年来，昆明主动服务和融入国家战略，以习近平新时代中国特色社会主义思想为指导，全面贯彻落实党的二十大和十二届二中、三中全会精神，对标省"3815"战略发展目标和当好排头兵要求，坚持"抓服务就是抓环境，抓环境就是抓发展"，认真贯彻落实《国务院关于进一步优化政务服务提升行政效能推动"高效办成一件事"的指导意见》及营商环境各项工作部署，坚持问题导向和目标导向，从企业和群众视角出发，注重改革引领和数字赋能双轮驱动，以建设智慧政务为目标，深入推动政务服务提质增效，真正让企业和群众办事由"多地、多窗、多次"向"一地、一窗、一次"转变，为昆明高质量跨越式发展提供有力支撑，努力打造"办事不求人、最多跑一次、审批不见面和全程服务有保障"的市场化、法治化、国际化、便利化一流营商环境。

　　昆明地处中国—东盟自由贸易区、大湄公河次区域、泛珠三角经济圈"三圈"交汇点，"东连黔桂通沿海，北经川渝进中原，南下越老达泰柬，西接缅甸连印巴"，是全国唯一一个拥有"边境线和边境口岸"的省会城市、我国面向南亚东南亚开放的重要门户、"一带一路"建设的前沿枢纽，对外开放和相关政策的叠加，昆明融入"双循环"新发展格局的双向开放优势日益凸显，四季如春、宜居宜业的高原明珠正源源不断地释放发展潜力。近年来，昆明市深入学习贯彻习近平总书记关于营商环境建设的重要论述，聚焦企业和群众所思所盼，注重改革引领和数字赋能双轮驱动，将"高效办成一件事"作为利企便民的重要抓手，以建设智慧政务为目标，推动政务服务线上线下深度融合，走出昆明特色之路，实现从"能办"向"好办"转变，有效提升了企业群众办事满意度和获得感。

"云上办"助推政务智办。搭建政务服务云上大厅，创新应用场景服务模式，提高政务服务覆盖面及服务可及性，为企业群众提供全面、准确的数字服务，解决企业和群众不会办、信息填写不准确、材料传递困难等问题，减少企业群众的往返办事时间与交通成本，足不出户即可享受在线办理，实现了零跑腿，让企业群众无论身在何地均可实现一对一服务，满足特殊人群和乡村居民的办事需求，实现"沟通无障碍、服务零距离、全程零跑动"的办事体验。打造"15分钟便民服务圈"，241项高频政务服务事项上线"e办通"在线全流程办理，办理结果"立等可取"，将企业群众关心的"一件事"送到"家门口"，实现"自助办""就近办""异地办""24小时不打烊"，累计办件107121件，跨省通办6748件。

"明白办"助推政务智达。数字政务门牌"明白办"，是昆明推进基层政务服务效能的数字化创新探索，通过聚焦企业和群众反映突出的办事难点堵点痛点，以明白查、明白办、明白找、明白享、明白服、明白评"六个明白"为抓手，统一服务标准，优化服务供给，提升办事体验，致力于减轻基层服务及成本，首次创新将烦琐难懂的办事导航和办事指南进行适民化"翻译"，将"法言法语"转化为通俗易懂的群众语言"大白话"，推动政务服务水平提档升级，集掌上办事、视屏教办、办事导航等十大功能于一体，实现一张清单、一个平台、一个门牌"三个一"的有机融合，群众只需扫二维码，即可快速获取办事部门电话、政策解读、智能问答等信息，实现政务服务信息掌上"一键直达"。

"高效办"助推政务智服。为深入贯彻落实国家、省工作要求，2024年昆明把"高效办成一件事"作为优化政务服务、提升行政效能的重要抓手，全面推进政务服务标准化、规范化、便利化、数字化建设，推动业务整合和流程再造，强化线上线下联动审批，将"高效办成一件事"纳入全市"当好排头兵"高质量发展大竞赛活动"投资沃土、温馨春城"赛道单独竞赛指标推进落实，聚焦企业和个人两个全生命周期重要阶段，首批推出"一件事"40个重点事项，于2024年9月下旬还在国家、省"一件事"重点事项清单之外正式推出90个重点事项并落地，设立165个"一件事"综合受理窗口，开设市、县、乡三级556个高效办成"一件事"账号，实现"一件事"线上线下融合通办，最大限度利企便民，激发经济社会发展内生动力，累计办理"一件事"主题事项199972件。

彩云之南的春天之城，春风激荡、春意盎然，辐射中心、开放春城的区位优势正在加速兑现和释放。昆明将持续推进"高效办成一件事"落实，优化便捷高效政务环境，奏响"四季如春营商环境"新篇章，使昆明真正成为"魅力四射的高原明珠、心向往之的锦绣春城"。

以"高效办成一件事"牵引政务服务数智化改革
助力高质量数字政府建设

西安市行政审批服务局

近年来，西安市牢记习近平总书记对陕西提出的"打造内陆改革开放高地"的殷切嘱托，以"高效办成一件事"为牵引，运用"系统集成、协同高效"理念，建立"三项机制"，强化"三个支撑"，实施"三维覆盖"，持续推进政务服务数智化改革，为企业群众提供响应敏捷、无缝衔接、优质高效的政务服务，以高质量的数字政务助力高质量的数字政府建设。

一、建立"三项机制"，实现政务服务常态化高效牵引推进

我们在扎实做好国家"一件事"规定动作的基础上，结合国家"双中心"城市定位，通过改革专班推进、改革清单管理、改革场景遴选，牵引政务服务数智化改革一体推进、高效运转。

（一）建立"改革专班"推进机制

建立市级协同联动机制，由常务副市长领衔，市行政审批局和市数据局协同推进，市一体化政务服务工作专班具体落实，为改革落地提供技术支撑和协调服务。制定《西安市全面推进"高效办成一件事"重点事项落实工作方案》，建立统筹谋划、清单管理、督导问效、宣传推广等 7 项抓落实机制。按照"一事一组"的原则，由各市级牵头部门成立工作推进小组，建立"一件事"重点任务分解表，逐月细化具体任务，确保责任到人。建立信息共享机制，通过信息共享平台或定期信息交流会议，促进各个工作

推进小组之间信息交流与合作。建立监督评估机制，对改革任务进展情况进行评估，及时发现并解决问题和困难。

（二）建立"改革清单"管理机制

我们把事项清单管理作为持续深入推进"高效办成一件事"的基础和关键，在健全重点事项清单管理机制和常态化推进机制方面积极探索实践。一是建立市级"重点事项清单"，印发《西安市 2024 年"高效办成一件事"事项清单》，推出首批市级重点改革场景 10 个。二是建立市级"储备事项清单"，启动区县、开发区层面"一件事"集成办理业务梳理工作，将基层较为成熟的个性化改革场景，纳入市级"储备事项清单"，并适时补列市级后续"重点事项清单"。三是建立"潜力事项清单"，对于各级各部门正在探索的改革场景，提供技术支撑，做好跟踪服务和"孵化"培养，力争纳入"储备事项清单"，为后续深化改革奠定基础。

（三）建立"改革场景"遴选机制

一是坚持需求导向，直面企业群众办事需求，特别关注"高频、面广、问题多"的办事场景，积极回应社会关切，推出社会关注度高的新车上牌、港澳旅游签注、零售药店开办等"一件事"。二是激发部门改革动力，选取超限车辆行驶、危险化学品经营等具有以点带面效应的改革事项，紧密协同部门解决改革中的实际问题，有效提升部门改革获得感，推动改革氛围持续增强。三是积极学习借鉴其他省市先进改革经验，选取高层次人才便利服务、人力资源服务许可等经实践检验的改革场景作为参考，深入分析改革场景成功要素和机制，集中有限资源寻求更大突破。

二、强化"三个支撑"，实现政务服务智慧化高效转型升级

我们按照数字政府和数字化服务体系建设要求，从平台支撑、数据支撑、业务支撑等方面持续加快数字化转型升级，以改革引领和数字赋能双轮驱动推动各类"一件事"主题服务场景全链条高效办理。

（一）夯实基础，强化平台支撑

我们紧抓国务院"依托全国一体化政务服务平台开展政务服务线上线

下融合和向基层延伸"试点契机，持续加强一体化平台建设和线下应用，为"高效办成一件事"提供有力支撑。一是整合公共服务能力。通过整合联通省平台统一身份认证、统一支付、统一物流等能力，优化市平台协同调度中心、办件中心、电子证照库等公共服务能力，扩展 OCR、RPA 等智慧服务能力，实现政务服务公共能力深度融合。二是完善业务功能。通过建设表单中心、协同调度中心等 6 个业务赋能中心，开发统一接口管理平台，全面提升平台业务功能。三是建设推衍模式。通过高标准规划"高效办成一件事"推衍模型项目，基于事项数字化梳理，规范打造"一件事"服务场景自动生成中心，增强场景选择科学性，提升改革创新能级。

（二）规范标准，强化业务支撑

一是规范政务服务事项管理。将全市政务服务事项规范为 2840 个"标准化事项"，通过市级行业主管部门全量认定和规范区县级政务服务事项核心要素模式，推进事项名称、服务编码、服务依据等 56 个要素全市统一、同源同质。二是推进告知承诺容缺受理服务。全市共发布容缺受理事项清单 2 批、涉及事项 125 项，累计精减办事材料 190 份，其中免于提交材料 28 项。三是提升智慧审批能力。通过综合运用 OCR、AI 制图、智能合约调用等技术，对办件材料进行自动识别分析，实现审查要点自动核验，辅助或代替人工完成审批。目前已实现公共场所卫生许可新办等 135 个事项全流程无人工干预，促进智慧审批深度应用。

（三）集约共享，强化数据支撑

一是统一平台管理。严格按照"一领域一平台"原则稳步推动政务信息系统互联互通，有计划地分类分步推进市级自建行业系统清理整合，并纳入市一体化政务服务平台统一运营管理，彻底解决市级数据共享难题。二是强化数据归集。归集 3375 个数据资源，治理形成优质数据 51.23 亿条，建设人口库、法人库等 6 个基础数据库和事项库、办事信息库等 10 个专题库，协调推进国家平台 26 项数据和省平台 148 项数据向市平台回流。三是加快"四电"运用。开发电子印章、电子签名、电子证照、电子档案系统，实现业务全流程电子化管理。制发企业侧电子印章 92.7 万枚、政府侧电子印章 1248 个，采集电子签名 2576 个，归集电子证照数据 6644 余万个。

三、实施"三维覆盖"，实现政务服务便利化高效落地应用

我们着力在政务服务"便利化"上下功夫，通过织密网点、拓展渠道和兜底服务，让"高效办成一件事"落实到每一个基层服务站点，惠及更多的企业群众。

（一）服务网点全覆盖

一是加强四级政务服务体系建设，开展"15分钟政务服务圈"建设，建成标准化市、区政务服务中心 20 个，街道和社区（村）便民服务中心（站）2819 个，方便企业群众就近办事。二是加强政务服务驿站建设，按照"工业园区全覆盖、楼宇商圈有服务、银行邮政有合作"的目标，分层分类建设政务服务驿站 148 个，推动实现"企业办事不出园区"。同时，在建设银行等 5 家银行的 730 余个网点、2200 余台银行智慧柜员机上线 1600 余个业务服务。

（二）服务渠道全覆盖

一是推进特殊群体上门服务。开发"西安帮办"微信小程序，发布 28 项清单，为全市 40 余万 80 岁以上老人、残障人士及行动不便人员提供线上申请、后台派单、上门帮办服务。二是推进线上线下无障碍服务。在政务服务网上线"无障碍浏览"模式，在线下大厅设置特殊群体服务专区，改善服务体验。三是推进高频事项周末服务。在全市政务服务大厅开设"周末不打烊"服务专区，市区两级推出周末可线下办理的政务服务事项 4008 项。

（三）服务对象全覆盖

一是建立"五进五送"联络机制，定期开展"进机关、送指南，进企校、送政策，进项目、送保障，进基层、送服务，进商圈、送便利"，提高企业群众政务服务知晓度。二是畅通"办不成事"渠道设立线上线下专窗，推行专人受理登记、核实转办、追踪回访的工作机制，建立分类处理机制，

形成工作闭环。三是全面推行政务服务"好差评"，积极引导企业群众办事后开展"好差评"，推进政务服务事项、评价对象等全覆盖。

下一步，我们将认真贯彻落实此次会议精神，深入学习贯彻党的二十届三中全会精神，积极学习借鉴兄弟城市经验做法，以深入推进"高效办成一件事"为牵引，持续推进政务服务数智化改革，推动政务服务向人机交互型、数据驱动型转变，加快流程优化、效能提升、模式创新，为企业群众带来更好的政务服务体验，努力为全国政务服务高质量发展作出贡献。

做好"四赋"文章、创新"六个通办"全力推进"高效办成一件事"

兰州市政务服务管理局

2024 年以来，兰州市政务服务管理局坚持以习近平新时代中国特色社会主义思想为指导，围绕"高效办成一件事"，深入践行"我比别人办得好、我比别人办得快"的理念，创新推进"一窗、一网、一证、一码、一次、一地""六个通办"，推动全市政务服务工作高质量发展。一体化政务服务能力位列全国高能力水平组别，"六个通办"创新实践案例入选央视《2023 城市营商环境创新报告》，"小兰帮办"荣获"甘肃好品牌"，团队荣获"全国巾帼文明岗"等荣誉称号。

一、坚持以改革赋能，推动全周期"联办"

建立全市横向协同、上下联动的"一盘棋"工作体系，聚焦群众需求和经营主体关切，推动一件事从能办、联办向优办拓展，畅通"高效办成一件事"的"最后一米"。

一是打牢事项基础，推动"一件事"能办。着力开展"集成办、跨域办、承诺办、免申办"，组织市县两级政务服务机构规范"进驻清单、综窗清单、容缺清单"，梳理 13 件"一件事"涉及的相关单事项，对照"四级46 同"标准编制办事指南。按照"一次告知、一表申请、一套材料、一窗受理、一网办理、一口发证"要求，大力推动"减事项、减次数、减材料、减时间"，提升政务服务事项标准化程度，确保政务服务指南准确、流程通畅、申报便捷。

二是优化综窗设置，推动"一件事"联办。市县两级政务服务中心结合实际，调整优化布局，创新设置"高效办成一件事"专区，优化设置"无差别 + 分领域'1（无差别综合服务窗口）+N（商事登记、税务、工程建设项目、医保、社保、公积金、公安等专区）'"综合窗口，整合业务链条相近、相同领域内的事项至综合服务窗口，纵深推行"前台综合受理、后台分类审批、综合窗口出件"模式，提供一窗式、一站式联办服务。

三是加强服务集成，推动"一件事"优办。从企业、群众视角出发，将需要多个部门办理或跨层级办理，关联性强、办理量大、办理时间相对集中的多个事项集成办理。组织各牵头部门按照办理实际厘清前置审批结果在后续办理事项的共享方式，完成业务运转流程梳理。目前，通过对政务服务"一件事一次办"的宣传引导和政策解读，不断提高公众知晓度和社会应用水平，兰州市已实现第一批高频、面广、问题多的"一件事"高效办理，产生办件 7.3 万件。

二、坚持以创新赋质，推动全场景"通办"

我们坚持"党委主导、政府主抓、政务主力、部门主动、群众主评"，推动实现"一窗、一网、一证、一码、一次、一地""六个通办"改革创新举措走向全国。

一是深化"一窗通办、一网通办"。加力推进一个综窗办多件事、推进一张网办全部事，推动政务服务线上线下深度融合。市、县（区）政务服务中心已设置综合窗口 607 个，全市共申报、办理政务服务事项 394.7 万件。全市共发布政务服务事项 6.8 万项，网上可办率已达 100%，全程网办率为 99.12%。

二是创新"一证通办、一码通办"。加力推进一张证办一揽子事、一个政务码免证办，重点围绕群众办理个人出生、入学、就业、婚姻、生育、退休、后事等全生命周期所涉及的事项以及与个人生活、财产密切相关的医保、社保、户籍、不动产登记、车辆管理、公积金等高频事项，精准梳理兰州市"一证通办"事项 317 项、"一码通办"事项 270 项。探索打造"政务服务百码墙""居民码 + 政务服务"等集成应用新模式，通过"码证"相连，窗口工作人员通过扫码"甘快办"APP 企业码可直接获得相关电子证照，切实方便办事企业群众。

三是提升"一次通办、一地通办"。加力推进全周期一件事一次办，一地可办多地事项，在落实 13 个重点"一件事"主题事项落地应用的同时，指导市直有关部门、县区梳理推出 136 项"一件事一次办"集成事项，全市"一件事一次办"办件量为 18.2 万件。积极落实甘肃省"丝路通办"规划，梳理公布"全市通办"事项 1214 项。指导各县区、开发区加入"跨省联盟"，实现与 22 个省、58 个市州、252 个县区"云上办"。成立兰西城市群政务服务一体化联盟，推动兰州、西宁、海东三地"区域通办"，有效助力国家"一带一路"区域发展新格局。

三、坚持以服务赋效，推动全链条"帮办"

持续深化拓展"五简五办五集成"模式，针对办事企业群众"不能办、不好办、不会网办、不知怎么办"等办事痛点，优化"一对一、心贴心"的全领域、全事项、全流程帮办代办，做到进门有人引、见人能办事、办事不求人。

一是升级"小兰帮办"。梳理线下"小兰帮办"高频事项清单，对进驻大厅咨询量多、办件量大、群众自行办理困难度高的 18 个部门 39 个事项重点帮办代办。打造"规范 + 标准""上门 + 定制""延时 + 预约"的"小兰帮办"服务品牌升级版。2024 年以来，引导、协助办理各类政务服务事项 1.5 万件。聚焦老、弱、病、残、孕等特殊群体困难问题，梳理涉及 18 个部门 33 项上门服务事项清单。目前，帮助上门服务 6595 件，开展特殊困难群众爱心帮办服务 3106 次。

二是拓展延时服务。深化全天候政务服务，常态化开展周末预约延时服务，采取进驻事项全覆盖预约与高频事项常态化服务相结合，梳理公布 100 项《进驻政务服务中心高频事项清单》，切实解决群众"工作时间没空办、休息时间没处办"的难题。自 2023 年 11 月启动"周末不打烊"服务以来，累计办理业务 8631 件。

三是建优服务队伍。纵深打造"兰政先锋"党建品牌，开展"亮身份、做表率、建新功"活动，采取全员参与、学练结合、分类练兵、集中比武的方式，从政治理论、政策法规、业务知识等方面着手，举办"政务大讲堂"，开展"岗位大练兵　技能大比武"，提升服务团队专业化水平。

四、坚持以数字赋力，推动全流程"好办"

突出以数字化推进智能化、带动高效化，以体制创新、技术创新、业务创新、模式创新和服务创新为牵引，进一步深化线上线下业务、系统、数据融合，打造三维一体"智慧大厅"，为经营主体和办事群众提供更加优质、高效、便捷的数字政务服务体验。

一是建设线下"智慧大厅"。配备智能超级柜台，集成人脸识别、信息查询、证照打印、自助申报等多项功能，群众仅需一次"刷脸"认证，即可实现数据在平台共享使用，真正实现智能申报、线上审批、自助领证。在支付宝平台"甘快办"小程序端添加政务服务事项"在线预约"功能，连接排队叫号系统，实现线下办事"预约即排队，办事零等待"。

二是丰富线上"云办大厅"。紧盯网厅建设，依托甘肃政务服务网建立"集成办"、企业开办与注销等 67 个特色服务专栏，公布"跨省通办""省内通办"等 21 类服务清单，优化上线公积金、社保等服务应用 987 项。紧盯用户服务，打造网上用户专属服务空间，建立"一人一档、一企一档"用户中心。紧盯使用便捷，全面开展电子化表单梳理，实现"一表申报、数据共享、智能核验"，涉及事项 3640 项，有效推进了数据活用复用。

三是打造移动"掌上大厅"。持续提升"甘快办"APP 服务能力，紧盯"高频、便民、精致"服务目标，设置"便民服务、特色专区、公共服务、精选主题"四大主题版块，深耕公积金、医保、婚姻登记等领域，实现"政策精准推送、需求职能匹配、申领一键办结"，为群众提供"掌上可看、移动可办、指尖可查"便捷服务。同时，对群众生产生活密切相关的民政、就业、社保、残疾等高频领域和办事场景，打造城区15分钟、乡村辐射5公里的"一刻钟政务服务圈"，实现更多政务服务事项"家门口办"。

下一步，兰州市政务服务管理局将积极学习借鉴各地先进经验和创新做法，扎实推进"高效办成一件事"，不断拓展服务功能、延伸服务触角、丰富服务供给，积极探索政务服务"数智化"管理模式，用心用力打造更加便捷化、高效化、智慧化的政务服务环境，更大力度激发改革红利、数字福利、服务便利，真正实现政务服务的"多、快、好、省"。

积极打造一流营商环境
助力经济高质量发展

西宁市数据局（西宁市政务服务监管局）

近年来，西宁市坚持以习近平新时代中国特色社会主义思想为指导，深入学习贯彻习近平总书记关于优化营商环境的重要论述，全面贯彻落实党中央、国务院决策部署和省委省政府、市委部署要求，坚持把优化营商环境作为推动西宁经济高质量发展的关键之举，始终以企业诉求、群众需求为导向，对标对表国内先进，深入推进重点领域改革，加快完善政策制度体系，成为营商环境提升最快的城市之一，纳税、获得电力等领域步入全国"第一方阵"，不动产登记经验做法在全国复制推广，连续3年入选央视营商环境创新城市，营商环境便利度连续5年保持全省第一。

一、工作开展情况

（一）以"高位推动"为支撑，形成改革工作新格局

持续高位推动，健全体制机制，推进重点领域改革攻坚，形成上下联动、分工明确、齐抓共管的优化营商环境改革工作格局。

一是强化组织保障。市委、市政府始终坚持把优化营商环境作为"一把手"工程，市委十五届历次全会对优化营商环境工作作出决策部署，市委常委会提出工作要求，市委全面深化改革委员会先后两次听取工作汇报，市人大常委会先后通过会议、问询、视察、调研、座谈等方式听取和审议了市政府营商环境方面的工作，市政府党组会、常务会进行了专门研究和安排部署，市政协多次通过调研、座谈等方式听取优化营商环境工作汇报，

为全市优化营商环境工作提供了决策咨询。成立市委和市政府主要领导任组长的全市优化营商环境工作领导小组，建立健全市政府领导联系优化营商环境重点领域工作机制，组建6个工作专班，全力推进营商环境政策体系建设、市场监管、公平竞争审查、"一网通办"各领域改革落实。

二是升级政策体系。从2018年以来，先后制定出台《西宁市优化营商环境若干措施》《西宁市进一步优化营商环境若干措施》《西宁市创建"双满意"品牌打造一流营商环境行动方案》，形成优化营商环境1.0、2.0、3.0版政策体系，涵盖400余项改革措施，着力破解关键难点问题。2024年坚持以问题、目标、责任、效果为导向，对标前沿水平、最优标准和最佳实践，制定《西宁市持续打造一流营商环境实施方案》，打造4.0版政策体系，为持续优化营商环境提供政策支撑。同时，连续两年开展营商环境改革创新"十佳"典型案例评选活动，推动全市上下互学互鉴，形成比学赶超的浓厚氛围。

三是优化体制机制。建立产业链"链长制"和重点项目重点企业包保制，先后多次召开企业家座谈会，面对面、零距离倾听企业家对西宁发展的建议、协调解决企业面临的困难和问题，中复神鹰、高景、阿特斯、晶科等一批知名企业相继落地。培育9家产值超百亿元头部企业，全球海拔最高、单体规模最大的高性能碳纤维生产基地全面投产，超高功率光伏组件生产实现"零"的突破，西宁跻身中国动力电池产能十强城市。2023年引进光伏垂直一体化、高纯多晶硅、单晶拉棒等项目74个，省外到位资金230亿元，清洁能源装备制造产业能级加速跃升，聚链成群的引领作用更加突出。

四是推进数字化转型。认真贯彻落实全省民营经济高质量发展大会精神，按照省委、省政府主要领导点题要求，市委、市政府把"营商环境数字化转型"作为"揭榜挂帅"重点课题之一，市委、市政府主要领导领题调研，按照坚定"一个目标"、推动"三种转变"、干成"七件大事"的思路，从拓宽企业沟通渠道、加大电商企业共建共享力度、强化数据归集共享、提升数据赋能、搭建惠企服务智慧平台、建设营商环境感知督办平台和中小企业数字转型平台等方面加快推进数字化改革，有力有效推进营商环境整体提升。

（二）以"改革创新"为驱动，提升政务服务新效能

聚焦营商环境重点领域、关键环节和痛点堵点难点问题，因地制宜加大改革创新力度，切实为企业和群众办实事、增便利。

一是坚持以效率为核心，推进服务集成。着力提升营商环境核心便利度，企业开办时间压缩至 1 个工作日内，企业获得用电、用气、用水时限分别压缩至 32 个、10 个、8 个工作日内，企业获得信贷时间压缩至 13 个工作日内（不含抵押登记时间），纳税人全年纳税时间压缩至 82 小时。持续推进政务服务标准化规范化便利化建设，市、县（区）政务服务中心全面推行综窗模式，推出网约车车辆运输证、二手房交易等 60 项"一件事一次办"特色服务，以改革"小切口"推动服务"大提升"。出台《西宁市行政许可事项通用清单》，110 项事项纳入"证照分离"改革，全面推行证明事项告知承诺制，有效解决群众和企业办事"证明多""证明难"问题。推行"中午不断档、周末不打烊"不间断服务，解决上班市民的后顾之忧。推动 210 余项政务服务事项实现"跨省通办"。探索推进"全城通办"改革，第一批 94 项高频事项实现就近可选、异地可办、全城通办。持续推进政务服务移动端应用化、标准化、集约化、智能化建设，"互联网＋政务服务"平台与"不动产登记"、住房公积金系统实现对接，市本级可网办事项增加至 550 项，网办率达 95.2%。其中，即办件为 210 项，占比 38.1%，较去年同期提升 22.3%；承诺时限减比为 54.6%；零跑动事项 231 项，增幅为 67%。

二是聚焦群众关切，持续深化不动产登记改革。探索试点"新建商品房交房即办证"模式和"存量房带押过户"登记模式，有效解决群众多部门反复取号排队、重复提交材料、等待时间长、办证难等问题，个人和企业办理登记业务时限分别压缩至 3 个和 5 个工作日，2020 年以来共办理各类不动产登记 43.8 余件，占全省不动产登记量的 70%。

三是坚持以项目为重点，推动审批提速。持续推进工程建设项目审批改革，进一步明确市、区主管部门的管理权限，将部分小规模建筑工程施工许可证审批权限下放到区级建设行政主管部门。建成并全面启用市工程建设项目联合验收审批子系统，压缩网上办理各类备案验收手续时限。优化招标投标流程，开展远程"不见面"开标和省内远程异地评标，实现全省评标专家、交易中心评标场所及监管设施等资源共享。截至2024年3月底，共开展异地评标工作近1000余项。

四是坚持以企业为主体，全力纾难解困。激发企业开办活力，为新设立企业免费赠送印章，进一步降低企业开办成本和提高企业开办效率，截至2024年3底，全市登记在册经营主体达27.7余户，同比增长4.1%。深入开展助企暖企春风行动，解决各类问题1292项，问题解决率达97%，新增减退税、降缓费56亿元，帮助企业融资46亿元，金融机构存、贷款余额分别增长1.9%和5.9%。

五是坚持以创新为引领，全力解决群众诉求。以着力解决群众急难愁盼问题为出发点，研究制定印发《西宁市关于开展党建引领"有诉必应马上办"机制创新工作方案》，健全畅通"接、派、办、督、评、报、宣"7个环节，建立以万人诉求比、响应率、解决率、满意率"一比三率"为核心的考评体系，解决群众诉求20余万件，响应率、解决率、满意率分别达99.78%、98.86%、94.16%，此项工作得到中央主题办、中央社会工作部、省委、市委主要领导的肯定。

（三）以"柔性监管"为引领，释放经营主体新活力

强化互联网监管、信用监管，将管理模式从事前审批转向事中事后监管，以更有效的"管"促进更高水平的"放"。

一是监管方式更加科学。建成联动监管平台，推动市场监管数据归集应用和多部门共享，实现73家成员单位互联互通、交换共享。推进"双随机、一公开"监管，将全市6.6万余户企业全部纳入检查对象名录库。城管、公安、应急等领域推行包容审慎监管和"柔性执法"模式，制定"首违不罚"制度，受到群众好评。

二是信用监管更加突出。制定印发《关于进一步完善失信约束制度构建诚信建设长效机制工作方案》，建设完成西宁市信用信息共享平台和门户网站，累计归集信用信息5166万余条，应用"红名单"受理审批事项454件，应用"黑名单"限制审批或终止审批877件，全市3000余家经营主体做出信用承诺约 21 万条。

三是监督渠道更加多样。成立 10 个作风巡查组，重点围绕干部作风和营商环境等重点工作在全市开展巡查，采用日常巡查＋专项巡查＋机动巡查相结合，连续两年聚焦营商环境开展专项整治，规范纠正行政处罚自由裁量权使用不规范、惠企政策落实不及时、行业协会乱收费、工程建设领域代理机构行为不规范等问题。创建营商环境监督联系平台，全市设立 31 个营商环境监测点，发放 5 万张营商环境监督联系卡，以"一卡一码一平台"监督系统，打造营商环境监督"直通车"。建立营商环境舆情监测平台，从各类自媒体的海量数据中及时、高效、准确挖掘筛选出企业和群众对西宁市营商环境的意见建议和"吐槽"信息，消除网络监督的盲区。

四是创建"西宁评议"公共服务评议平台。将 3000 余个办事科室和窗口纳入平台监督管理，每年开展"十佳""十差"单位评选，取得良好社会反响，累计收到群众评议 400 万余次，满意率达 99.8%，转办不满意事项 400 余件，切实推动全市基层单位转作风、提效能。聘请 150 余名市、县区营商环境监督员，收集反馈社会各界对全市营商环境建设的意见建议，宣传营商环境政策及法律法规，在打造公平公正营商环境，构建亲清政商关系等方面发挥了重要作用。

（四）以"法治保障"为底线，构建营商环境新秩序

严格执行《优化营商环境工作条例》《青海省优化营商环境工作条例》等法律法规，把严格执法和公正司法贯穿于优化营商环境全过程，用法治手段为营商环境保驾护航。

一是加大知识产权保护力度。制定印发《西宁市贯彻落实〈知识产权强国建设纲要〉实施方案》《西宁市知识产权强市建设目标任务》等文件，全力推进知识产权强市试点城市建设。聚焦新能源、新材料等战略性新兴产业和西宁市特色优势产业，促进知识产权创造与运用，新培育国家级知识产权示范企业 1 家、优势企业 13 家，新培育省级优势企业 13 家、市级示范企业 6 家，新增知识产权贯标认证企业 15 家。万人有效发明专利拥有量达到 10.54 件，万人高价值发明专利拥有量达 3.04 件，每百户经营主体有效注册商标量达到 15 件。完成专利质押融资 3.08 亿元，专利技术交易额

2945 万元，发布开放许可专利 60 件，各项指标均位居全省前列，西宁市连续两年在全省知识产权保护考核中排名第一。成立西宁市知识产权纠纷人民调解委员会，调解知识产权纠纷案 86 起。构建"知识产权大数据类案监督模型"，起诉知识产权犯罪案件 3 件 3 人。

二是持续优化法治环境。及时清理废止主要内容与《优化营商环境条例》、建设统一大市场政策不一致的行政规范性文件 7 件，清理妨碍统一市场和公平竞争文件 1 件。制定出台《西宁市损害营商环境行为责任追究办法（试行）》，加大对损害营商环境行为的问责力度。制定《西宁市政商交往正负面清单》，规范政商交往行为。

三是提升执法队伍素质。严格落实行政执法人员资格管理制度，全市 4000 余名行政执法人员换发国家统一行政执法证。700 名行政执法人员参加执法资格考试，通过率达 85%，位居全省第一。开展执法队伍教育培训，培训行政执法人员达 1.5 万余人（次），行政执法人员法治素养和业务能力不断提升。制定重大行政执法案件集体审理制度，明确重大执法案件范围、审理程序、法制审核要求，全市各执法部门共成立法制审核机构 50 个，配备法制审核人员 454 人。

二、下一步工作思路

下一步，西宁市优化营商环境工作将认真学习贯彻党的二十大精神，全面落实党中央、国务院关于深化行政审批改革优化营商环境决策部署，以营商环境数字化转型为抓手，以企业和群众的需求与感受为导向，努力打造审批环节最少、办事效率最高、投资环境最优、企业获得感最强的一流营商环境，助推全市经济社会高质量发展。

（一）推动市场化配置，营造开放公平市场环境

深化"证照分离"改革，着力推进照后减证并证，扩大简易注销范围，让经营主体准入、退出更便捷。严格落实"全国一张清单"模式，推进"非禁即入"普遍落实。坚持"两个毫不动摇"，坚决杜绝地方保护、行业垄断、市场分割等不公平做法，对各类经营主体一视同仁，切实维护公平竞争的市场秩序。严格落实减税降费政策，完善涉企收费项目清单，优化

融资、土地、人力等资源配置，加强招标代理机构监管，规范公共资源交易管理，深化破产案件简易快速审理机制，降低制度性交易成本。深化投资建设领域审批制度改革，精简整合审批流程，持续推行多规合一、多图联审、联合验收等做法，让项目早落地、早投产。

（二）推进便利化创新，建设现代政务集成服务

推进政务服务平台规范化、标准化、集约化建设，构建政务服务"一张网"，实现省、市、县三级政务信息共享使用，推动实现政务服务马上办、网上办、一次办、就近办，为绿色算力产业发展提供支撑。深化兰西城市群和西宁—海东都市圈一体化发展行动，推动更多政务事项在兰西城市群无差别办理。全面推行行政权力清单式管理，公开各类涉及经营主体的政务服务、权责、中介服务和证明等事项清单。开展好营商环境改革创新"十佳"典型案例评选活动，认真做好创新实践、征集申报、专家评审、推广宣传等工作，进一步激发全市优化营商环境的积极性、主动性和创新性。

（三）构建法治化体系，精准施策提升监管效能

健全以"双随机、一公开"监管为基本手段、以重点监管为补充、以信用监管为基础的新型监管机制。落实行政执法三项制度，推进跨部门联合执法，规范自由裁量权行使，扩大包容审慎监管范围。以法治西宁、信用西宁建设为主线，加快法治政府、诚信政府的建设，建立贯穿企业投资经营全过程的司法护航体系。全面推行行政规范性文件公平竞争审查，持续清理地方保护、指定交易、市场壁垒等限制竞争和有碍公平竞争等地方性法规、政府规章、规范性文件和政策措施。开展招标采购领域专项整治，消除在招标采购过程中对不同所有制企业设置的各类不合理限制和壁垒。

（四）聚焦促进投资，构建亲清新型政商关系

持续深入开展助企暖企春风行动，畅通政企沟通渠道，以企业需求为导向，全面构建亲清新型政商关系，努力打造"有诉必应、无事不扰"的"店小二"服务模式，营造亲商重商富商安商稳商的浓厚氛围。继续细化完善配套政策，加速复制推广典型经验，持续推出原创性、差异化改革举措，推进营商环境改革迭代升级，确保营商环境便利度继续保持全省先进，力争更多指标进入全国一流。不断优化营商环境监督体制机制，发挥好营商环境监测点、监督联系卡、舆情监测平台和监督员等作用，协调解决好经营主体反映的营商环境问题。持续深化作风巡查，完善"西宁评议"系统，持续优化评议方式，加强线上线下联动督查，开展好"十佳""十差"单位评选工作，推动基层窗口服务效能不断提升，作风持续优化。

（五）强化线上线下共建设，持续推进营商环境数字化转型工作

按照"1+3+7"工作思路，从加快推进平台项目建设、不断拓展营商环境共建路径、持续释放营商环境红利等方面推动"七件大事"落地见效。重点加快推进平台项目建设，完善项目规划，做实项目前期工作，加强与省发改等部门沟通衔接，推进平台项目尽早立项开建。不断拓展营商环境共建路径，加大与美团、京东等电商平台的协作力度，围绕数字商圈、绿色品牌创建等，拓展共建协作面，扩大共享同心圆，推动营商环境共建共享提质扩面。组织发改、工信等部门动态更新"有诉必应马上办"惠企政策"知识库"，完善快接快办流转机制，提升企业诉求事项的响应率、解决率和满意率。持续释放营商环境红利，积极推进数据产权、流通交易、收入分配等领域改革，在确保安全的前提下，推动全市公共数据安全稳妥有序开放。结合绿色算力产业发展，谋划设立数据交易市场，强化数据产品包装，打造多元数据应用场景，构建安全、可靠、高效的数据流通生态。

"数""智"并举
以"高效办成一件事"答好利企便民新考卷

银川市审批服务管理局

2014 年，银川市在全国省会城市中率先成立了行政审批服务局，将全市 1522 个政务服务事项整合进驻市民大厅，永久封存了 69 枚公章，开启了"一枚印章管审批"之路。历经十载耕耘，银川市政务服务实现了从"集中办、一站办"向"快办好办智办"的碟变。2024 年，银川市以"高效办成一件事"为抓手，推动国家（13+8）、自治区（1+7）、市本级（15）确定的 44 项"高效办成一件事"落实达效，着力打造标准化、规范化、便利化政务服务环境。

一、"一盘棋"谋定，凝聚改革合力，推动"高效办成一件事"落地"底气足"

自治区党委、政府，银川市委、市政府高度重视"高效办成一件事"，区、市先后召开 14 次推进会，明晰工作进度，督促推进落实。

一是统筹部署，高位推动。自治区主席亲自抓落实，明确要求将"高效办成一件事"作为推动民营经济高质量发展、优化营商环境的重要抓手，并作出 10 余次批示；银川市委将"高效办成一件事"列入市委全会决定高位推动；市政府常务委员会专门审议实施方案，确定路线图和时间表全力推进。

二是立足实际，全域谋划。为巩固升级 2022 年银川市推出的企业开办、不动产登记、新生儿出生等 13 项事项"一件事一次办"，2024 年，聚焦"产业＋企业＋民生"需求，迭代推出葡萄酒产业、项目开工、生育津贴办理等 15 项地域特色突出、社会关注度高的"一件事"，形成了"13+1+7+15"整体工作思路，打造自治区级"高效办成一件事"示范市。

三是纵横协同，一体推进。自治区、市、县（区）三级行业主管部门协调联动，建立联席机制，交流经验、互补良策、祛除堵点，并先后组织召开跨部门业务对接协调、业务培训会 60 多场次，现场解决了系统连通、流程重塑等难题 30 余条，推进"高效办成一件事"上下贯通，无缝衔接。

二、"数字化"赋能，激活数据资源，推动"高效办成一件事"落地"基础牢"

银川市充分发挥"一枚印章管审批"策源效应，以数字赋能推动政务服务能力向"全时在线、整体智治、集成服务"迭代升级。

一是"四轮"改革夯根基。先后开展"一印章管审批""一体式集成审批"和"1230 审批制度改革""一枚印章用数据"四轮审批制度改革，市本级 1212 个事项及县区 6000 多项政务服务事项网上办事全覆盖、17 种证明材料可在 361 个政务服务事项中共享调用。银川市行政审批制度改革获得全国首批法治政府建设示范单项奖。

二是"规范流程要素"建标准。立足打造办事"标准之城"，深度构建了标准统一、运行高效、上下联动、服务一体的全方位政务服务标准化体系。围绕各"一件事"全流程一站式办理，开展表单、材料、流程等事项要素梳理，制作"五表一图"，形成了规范化业务流程和办事指南，确保"高效办成一件事"上线运行有章可循、有据可依。

三是"不见面审批"提时效。创新推行"无人工干预智能审批"，在简易注销等 26 项审批事项中实现了申请材料信息的智能核验，审批时限由小时级缩减至分钟级，审批效率提升近 90%。率先在西北地区推出"简易一件事·免申即办"增值化服务，梳理公布与营业执照变更或注销存在直接关联的 15 个许可（备案）证、42 个许可（备案）事项清单，实现线上线下融合办理，最大限度减少企业跨部门、跨层级、跨窗口跑动，最大力度利企便民。

三、"智能化"增值，聚合多元驱动，推动"高效办成一件事"落地"动力强"

银川市依托"东数西算""算力之都"战略机遇，统筹运用智能化手段，激发"智能化"政务服务效能，一体化政务服务能力实现西北"六连冠"。

一是推出全过程智能导引服务。上线"数字政务门牌"，群众办事通过扫码就可清晰看到办理事项"谁可以办、怎么办、去哪办"等信息，实现了"群众办事第一步，政务门牌先指路"，此经验被《经济日报》宣传推广。推出掌上 7×24 小时"智能客服小通"，群众一键即可获取涵盖市场准入准营、社保等 10 个领域专业性答复，足不出户即可轻松查询所需办理的政务服务事项。畅通诉求直达通道，推动宁夏企业服务平台（168 平台）、宁夏政务服务网、"我的宁夏"政务 APP、12345 政务服务热线、5556666 企业服务专线等诉求收集平台与 12345 热线管理平台有效对接，实现诉求统一归集受理、智能去重转办、自动跟踪盯解。

二是打造全覆盖场景应用体系。畅通线上"一网两端"渠道（即宁夏政务服务网银川站和 i 银川移动端、自助终端），上线"高效办成一件事"端口。打通 38 套国家、自治区专网系统，实现 400 个事项同系统办理。构建"1+（6+6）+55+568"四级政务服务体系［1 个市级政务服务大厅、6 个县（市、区）政务服务大厅 +6 个园区政务服务大厅或窗口、55 个乡（镇）便民服务中心、568 个村（社区）便民服务站］，推动市、县、乡、村办事大厅标准化规范化便利化建设。设置"综合窗口"变"专科服务为全科服务"。

三是构建全方位智能监督机制。搭建"政务服务综合效能监管平台"，实现市县乡三级政务服务事项办理从叫号、受理到办结，全过程数据呈现、实时跟踪提醒。首创"数字体检中心"应用，在全国率先开发"一体化在线服务能力体检报告"功能，覆盖办理成熟度、"好差评"服务满意度等 4 大类 26 项"体检项目"，实现问题精准定位、短板有据可查、整改靶向施策。推出"办不成事"掌上反映窗口，重点处置咨询电话打不通、承诺办结时限超时等 15 种情形的投诉和反映，快速回应企业群众诉求。

四、"全好办"导向，咬定目标任务，推动"高效办成一件事"落地"成效实"

银川市锚定目标任务，国务院确定的 13 项、自治区确定的"1+7"项"一件事"已全面落地运行，银川市创新推出的 15 项"一件事"落地运行率达 87%。国务院第二批 8 项"一件事"退役军人服务、住房公积金个人住房贷款购房 2 项"一件事"已先行先试落地。

一是以产业项目"一件事"擦亮"产业名片"。全面推动葡萄酒、文旅、会展申办、项目开工和项目竣工联合验收等 7 项产业项目"一件事"。推出"葡萄酒产业一件事"，紧盯打造"世界葡萄酒之都"，引领中国葡萄酒"当惊世界殊"目标，加快推动葡萄酒产业落地经营发展壮大，向世界递出"紫色名片"。通过串联资源、整合模块、集成服务等方式，将原有葡萄酒产业审批流程涉及的自治区、银川市、县（区）三级 9 个部门的 30 项审批事项压缩为 19 项、184 份材料压缩为 61 份，同步提供"项目管家"全流程"一对一"服务，实现葡萄酒酒庄建设从企业开办、准营、立项到投产 2 年时限压缩至不到一年，投资成本有效降低。目前，全市有实体酒庄 144 家，年接待旅游人数 120 万人次，产业综合产值达 300 亿元，为全市 GDP 增长作出了 11% 的贡献。项目开工"一件事"，通过综窗受理、重塑流程、提档服务等方式，材料压缩为 8 项，减少 63.6%；办理时限压缩至 4 个工作日，提速 71.4%，实现项目报批从单个事项串联审批到开工建设"一件事"的并联办、零跑腿服务。项目竣工联合验收"一件事"，将串联验收变为联合验收，通过网上申报、资料审核、现场联合验收和出具验收结论 4 个环节，共精简材料 29 项，办理时限从法定时限 150 个工作日压缩至 15 个工作日。

二是以企业服务"一件事"更好"拴心育企"。全面推出企业信息变更、开办运输企业、企业开办、开办餐饮店、生活服务、企业注销等 16 项"一件事"。企业（个体工商户）开办，实现"一网通办"，全流程"3 小时"办结，网办率达 98.9%，成为全国企业开办最快城市之一；2019 年、

2020 年连续入选全国营商环境标杆示范城市；全国工商联发布的 2023 年度"万家民营企业评营商环境"，银川获评进步最明显的 5 个省会及副省级城市之一。企业信息变更一件事，将企业变更涉及的营业执照变更登记、基本账户变更预约等 6 部门 6 个事项整合为"一件事"，按照"最小必须"原则全量整合申请表单、申报材料、数据采集项，实现"一套材料、一次采集、多方复用"。

三是以民生实事"一件事"解决急难愁盼。全面落实公积金贷款买房、适龄儿童入园入学、高校毕业生创业就业、生育津贴办理、社保卡申领等 21 项个人"一件事"。社保卡居民服务"一件事"落地开花，以社会保障卡为载体，推动在政务服务、社会保障、就业创业、医疗健康、交通出行、文化体验、旅游观光等民生服务领域实现"一卡多用、全区通用"。退役军人服务"一件事"，过去需要跑辖区退役军人事务局、户籍派出所、社保局、医保局等 5 个单位，办理 9 类政务服务事项，总办理时间近 4 个月，通过退役军人服务"一件事"改革，申请人只需线上登录宁夏政务服务网"高效办成一件事"专区或线下到"高效办成一件事窗口"提交一套材料，即可办理所有事项，审批时限最多不超过 3 个工作日。经过近 1 年的运行，已累计服务 400 余名退役军人。二手房转移登记及水电气暖联合过户"一件事"，通过业务整合、流程再造、集成服务，实现了申请人由原来的需要跑 6 个部门办理减少至只需跑 1 次即可完成，业务办理时间由以前的 2—3 天缩短为 30 分钟，有效解决了企业和群众"窗口多头跑、资料反复送、等待时间长"等问题。

乘风破浪潮头立，扬帆起航正当时。银川市将全面贯彻落实党的二十届三中全会精神，持续运用改革引领和数字赋能双轮驱动，在更多领域更大范围实现"高效办成一件事"，力求由"高效办成一件事"向"高效办成所有事"拓展，实现政务服务全方位、全流程、全要素数字化运营、精准化管理，让企业和群众能够真正享受到"高效办成一件事"改革带来的红利。

深入推进政务服务增值化改革
持续优化营商环境

浙江省宁波市营商环境建设局

国务院印发《关于进一步优化政务服务提升行政效能推动"高效办成一件事"的指导意见》，对深入推动政务服务提质增效作出部署，提出依托线上线下政务服务渠道，为企业提供精准化、个性化优质衍生服务的工作要求。2023年以来，宁波市贯彻中央和省委有关部署，深入推进实施政务服务增值化改革，坚持政府、社会、市场三侧协同，牵引营商环境优化提升和政务服务迭代升级，推动政府部门为企服务理念从"有什么给什么"转变为"要什么给什么"，服务方式从政府"单兵作战"转变为政府、社会、市场三侧力量"联合作战"，形成"基本政务＋增值服务"的"全周期全链条"服务新模式。

一、打造形神兼备的线下服务中心

企业综合服务中心是增值化改革的重要载体，通过企服中心"一个口子"受理、流转、督办、反馈企业需求，融合各方要素资源，企服中心已成为党委政府优化营商环境和涉企服务的桥梁纽带。

一是构建实体化服务机构。专设宁波市企业综合服务中心，为市政府直属副局级事业单位，与市政务服务中心合署办公。通过对原有政务服务中心场地改造，我们建成面对面、肩并肩的新型开放式服务格局，设置项目、政策、金融、科技等十大板块，配置直播、洽谈、会商等区域。

二是配强中心服务工作力量。按照"一个牵头部门、一名分管领导、一名首席服务专员、若干服务专员"的"1+1+1+N"架构配置板块服务力量，企服中心已进驻部门（单位）29家、首席服务专员11人、服务专员81人，建成首席服务专员、常态会商协调、三级联动服务、限时办结等9项配套制度，形成以首席服务专员为核心，上下联动、左右协同的服务团队。

三是构建覆盖全市的企服矩阵。横向上，整合全市各类专业服务资源，形成以市企服中心为龙头，知识产权保护、生产力促进、人力资源、涉外法律等专业机构为补充的"综合＋专业"服务网络；纵向上，全市所有县（市、区）均实体化设立企服中心，部分条件成熟的工业强镇（社区）布局企服驿站，企服节点更加靠近基层直面企业。通过横纵结合，全市一体化涉企服务矩阵初步显现，服务资源集成供给、涉企问题协同处理的全市联动模式有效运行。

二、迭代优化智慧便捷的线上服务平台

企业综合服务平台是增值化改革的线上枢纽。宁波提出，以共建共享为支撑，推动涉企服务体制、架构、手段工具整体性重塑，通过企服平台实现服务资源一库集成、办事诉求一键即达、增值服务一站通办、惠企政策一键获取、服务能力一屏展示。

在开发理念上，坚持市级主建、区县主用，市级层面重点做好系统总体谋划、平台开发建设、服务资源统筹、服务监测监督、规章制度建设等；推动服务资源和业务权限下沉，鼓励县（市、区）在平台上线特色场景应用，就近就地为企提供高效服务。

在整体构架上，构建"2+6+4+N"体系框架，"2"即打造治理端、服务端两端入口；"6"即开发企业空间、通用服务、"企呼我应"涉企问题闭环解决、热门服务、全生命周期服务、智控中心等六大功能模块；"4"即建设统一集成中心、智能分析中心、业务协同中心、数据中心等四大数字底座；"N"即开发涉企服务"一类事"、服务事项"一清单"、服务资源"一张图"、产业服务"一链办"、县（市、区）服务一点通等N个业务场景。

在服务功能上，聚焦线下企服中心十大服务板块，线上布局对应模块

为企业提供便捷入口；聚焦服务资源打造涉企服务地图，实现各级企服中心和金融机构、法律机构等服务资源一图统览；聚焦产业链发展，提供产业链上下游合作、产业数字化、交通物流、供应仓储等服务。目前，平台已初步开发完成，企业画像、政策计算器、服务计算器等功能已逐步上线运行。

三、构建高效闭环的企业诉求解决机制

宁波依托企业服务中心建立涉企问题主动发现机制，"一口子"集成涉企问题库，推进涉企问题分类分层分级交办落实，着力破解问题收集碎片化、涉企信息不对称、解决流程不闭环等难题。

一是谋划制定实施方案。制定《宁波市构建"企呼我应"涉企问题高效闭环解决机制的实施方案》，经市委深改委会议审议通过，提出围绕主动发现、高效处置、举一反三、晾晒评价4个环节，构建"问题发现、全量归集、流转办理、闭环解决、举一反三、晾晒评价"6项机制。

二是积极推进问题解决。初步建成覆盖全市企服中心的涉企问题闭环解决应用系统，实现涉企问题统一受理。借助闭环解决系统，按照问题难易程度、问题所涉领域，分类分层分级高效流转，各级企服中心精准督办、及时反馈，推进闭环解决机制实战实效。如，江北臻冠体育水域使用、象山威霖公司集装箱出港等难题，通过市县乡三级跨层级多部门的联动协同、专题会诊和上门服务，取得有效推进和解决，获得企业积极肯定。

三是复盘提升举一反三。强化涉企问题复盘总结，由市企服中心统筹建立市县两级企服中心互动协调机制，各地各部门互学互鉴，寻找同类问题最优解决路径，将经验做法提炼形成可复制推广共性问题解决方案，推动"一地突破、全域共享"，有效提高同类问题的解决效率。

四、形成赋能新质生产力发展的服务体系

构建政府、社会、市场三侧的一体协同，宁波创新产业链服务模式，打造多元协同、开放包容、合作共赢的涉企服务"朋友圈"。

一是创新探索特色产业链"一类事"。我们以"高效办成一件事"为基

础，叠加企业发展所需的相关增值服务内容，因地制宜打造定制化、套餐式的涉企服务"一类事"新场景，形成"产业链"视角下的一揽子助企服务整体解决方案。如，网络剧产业链"一类事"，聚焦企业入驻、剧组拍摄、审查备案、配套服务四大环节，建立网剧产业管理体系，出台发展优惠扶持政策，保障"写、拍、播、投"全过程，有效赋能影视创制高质量发展；再譬如，工业互联网产业链"一类事"，聚焦工业互联网产业开办经营、技术研发、工业互联网技术服务等 10 个节点，整合三侧服务资源助力传统制造业数字化、智能化转型升级。

二是拓展完善多元参与的涉企服务供给机制。通过不断挖掘拓展增值服务事项，目前市企服中心已整合各类增值服务事项 239 项，涉及项目、金融、人才、科创、开放等方面，服务主体除政府机构外，也包括律所、银行、行业协会、中介等多类社会侧机构。积极鼓励各类国企、民企、高校院所深度参与涉企服务体系构建，如宁波市正在开发的企业服务平台就由国企投资建设运营，在功能布局上整合吸收部分非国企服务机构的优秀做法和成功经验。

三是构建一站式政策兑付平台。为有效解决扶企政策多头兑付的痛点，宁波开发上线"甬易办"平台，通过大数据模型实现向企业主动推送惠企政策，平台总访问量超过 7200 万人次，服务惠及企业 68 万家，兑付 511 亿元。目前，我们对该平台进行迭代升级，以企业操作习惯、话语体系搭建应用界面，进一步强化政策直达、兑现快享、政策解构、精准推送等功能，努力实现政策无感覆盖。

宁波的政务增值化改革起步已半年有余，各项工作仍处于持续探索和不断深化过程中。下一步，我们将紧紧围绕党的二十届三中全会对全面深化改革的总体擘画和具体部署，继续深入贯彻国发〔2024〕3 号文件精神，聚焦构建高水平社会主义市场经济体制，以制度创新、数字赋能双轮驱动，进一步优化基本政务服务、融合增值服务，纵深推进政务服务增值化改革，实现营商环境持续优化提升。

以"高效办成一件事"为引领 全力推动政务服务提质增效

厦门市数据管理局

"高效办成一件事"是党的二十大后国务院部署的首个政务服务综合性改革，集中体现了新时代新征程党中央、国务院推动政务服务改革的新思路、新举措、新要求。厦门市严格落实国家和省里总体部署，不断推动模式创新、实施便捷服务，从"一件事一次办"到"高效办成一件事"，政务服务体系日臻完善，群众企业的满意度和获得感稳步增强。

一、总体情况

为破解办理关联政务服务事项"跑动多""填报多""材料多"等痛点，2018年以来厦门市在全国率先推动企业开办、二手房过户、新生儿医保参保报销等"一件事"改革，取得了良好的成效和先行先试经验。

2024年以来，厦门市严格贯彻国家部署，在福建省的统筹协调指导下，高标准推动"高效办成一件事"改革。截至2024年8月，国家第一批13个重点"一件事"已全面落地落实，总办件量超过11万件，第二批重点"一件事"正在稳步推进中。

同时，厦门立足自身特色不断推动改革先行先试，高标准完成国家授权的厦门"深化'一件事'集成服务改革"综合改革试点，精心打造24个精品"综改""一件事"，"六个一"标准、免申即办、台胞台企十大"一件事"、教育入学"一件事"等改革成效显著。

截至2024年8月，全市已推出88个"一件事"应用场景，较单项办理减少 65% 办理时间、88% 跑动次数、60% 申请材料，助力打造能办事、好办事、办成事的"便利厦门"。

二、主要做法

（一）多方协同，建立标准化工作机制

一是制定"六个一"工作方案。成立全市工作专班和局内专项小组，明确我市各"一件事"主管部门、联办部门。同时，印发操作规范，指导各"一件事"编制"一个改革推进计划、一套业务协同流程、一套集成办事指南、一个综合办理入口、一套专题推介材料、一个成果评估报告"的标准化方案，形成跨部门高效协同体系。

二是推行"三级四同"标准化要求。全面规范各级"一件事"事项名称、联办事项、承诺时限、办理层级及审批服务模式。通过帮办代办、全程网办、远程视频帮办等方式推动"一件事"服务在各区政务服务中心和镇（街道）便民服务中心下沉办理。推进一件事标准化目录清单在市、区、镇（街）三级四同。

三是落实全流程督办机制。将"高效办成一件事"工作纳入"行政服务质量绩效评估体系"。通过第三方机构，对"一件事"事项办理情况开展专项体验评估，形成评估报告，推动部门整改提升。依托市政务服务一体化平台，开展办件流程电子监察，直观呈现政务服务指标状况、历史规律和发展趋势，实现对全市审批办件全过程的实时效能监测、跟踪督办。

（二）流程再造，强化数字赋能模式创新

一是数据复用，实现"减材料、免填写"。深入推动"数据最多采一次"改革，完善数据采集更新、校验机制，依托"一企一档""一人一档"等基础库数据目录，最大限度实现申请表单信息回填。例如，开办运输企业"一件事"将涉及审批事项的申报条件、申请材料、申请表单进行了标准化集成，实现内嵌表单自动填报生成功能，表单预填项不少于 5 项，申请材料由 24 项精简至 14 项。

二是证照共享，推动"免证办、零跑动"。充分发挥电子证照、电子材料、电子印章等支撑，优化"一件事"电子证照调取流程，推动政务服务

"免证办"，建设"无证明城市"。例如，教育入学"一件事"精简公安、资规、人社等 9 部门 9 种证明，实现基础教育入学零跑动、"不见面"办理。2023 年，入学季累计减少提交了约 77 万份证明材料，办件联办率达到 90%以上。相关做法得到教育部认可，在 2024 年 6 月教育部教育入学"一件事"深化推进会议上做典型发言。

三是信息推送，达成"智能办、免申办"。推动"证照变更联办""生育津贴""医保在职转退休""城市建设用地门牌号"等"一件事"的后置事项无须主动提出申请、无须填写申请表、无须提交申请材料，由"一件事"主管部门统一受理、审核后，通过数据推送后置部门互认。例如，市场监管领域营业执照名称、法定代表人等关键信息变更后，关联证照、许可等同时自动变更或备案；医保领域全省率先推出生育津贴"免申即办"，全程"零材料""零跑动"。

四是审管联动，推动"承诺办、当场办"。在推动全市 1918 个政务服务事项实施告知承诺制的基础上，进一步推行"市场准营承诺即入制"改革，围绕食品药品经营、公共场所卫生、体育项目经营等涉企经营领域"一件事"，实施"申请材料免交、实质审查后置"，经营主体作出书面声明及承诺后，即可当场取得相关许可。实现申报材料精简 83%，办理环节减少 49%，同时，事中事后监管"依标核诺""违诺量处"等措施也有效降低了制度性交易成本。

（三）扩面增效，创新城市特色"一件事"

一是拓展国家重点"一件事"联办范围。聚焦企业群众多元化、个性化服务需求，对已落地的国家重点"一件事"积极拓展可联办事项，促进政务服务供给与群众需求有效对接。其中，企业信息变更"一件事"、企业注销登记"一件事"在国家和省里规定的联办事项基础上，一方面拓展事项广度，实现企业备案、医保参保单位信息变更注销等关联性强的事项集成联办；另一方面挖掘办理深度，实现与食品、药品、医疗器械、交通运输、公共卫生等领域许可证的融合办理。

二是做好厦门特色"一件事"突破提升。对涉及面广、办理量大、办理频率高，具有创新引领意义的厦门特色"一件事"进行重点突破。小型渔船"一件事"将船舶检验证、船舶所有权登记证、渔业船舶国籍证、渔业捕捞许可证等多个证书办理事项整合为"一件事"，办理时限压减 46% 申请材料压减 60%。交地即交证、破路施工、竣工验收等"一件事"持续提升工程建设审批质效，在 2023 年度全国工程建设项目审批制度改革评估中，厦门和福州作为样本城市参评，福建省综合得分蝉联全国第一名。

三是率先全国推出台胞台企"一件事"集成服务。落实两岸融合发展示范区建设的决策部署，深度整合 20 个部门 43 个事项和 104 份材料，推出范围更广、事项更多、效率更高的"台胞'登鹭'生活服务一件事""台青就业服务一件事"等十大台胞台企"一件事"套餐，实现台胞台企在厦生活、就业、创业、就医及子女入学、企业发展等事项"一件事"办理，目前已累计接待台胞过万，一站式办理 7477 件。

（四）优化体验，着力提升场景服务质量

一是拓展"一件事"服务渠道。在"闽政通"APP厦门频道设立"一件事一次办"专区，推动出生、入学、就业、退休、企业开办等 30 个业务场景的"一件事"入驻实现"掌上办""跨域办"。升级改造企业信息变更"一件事"、企业注销登记"一件事"全程网办功能，推动食品经营许可证、一类医疗器械产品备案等证照变更、补办、注销一件事全程网办，开办企业网办率已达到 94%。

二是丰富"一件事"落地场景。依托 584 家银行网点、13 家三级医院医保服务站、20 个警邮合作点、9 家公证点等第三方机构和 430 台"e 政务"自助服务终端，将窗口前移，实现企业开办、不动产登记、出生等高频政务事项"一件事"延伸到企业群众身边办理，构建"15 分钟便民服务圈"。设立"全馨办""创 +E 站""政务小站"等特色服务点，开展"一件事"远程帮办和"直播"服务，提升社会知晓度，2023 年出生"一件事"办件量实现 200% 以上倍增。

三是完善咨询导办服务能力。系统梳理各"一件事"落地后在窗口设置、业务协同、办事指南发布、系统使用等方面的具体工作要求，优化 12345 常见问题库、强化 12345 热线联动服务机制，确保为办事群众提供清晰引导和专业问题解答。在人社领域，厦门市率先探索应用自然语言大模型等技术，打造基于专属大语言模型的智能咨询服务。提供 7×24 小时咨询服务，大幅度扩容了语音咨询服务能力，接通率从 78% 提高到 99%，平均等待时长从 50 秒缩短到 2 秒。

下一阶段，厦门将继续锚定全面深化改革的总目标，全力推动建成"高效办成一件事"重点事项清单管理机制和常态化推进机制，促进审批制度改革和数字化改革融合发展，在事项标准、办事流程、服务模式、协同效率等方面做实、做细、做精，大胆探索、改革创新，为推进中国式现代化贡献厦门力量。

以"高效办成一件事"为牵引
"四化并举"开创政府职能转变新局面

青岛市人民政府办公厅

近年来,青岛市深入贯彻落实习近平总书记关于优化政务服务的重要论述,深入贯彻党中央、国务院决策部署,以"高效办成一件事"为牵引,坚持改革创新和数字赋能双轮驱动,四化并举推进政府职能转变,推动政务服务持续提质增效,不断提升企业群众获得感,助推经济社会高质量发展。青岛市一体化政务服务能力总体指数连续 5 年被国务院办公厅评为"非常高",稳居全国重点城市一体化政务服务能力第一梯队。

一、着眼开放化,畅通政民互动渠道

作为政府透明度指数位列地级市政府第二名的城市,青岛市以政企交流、政务公开、政务服务便民热线为抓手,畅通政民政企沟通交流渠道,赋能社会治理和政务服务升级。

(一)构建政企交流"会客厅"

建立市级领导干部与企业常态化沟通交流机制,搭建政企恳谈会、政企面对面、外资企业圆桌会等政企交流平台,累计开展活动 305 场次,走访联系企业、商(协)会 757 家次。设立"青岛企业家日",开设 10 处"营商环境会客厅",成立营商环境专家委员会、媒体观察员、体验官"三支队伍",连续 3 年发布政府职能转变系列蓝皮书,大力营造尊商重商亲商爱商浓厚氛围。

（二）搭建政民沟通"连心桥"

以"青倾公开"品牌为引领，创新开展"政府开放日"活动，建立政策例行吹风会和政策说明会一体化统筹机制，推动重大行政决策全过程公众参与，以群众喜闻乐见的形式多角度全方位解读重要政策。连续15年开展市政府部门"向市民报告、听市民意见、请市民评议"活动，推动政府部门全面展示工作，发动市民充分表达意见、积极建言献策，有效评议监督政府工作。

（三）打造政务服务"总客服"

推动12345政务服务便民热线与"青诉即办"网上诉求解决平台一体化运行，明确"1510"（即1天之内与投诉人建立联系、5个工作日之内办结诉求、实在困难可延长至10个工作日）工作要求，成立11个热线督办专员团队，推动"不满意""未解决"诉求事项取得实质性进展，群众满意率和问题解决率均超过98%。青岛市12345热线在全国政务热线服务质量评估中荣获A+等级。

二、注重专业化，构建精准服务平台

作为位列全国工商联"2023年万家民营企业评营商环境"榜单前十省会及副省级城市，青岛市倾力建成包含惠企政策发布兑现、企业融资服务、企业诉求办理三个平台的全市服务企业统一平台，为企业提供更加精准化常态化服务。

（一）围绕惠企政策发布兑现，打造"青岛政策通"平台

按照"一口发布、一口解读、一口兑现、一口服务、一口评价"目标，搭建集线上申报、实时咨询、在线审批、结果公示、资金兑现、流程监管等功能于一体的惠企政策发布兑现平台。平台汇集惠企政策资讯2.24万余条，浏览量突破772万次，3万余家（次）企业完成线上申报，线上兑现资金超35.22亿元，被工信部评为全国优秀中小企业创新项目。

（二）围绕企业融资服务，打造"青融通"平台

在全国率先完成地方融资信用服务平台整合，建成全市统一的企业融资服务平台，企业融资需求可直达全市553个金融机构网点，提供银行融

资、股权融资、保险保障、融资担保、小额贷款、融资租赁、商业保理、典当等 8 类 300 多项金融产品和服务。累计为 4381 家企业获得融资 646.14 亿元，入选"全国中小企业融资综合信用服务示范平台"。

（三）围绕企业诉求办理，打造"青诉即办"诉求解决平台

搭建全市统一的网上诉求解决平台，按照"一口受理、闭环运转、标准统一"原则，为企业提供诉求反映、办理、反馈、评价的全周期服务。2024 年以来，平台共办理企业诉求 3000 余件，问题解决率超过 94%，办理满意率超过 95%。对涉企诉求数据进行定期分析，形成专项报告辅助决策，将企业诉求"弱信号"转化为惠企利企的"强信息"。

三、坚持集成化，建强政务服务载体

作为全国政务服务线上线下融合和向基层延伸试点工作城市，青岛市高标准打造"五个一"服务体系，推进数据同源、服务同质，相关经验做法被国务院办公厅宣传推广。

（一）打造"智审慧办"服务模式，升级"线上办"

依托"爱山东"移动端青岛分厅，全面整合各部门自建应用，上线政务服务事项 3600 余个，基本实现政务服务事项"应上尽上"。建成智慧审批平台，将全市近 2000 项高频事项集成打造为 45 个全流程数字化服务场景，实现"新设、注销"等多种情形 N 个申报入口集成为"1"，平均首办成功率达 94.36%。定制一个申请表单，将"填空题"变"选择题""判断题"，免填写率达到 63% 以上。

（二）依托"四级联动"服务场所，推行"一窗办"

加强市、区（市）、镇（街）和村（社区）四级政务服务场所建设，推动服务到边到底。强化四级政务服务体系协同联动，推行"跨层级一窗式"服务模式，实现同一事项在全市范围内不同行政层级无差别受理、同标准办理，办事申请"一次提交"、办理结果"多端获取"。整合 3000 余个便民服务场所，与市场化导航机构合作，上线青岛政务服务"一图通查"实现"搜索即服务"。

（三）建成"政银融合"服务终端，拓展"自助办"

整合金融服务与不动产、公积金、社保、医保等自助服务功能，为企业群众提供 96 项便民业务和 961 项审批申报业务的"一机通办"。推动自助服务终端进政务服务大厅，实现 7×24 小时全天候自助办理服务。推动自助服务终端向园区、楼宇、银行等场所延伸，在部分社区建设政务直办间，在市级新兴产业专业园区和税收过亿元楼宇精准提供政务服务。

四、聚焦数字化，打造利企便民应用

作为在中国新型智慧城市百强中排名第九位的城市，青岛市始终坚持数字赋能，在"双 12"改革（自 2021 年开始，每年各推出 12 个政务服务"一件事"和 12 个城市运行"一个场景"）的基础上，高质量推进国务院两批 21 个"一件事"，创新打造海洋产业、啤酒节节庆等一批青岛特色"一件事"。

（一）全周期惠企暖企

在准入方面，打通人社、医保、税务等 8 部门业务，实现企业注册登记"一口申请，八步联办"。推行"个转企"直接变更登记改革，材料、环节压减 50% 以上。在经营方面，优化升级企业信息变更"一件事"，实现 7 个环节"一口受理、数据同步、无感变更"，提交材料、审批时限压缩 80% 以上。在退出方面，拓展企业注销登记"一件事"服务范围，推动各环节"一键预查、一网申请、一体办结、一站反馈"，持续降低企业办事的制度性交易成本。

（二）全链条提速增效

组建服务保障重大项目"金牌团队"，设立项目立项、招标投标等 8 个服务专班，为重大项目提供全过程、定制化、个性化服务。坚持审批服务跟着项目走，优化升级水电气网联合报装"一件事"，延伸服务链条，全过程审批时限压缩至 7 个工作日，相关做法被住建部予以推广。推出工业用地、图纸、报建等 6 个"一件事"，实现"交地即交证、拿地即开工、竣工即投产"，每年惠及 600 余家企业、1500 余个项目。

（三）高质量放权赋能

服务"国之大者"，持续加大对上合示范区、青岛自贸片区、西海岸新区等国家战略放权赋能，积极争取更多行政权力事项下放。充分运用数字化手段，创新特定功能区"负面清单"赋权方式，积极促进用权与放权部门之间的"供需对接"，先后向上合示范区、青岛自贸片区赋权省市级事项304项，向西海岸新区赋权省市级事项430项，办件量达43万件，较好实现了"区内事区内办"。

能简尽简、能快则快
全力推进"高效办成一件事"

扬州市数据局

"高效办成一件事"是优化政务服务、提升行政效能的重要抓手。近年来，扬州市坚持需求导向和用户思维，加强整体设计，推动模式创新，突出数据赋能，在更多领域更大范围实现"高效办成一件事"，不断增强企业和群众的满意度和获得感。近两年，扬州政务服务"云勘验""一企来办""双电无U"数字交易模式等7项做法纳入江苏省优化营商环境典型案例，"信用＋承诺"审批服务新模式入选国务院办公厅优化营商环境专项督查典型经验做法。

一、统筹渠道建设，实现办事方式多元、成本最小

聚焦"四端融合"，以"集约体系"助推"高效办成一件事"。

规范"一门"办理。构建市县乡村四级政务服务体系，以企业群众办事"只进一扇门"为目标，全市9个区县、86个乡镇（园区）、1391个村（社区）全部建成政务服务中心，实现6类行政权力事项和依申请公共服务事项进驻相应层级政务服务中心（站）。推进户政管理、个体工商户设立、不动产查询、水电气网等高频事项全面入驻基层中心统一办理，实现"多门"变"一门"。建立"政银合作"新机制，全市设立205个镇级、760个村级"政银合作"点，"去银行办公司、办社（医）保、办不动产"等成为基层服务新场景。在公路服务区、司机之家、车辆检测站等地设置12个"道路交通"政务服务便民点，提供交通运输、公安交管类高频事项帮办

代办、政策咨询、信息查询等一站式、多样化的服务。全面推广 24 小时智慧政务，打造市、县、乡三级自助服务"连锁店"，建成公安、不动产、社（医）保等 12 个自助专区，集成 285 个自助事项，为群众提供查询、办理、打印等一站式自助服务。

推进"一网"办理。构建纵向贯通、横向联动的"互联网 + 政务服务"体系，建成覆盖市、县、乡、村四级的政务服务"一张网"，与 25 个市县自建业务系统实现"十统一"，推进 19 个部门的专网整合、60 家单位的专线联通，全市可网办事项占比达 99.8%。省内首批上线掌上政务服务旗舰店，建成"扬州政务服务"支付宝小程序旗舰店，集成公积金、社保、交通出行等十类 394 项政务服务应用。移动端标准应用接入数量全省第一，实现 476 个高频应用"掌上办"，推动全市 664 个高频事项线上填写、掌上申报。

推行"一号"应答。按照"一级开发、四级使用"原则，打造 12345 热线一体化平台，实现统一受理、协同处理、高效办结、及时反馈等业务协同。创新话务专员、政策专员、信息专员、办理专员等"多员融合"机制。建立健全疑难工单联席研判机制，与"纪委监督一点通""一企来办""人大代表 APP""政协微建言""安全生产举报"等平台建立联动机制，畅通诉求表达渠道。推进 12345 热线与江苏政务服务网"一网"、政务服务中心"一门"有机融合，高效受理、派发和处办企业和群众诉求。2024 年以来，12345 热线接听电话诉求 155.44 万次，按时办结率 99.78%，满意率 99.86%。

二、深化模式创新，实现办事流程最优、材料最简

聚焦"集成服务"，以"创新矩阵"助推"高效办成一件事"。

推进关联事项"一次办"。从企业和群众视角出发，在完成国省"高效办成一件事"重点事项清单的基础上，围绕个人和企业"全生命周期"服务，梳理事项清单，再造审批流程，线下设置综合受理窗口，线上建设办理专区，实现异地就医、法院执行、企业分支机构变更、经营主体歇业备案等 30 项扬州特色"一件事"线上线下一次办，申请表由原来平均 7 张整

合成 1 张，申请材料平均减少 40%，跑动次数由原来平均 4 次减少为 1 次。选取开餐饮店、开便利店、开药店等企业准营类高频"一件事"，试点开展行业综合执业改革，实现"一证准营"。探索推进涉外服务等"一类事一次办"，实现政务服务从便捷服务到增值服务全面升级。

推进基层事项"网格＋代办"。进一步延伸政务服务网络和触角，将村（社区）社会治理网格员和政务服务代办员有机融合，把网格帮代办服务融入市域社会治理指挥平台、嵌入政务服务"一张网"系统，全市 1386 个村（社区）6411 名网格员全部纳入"网格＋代办""两员"体系，形成"群众点单、网格代办"的为民服务新渠道，基层政务服务由"固定窗"升级为"流动窗"，帮代办事项超过 34 万件，实现从"办事不出村"到"办事不出门"，被纳入江苏省委、省政府《强化基层治理和民生保障行动方案》。

推进容缺事项承诺办。探索依申请主体信用级别开展分类审批，全力构建"政府定标准、企业作承诺、全过程强监管、失信有惩戒、提速优服务"的"信用＋承诺"审批模式。编制 15 个部门 40 项"信用＋承诺"审批事项，247 项申报材料中可容缺材料 93 项，为全市 30 余个重大项目提供"信用＋承诺"审批服务，入选 2023 年全国信用承诺实践创新助力高质量发展特色案例和 2024 年国务院办公厅优化营商环境专项督查典型经验做法。

推进异地事项"跨域办"。线下设立"跨域通办"服务综窗，线上建成"跨域通办"专区，配备总客服，实现视频"云指导"。先后与 26 个地区签订点对点"跨省通办"合作协议，深入开展"跨省通办""长三角一网通办""南京都市圈通办""省内通办"合作，持续提供社保、民政、公安、卫生等高频事项"跨域通办"精准服务。推出"扬城通办"市内跨区通办服务模式，以市域内企业群众和来扬务工人员需求为导向，实现 235 个"扬城通办"事项无差别受理、同标准办理。

推进惠企政策"免申办"。梳理并发布 61 条惠企政策"免申即享"清单，建立惠企政策直达机制，开发政策"易申报"平台，通过企业个性化标签和智能算法，实现"政策找企业"，累计向 40000 余家企业精准推送惠企政策超 40 万余次。

推进企业事项"一口办"。聚焦企业"问、查、办、评"需求，打造企业服务总入口，全省首创"一企来办"新机制，建设"一企来办"企业综合服务平台，为广大企业提供便捷高效的信息服务、咨询服务、办事服务。实施以来，共受理企业诉求 36068 件，线上直接办结 20989 件，下派部门工单 15079 件，联合会办督办 1245 件。

三、强化数据赋能，推动政务服务更加好办、易办

聚焦"智慧政务"，以"数据资源"助推"高效办成一件事"。

加强数据共享，统筹推进公共数据共享开放和开发利用。印发《扬州市公共数据共享开放责任清单》《扬州市公共数据授权运营管理办法（试行）》，编制公共数据目录 11235 个，梳理市级部门 51077 个数据项，形成数据资源"一本账"。新建数据标签管理系统，推进人口、法人、电子证照、空间地理、社会信用 5 大基础数据库和"互联网 +"监管、交通、旅游等 10 类主题库的数据汇集治理，构建空间地理"一张图"专题库。目前，数据共享开放平台累计归集 93.28 亿条数据，定制各类数据服务接口 541 个，开放数据 257 类，接口累计被调用 23.13 亿次，交换数据 53.46 亿条，公共数据按需共享率 100%。大力推动电子证照共享，扩大电子证照可调用范围，探索建设"免证城市"，取消 2 个事项 7 类证明材料，简化 69 个告知承诺事项 105 类证明材料，218 类电子证照可实时调用。

深化场景应用，持续满足企业群众多样化办事需求。充分运用物联网、大数据、云计算等技术，打造智慧便捷的数字化政务服务体系，形成"两个免于提交"、智慧公积金"四零"服务、网上中介超市"淘宝店"、智慧勘验"上云端"、一码通城、智慧停车、尊老金线上申办、电子营业执照和电子印章免费同步发放同步应用、企业分支机构信息变更全程网办、"双电无 U"数字交易模式等 21 个标志性公共数据开发利用场景，推进电动车充电"嗅探"预警、健康档案随身带、智慧电梯阻车等 39 个"小巧灵"数字化应用实施。基于数字人"扬小易"人工智能大模型，结合人机协同共创，探索构建"AI+ 政务服务"模型，不断提升政务服务智能化水平。

提升能力支撑，不断夯实政务服务数据底座。编制数字化应用共性支

撑能力清单，涵盖统一身份认证、电子支付、电子印章、电子证照等 60 项能力。建立覆盖市、县两级的首席数据官工作机制，在推动数据共享开放，促进数据资源开发利用和助推数字政府高质量建设方面提供人才支撑。打造全市政务"一朵云"，实施政务云资源扩容，新扩容 1 万核 vCPU、17TB内存、445TB 存储、176TB 备份资源，支撑 74 个单位 250 个上云业务。构建全市统一的电子政务外网，接入 337 个市级单位、547 个区县部门、85个乡镇街道、1400 个村社区及卫生站，实现了国家、省、市、县、乡、村全线贯通，骨干网 IPv4/IPv6 双栈互联互通。

四、强化监督评议，推动政务服务泛在可及、公平普惠

聚焦"多维一体"，以"内外合力"助推"高效办成一件事"。

"同频共振"，推动政务服务监督高质量。全力推动政务服务"好差评"，建立"日常提醒、电话沟通、联合会商、上门协调、点对点督查、定期研讨、月度通报"的"好差评"工作机制，不定期组织召开全市办件评价工作推进会，形成了"沟通上下、联系内外、协调左右"的良好工作模式，累计发布政务服务"好差评"工作通报 27 期、政务服务满意度分析报告 8 期。

"同题共答"，推动政务服务监督多维度。设立行业评估"问诊台"。全省率先开展市、县、乡、村四级政务服务体系第三方评估工作，覆盖 1 个市级中心、9 个县级中心、86 个中心和 1386 个村社区服务站。构建社会监督"闭环链"。全省率先开展政务服务社会监督员聘任工作，从人大代表、政协委员、企业代表、居民代表等人员中选聘 671 社会监督员，不定期对政务服务部门进行测评和明察暗访，形成意见反馈、完善提升、监督评价的闭环工作机制。

"同向发力"，推动政务服务监督全方位。在建立政务服务窗口首席代表的基础上，常态化开展政务服务"一把手走流程"。目前，45 个市级部门的 110 余名领导，以办事群众和窗口工作人员两种身份，走进市政务服务中心窗口，体验办事流程，参与 212 个服务事项办理，接待服务对象超 264人次，发现问题 129 个，立行立改 119 个，协调推进 10 个，形成了"在窗

口发现问题、在窗口研究问题、在窗口解决问题"良好循环。2023 年，扬州推出直播问政节目《政事面对面》，对政务服务领域诉求和问题进行在线监督办理。邀请市纪委监委、市级机关工委作为审批服务一线"督查员"走进各级服务大厅，重点围绕"高效办成一件事"和窗口能力和作风建设等内容进行监督，促进政务服务能力作风双提升。

民有所盼，政有所为。下一步，扬州将进一步全面深化改革，推动政府职能转变，以敢为、敢闯、敢干、敢首创的担当作为，推动"高效办成一件事"成为政务服务新常态。

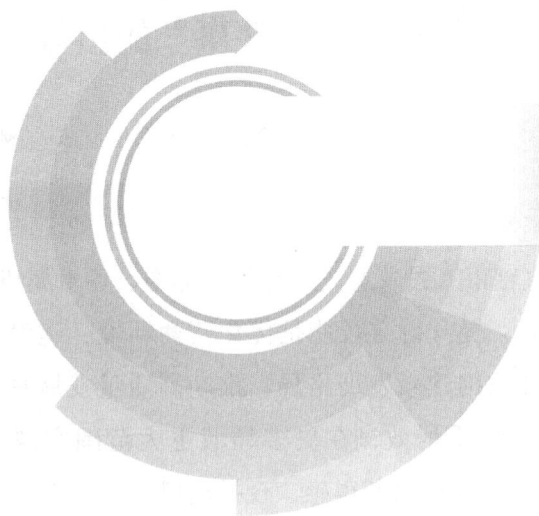

附　录

国务院关于进一步优化政务服务提升行政效能 推动"高效办成一件事"的指导意见

国发〔2024〕3号

各省、自治区、直辖市人民政府，国务院各部委、各直属机构：

优化政务服务、提升行政效能是优化营商环境、建设全国统一大市场的必然要求，对加快构建新发展格局、推动高质量发展具有重要意义。为深入推动政务服务提质增效，在更多领域更大范围实现"高效办成一件事"，进一步提升企业和群众获得感，现提出以下意见。

一、总体要求

以习近平新时代中国特色社会主义思想为指导，全面贯彻落实党的二十大精神，坚持问题导向和目标导向相结合，从企业和群众视角出发，把"高效办成一件事"作为优化政务服务、提升行政效能的重要抓手，加强整体设计，推动模式创新，注重改革引领和数字赋能双轮驱动，统筹发展和安全，推动线上线下融合发展，实现办事方式多元化、办事流程最优化、办事材料最简化、办事成本最小化，最大限度利企便民，激发经济社会发展内生动力。

2024年，推动线上线下政务服务能力整体提升，健全"高效办成一件事"重点事项清单管理机制和常态化推进机制，实现第一批高频、面广、问题多的"一件事"高效办理。到2027年，基本形成泛在可及、智慧便捷、公平普惠的高效政务服务体系，实现企业和个人两个全生命周期重要阶段"高效办成一件事"重点事项落地见效，大幅提升企业和群众办事满意度、获得感。

二、全面加强政务服务渠道建设

（一）推进线下办事"只进一门"。完善集约高效的线下政务服务体系，县级以上地方人民政府政务服务中心要合理设置综合服务窗口和专业服务窗口，除特殊情形外，原则上政务服务事项均应纳入政务服务中心集中办理，实现统一受理和一站式办理。有关部门单设的政务服务窗口应整合并入本级政务服务中心，确不具备整合条件的要纳入一体化管理，按统一要求提供规范服务。结合经济社会发展状况、人口分布情况，统筹推进乡镇（街道）便民服务中心和村（社区）便民服务站建设。鼓励在有条件、有需求的银行网点、邮政网点、园区等设置便民服务点，探索利用集成式自助终端提供"24 小时不打烊"服务。国务院部门可根据实际需要设立政务服务大厅，集中提供办事服务。

（二）推进线上办事"一网通办"。加强以国家政务服务平台为总枢纽、联通各地区各部门政务服务平台的全国政务服务"一张网"建设，推动更多高频事项网上办、掌上办、一次办，实现从网上可办向好办易办转变。加强省级政务服务平台网上统一受理端建设，推动办件信息实时共享，实现办事申请"一次提交"、办理结果"多端获取"。依托各级政务服务平台整合联通各类办事服务系统，推动各类政务服务事项和应用"应接尽接、应上尽上"，除法律法规另有规定或涉及国家秘密等外，政务服务事项全部纳入同级政务服务平台管理和办理。

（三）推进企业和群众诉求"一线应答"。依托 12345 政务服务便民热线加强政务服务热线归并，根据需要设置重点领域专席，不断提升 12345 热线接办效率，高效受理政务服务咨询、投诉、求助、建议和在线办理指导等诉求。建立健全"接诉即办"机制，更好发挥热线直接面向企业和群众的窗口作用，及时了解问题建议，推动解决服务问题。提高 12345 与 110 对接联动效率，科学合理分流非警务求助。加强 12345 热线与政务服务平台投诉建议体系、"好差评"体系等业务协同，打造便捷、高效、规范、智慧的政务服务"总客服"。

三、全面深化政务服务模式创新

（四）推进关联事项集成办。从企业和群众视角出发，将需要多个部门办理或跨层级办理，关联性强、办理量大、办理时间相对集中的多个事项集成办理，为企业和群众提供"一件事一次办"、"一类事一站办"服务。明确每个"一件事"的牵头部门和配合部门及各自职责，强化跨部门政策、业务、系统协同和数据共享。重构跨部门办理业务流程，优化前后置环节，推动申请表单多表合一、线上一网申请、材料一次提交。强化线上线下联动，开展并联审批、联合评审、联合验收等，大幅压减办理时长和办事成本。

（五）推进容缺事项承诺办。以政务服务部门清楚告知、企业和群众诚信守诺为基础，对风险可控、纠错成本低且能够通过事中事后监管有效防范风险的政务服务事项，推行"告知承诺＋容缺办理"审批服务模式。根据政务服务事项实施难度、风险可控程度、服务对象信用状况等，采用申请材料后补或免交、实质审查后置或豁免等方式，签订告知承诺书，明确办理条件，约定责任义务。加强审批、监管、执法等部门协同，建立差异化的告知承诺事后核查和风险防范机制，并逐步推动将承诺和履约信息共享至全国信用信息共享平台。

（六）推进异地事项跨域办。聚焦企业跨区域经营和群众异地办事需求，持续推动更多政务服务事项省内通办、跨省通办，做到就近办、异地办。依托全国一体化政务服务平台"跨省通办"业务支撑系统，推动数据跨域共享、系统无缝衔接，实现异地事项一站式网上办理。优化线下代收代办服务模式，建立收件、办理两地窗口协同联动工作机制，明确代收代办相关单位责任分工。推动各级政务服务场所按需开设远程虚拟窗口，运用远程身份核验、音视频交互、屏幕共享等技术，为企业和群众提供远程帮办服务。支持京津冀、长三角、成渝等地区探索更多事项跨区域办理。

（七）推进政策服务免申办。全面梳理行政给付、资金补贴扶持、税收优惠等政策条件和适用规则，强化数据归集共享、模型算法和大数据分析支撑，精准匹配符合政策条件的企业和群众，推动逐步实现政策"免申即享"。对法律法规明确要求依申请办理的，为符合条件的企业和群众自动生成申请表、调用申请材料，并主动精准推送，便利自愿申请。优化政务服务平台企业和个人专属服务空间，丰富政策库，实现利企便民政策和服务精准直达。

四、全面强化政务服务数字赋能

（八）**充分发挥政务服务平台支撑作用。**依托全国一体化政务服务平台打造政务服务线上线下总枢纽，强化公共应用支撑体系建设，提升统一的自然人和法人身份认证、跨域电子印章验签、办件调度、用户管理等支撑能力。国务院部门要加快整合本领域政务服务业务系统，并与全国一体化政务服务平台以数据接口等方式对接联通，推动条块系统更好融合互通。各省（自治区、直辖市）要强化政务服务平台建设省级统筹，推动本地区政务服务平台事项标准统一、业务协同联动、服务同质高效，提升省级平台公共支撑能力和市级平台应用创新能力，原则上不再单独建设地市级以下政务服务平台。

（九）**着力提升政务数据共享实效。**完善政务数据共享责任清单机制，依托全国一体化政务服务平台数据共享枢纽，汇总政务数据共享需求，分批纳入国务院部门数据共享责任清单和垂直管理信息系统对接清单，推动国务院部门数据按需向地方回流和直达基层。持续提升政务数据质量，从源头加强数据治理，围绕企业和个人两个全生命周期编制"一企一档、一人一档"数据规范，推动实现"一数一源一标准"。深化电子证照数据共享应用，推动电子证照跨地区跨部门互通互认和扩大应用领域，原则上政府部门核发的材料免于提交、能够通过数据共享核验的事项免于提交证明材料、能够提供电子证照的免于提交实体证照。依法依规共享使用政务数据，加强全流程安全管理，加大对涉及商业秘密、个人信息等数据的保护力度。

（十）**持续加强新技术全流程应用。**按照成熟稳定、适度超前的原则，创新开展大数据、区块链、人工智能等新技术应用，推动政务服务由人力服务型向人机交互型转变，由经验判断型向数据分析型转变。推动新技术在办事服务具体场景中的应用，优化重构申请条件、申报方式、受理模式、审核程序、发证方式、管理架构，完善智能预填、智能预审等服务功能。探索应用自然语言大模型等技术，提升线上智能客服的意图识别和精准回答能力，优化智能问答、智能搜索、智能导办等服务，更好引导企业和群众高效便利办事。

五、全面推动政务服务扩面增效

（十一）**增强帮办代办能力。**健全线上线下帮办代办体系，明确人员配置、工作职责、责任边界、服务内容，提升帮办代办响应率、解决率和满意度。提供线上高频服务事项专业人工帮办代办，推行语音唤起、预约、办理和问答式引导等智能帮办服务，解决在线操作、材料上传、业务办理等方面问题。优化线下帮办代办工作机制，为老年人、残疾人等特殊群体提供陪同办、代理办、优先办等服务。在高新区、产业园区等加强项目全流程帮办代办，结合实际建立专班服务、专员跟进等机制，及时解决项目推进中的难点问题。

（十二）**丰富公共服务供给。**在优化提升公共教育、劳动就业、医疗卫生、养老服务、托育服务、住房保障等领域公共服务的基础上，推动与企业和群众生产生活密切相关的水电气热、网络通信等公用事业领域高频办理的服务事项纳入政务服务中心、接入政务服务平台。推动公用事业领域有关单位从企业和群众视角梳理服务事项、优化办事流程，推进水电气热过户和不动产登记、水电气网报装和投资建设审批等关联事项跨领域集成办理。

（十三）**拓展增值服务内容。**依托线上线下政务服务渠道，打造定制化、套餐式、模块化的涉企服务"一类事"场景，为企业提供精准化、个性化的优质衍生服务。探索统筹行业协会、市场化专业服务机构等涉企服务资源，一站式提供政策推荐、咨询、解读、申报等政策服务，公证、合规指导、涉企纠纷调解等法律服务，融资担保、产业基金对接、上市培育等金融服务，人才认定、住房安居、资金补助等人才服务，科技企业培育、产学研对接等科创服务，外贸资源对接、报关退税咨询、汇率避险指导等国际贸易服务。

六、全面夯实政务服务工作基础

（十四）健全政务服务标准体系。加强政务服务标准总体设计，制定完善全国一体化政务服务平台和政务服务中心建设、12345热线运行等标准规范。健全政务服务事项基础标准，完善国家政务服务事项基本目录，推动同一政务服务事项受理条件、服务对象、办理流程、申请材料、法定办结时限等在全国范围内统一。编制集成办理"一件事"工作指引和办事指南，完善跨区域办事业务标准和操作规程。

（十五）强化政务服务制度供给。发挥法治引领和保障作用，加强国家层面政务服务领域立法研究。及时清理和修订与政务服务改革不相适应的行政法规、规章和行政规范性文件，强化相关业务领域制度保障，破解集成办、承诺办、跨域办、免申办等创新服务模式的制度障碍。完善数字化应用配套政策，保障电子证照和政务数据高效共享应用、电子档案单套归档等法律效力。

（十六）健全政务服务工作体系。推进国家、省、市、县、乡五级政务服务体系建设，健全一体联动、高效便捷、权责清晰的工作机制。加强各级政务服务窗口从业人员配备、管理、培训和考核，出台激励奖励措施，推进综合服务窗口人员统一配备和职业化发展。创新政务服务人才引进、培养、选拔和评价机制，持续提升干部队伍法治思维、服务意识和数字素养，强化政务服务专业化队伍建设。

七、保障措施

（十七）加强组织实施。各地区要强化省级统筹，围绕"高效办成一件事"合力攻坚，对列入重点事项清单的"一件事"要逐项制定工作方案，明确目标任务、改革措施和职责分工，确保取得实效。国务院各部门要强化条块联动，加强业务指导和数据共享支撑。国务院办公厅要加强统筹协调，开展试点示范，组织各地区各部门逐年推出一批"高效办成一件事"重点事项，推动政务服务持续提质增效。

（十八）加强宣传推广。采取多种形式做好"高效办成一件事"政策解读和舆论引导，充分调动地方各级政府和有关方面积极性，增强工作合力，狠抓工作落实。鼓励各地区从实际出发改革创新、大胆探索，力争重点领域、重点事项取得更大突破。及时总结行之有效的经验做法，在全国范围内复制推广，推动"一地创新、多地复用"。

附件："高效办成一件事"2024年度重点事项清单

国务院

2024年1月9日

附　件

"高效办成一件事"2024年度重点事项清单

阶段	序号	"一件事"名称	具体事项	责任部门（★为该"一件事"建议地方牵头部门）
			（一）企业事项	
准入准营	1	企业信息变更"一件事"	企业变更登记	★市场监管部门
			企业印章刻制	公安部门
			基本账户变更	人民银行
			税控设备变更发行	税务部门
			社会保险登记变更	人力资源社会保障部门
			住房公积金企业缴存登记变更	住房城乡建设部门
	2	开办运输企业"一件事"	企业营业执照信息核验	市场监管部门
			道路货物运输经营许可（危险货物道路运输经营、使用总质量4500千克及以下普通货运车辆从事普通货运经营的除外）	★交通运输部门
			普通道路货物运输车辆《道路运输证》办理	
	3	开办餐饮店"一件事"	企业营业执照信息核验	★市场监管部门
			食品经营许可	
			户外招牌设施设置规范管理	住房城乡建设（城市管理）部门
			公众聚集场所投入使用、营业前消防安全检查	消防救援部门
	4	水电气网联合报装"一件事"	水电气网接入外线工程联合审批	★住房城乡建设、自然资源、交通运输等部门
			供电报装	能源主管部门及供电企业
			燃气报装	住房城乡建设部门及供气企业

续表

阶段	序号	"一件事"名称	具体事项	责任部门（★为该"一件事"建议地方牵头部门）
经营发展			供排水报装	住房城乡建设部门及供水企业
			通信报装	通信管理部门及网络运营商
	5	信用修复"一件事"	统筹在"信用中国"网站及地方信用平台网站建立相关失信信息信用修复指引	★社会信用体系建设牵头部门
			行政处罚信息修复	发展改革、市场监管等部门
			异常经营名录信息修复	市场监管部门
			严重失信主体名单信息修复	设列严重失信主体名单的有关部门
	6	企业上市合法合规信息核查"一件事"	统筹相关申请核查信息的受理、分派、汇总和结果送达	★优化营商环境牵头部门、政务服务管理部门
			企业城市管理领域无违法违规信息核查	住房城乡建设（城市管理）部门
			企业规划自然资源领域无违法违规信息核查	自然资源部门
			企业违反劳动保障法律法规信息核查	人力资源社会保障部门
			企业生态环境保护领域无违法违规信息核查	生态环境部门
			企业市场监管领域无违法违规信息核查	市场监管部门
			企业卫生和人员健康领域无违法违规信息核查	卫生健康部门
			企业文化和旅游市场领域无违法违规信息核查	文化和旅游部门
			企业应急管理领域无违法违规信息核查	应急管理部门
			企业住房、工程建设领域无违法违规信息核查	住房城乡建设部门
			企业人员住房公积金缴存信息核查	
			企业科技领域无违法违规信息核查	科技部门
			企业交通运输领域无违法违规信息核查	交通运输部门
			企业合法纳税情况无违法违规信息核查	税务部门
			企业知识产权领域无违法违规信息核查	知识产权部门、市场监管部门
			企业水资源保护领域无违法违规信息核查	水利部门
			企业消防安全无违法违规信息核查	消防救援部门
			电信监管领域无行政处罚信息核查	通信管理部门

续表

阶段	序号	"一件事"名称	具体事项	责任部门（★为该"一件事"建议地方牵头部门）
注销退出	7	企业破产信息核查"一件事"	统筹相关申请核查信息的受理、分派、汇总和结果送达	★政务服务管理部门
			企业车辆信息核查	公安部门
			企业不动产登记信息核查	自然资源部门
			社会保险参保缴费记录核查	人力资源社会保障部门、税务部门
			企业注册、登记等基本信息核查	市场监管部门
			企业人员医保缴存信息核查	医保部门、税务部门
			企业房产信息核查	住房城乡建设部门
			企业人员住房公积金缴存信息核查	
			企业纳税缴税情况信息核查	税务部门
			企业海关税款缴纳、货物通关信息核查	海关部门
	8	企业注销登记"一件事"	税务注销	税务部门
			企业注销登记	★市场监管部门
			海关报关单位备案注销	海关部门
			注销社会保险登记	人力资源社会保障部门
			银行账户注销	人民银行
			企业印章注销	公安部门
（二）个人事项				
出生	9	新生儿出生"一件事"	《出生医学证明》办理（首签）	★卫生健康部门
			预防接种证办理	疾控部门
			本市户口登记（申报出生登记）1岁以下婚内本市生育	公安部门
			社会保障卡申领	人力资源社会保障部门
			生育医疗费用报销	医保部门
			办理居民医保登记	
			科学育儿指导服务登记	卫生健康部门
入学	10	教育入学"一件事"	新生入学信息采集	★教育部门
			户籍类证明	公安部门
			居住证	
			不动产权证书	自然资源部门
			社会保险参保缴费记录查询	人力资源社会保障部门

阶段	序号	"一件事"名称	具体事项	责任部门（★为该"一件事"建议地方牵头部门）
生活	11	社会保障卡居民服务"一件事"	就业和人力资源服务、社保服务	★人力资源社会保障部门
			就医购药	医保部门
			交通出行	交通运输部门
			文化体验	文化和旅游部门
	12	残疾人服务"一件事"	残疾人证新办、换领、迁移、挂失补办、注销、残疾类别/等级变更	★残联
			困难残疾人生活补贴	民政部门、残联
			重度残疾人护理补贴	
			残疾人就业帮扶	人力资源社会保障部门、残联
			城乡居民基本养老保险补助	人力资源社会保障部门
退休	13	退休"一件事"	参保人员达到法定退休年龄领取基本养老保险待遇资格确认	★人力资源社会保障部门
			基本养老保险视同缴费年限认定	
			特殊工种提前退休核准	
			因病或非因工致残完全丧失劳动能力提前退休（退职）核准	
			新增退休人员养老保险待遇核定发放	
			基本医疗保险视同缴费年限核定	医保部门
			离休、退休提取住房公积金	住房城乡建设部门
			城镇独生子女父母奖励金	卫生健康部门
			户籍信息确认	公安部门

国务院办公厅关于印发《"高效办成一件事" 2025 年度新一批重点事项清单》的通知

国办函〔2025〕3 号

各省、自治区、直辖市人民政府，国务院各部委、各直属机构：

《"高效办成一件事"2025 年度第一批重点事项清单》已经国务院同意，现印发给你们，请结合实际认真组织实施。

各地区各部门要认真贯彻党中央、国务院关于优化政务服务、推动"高效办成一件事"的决策部署，在不断优化 2024 年度两批重点事项服务的基础上，统筹做好 2025 年度第一批重点事项清单实施工作，进一步促进政务服务标准化、规范化、便利化，持续提升企业和群众满意度、获得感。各地区要加强组织领导，围绕"高效办成一件事"合力攻坚，依托全国一体化政务服务平台强化有关业务系统集约整合和互联互通，不断完善线上线下服务，压茬推进重点事项落地见效。国务院有关部门要加强行业指导和数据共享支撑，推动涉及本行业本领域"一件事"标准统一、业务协同，及时解决各地区面临的难点堵点问题，在更多领域更大范围实现"高效办成一件事"。

国务院办公厅

2025 年 1 月 13 日

附　件

"高效办成一件事" 2025 年度新一批重点事项清单

阶段	序号	"一件事"名称	具体事项	责任部门（★为该"一件事"建议地方牵头部门）
			（一）企业事项	
准入准营	1	个体工商户转型为企业	清税信息核验	税务部门
			个体工商户转型为企业变更登记	★市场监管部门
			企业印章刻制	公安部门
			基本账户开立或账户信息变更	人民银行
			社会保险登记或参保信息变更	人力资源社会保障部门
			住房公积金企业缴存登记或信息变更	住房城乡建设部门
	2	合格境外投资者资格审批与开户	合格境外投资者资格审批	★证监部门
			经营证券期货业务许可证核发	
			证券账户开立	
			期货账户开立	
			外汇登记	外汇管理部门
			基本账户开立	人民银行
经营发展	3	科技成果转化	科技成果查新	★科技部门
			科技成果登记	
			科技成果转化专项资金申请	
			知识产权支持资金申请	知识产权部门
			现行相关税收优惠政策宣传辅导	税务部门
	4	固定资产投资项目审批	企业投资（含外商投资）项目核准/备案	★发展改革部门
			固定资产投资项目节能审查	
			建设项目用地预审与选址意见书核发	自然资源部门
			建设项目环境影响评价	生态环境部门
	5	新车上牌	机动车注册登记	★公安部门
			机动车合格证信息核查	工业和信息化部门
			进口车强制性产品认证（CCC 认证）信息核查	市场监管部门、海关部门
			企业营业执照信息核验	市场监管部门
			车辆购置税完税证明和机动车销售统一发票信息共享核查	税务部门
			交强险信息核查	金融监管部门
			社会团体、民办非企业单位和基金会登记证书信息核查	民政部门

续表

阶段	序号	"一件事"名称	具体事项	责任部门（★为该"一件事"建议地方牵头部门）
工程建设	6	建设项目开工	建筑工程施工许可证核发	★住房城乡建设部门
			建设工程消防设计审查	
			建设工程质量监督手续办理	
			城市建筑垃圾处置核准	
			城镇污水排入排水管网许可（临时）	
（二）个人事项				
就业	7	个人创业	就业创业证申领	★人力资源社会保障部门
			无雇工个体工商户及灵活就业人员参加养老保险登记	
			创业补贴申领	
			经营主体登记注册	市场监管部门
			纳税人信息确认	税务部门
生活	8	结婚落户	内地居民婚姻登记	★民政部门
			户口登记项目变更（婚姻状况）	公安部门
			户口迁移（夫妻投靠落户）	
	9	外国人来华工作	外国人来华工作许可签发/变更/延期	★人力资源社会保障部门（外国专家工作管理部门）
			外国人来华工作社会保险登记	
			外国人来华工作职称评审	
			外国人居留证件签发/变更/延期	移民管理部门
	10	家电以旧换新和手机等购新补贴申请（2025年度）	家电以旧换新和手机等购新补贴资格校验	★商务部门
			家电以旧换新和手机等购新补贴核销数据归集	
			发票核验	税务部门
			个人身份信息核验	公安部门、移民管理部门
出行	11	汽车以旧换新补贴申请（2025年度）	汽车报废更新补贴申请	★商务部门
			报废机动车回收证明信息核查	
			新能源汽车车型信息核查	工业和信息化部门
			机动车注销和注册登记信息核查	公安部门
身后	12	个人身后	出具死亡证明（正常死亡）	卫生健康部门、公安部门、民政部门（★建议地方结合实际确定牵头部门）
			出具死亡证明（非正常死亡）	
			出具火化证明	
			户口注销	

阶段	序号	"一件事"名称	具体事项	责任部门（★为该"一件事"建议地方牵头部门）
身后	12	个人身后	社会保险待遇暂停	人力资源社会保障部门
			个人账户一次性待遇申领（基本养老保险）	
			遗属待遇申领	
			参保人员职工基本医疗保险个人账户余额一次性支取	医保部门
			驾驶证注销	公安部门
			住房公积金提取（死亡）	住房城乡建设部门
			遗嘱公证信息核查	司法行政部门
			已故人员股权登记信息查询（继承人查询）	市场监管部门
			已故存款人小额存款提取（继承人提取）	金融监管部门

国务院办公厅关于健全"高效办成一件事"重点事项常态化推进机制的意见

国办发〔2025〕24号

各省、自治区、直辖市人民政府，国务院各部委、各直属机构：

为贯彻落实党中央、国务院决策部署，进一步优化政务服务、提升行政效能，健全"高效办成一件事"重点事项常态化推进机制，经国务院同意，现提出以下意见。

一、总体要求

以习近平新时代中国特色社会主义思想为指导，深入贯彻党的二十大和二十届二中、三中全会精神，践行以人民为中心的发展思想，进一步发挥"高效办成一件事"牵引作用，推动重点事项清单管理和常态化实施，在更多领域更大范围加强部门协同和服务集成，带动政府治理能力整体提升，持续优化营商环境，增强企业和群众获得感，助力高质量发展。

二、加强重点事项清单管理

（一）明确经营主体和个人全生命周期重点事项总体清单。围绕经营主体从开办到注销、个人从出生到身后两个全生命周期，覆盖经营主体准入准营、招聘用工、纳税缴费、经营发展、工程建设、注销退出，以及个人出生、教育、就业、生活、置业、出行、就医、救助、养老、身后，聚焦办理量大、覆盖面广、关联性强的应用场景，明确经营主体和个人全生命周期重点事项总体清单（以下简称总体清单），并根据经济社会发展情况和工作实际动态更新。

（二）发布年度重点事项清单。在总体清单基础上，按照"成熟一批、发布一批"的原则分批发布年度重点事项清单，逐一明确牵头部门和配合部门，有序推进实施。各地区各有关部门依据总体清单和年度重点事项清单，统筹谋划本地区本行业重点事项，合理安排工作进度，协同推进实施，打破数据壁垒，逐步实现全国通办。2027年底前，实现总体清单内重点事项全面落地实施，推动"高效办成一件事"从"能办"向"好办、易办"转变。

（三）鼓励探索建立特色事项清单。鼓励各地区各有关部门结合地域特色与行业特点，从企业和群众视角出发，聚焦高频事项，丰富拓展生活服务、产业扶持、工程建设、城市更新等领域应用场景，推动银行、医院、电信等企事业单位的公共服务事项纳入"高效办成一件事"，建立本地区本行业特色事项清单并稳步实施。对实施成效显著、具备复制推广条件的特色事项，适时纳入年度重点事项清单。

三、推动重点事项常态化实施

（四）优化重点事项业务流程。对列入年度重点事项清单中的具体事项，要统一事项名称、申请材料、受理条件、办理流程，优化申请表单、申报方式、审核程序、发证方式，进一步减环节、减材料、减时限、减费用。推进跨部门关联事项集成办理，压减整体办理时长和跑动次数，实现"一次告知、一表申请、一套材料、一窗（端）受理、一网办理"。重点事项业务办理应当符合法定权限和相关业务规范，不得违规降低审批标准，同时保障企业和群众自由选择具体事项单独办理或集成办理的权利。

（五）统筹线上办事系统建设。持续完善全国一体化在线政务服务平台，强化有关业务系统集约整合和互联互通，提高安全防护能力水平，更好支撑重点事项落地实施。各地区要加强统筹，充分依托现有省级政务服务平台和行业业务系统拓展功能，支持省市县共用，避免重复建设，防止"数字形式主义"。因事项实施层级、政策差异等原因，有关业务系统不适宜省级统筹建设的，由地市按照统一标准组织建设，并与省级政务服务平台对接联通。国务院有关部门要统筹优化本领域政务服务业务系统建设。

（六）提升线下办事服务能力。各地区要更好统筹线上与线下，因地制宜保留必要的线下服务渠道，推动重点事项进驻对应行使层级的政务服务大厅或适宜的公共服务场所，做好"一件事"服务导办。按需设置服务窗口、配备设施设备，通过预约分流、错峰服务、潮汐窗口等方式动态调配服务资源，避免窗口过多过杂、忙闲不均。全面落实首问负责、一次性告知、限时办结等制度，做好系统突发故障应急处置和人工兜底服务等工作。严格落实政府过紧日子要求，坚持集约高效、整体规划，加强资产调剂共享，避免低效闲置、铺张浪费，坚决防治和纠正政务服务中的"面子工程"。

（七）加大政务数据共享力度。强化政务数据共享供需对接，各地区结合具体应用场景精准提出需求，国务院有关部门优化审核流程，提升数据供给质量，提高响应速度和效率，更好支撑重点事项便捷办理。依托全国一体化政务大数据体系，持续完善政务数据共享责任清单，按需推动国务院部门垂直管理业务系统与地方政务服务平台对接，加快公安、海关、海事等领域政务数据回流地方，支持各地区以结果核验、算法模型、批量交换等方式共享数据。加强全流程安全管理，做好涉及商业秘密、个人信息等数据脱敏处理和加密保护。

（八）探索开展"人工智能＋政务服务"。聚焦"高效办成一件事"应用场景，强化统筹规划，在确保安全的前提下稳妥有序推进人工智能大模型等新技术在政务服务领域应用，为企业和群众提供智能问答、智能引导、智能预填、智能帮办等服务，为工作人员提供智能辅助审批、智能分析等支撑。完善覆盖政策法规、办事指南、审查要点等专业内容的信息库并动态更新，提升"人工智能＋政务服务"的权威性、精准性。加强保密管理和系统防护，强化算法合规监管和人工审核把关，确保人工智能应用安全可靠。

（九）注重用户体验和评价反馈。以企业和群众评价检验重点事项落地实效，健全问题发现、成效验证、迭代优化的闭环管理机制。充分利用政务服务"好差评"系统、"办不成事"反映窗口、12345政务服务便民热线等渠道，广泛收集用户使用反馈及评价。通过在线监测、办件数据分析、模拟测试等方式，主动发现问题并及时解决，持续优化业务流程、完善系统功能。

四、拓展"高效办成一件事"应用领域

（十）**推进"一类事"服务集成化。**探索"高效办成一件事"向"高效办成一类事"拓展，开展特定人群、产业链发展等"一类事"集成服务。优化惠企政策制定、发布、受理、审核、兑现等全流程服务，推进资金扶持、税费减免等惠企政策主动精准推送和相关服务事项一站式办理。深化政企常态化沟通交流，及时响应企业诉求，协同高效解决实际困难，推动从解决一个诉求向破解一类问题转变。

（十一）**提升综合监管质效。**按照"高效办成一件事"要求，推动审批服务、监管执法和信用管理协同联动，深化预防提醒、合规指引等服务，探索智慧监管、无感监管等新型监管方式。聚焦重点行业领域和新兴业态中涉及多部门监管的事项，探索监管全链条"一件事"，消除监管空白，增强监管合力。统筹涉企行政检查，结合实际对跨部门、跨区域、跨层级行政检查事项进行"一件事"集成，避免重复检查、多头检查。

（十二）**提高政务运行效能。**加快推进数字机关建设，高效办理公文运转、会议筹备、督查督办等机关办公服务事项，拓展动态监测、统计分析、趋势研判、效果评估、风险防控等辅助决策服务，持续提高行政效能。推动基层报表数据"只报一次"，统筹建设"一表通"系统，对照基层权责清单，清理精简整合基层报表，实现一次填报、动态更新、多方共用，切实减轻基层填表报数负担。

五、强化组织实施

（十三）**加强行业指导和跨部门协同。**国务院有关部门要加强本行业本领域重点事项统筹协调，明确业务规范、系统对接、数据共享等职责分工，强化条块联动，配合解决各地区面临的难点堵点问题，实现涉及本行业本领域的"一件事"标准统一、业务协同。对以国务院部门实施为主的

重点事项，牵头部门要加强组织实施，并做好与各配合部门和各地区的沟通衔接。

（十四）注重省级统筹和基层创新。各省（自治区、直辖市）人民政府要统筹推进本地区"高效办成一件事"工作，明确部门分工，加强综合协调，强化跟踪督办和创新激励。政务服务管理部门、数据管理部门要按职责做好政务服务优化、数据共享等工作。重点事项牵头部门要明确所负责事项的实施步骤，统一工作标准；配合部门要协同做好流程优化、业务衔接等工作。要注重发挥市县级政务服务管理部门直接服务企业和群众的优势，创造性推动重点事项在基层一线落地见效。

（十五）完善制度和标准体系。围绕"高效办成一件事"加强政务服务制度建设，及时制修订相关行政法规、规章和行政规范性文件，持续推进依法高效办事。完善政务服务标准体系，制定"高效办成一件事"办理模式、政务服务大厅和平台集约化建设指南等国家标准，加大标准实施力度，提升政务服务标准化、规范化、便利化水平。

（十六）做好业务指导和宣传引导。加强"高效办成一件事"业务培训，提升工作人员服务意识和水平。及时总结有益经验做法，强化交流推广，推动"一地创新、多地复用"。通过政府网站、政务服务平台、政务服务大厅、政务新媒体等多种渠道加强政策解读和宣传引导，提升企业和群众知晓度，积极营造良好氛围。

国务院办公厅

2025 年 7 月 3 日

（本文有删减）

后　记

　　本书精选了自国务院印发《关于进一步优化政务服务提升行政效能推动"高效办成一件事"的指导意见》（国发〔2024〕3号）以来专家学者和政务改革实践一线的相关政策解读文章，还收录了《中国行政管理》杂志关于行政审批制度和政务服务改革的部分理论文章，特别是收录了第18届全国政务服务交流研讨会上部分省市提交的政务服务创新案例资料。在此对各地各部门为落实"高效办成一件事"决策部署所作的积极探索以及专家学者的学术研究贡献表示感谢！我们期待本书的出版，能够为各地各部门推进行政管理改革、提升政务服务效能提供参考和借鉴。